이 사람을 아십니까?
2

| 이승하 지음 |

쿰란출판사

머리말

2014년 1월 《이 사람을 아십니까?》를 펴낸 후 금년 초에 그 2권을 낼 수 있게 해주신 하나님께 감사드립니다. 서점가에도 이러한 책들은 많이 있을 것입니다. 그래서 굳이 내가 이런 책을 또 낼 필요가 있는가 하는 질문도 해보았습니다. 그런 생각을 하면서도 하나님께서 나에게 이런 글을 쓸 수 있도록 긍정적 생각을 갖게 해주셨다고 믿고 다시 글을 쓰기 시작했습니다. 개인의 역사이기 때문에 매우 조심스럽습니다. 그러나 그 한 개인이 하나님의 영에 이끌림을 받아 한 생애를 이어갔다는 데 감격해서 성실히 임하였습니다. 부정적인 면보다는 긍정적이고 적극적인 면을 기록했습니다. 그리고 하나님이 주신 달란트를 발휘할 수 있었던 면을 착안했습니다.

이 글이 많은 독자들에게 신앙적으로 깊은 감명을 드릴 수 있었으면 합니다. 첫 권에 19명의 이야기가 실렸습니다. 두 번째 책에도 19명의 이야기를 실었습니다. 이들은 기독교인이요 또한 기독교적 사고로 기독교를 긍정적으로 알린 분들입니다. 신앙적 인물들을 통해서 좋은 꿈을 꿀 수 있기를 바랍니다.

이 책은 해방교회 창립 70주년의 해에 기념으로 출판하게 되어 담임 목사 박영국 목사와 당회원들에게 특별히 감사드립니다. 이 책을 쓰는 데 아내 김정규의 기도와 협력이 있었습니다. 많이 감사합니다. 또한 첫 권을 내고 또 다음 책을 낼 수 있도록 지도와 편달을 해주신 쿰란출판사 대표 이형규 장로님, 그리고 오완 부장님께 허리 굽혀 인사를 드립니다. 샬롬!

2018년 3월 24일
이승하 목사

인물이야기를 시작하며

《역사의 연구》를 쓴 영국의 역사학자 아놀드 토인비는 역사의 흐름을 평가하면서 "한 사회의 생성과 소멸은 지도자의 리더십 여하에 따라 거의 전적으로 좌우된다"라고 했다. 토머스 칼라일은 "인류 역사는 위인들의 전기이다"라고 한 적이 있다. 성경도 하나님의 훌륭한 사람들의 행적의 기록이고, 교회사도 신앙 위인들의 지도와 활동을 주축으로 한 기록이다.

'시대가 인물을 낳느냐?' '인물이 시대를 창조하느냐?' 이 문제는 항상 토론되는 주제이다. 인물이 시대를 창조하는 때도 있고, 시대가 인물을 낳을 때도 있다. 어느 한 편에 치우칠 수 없다. 아돌프 히틀러는 유태인 600만 명을 학살하고, 제2차 세계대전을 일으킨 장본인으로 악의 시대를 만든 인물이다. 우리나라의 이순신 장군은 임진왜란 때 부름 받은 해군제독으로 시대가 낳은 인물이라 할 수 있다.

우리가 한 개인의 회고록이나 평전을 읽을 때 이런 점을 발견할 수 있다. 어느 편의 사람이 더 훌륭한가 하는 것은 그 개인에 따라서 평가되어야 한다. 그러나 중요한 것은 한 개인이 그 시대를 살면서 얼마만큼 좋은 영향을 미쳤는가이다. 시대에 좋은 영향을 끼친 사람이 역사적 위인이다. 위대한 일은 한 사람으로부터 시작된다. 그 사람으로 인해서 역사가 창조된다. 이 사회를 옳게 만드는 모든 운동도 결국은 한 사람이 깨닫고, 먼저 시작하고, 또 한 사람이 그 사람을 따르고 개개인이 움직이는 가운데 마지막에는 큰 운동을 일으켜서 위대한 일이 세계 역사에 나타난다.

한 사람을 바로 교육하는 것이 세계를 교육하는 것이다. 개인이 구원받으면 그 한 사람으로 머물지 않는다. 또 다른 개인으로 전달되며, 그것이 결국은 사회 구원으로 이어진다. 사회 구원은 개인 구원으로부터 시작한다.

하나님의 나라 컴퓨터에는 '생명 진열장'이 있다고 여겨진다. 한 사람이 세상에 태어날 때 하나님께서 진열장에서 하나의 생명을 골라서 육신에 넣어 주신다. 생명은 같으나 그 특성은 다르다. 그것이 달란트이다. 나에게 주신 달란트와 다른 사람에게 주신 달란트는 다르다. 모든 사람이 얼굴이 다르고 성격이 다른 것처럼 달란트도 다르다. 그 달란트는 오직 나에게만 주신 것이다. 하나님이 주신 달란트는 나에게 가장 아름답고 귀중한 것이다. 그 달란트가 곧 나의 삶이다. 그것은 세계에서 오직 하나밖에 없다.

그러므로 나의 달란트는 오늘 역사에서 가장 우수한 것이다. 그 달란트를 발견해야 한다. 그 달란트를 연마해야 한다. 그리고 발휘해야 한다. 하나님이 주셨으므로 그것을 잘 발휘해야만 하나님께 영광 돌리게 된다.

'유명한 사람'이 있다. 자기의 달란트를 잘 발휘해서 그 분야에서 최고 수준에 이른 사람이다. 그러나 그 유명세를 이기주의적으로 이용하면, 그의 달란트로 하나님께 영광 돌리는 것이 아니라 자기의 성공과 영달, 즉 자기가 영광을 차지하게 된다.

그러면 하나님께 영광을 돌리는 삶은 어떤 삶인가? 역사에서 많은 사람들에게 유익을 주는 삶, 평화를 심는 삶, 좋은 문화를 창조하는 삶, 죄로 말미암아 멸망할 사람을 주님의 은혜로 구원받게 하는 삶이다.

하나님을 믿는 사람이다. 예수 그리스도의 삶을 본받는 사람이다. 예수 그리스도께서 구원해 주신 감격으로 사는 사람이다. 그리스도인은 하나님의 형상대로 창조된 피조물임을 믿는 사람이다. 자신은 하나님이 세상에 보내셨다. 그러므로 보내신 뜻을 따라 사는 사람이 하나님의 선물인 달란트를 발견하고 연마하고 발휘한다.

이 글의 목적은 두 가지다.

첫째, 하나님이 주신 달란트를 최대한 발휘해서 하나님께 영광 돌린 사람을 발굴하는 것, 둘째, 그 위인의 삶을 읽고 나에게 주신 달란트를 발견하고 연마하여 발휘함으로 하나님께 영광 돌리는 사람이 되겠다는 결단과 실천을 하도록 하는 것이다.

각 사람의 삶은 길이와 넓이가 다르다. 그것은 하나님께서 정하신다. 하나님이 나에게 주신 삶이 길든지 짧든지 최선을 다하는 삶, 거기에는 고통과 아픔이 따른다. 나에게 주신 달란트를 발휘하기 위해서는 신앙적 인생관이 필요하다.

'왜 살아야 하는가?'

주님의 뜻을 따라 살아야 한다.

'어떻게 살아야 하는가?'

예수님처럼 살아야 한다.

여기에 필요한 것은 성실이다. 성실에는 정직, 부지런함, 열정이 포함되어 있다.

각 개인에게는 비전(vision)이 있다. 그것이 곧 달란트이다. 그 꿈을 이루기 위해서 나의 생명을 투자해야 한다. 생명은 곧 달란트이다. 달란트는 곧 생명이다. 나의 달란트가 무엇인가를 바로 찾아야 한다. 그리고 주님의 뜻에 합당하게 발휘해야 한다. 주님의 뜻에 합당하게 산다는 것은 오직 성령의 감동으로 나의 삶에 순종하는 것이다. 여기에 삼위일체의 신앙이 필요하며, 이 신앙으로 사는 사람이 자신에게 주신 달란트를 온전히 발휘할 수 있다.

어떤 이는 이렇게 말한다. "'역사적 인물'의 됨됨이는 대개 두 가지 방향에서 자기 자태를 드러낸다. 첫째, 한 곳을 깊이 파서 심도를 더하고 더하여 수직적 독창성의 권위를 이루는 인물이다. 대개 이러한 인물은 한 분야의 업적이 찬란하고 드높아서 전문적 '카리스마'를 부여 받은 경우에 해당한다. 둘째, 지평을 넓히고 아울러서 광대한 영향력을 확장하면서 자신의 전문적 공적이나 독창성보다는 수평적인 존재의 확신을 보이는 인물이다. 이러한 인물은 '리더십'이 출중하고 감화력이 남달라서 자신이 이룩한 특별한 업적보다는 다른 이의 역사적 공헌을 가능케 하는 원인이자 그런 위치에 서기 쉽다."

달란트에는 색채가 있다. 원색을 적절하게 조합하여 아름다운 색을 연출하는 것이다. 형형색색의 그림을 그리고, 소리를 조화시켜 음악을 작곡한다. 독주와 합주, 오케스트라는 서로 다른 악기의 장점을 살려서 연주할 때 훌륭한 음악을 창조한다. 이렇듯 달란트는 각기 다르다. 그러나 독창성을 지니고 있다. 실존적으로 나타난다.

나에게 주신 달란트는 어떤 것인지를 찾아내고 연마하고 발휘해야 한다. 이것이 하나님께서 나를 세상에 보내신 목적이다. 이것을 훌륭하게 발휘한 사람은 심판대에서 예수 그리스도께서 "잘하였도다 착하고 충성된 종아 네가 적은 일에 충성하였으매 내가 많은 것을 네게 맡기리니 네 주인의 즐거움에 참여할지어다"(마 25:21)라고 말씀하신다.

목차

머리말 · 2
인물 이야기를 시작하며 · 4

1부 • 목회자
01 한석진 목사 – 정열적인 복음 전도자　　　12
02 이자익 목사 – 섬김의 본을 보인 목회자　　34
03 한경직 목사 – 한국교회 가장 훌륭한 목회자　51

2부 • 문학가
01 해리엇 비처 스토 – 《엉클 톰스 캐빈》의 작가　74
02 빅토르 위고 – 《레미제라블》의 작가　　　92

3부 • 철학가
01 쇠렌 키에르케고르 – 실존주의 철학자　　112
02 블레즈 파스칼 – 《팡세》의 작가　　　　132

4부 • 음악가
01 안토니오 비발디 – '사계'로 유명한 음악가　152
02 게오르크 프리드리히 헨델 – '메시아'의 작곡가　171

5부 • 순교자
01 로버트 토머스 목사 – 한국 개신교 첫 순교자   192

6부 • 신앙인
01 사도 요한 – 예수의 제자 '사랑의 사도'   212
02 이수정 – 일본에서 성경을 번역한 사람   234
03 고찬익 장로 – 갓바치로 서울 최초의 장로   256

7부 • 사회사업가
01 존 D. 록펠러 – 가장 많이 베푼 사람   274
02 소다 가이치 – 일본인으로 한국 고아의 아버지   294

8부 • 정치가
01 에이브러햄 링컨 대통령 – 노예 해방을 이룬 자유인   314
02 우남 이승만 대통령 – 대한민국 건국 대통령   334

9부 • 예술가
01 알브레히트 뒤러 – 북유럽에 르네상스를 이룬 사람   356

10부 • 교육가
01 백낙준 박사 – 한국교회 최초 교회역사가, 교육가   378

1부

목회자

01 한석진 목사
정열적인 복음 전도자

02 이자익 목사
섬김의 본을 보인 목회자

03 한경직 목사
한국교회 가장 훌륭한 목회자

01 한석진 목사
(韓錫晉 牧師, 1868-1939)

정열적인 복음 전도자

평양장로회신학교 제1회 졸업생 일곱 명 중에 한 사람도 같은 사람이 없다. 각자가 자기의 특징을 갖고 있다. 그중에서도 한석진 목사는 가장 개혁적이고 진취적이며, 자기의 독특한 달란트를 유감없이 발휘한 목사이다.

한석진은 1868년 9월 6일 평안북도 의주읍에서 한지운 씨의 셋째 아들로 태어났다. 9세 때 서당에서 한문을 공부했다. 엄격한 유교 집안에서 자랐다. 머리가 총명한 한석진은 서당에서 시험을 보면 항상 일등을 했다. 그러나 형식적인 유교적 도덕 관념에 염증을 느끼고, 한때 의주 금강사를 찾아가 불교에 빠져들기도 하였다. 불경을 외우고 마음을 쏟았으나 그곳에 생명력이 없음을 깨닫고 하산하였다. 그는 진리의 길을 찾아 방황하였다. 19세에 백두산에 도인이 있다는 소문을 듣고 찾아가려 했으나 부친의 엄한 책망을 듣고 포기했다.

조선은 1882년 미국과 통상 조약을 맺었다. 그리하여 선진국의 문물을 시찰하고 점차적으로 내정을 혁신하기 시작하였다. 1884년 미국의 의료 선교사 알렌이 입국하였고, 1885년에는 언더우드와 아펜젤러 목사가 첫 선교사로 입국하였다. 당시 조선은 국운이 쇠하던 때였다. 극도로 부패한 지배층의 관리들은 사리사욕에 눈이 어두워 대세의 조류에는 아랑곳하지 않았다. 게다가 개화파의 1884년 갑신정변은 3일 천하로 끝나고 말았다.

1894년에 일어난 갑신정변이야말로 정치, 경제, 사회 등 모든 분야에 걸친 가장 큰 개혁이었다. 특히 주목할 것은 계급 타파, 고문, 연좌법의 폐지, 조혼의 금지, 과부 재가의 허용이다.

한석진은 1884년 16세의 소년으로 이일심과 결혼하였다. 1887년 장사를 하려고 중국 산동성에 출입을 시작하여 자주 왕래하게 되었다. 서상륜, 백홍준, 이성하 등 의주 출신 성경 매서인들의 쪽복음을 사서 읽었다. 성경에 관심이 깊어진 한석진은 서상륜의 집을 몰래 출입하면서 성경 강해를 들었다. 이때 한석진은 열심히 그 집회에 참여했는데, 친구인 김관근과 그 부친 김이련에게서 여러 번 간곡한 전도를 받았다.

한석진은 주일마다 모임에 참석하였고, 서상륜과 백홍준의 가르침을 받았다. 부친이 기독교를 반대하였기 때문에 주춤하였으나, 그의 마음에 떨어진 복음의 씨앗은 점점 크게 자라고 있었다. 그는 부친의 반대와 만류에도 불구하고 서상륜과의 접촉을 계속하였고, 성경공부 모임에도 열심히 참여하였다.

1891년 가을, 모펫 목사가 의주에 와서 얼마 동안 묵으며 복음을 받은 사람들에게 세례를 베풀었다. 이때 한석진은 백홍준의 안내로 모펫 목사를 만났다. 한석진은 마음에 결심하고 예수교인이 되었다.

1892년 3월, 모펫 목사와 게일 목사가 평양을 거쳐 의주에 와서 전도하는 기회에 한석진은 김정호, 김석례와 함께 모펫 목사에게 세례를 받았다. 그 후 그는 서울에 체류하면서 전도자가 되었으며, 기독교 신앙에 더욱 심취하였다. 한석진은 전도인이 되었다. 한국 백성이 다른 나라 사람들처럼 잘살고 올바르게 살 수 있는 길은 예수 믿는 길밖에 없음을 알았고, 먼저 믿은 사람으로서 믿지 않는 동포들을 깨우치고 예수를 믿게 하는 것이 자기의 가장 급한 사명이라는 것을 깨달았다. 그는 모든 곤란과 핍박 중에서도 굳게 결심하고 고향 의주를 떠났다.

1892년 3월, 평양에 온 한석진은 전도에 힘썼다. 6월에 서울에서 신학반에 입학하였다. 이때 한석진은 성경 공부가 재미있고 성경 구구절절이 신기하고 오묘하여 꿀같이 달았다. 성경 공부를 마치고 돌아오는 길에는 만나는 사람들을 붙들고 전도하였고, 숙소에서도 예수를 믿으라고 전도하였다. 9월에는 평양에 돌아와 전도를 계속하였다. 전도하다가 봉변을 당한 일이 한두 번이 아니었다. 낮에는 어디서나 전도하고 밤에는 배운 성경 말씀을 다시 상고하고 혹은 모펫과 게일, 그리고 언더우드 선교사에게 받은 한문 전도서인 기독교에 관한 서적들을 탐독하였다.

한석진은 모펫 목사와 함께 평양과 의주를 다니며 선교지를 개척하는 데 협력하였다. 모펫 목사로부터 조사의 직분을 받아 평안남도 지방을 순회하며 전도사의 직무에 성실히 임하였다. 한석진은 많은 사람을 전도하였다.

모펫 목사와 평양에서 최치량의 집에 숙소를 정하고, 한편으로 모펫 목사와 같이 평양 사정을 시찰하였다. 그들이 유하고 있던 여관집의 벽지가 한문 성경임을 발견한 한 조사는 깜짝 놀라서 그 연유를 물어보았다. 그랬더니 그 집의 전주인 박영식이 전 영문주사였는데, 27년 전에 대동강 연안 만경대에서 토머스 목사가 준 성경책을 받아가지고 돌아와서 얼마 전까지 감추어 두었다가 벽지 대신 붙였다는 것이다. 대동강 위에서 복음을 전하다가 순교한 토머스 목사의 순교의 피 위에 한국교회를 설립하게 된 기연에 한없이 기쁘고 감사했다.

한석진은 더욱 열심히 전도하였다. 밤낮을 가리지 않고 집집마다 다니면서 손을 붙잡고 예수 믿으라고 권하고, 자기 숙소로 찾아오는 사람에게도 "우리가 살 길은 예수 믿고 하나님 섬기는 길밖에 없다"라고 하였다. 집회 시간에는 열렬한 웅변으로 전도 설교를 계속한 결과, 몇 달 후인 1893년 10월 모펫 목사와 한석진, 최치량 등 4-5명이 집 근처에 있는 새로 장만한 곳에서 예배를 드리기 시작하여 교회가 형성되었다. 그러므로 평양에서 최초의 공식 예배는 1892년 네 번째 평양 방문 시에 예배를 드렸던 최치량의 집에서 교회를 설립할 때 홍종대의 집을 사고, 그곳에서 4-5명이 예배를 드린 것이다. 평안남도와 평양의 최초 교회이며 첫 교인은 최치량이고, 선교사는 모펫 목사, 조사는 한석진이었다.

여기서 널다리에 마련한 예배당을 중심으로 모펫 목사의 놀라운 설교와 한석진 조사의 밤낮 없는 전도로 교회는 곧 20여 명이 되어 이듬해 정월 7명의 세례교인을 배출했다. 맨 처음 세례를 받은 최치량은 나중에 장로가 되었으며, 그 교회의 초대 교인들 가운데 장차 한국 기독교를 짊어질 역군인 길선주, 양전백, 송인서, 이기풍 등이 모펫 목사와 한석진 조사의 전도로 처음 그리스도를 믿고 신자가 되고 목사가 되었다. 한석진 조사는 새로 믿기로 작정한 사람에게 성경과 교회 규례를 가르쳐서 다시 그들이 전도인이 되게 했다.

한석진 조사는 널다리교회 신축을 계획하였다. 그러나 외국인의 이름으로는 땅을 살 수 없어서 의주에 있는 가족들을 평양으로 이사 오게 해서 한국인 이름으로 땅과 집을 사서 예배당을 건축하였다. 모펫 목사는 한석진 조사에게 월급을 주겠다고 했다. 그러나 한 조사는 "내가 우리 일을 하면서 외국 사람에게 봉급을 받는 것은 말이 안 되는 일이오"라고 단호하게 거절했다.

그는 노방 전도를 열심히 했다. 노방 전도에는 두 가지 큰 효과가 있었다. 첫째로 복음을 널리 전파할 수 있었고, 둘째로 평양에 서양 선교사가 왔다는 것을 알릴 수 있었다. 주일 오후에는 아이들을 위한 주일학교를 개설하여 어린이들에게 신앙교육을 했고, 주일 밤에는 한 조사의 지도로 저녁예배를 드렸다.

짧은 기간에 평양 선교가 눈부신 발전을 이룩하자, 이를 시기한 수구파 세력이 평양 관찰사의 지원을 받아 이들을 탄압하였다. 1894년 4월 감리교, 장로교 교인들이 수요일 저녁 한석진 조사와 김창식 전도인 외 몇 사람이 기도회를 하고 있었다. 김창식은 감리교의 첫 목사가 된 사람이다. "몸을 죽이고 그 후에는 능히 더 못하는 자들을 두려워하지 말라"(눅 12:4)는 성경 구절을 읽고 기도하려고 할 때, 갑자기 통인(지금의 경찰관)들이 예배당 문을 박차고 달려들어 한석진, 김창식, 송인서, 최치량, 신상호, 우지룡 외 1명 도합 7명을 결박하여 관찰사 아문(衙門)으로 끌고 갔다.

평양 감사는 "국법을 어기고 서양 사람들의 사교를 전하는 너희들의 죄를 용서할 수 없다. 너희들뿐 아니라 성내에 있는 야소교인 놈들은 한 놈도 빼놓지 않고 모조리 잡아죽일 터이니 그리 알아라" 하고 호령하며 위협하였다. 평양 감사는 한 조사에게 "네가 하늘을 향하여 주먹질을 하면서 하나님을 한 번 욕하면 놓아 주겠다"라고 말하니, 한 조사는 도리어 감사에게 주먹질하면서 감사를 꾸짖었고, 이에 감사는 격분하였다. 이처럼 한 조사와 김 전도인은 끝까지 믿음을 지키고 굴하지 않았다. 한 조사와 김 조사는 사형선고를 받았다. 이때 모펫 목사는 서울에 있었다.

감리교 의료선교사 홀(Hall)이 관찰부 아문으로 가서 잡아 가둔 교우들의 석방을 교섭하였으나, 평양 관찰사 민병석(閔丙奭)은 그를 상대하지도 않았다. 홀 선교사는 서울에 알려서 고종 황제의 어의(御醫) 알렌과 같이 일하는 스크랜튼에게 알리는 동시에 영·미 양국 공사에게도 호소하였다. 그 결과 고종 황제가 "내가 허락하는 것을 그대가 어찌 금하느냐"라는 칙명을 내려서 한석진, 김창식 두 사람의 석방을 명령하였다. 모펫 목사는 이 칙명서를 들고 직접 평양까지 왔다.

그 후에 모펫 목사는 서울에서 평양으로 내려와 한 조사를 만나서 "핍박은 교회가 왕성하는 기회"라고 하면서 많은 위로를 하였다. 두 사람이 풀려난 것은 모펫 목사와 홀 선교사의 희생적이고 적극적인 활동과, 널다리교회와 술라청감리교회의 교인들이 철야 기도를 드린 결과였다. 한 조사는 고문에 시달려 허리를 상하여 평생 고생하였고, 김 전도인은 눈을 다쳤다. 그리하여 홀이 치료하여 실명은 면했으나 한쪽 눈에 흉터가 남게 되었다. 한 조사의 순교적 신앙의 열정은 한국교회 초창기에 교회 설립의 원동력이 되었다.

청일전쟁으로 평양이 일본군에게 점령되자 널다리교회는 한때 모이지 못했다. 그러나 시골로 피난을 간 한석진 조사는 그 지방에서 열심히 전도하였다. 황해도 수안군 공포면에 강진교회가 먼저 개척된 것은 한 조사가 피난 시 전도한 열매이고, 옹진리교회도 한 조사의 전도로 설립되었다. 황해도 재령에 교회가 설립된 것도 한국교회 사상 특기할 만한 일이었다. 이 시절 한 조사와 모펫 목사가 전도하는 동안에 관리들의 몰이해와 핍박 때문에 압박도 당하였거니와, 민간인들이 너무도 몽매하고 이해가 없었기 때문에 민망하고 곤란한 일이 한두 가지가 아니었다.

전도의 열매는 첫째로 서양 선교사들의 열정에서 비롯되었고, 둘째는 패망하는 나라의 부패한 관리들에 대한 반작용이었으며, 셋째는 국가의 패망으로 민족의 살 길을 찾는 데서 얻은 것이다. 마지막으로, 전도인들의 열정이다.

1897년 8월 5일, 서울 구리개 어비슨 의사 집에 전국 장로교 '미순회'

가 모였는데, 그 모임에서 보고된 기록을 보면 전국에 예배 처소가 101개소, 세례교인이 932인, 원입교인 2,344명, 그 가운데서 평양 지방의 세례교인이 377명, 원입교인이 1,723명으로 되어 있으며 지난 11개월 동안에 전국의 세례교인 347명 가운데 평양에서 세례 받은 교인이 173명이었고, 1898년 평양의 세례교인이 1,050명으로 널다리교회가 좁아서 그 교인을 도저히 수용할 수 없으므로 임시로 집을 얻어서 두 곳으로 나누어 모였다.

특히 토머스 목사를 살해한 사람들 중의 하나인 박춘권이 모펫 목사와 한 조사의 전도로 회개하여, 그해 가을에 널다리교회에서 세례를 받았다. 그는 후에 영수가 되어 교회를 열심히 섬겼다. 한석진 조사는 열심히 전도하였을 뿐 아니라 민족운동의 중요한 모임인 만민공동회 관서지부 회원이 되었고, 그 후에 유력한 간부로서 지도력을 발휘하였다.

널다리교회는 날로 부흥하여 앉을 자리가 없었다. 2부로 예배를 드렸으나 역시 좁았다. 그래서 1899년 3월, 모펫 목사와 한석진 조사는 제직들과 상의하여 예배당 건축 계획을 했는데, 그동안 갖은 박해와 고난에도 굴하지 않고 전도한 결과 교인 수가 날로 늘어나서 새로운 성전까지 짓게 되었다는 것은, 하나님께서 이 땅에 위대한 개척정신을 가진 당신의 사자들을 보내셔서 많은 은혜를 베푸신 결과로, 오직 하나님의 은혜에 감사했다.

모펫 목사는 한국인의 힘만으로는 불가능하다고 여겨져서 본국 선교부에 청원할 계획이라고 했다. 이때에 한석진 조사는 한국인의 손으로 지을 것을 주장하였다. 교인들이 헌금하고 주머니를 뒤집어 있는 대로 바치고, 어떤 교인은 자기 집 혹은 토지 문건을 바치고, 부인들은 금반지, 은반지, 머리의 다례를 바쳤다. 그리하여 연보한 액수가 5천여 원이었다. 나중에 선교사의 후원헌금이 2천 원이나 되었다. 교인 중에서 목수와 석수장이가 자기 기술과 시간을 바쳐서 일하기도 하고, 어떤 교인은 자기가 직접 가서 좋은 목재를 구해 왔다.

교인들의 건축헌금은 3년에 나누어 내게 했다. 첫 교인들이 헌금을 작정했는데, 3천 원의 연보가 모였다. 교인들은 많은 헌금에 스스로 놀라워했다. 이것이 그들의 믿음이었다. 샌프란시스코에 있는 트리니티 교회에서 신축될 교회에 풍금을 준비하기 위하여 모금하였는데, 250여 명의 주일학교 어린이들이 10센트씩을 모아 보내 주었다. 교회 건축이 거의 완성되어 갈 때 샌프란시스코의 몰톤(H. D. Morton) 씨와 개릿(S. T. Garrett) 여사가 큰 종과 종루를 기증하였다. 주님 오실 때까지 평양성과 근교에까지 들리기를 희망했다. 새벽기도회 시간을 알리며 주일 예배 시작을 알리는 초종과 재종이 울렸다. 한 번 울리면 30리까지 울렸다. 그러나 장대현교회의 종은 왜정 말기에 소위 '공출'로 빼앗겨 영영 자취를 감추었다.

한석진 조사는 자기 손으로 창설한 널다리골교회와 장차 발전하여 대교회가 될 장대현교회의 주도권을 자기의 전도를 받은 후배들에게 넘겨주고, 농촌인 소우물에 나가서 개척하였다. 그는 기도하는 동안에 늘 "이제는 새로운 일꾼이 많이 생겼다. 이 교회는 새 일꾼에게 맡기고 나는 다시 교회를 개척한다. 개척 사업이 내게는 적당한 일이다"라고 다짐하였으므로 널다리교회를 떠나기로 결정한 것이다.

본래 독립심과 자주정신이 강한 그는 당시에 교회를 창설하고 지도하는 일이 선교사들의 주관으로 운영되어 온 데 대하여 은근히 불만을 느꼈다. 또한 농촌과 무산자들도 예수를 믿어야 한다는 생각을 많이 했다. 일본의 침략의 마수가 점점 가까워오는 것을 알고, 농촌에서 무지몽매한 사람들을 깨우치고 교육시키고 예수를 믿게 해야 한다는 생각이었다. 그래서 농촌에 학교를 세우고 교육운동을 하기로 한 것이다.

한석진 조사는 1897년 가을부터 소우물에 힘을 기울였다. 1903년 이미 전도하여 터를 닦아 놓은 장천(將泉)으로 가서 교회를 개척하였다. 예배당을 지은 후에 신의학교를 설립하였고, 뒤이어 구동학교와 명의여학교와 신애여학교까지 세워서 근방의 어린이들을 위하여 소학교 교육을 시작하였다. 이것이 농촌교회에서 초등교육기관을 설립하게 된 시초라고 하겠고, 특히 여학교의 효시라고 하겠다.

이때 채필근 목사의 부친 채응빈 선생과 평양 근방에서 이름이 높던 학자로 예수교인이 된 전군보 선생을 신의학교와 신애여학교에 청빙하였다. 근방의 청년들을 전도하여 기독교인이 되게 했으며, 애국정신과 독립사상을 불어넣고 교육열을 고취하는 강론과 토론회를 자주 열었는데 남녀 청년들이 많이 모여들어 한 조사와 전 선생에게 신앙과 애국정신을 지도받았다. 한 조사는 10년 동안 평양 동부 변두리 지역에서 사역했으며, 그곳에 일곱 교회를 세웠고, 300여 명이 모이는 소우물교회에서 장로로 봉직하였다.

1904년 모펫 목사는 이길함, 웰스 의사 등과 평양공의회를 조직하고 신학교 운영을 시작하였다. 1900년에 서울에서 언더우드 목사가 사랑방 신학반 모임을 시작하였다. 두 곳을 모두 인정하여 1904년에 학생들을 추천하여 공부하게 되었으며, 그해에 평양공의회는 모펫 목사를 평양장로회신학교 초대 교장으로 추천하였다. 처음에는 2년 기한이었으나 그 후 계속해서 교장의 자리에 있으면서 이 학교를 훌륭한 신학교로 육성하였다.

1907년에는 75명의 학생이 1, 2, 3, 5학년에 나뉘어서 공부하였고 동년 6월 20일 한석진은 서경조, 양전백, 길선주, 방기창, 이기풍, 송인서 등과 함께 평양신학교 제1회 졸업생이 되었다. 1907년 9월 17일, 조선예수교장로회 제1회 독노회에서 한석진은 함께 졸업한 6명과 더불어 목사 안수를 받았다. 한국 장로교 역사상 첫 안수식이었고, 한석진 조사는 첫 번째 목사 중 한 사람이 되었다. 이 졸업생 7명 중에서 제일 먼저 예수 믿고 신앙생활한 사람은 한석진 목사였다.

1907년 9월 17일, 평양 장대현교회에서 노회가 조직되었다. 노회장에 모펫 목사, 서기는 한석진 목사, 회계는 이길함(李吉咸, Graham Lee) 선교사가 선정되었다. 이때로부터 한석진 목사는 계속 대한예수교 장로회 노회의 역사를 기록하는 소임을 맡아 성실하게 감당하였다. 이 같은 역사적인 대한노회의 설립에 임하여, 최초 7인 목사 중의 대표인 한석진 목사와 길선주 목사가 함께 기초한 대한예수교 장로회 노회 회록 서문 전문을 기록했다.

1909년 9월, 제3회 조선예수교 독노회는 평양신학교에서 모임을 갖고 〈예수교 회보〉 발행을 계획했다. 신문위원회 조직에서 한석진 목사가 8명의 위원 중 한 사람이 되었고, 9월 7일 한석진 목사가 신문사 사장으로 선출되었다. 한석진 목사는 한국교회 신문 사상 초대 사장이 되었다. 그런데 일본 동경에 있는 한국 유학생들의 예배 모임에서 교회 설립에 필요한 인물을 지원해 달라고 한국교회에 요청하였다. 이것은 제3회 총회에 정식 안건으로 상정되었다. 그리하여 한석진 목사를 1개월간 파송하여 교회 설립을 돕도록 하였다.

이때 독노회가 요구했던 일본 선교사의 조건은 다음과 같다.

1) 서구화된 일본문화를 상대할 만한 인물
2) 일본의 한국 침략 야욕으로부터 유학생들을 보호할 수 있는 민족의식이 강한 사람
3) 한국보다 먼저 기독교를 받아들인 일본의 수도에서 활동해야 하므로 인격이 탁월한 인물
4) 앞선 문명을 배우러 온 유학생들이니만큼 그 지식에 있어서도 탁월한 인물

위와 같은 인물을 선정하기 위하여 정사위원회에 위촉하였으며, 동 위원회는 숙론한 끝에 한석진 목사를 이에 적합한 사람으로 지명했다.

한석진 목사는 이때 마침 〈예수교 회보〉 사장으로 선임되어 장천교회를 떠나서 단신으로 서울에 와서 동사의 창간을 위하여 준비 중에 있었다. 일본은 명치유신(明治維新) 이래 서구문화를 전적으로 받아들여서 크게 발전하였고, 그 실력을 뒷받침으로 우리나라를 강점하려는 야욕이 노골화되어 보호조약을 구실로 내정 간섭에서 병탄으로 급진전되어 가는 때였다. 그리하여 동경 유학생의 위치가 미묘한 데다가 적어도 일본의 수도에 가서 굽히지 않는 지도자가 되려면 그 인격에 있어서나 지식에 있어서 탁월한 인물이어야 했다. 이에 신문사 사장의 중임을 맡은 한석진 목사를 일시나마 동경에 보내기로 결정하였다. 1909년 예수교장로회 독노회 제3회 회록은 그 사실을 자세히 기록하고 있다.

1909년 9월, 노회를 마친 후 10월에 한석진 목사는 동경으로 갔다. 한석진 목사는 모펫 목사의 소개로 동경 주재 헵본(J.C. Hepburn) 선교사를 만나 보았으며, 일본인 우에무라(植村正久) 목사의 알선으로 셋집을 얻어 처음으로 한국인 교회의 예배를 시작하였다. 한석진 목사는 간다(神田)에 가옥을 세내어 한국 YMCA 사무실 겸 예배당으로 사용함으로 일본 동경 YMCA에 더부살이하고 있던 유학생의 '자생적 신앙 공동체'를 독립시켰다. 이것이 '일본 한인교회'의 시작이었다. 1개월을 약속했으나 3개월 후에야 돌아왔다. 한 목사는 우에무라 목사와 친교를 맺고 지내면서, 한 목사가 교역자 양성을 위하여 유능한 학생을 보내면 자기가 경영하는 신학사에서 공부시켜 주겠다는 약속을 받고 귀국 후에 한 목사의 주선으로 이 신학사에 가서 공부한 사람들이 있었다.

한 목사는 신문사 창설에 필요한 1천 원 모금에 나섰고, 심혈을 기울인 결과 성공하였다. 1910년 2월 28일 〈예수교 회보〉 신문 첫 호가 발행되었다. 〈예수교 회보〉 제1권에 발표된 수많은 사설 중에서 사장 한석진 목사의 뜻과 주체성을 가장 뚜렷하게 나타낸 것은 '합일론'이다. 그는 '합일론'에서 교회의 단합을 강조하였다. 그리고 그 전년에 동경에 가서 일본 문부대신과의 면담에서 얻은 인상을 노골적으로 피력하기도 하였다.

> 인간은 먼저 하나님과 합해야 한다고 강조했다. 그리고 인간이 인간으로 더불어 합할 때 모든 일을 합리적으로 이루어 갈 수 있다는 것이다. 하나님과 합하지 못하면 변하여 고해가 되고, 인간이 상중하 세 단계로 나누이므로 사람과 사람이 합하기 어렵다고 했다. 상류는 권위를, 중류는 보수에 몰두하며, 하류는 낮은 처지에 골몰하여 어떤 이는 태평가를 부르며 또 어떤 이는 실망과 탄식이 그치지 않으므로 세상일의 흥망과 성쇠를 모른 체하는 태도로 장차 패망에 이르는 것을 알지 못한다고 했다.
> 남녀 두 사람이 합쳐 일체가 됨같이 하나님과 사람이 합하여 둘이 하나가 됨으로 무궁한 신비의 행복을 누릴 것을 기약하고 믿게 하는 것이 종교의 사명이요 종교의 원칙이다. 천하의 이치가 합한즉 이롭다는 것은 이것을 말함이니 사람으로 합하는 동시에 하나님으로 더불어 합하기를 힘쓸 것이라.

북촌 가까이에 승동교회나 연동교회가 있어서 북촌의 양반들이 이미 그 교회에 상당수 출석하고 있었다. 신앙을 통한 민족운동이 두 교회에 나가는 인사들을 중심으로 여러 형태로 진행되고 있었기에 더 이상의 교회 설립이 시급한 것은 아니었을 것이다. 그럼에도 교회 설립을 추진한 것은 몇 가지 동기가 있었다.

첫째, 교회를 많이 설립하는 것이 민족운동의 일환으로 생각되었고, 둘째, 지리적 여건을 들 수 있다. 셋째, 복음을 상류 계층인 양반에게 전하기 위해서는 그들이 많이 살고 있는 북촌에 교회를 설립하는 일에 서두르지 않을 수 없었다. 연동교회는 양반 교인과 상민 교인이 뒤섞여 있었다. 승동교회 형편도 비슷했다. 소실로 있는 여인들과 백정들이 많다고 해서 '첩장교회'라는 별명이 붙여진 교회였다.

1909년 봄, 완고한 양반들만 살고 있던 서울 북촌에 복음의 빛이 비쳐서 전도의 문이 열리게 되었다. 승동교회와 연동교회에 다니던 교인들이 재동 김창제의 집에서 주일 저녁과 삼일 저녁이면 기도회로 모이기 시작하였으니, 이 기도회에 참석한 사람들은 김창제, 조중완, 이주원, 장석윤, 유성준 등이었다. 그 후 얼마 안 되어 박승봉, 황기연, 정경덕, 이수삼 등이 참가하였고, 박승봉의 주선으로 소안동에 있는 초가를 매수하여 예배당으로 사용하였다. 이것이 안동교회의 출발이었다. 이때 한석진 목사는 신문 관계로 서울에 있었다.

대한노회는 1910년 가을부터 한석진 목사를 안동교회의 전도목사로 파송키로 하는 동시에 〈예수교 회보〉 사장 일은 게일 목사에게 맡기기로 결정하였다. 한 목사는 〈예수교 회보〉를 맡은 지 1년 만에 사장직에서 물러나 교회로 돌아갔다. 이때부터 한석진 목사는 안동교회를 목회하게 되었다. 그 후 1911년 5월 17일 수요기도회 시 박승봉을 장로로 선출하고, 동년 9월 10일 주일 오후에 박승봉 장로 장립식과 성찬식을 거행함으로 안동교회는 조직 교회가 되었다.

한석진 목사가 안동교회에 부임한 후 첫 번째로 한 일은 교회 안의 남녀석 사이에 쳐놓은 휘장을 없애는 일이었다. 한 목사는 어느 날 삼일 기도회가 끝나고 교회 직원들을 소집한 후 돌연히 남녀 반을 가로막는 포장을 없애자고 제의하였다. 갑론을박 끝에 한 목사의 제의를 받아들인 제직이 많아져서 결의하였고, 남녀 반 휘장을 없앤 최초의 교회가 되었다. 예배당 신축 때 이미 남녀 출입문도 구별 없이 하나로 하였다.

이 휘장 철폐 문제는 1913년 9월 7일에 개회된 예수교 장로회 제2회 조선 총회에 헌의되었으나 조심스럽게 개교회 형편에 따라 하도록 결의되었다. 이때 안동교회는 이미 휘장을 철폐한 한석진 목사의 과단성 있는 목회의 일면을 엿볼 수 있다.

또 한번은 장덕창이라는 사람이 불의에 모친상을 당하였으나, 극히 가난하여 남의 행랑 한 칸을 빌려 사는 형편이었으므로 장례를 치를 수 없는 처지였는데, 이것을 알게 된 한 목사는 박승봉 장로와 같이 그 행랑방에 가서 손수 시체를 다루며 장례의 모든 일을 치러 주었다. 이때 그 집 주인 민경호는 양반의 지체로 보아서 박 장로를 우러러보는 처지였는데, 그러한 분이 행랑방에 들어가서 하는 일들을 보고 이것이야말로 예수를 믿기 때문에 생기는 일이 아닐 수 없다는 것을 느끼며 탄복하였다. 이 일은 북촌 일대에 사는 양반들 사이에 큰 화제가 되었다.

휘장 철폐가 남녀간의 차별을 극복하는 노력이었다면, 장례 사건은 계층간의 차별을 넘어선 그리스도의 사랑의 실천이었다. 안동교회가 북촌에 사는 양반들 사회에 조용한 의식의 혁명을 일으킨 것이다.

안동교회의 건축 계획은 1911년부터 본격화되어 6월에 '소안동예배당 건축위원회'가 조직되었다. 이 계획도 여러 번 예배당 건축의 경험을 가진 한석진 목사가 주축이었다.

교회당 건축을 결정했다. 모금해서 대지를 사고 나니 한 목사가 설계한 벽돌집 예배당 건축에는 아직도 많이 부족했다. 그때 정동에 중국인 건축업자인 모문서(慕文序)라는 사람이 살고 있었는데, 그와 교섭하여 우선 약간의 전도금만 먼저 내고 잔금은 준공 후에 지불할 터이니 예배당을 건축해 달라고 요청했다. 1만 원이 되는 거액의 건축비를 외상으로 지은 것이다.

하루는 박승봉 장로와 외무대신이었던 박제순을 찾아갔다. 그는 박승봉 장로와 가까운 친척이었다. 국운이 기우는 이때 민족과 국가를 건질 수 있는 길은 예수 그리스도의 복음을 전하는 길밖에 없으니 예배당 건축을 위하여 기부할 것을 간곡히 청하였다. 이에 그는 두말 없이 8천 원을 연보하였다. 이로써 모든 빚을 청산할 수 있었다. 그리하여 2층 벽돌 건물인 예배당을 지어 아래층은 주일학교로 사용하게 하였고, 역시 벽돌 2층의 목사관도 건축하였다.

개화주의자인 외부대신을 지낸 유길준도 이 일이 있은 후에 안동교회에 나오게 되었다. 한석진 목사는 안동교회에서 뜻있는 젊은이들을 여러 명 양육했다. 그들 중에 윤상훈, 김은호, 윤상찬, 김우현, 박칠양, 김인식, 이정섭, 정경덕, 이수삼 등이 있다.

한석진 목사는 인재들을 양성하는 데도 열심이 있었다. 그의 진취적이고 뛰어난 지도력에 감화를 받은 많은 청년들이 그의 지도를 받았고, 훗날 한국교회와 사회의 지도적 인물이 되었다. 한석진 목사는 시골에서 올라온 가난한 선비 오건영(吳建泳)과 이정로(李鼎魯)를 방승봉 장로의 사랑에 식객으로 머물게 하면서 그들을 신앙적으로 지도하였다. 오건영은 1913년 경충노회의 추천을 얻어 평양신학교에 입학하여 1923년 졸업하면서 목사가 되었다. 한편 한석진 목사는 동경신학사 교장인 우에무라와 교섭하여 1917년 이정로를 입학시켜 1922년에 졸업하게 하였다. 한석진 목사는 안동교회를 6년 4개월 목회하였다. 비록 짧은 기간이었으나 안동교회를 세우고 건축하고 혁신적인 개혁으로 북촌의 양반들을 역사의 진취적인 인물들로 성장시켰다.

한석진 목사는 안동교회를 목회하는 동안 각 지방의 교회로부터 초빙을 받고 사경회를 인도하러 가는 일이 많았다. 1916년 정월에 마산포교회에서 사경회를 인도했다. 1901년 마산포교회로 시작했다. 한 목사의 사경회에서 많은 은혜를 받은 후 한 목사를 청빙하였다. 마산포교회에 부임하니 창신학교 강당을 빌려서 예배를 드리고 있었다. 한 목사는 이만한 교회가 하나님께 예배를 드린다고 하면서 남의 학교를 빌려 사용한다는 것은 직원과 교우들의 무성의라고 지적하였다. 그리고 조속히 예배당을 건축할 것을 권하였다. 한 목사는 미약한 마산포교회를 1919년 2월 사임하기까지 3년 동안 뜨거운 신앙과 열정으로 교회 발전에 온갖 힘을 다하였다. 그리하여 무악산 기슭에서 석재를 실어다가 석조 예배당을 짓기 시작하였다. 일부 완성함으로 창신학교로부터 옮겨 예배를 드리니 교인들의 기쁨이 매우 컸다. 준공은 못하고 떠나게 되었으나 마산포교회 석조 예배당은 한 목사의 설계이며 노력의 결정이었다. 한 목사는 마산포교회 재임 중인 1917년에 장로회 총회장에 피선되기도 했다. 1919년에 문창교회로 개명했다.

한석진 목사가 마산포교회에 부임한 지 1년 반이 지난 1917년 10월 21일 이일심 사모가 3남 3녀를 남겨두고 별세하였다. 그리고 1918년 늦은 봄에 친구인 김천일 목사의 주선으로 평원군 출신인 오선신을 부인으로 새로 맞이하였다. 1919년 초 마산포교회를 사임하고 고향인 의주에서 가까운 백마로 이사했다. 마산포교회를 사임할 때 후임자로 평양에서 한 목사에게 전도 받고 후일 목사가 된 박정찬 목사를 천거하였다.

한석진 목사는 한동안 모든 시름을 잊고 소원이던 농촌생활을 하며 심신을 휴양할 기회를 가질 수 있었다. 그러나 이때 1919년 봄에 3·1운동이 일어났다. 많은 교회 지도자들이 이 운동에 가담했다가 체포되어 옥고를 당하였다. 신의주교회 김병농(김관근 목사의 조카) 목사도 수감되자 한석진 목사가 백마에 은거했다는 말을 듣고 그를 청빙하려 하였다. 한 목사는 교회를 위해서 신의주교회에 부임했다.

교회 형편을 생각할 때 목자 잃은 교우들을 불쌍히 여겨 위로하며 신앙적 용기를 북돋아 주었다. 한 목사는 예배 분위기를 쇄신했다. 예배 시간에 이야기를 하거나 여름철 더운날 부채질을 못하게 하는 것은 물론 졸거나 헛기침을 하는 것, 머리를 흔드는 사람이 있으면 "하나님 앞에서 그런 불경스러운 짓이 어디 있느냐?"라고 소리쳐 꾸짖었다. 하나님의 성전에서는 어디까지나 단정하고 엄숙한 태도를 가져야 한다는 것이다. 그래서 그때에 "신의주교회에서 예배드리는 사람들은 마치 부처님을 모셔다 놓은 것 같다"라고 하는 말이 돌았다.

이것은 한 목사의 인격이다. 또한 그는 선진국 집회에서 가지는 태도를 힘써 가르쳐서 처음부터 교인들의 정숙한 습관을 길러 주었다. 수많은 교인들이 모여들었다. 이로써 신의주제일교회는 전국에서 많이 모이는 교회 중 하나가 되었다.

1921년 공사비 1만 3천 원을 들여서 총건평 125평 벽돌 2층 예배당을 건축하고, 다음해에 인접기지 약 200평을 매수하여 부속건물을 증축하고 소속 교육관으로서 신명유치원과 신명학원을 설립하였다. 한 목사의 특징이라면 외부의 원조를 받지 않고 본 교회 교인들의 힘으로 건축하는 것이었다. 전국에서 가장 큰 예배당을 건축했다. 1921년 신의주 제2교회를 분립했다. 한석진 목사는 신의주제일교회에서 10년을 목회하고 서울로 올라왔다. 교회를 목회한 것으로는 가장 오랜 기간이었다. 한 목사나 교회 성도들이나 헤어지기를 섭섭하게 생각했으나 한 목사는 자기가 마지막 헌신할 일이 금강산 수양관 건축이라고 여기고 결단을 내렸다.

1927년 총회에서 금강산 수양관 건축을 주장하여 결의하고 건축 책임을 맡았다. 예산은 3만 원이었다. 금강산 수양관 건축의 의의는 세 가지였다. 첫째, 불교 사찰만 있는 곳에 기독교 수양관을 건축함이요, 둘째, 목사들이 기도할 수 있는 집, 노년에 거할 수 있는 집을 지음이다. 마지막으로 금강산을 세계적 명소로 소개해야 한다는 것이었다.

총독부에 수양관 대지 대부를 신청하여 10년간 사용할 수 있도록 허락을 받았다. 금강산 온정리에 8천여 평의 국유지 임야를 대부받아 석조 2층 강당과 기숙사를 세우기로 하고 1927년 건축 기성회를 조직하였다. 한석진 목사는 한 손에는 성경책, 다른 한 손에는 환등기를 들고 전국을 돌며 사경회를 하면서 모금하였다. 사경회에서 금강산 수양관의 필요성을 강조한 것이 많은 성도들에게 큰 반응을 일으켰다. 한국 교인들의 헌금으로 금강산 수양관을 완공하였다.

공사 1년 만인 1930년 9월에 만물상의 삼선암을 서쪽으로 바라보며 높이 솟은 수정봉 밑에서 동해를 눈앞에 내다보는 한하계(寒霞溪) 골짜기 사다리골, 맑은 시냇물이 쉬지 않고 흐르는 계곡 중앙지대 가장 좋은 위치에 한 목사가 오래 꿈꾸던 수양관의 준공을 보게 되었다. 1931년 9월 11일, 제20회 장로교 총회를 금강산 수양관에서 모여 역사적인 헌당식을 거행하였다. 명칭을 '금강산 기독교 수양관'이라 했다. 그러나 10년 계약이었다는 이유로 1941년 일본인들에 의하여 철거되고 말았다. 초석에 들어 있던 한 목사 자작, 자필의 정초문은 현재 기독교 박물관에 진장(珍藏) 보관되어 있다.

1937년 한 목사는 자녀들의 도움으로 서울 당인리에 간소한 가옥을 신축하고 도화동에서 다시 이곳으로 이사하였다. 한 목사는 서울에 살면서 평양 장대현교회 분규 사건을 조정할 사명을 띠고 잠시 평양으로 간 것이 만년에 관계한 일 중의 하나였다.

한 목사는 말년에 간경화로 고생했다. 가족들의 만류에도 불구하고 말년을 금강산 수양관에서 휴양하려고 부인과 함께 갔다. 그러나 일주일 만에 서울로 되돌아왔다. 그리하여 1939년 8월 20일 오후 10시에 "사는 것도 주님의 뜻이요, 죽는 것도 주님의 뜻이다"라는 최후의 말을 남기고, 가족들과 마침 문병차 왔던 김명선 박사, 고병간 박사 외 몇몇 교우들과 작별한 후, 한국 기독교의 개척과 발전을 위하여 일생을 바친 한석진 목사는 괴롬 많고 수고 많은 이 세상을 73세를 일기로 주님의 품으로 돌아갔다.

채필근 목사가 편찬한 《한석진 목사와 그 시대》에는 한석진 목사를 "본시 실행가요 활동가이었고 학자나 사상가는 아니었다. 그러나 사상 없는 실천과 신념 없는 활동이 어떻게 크고 좋은 결과를 맺을 수 있으랴"라고 기록했다. 한 목사는 성실한 예수 그리스도의 제자였으며 진정한 애국자였다. 그래서 전도할 때도 복음을 믿어 구원받고 잘사는 나라가 되어야 한다고 했다. 그는 애국운동을 할 때도 있었다. 그는 순간에 회개하고 예수를 믿은 사람이 아니었다. 몇 차례 망설임이 있었다. 그는 결정에 매우 신중했다. 그것은 유교와 불교에 실망했기 때문이었다. 그러나 기독교에 귀의한 후에는 절대 신앙인이 되었다.

그는 전도에 탁월한 능력을 갖고 있었다. 이것은 구원받은 확신에서 나왔으며, 또한 사람을 사랑하는 데서 나온 확실한 실천이었다. 이에 신학교 동창들을 전도한 열매를 맺었다. 남강 이승훈이 한일합방 직후 평양에서 한석진 목사의 '십자가의 고난'이란 설교를 들었다고 한다. 그 설교의 내용은 이스라엘 백성의 애굽에서의 고난, 모세의 출애굽, 예수님의 가르침, 그리고 예수님께서 인류의 구원을 위하여 십자가에 죽으셨다는 것이 요지였다. 그 내용은 민족의 현실이었다. 그의 설교 한마디 한마디가 나라를 잃고 슬퍼하는 민족의 심정을 드러냄으로 남강에게 놀라운 감명을 주었다.

또 그의 능력은 건축이었다. 장대현교회, 장천교회, 안동교회, 문창교회, 신의주제일교회, 그리고 금강산 기독교 수양관을 건축했다. 그것도 성도들의 헌금과 자기의 설계도에 의해 건축했다. 더욱이 외부나 선교사들의 도움이 아니라 교회 성도들의 순수한 헌금으로 이루어졌다. 금강산 수양관을 건축하기 위하여 제주도까지 가서 모금운동을 벌여 완공하였다.

한석진 목사가 선교사 반대운동을 했다는 흔적이 있으나 그것은 선교사 배척운동이 아니라 선교 방법의 개선을 주장한 것으로 여겨진다. 한석진 목사는 모펫 선교사에게 전도 받고 예수를 믿고 세례 받았으며, 신학교에서 그에게 교육을 받아 목사가 되었다. 모펫 선교사와 협력해서 평양을 중요한 선교구로 수립했으며, 재혼할 때 게일 목사가 주례를 서기도 했다.

한 목사는, 한국교회는 한국인의 지도로 이루어 가야 한다고 주장했다. 이것이 토착화요 민족교회의 형성이었다. 그는 선교사에게 봉급을 받지 않았으며 교회와 수양관을 건축할 때도 모금이 매우 어려웠지만 오직 한국인의 헌금으로 감당해야 한다고 주장했다. 한석진 목사는 한국교회가 자립해야 한다고 주장했다.

그는 개혁가였다. 총회에서 헌법을 제정하였으나, 교회는 법에 의한 기관이 아니라 법 없이 바르게 개선되어야 한다는 것이 그의 주장이었다. 전통을 깨는 입장에서 먼저 상투를 자르고 양복을 입었으며, 예배당의 남녀석 휘장을 철폐했다. 그리고 여집사 제도를 도입하기 위해 총회에서 토론을 벌여 통과시켰다. 그는 한국교회 초기에 두각을 나타낸 목사였다.

유경재 목사는 한석진 목사에 대하여 "한석진의 진보적인 사고는 교회 안에서 금주, 금연을 시행함에도 불구하고 담배를 피우고 포도주를 공공연하게 마시는 일을 개의치 않았다. 그는 교회 규칙을 이것저것 정하는 것을 원치 않았고, 그것을 별로 중히 여기지 않았다. 자기 양심에 거리낌이 없다고 생각했을 때 제도나 의식이나 계율에 매이지 않았고, 그래서 그는 흡연이나 술 마시는 일을 굳이 감추려 하지 않았다"라고 하였다.

한 목사가 주초를 할 때 선교사나 교인들이 지적했다. 그때 숨어서 하는 것은 잘못된 것이라고 했다. 주초는 교리적인 것이 아니었다. 그러나 절제의 일환으로 전개했던 교회운동이었다. 그는 지도자로서 모범을 보였어야 했다. 사도 바울은 "만일 음식이 내 형제를 실족하게 한다면 나는 영원히 고기를 먹지 아니하여 내 형제를 실족하지 않게 하리라"(고전 8:13)고 하였다. 이것이 교회 지도자의 모범이다.

한석진 목사는 평양교회, 장천교회, 일본 동경 유학생 교회의 개척자요, 서울 안동교회, 문창교회, 신의주제일교회의 중흥자요, 교회 신문의 개척자요, 금강산 기독교 수양관의 창설자로서 언제나 선견의 사명과 혁신으로 교회를 새롭고 넓은 곳으로 이끌고 나갔다. 그는 한곳에 오래 머무르지 않았고 전국적으로 여러 사업에 관여했다.

한석진 목사는 한국교회를 위한 지도자였다. 그러나 그가 여러 교회를 개척하고 건축하고 목회한 삶을 보면, 신의주제일교회에서 10년 동안 목회한 것이 가장 오랜 기간의 목회였으며 이때가 가장 성공적인 삶이었다. 목회의 보람을 느낀 곳이었다. 그래서 떠날 때 한 목사나 교회 성도들이 매우 섭섭해 했다.

그는 전국 교회를 위한 지도자였다. 한경직 목사는 한석진 목사를 '선각자'였다고 하면서, 신학교를 졸업한 7명 중 "한 목사님은 벌써 그때에 머리를 깎고 안경을 쓰고 단장을 가지신 모습을 볼 수 있습니다"라고 하였고, 백낙준 목사는 그를 "한국교회의 개척자"라고 하면서 두 가지 특징을 기록했는데 "첫째, 한 목사님은 내외국 동역인들과 같이 협력하여 장로교회의 정치제도를 우리 문화 환경에 알맞게 제정하였다. 둘째, 독립교회를 완성하려면 자진 전도, 자력 운영, 자주 치리의 세 가지 조건을 구비하여야 한다. 그런데 한 목사님은 이 세 가지 조건을 적극 추진하여 성취하시었다. 선교사들이 전도해 주기를 기다리지 않고 자기 신앙의 확증대로 전도하여 교인을 얻었고, 예배당 건축과 교회 직원들의 봉급도 선교사들에게 의뢰하지 않았고 교회의 모든 사업도 자력으로 운영하였다"라고 하였다.

하나님께서 그에게 주신 달란트는 진정 다른 사람에게 주지 않았던 것이었으며, 그는 이를 충성되이 감당한 예수님의 제자였다.

02 이자익 목사
(李自益 牧師, 1879-1958)

섬김의 본을 보인 목회자

    이자익은 1879년 7월 25일, 경남 남해군 이동면 다정리 섬마을의 장수 이씨 이기진(李基珍)과 박정근(朴定根) 집안에서 독자로 태어났다. 3살에 부모를 여의고 친척집에 맡겨졌으나 그 집도 가난하여 배가 고팠다. 그는 부잣집의 머슴이 되면 배불리 먹을 수 있다고 생각하고 14살에 친척집을 떠나 배를 타고 여수로 갔다. 몇몇 곳을 거쳐 17살에 김제로 가서 그곳의 거부였던 조덕삼 집의 마부가 되었고, 성실하여 주인의 두터운 신임을 받았다. 청년기에 접어든 이자익은 마부를 그만두고 장사하여 안정된 생활 기반을 마련하였다.

    그가 마부로 있을 때 선교사로 순회 전도를 다니던 테이트(Liwis boyd Tate, 최의덕) 선교사가 조덕삼 집에서 유하는 때가 있었다. 그때면 이자익이 그의 말을 먹이고 밤에 잘 쉴 수 있도록 보호하였다. 몇 차례 안면이 있을 때 테이트 선교사의 전도를 받고 조덕삼과 이자익이 성령의 역사로 예수를 믿게 되었다.

    1904년 이자익은 조덕삼과 함께 테이트, 곧 최의덕 선교사의 인도로 조덕삼의 집에서 예배를 시작하여 두정리교회(금산교회 전신)를 개척하였다. 같은 해 이자익은 최의덕 선교사의 주례로 김선경과 결혼했다.

1906년 세례를 받고 교회의 영수로 임명되었다. 1907년 11월경 통계를 보면 세례교인 75명이요, 전체 교인 수는 200여 명이었다. 한때 이자익은 조덕삼의 머슴으로 마부였으며, 교회에서는 같은 위치라 해도 재산으로 보나 지역사회의 인지도로 보나 비교할 수 없는 두 사람이었다. 그러나 교회 성도들이 장로를 선출하기 위해서 투표하니 조덕삼보다 이자익의 표가 월등하게 많이 나왔다. 그 결과 1908년 두정리교회 초대 장로가 되었다.

최의덕 선교사가 매주일 올 수 없으므로 이자익 장로가 주일 낮, 저녁, 수요일까지 설교하는 경우가 많았다. 이 교회는 매우 훌륭한 특징을 가지고 있다. 1893년 설립된 서울의 승동교회는 백정 출신인 박성춘 집사가 장로로 선출되었을 때 여기에 반발한 양반들이 나가서 안동교회를 설립했고, 서울 연동교회에서는 1894년 갖바치 출신 고찬익 집사가 먼저 장로로 선출되었는데, 그로 인해 양반들이 이탈하여 종묘 근방에 묘동교회를 설립했다.

그러나 금산교회에서는 자기 집에서 마부로 일하던 이자익이 주인 조덕삼보다 먼저 장로로 장립을 했는데도 조금도 문제가 없었으며, 오히려 조덕삼이 성도들을 향해서 "이자익 영수는 저보다 믿음의 열의가 훨씬 높고 정말 훌륭한 분입니다"라고 격려하였다는 것은 최의덕 선교사의 복음 선포와 바른 목회가 만들어낸 영적 리더십의 영향이라 할 수 있다. 조덕삼 영수는 이자익 장로를 극진히 섬겼다.

조덕삼 영수는 예배당을 건축하기 위하여 자기 소유의 과수원 농장을 헌납하였다. 그때 이자익 장로는 성도들과 함께 모악산에 올라가 아름드리 소나무를 베어다가 예배당을 건축하였다. 이자익이 조덕삼과 협의하여 1907년 3월 2일 예배당 건축 기공 예배를 드렸다. 건물 구조는 전형적인 조선시대 중부지방의 단층 고패집 형태였다. 남북으로 다섯

칸 집을 앉히고 북쪽 모서리에서 동쪽으로 두 칸 집을 이어 붙여 외형으로 보면 'ㄱ'자를 뒤집어 놓은 형태인데, 모두 합쳐 27평의 건물이었다. 그리하여 예배당 왼쪽은 여자 석이요, 오른쪽은 남자 석이었다. 그리고 천으로 가운데 막을 쳤다. 이것은 유교 전통에 의해서 남녀가 한 자리에 함께 앉을 수 없다는 것을 감안한 것이었다.

상량문은 조덕삼이 직접 써넣었다. 남자 석에서 위를 보면 천장에 상량문이 있는데, 한자로 고린도후서 5장 1-6절이었고, 여자 신도석은 고린도전서 3장 16-17절을 한글로 썼다. 이렇게 지어진 금산교회 예배당은 좋은 나무로 지었으므로 지금까지 보존되어 있다. 1908년 4월 4일 헌당식이 거행되었다. 인도는 이자익 장로, 설교는 최의덕 선교사, 축도는 배유지 선교사가 담당했다. 이 교회는 1997년 7월 18일 전라북도의 문화재 자료 제136호로 지정되었다.

이자익은 장로가 된 다음 1909년 9월 전북 대리회에서 최의덕 선교사의 조사로 임명되어 전도를 시작하였다. 조사는 선교사를 도와 교회를 순방하면서 설교하고 학습 교육과 문답을 하였다. 이자익 조사는 테이트 선교사를 도와 두정리와 구봉리를 비롯한 18개 지역의 순회 조사로 활동하면서 두정리교회(현 금산교회)에서 구봉리교회(현 원평교회)를 분립하였다. 이자익의 공식적인 목회 사역이 이때부터 시작되었다.

1909년 멀리서 오는 교인들이 많아지자 삼길교회와 원평교회를 분립시켰다. 금산교회 교인 수가 50명이 넘게 되어 장로를 선출하게 되었다. 이번에는 조덕삼 영수가 선출되었다. 두 사람은 열심히 교회를 섬겼다. 1910년, 조덕삼 장로가 이자익 장로의 학비와 생활비를 책임지기로 하고 이자익은 평양장로회신학교에 입학하여 1915년 제8회로 졸업했다.

동년 8월 전라노회에서 목사 안수를 받았으며, 최의덕 선교사의 동사 목사로 금산교회에 부임하였다. 그 교회의 마부로 출발한 사람이 세례를 받고 영수가 되었으며, 장로가 되었고, 신학교를 졸업한 즉시 금산교회의 목사로 청빙된 데 대하여 노회에서는 모두 놀라워했다. 이렇게 좋은 전통이 이루어진 것은 이자익 목사의 훌륭한 면이 있었음은 물론 조덕삼 장로의 겸손과 존경의 덕이 컸으며, 복음을 전해 준 최의덕 선교사가 그들의 믿음의 스승으로서 큰 뒷받침이 되었다고 할 수 있다.

1919년 전라노회에서 전북노회를 분립하였다. 여기에는 이자익 목사의 노력이 매우 컸다. 그는 초대 노회장에 선출되었으며, 다음해에도 계속 노회장을 맡았다. 그는 행정 능력이 탁월했다. 조직에서부터 운영에 이르기까지 빈틈이 없었다. 많은 사람의 협력을 받으며 평화적으로 사역을 운영해 가는 모습이 매우 아름다웠다. 그의 명성은 전국 교회에 미쳤으며, 금산교회의 미덕이 또한 아름다운 이야기로 전달되었다.

1920년 4월, 그는 당시 호남 굴지의 교회인 군산 개복동교회와 구암교회로부터 온 위임목사 청빙도 단호히 거절하고 농촌교회이자 자기가 설립한 금산교회를 떠나지 않았다. 1921년 8월에 전북노회에 보고된 양 교회의 통계는, 이자익 목사의 봉급이 구봉리교회가 203원, 팟정리교회가 120원으로 모두 323원이었다. 나중 이야기지만, 1952년 함태영 목사가 부통령이 된 후 이자익 목사에게 교통부와 체신부의 내각으로 영입하여 전후의 정부 재건에 큰 역할을 해주기를 기대하였다. 그러나 입각 교섭을 받은 이자익 목사는 일언지하에 거절했다. "지금까지 목사로 살았으니 앞으로도 목사로 종신하겠다"는 것이 그의 대답이었다.

제13회 대한예수교 장로회 총회는 함경북도 함흥읍 선창리 교회당에서 1924년 9월 13일에 개최되었다. 19개 노회에서 파송된 총대 선교사들까지 합해서 196명이었다. 총회장은 함태영 목사였다. 투표 결과 당시 부총회장이었던 안승원 목사를 제치고 이자익 목사가 대한예수교 장로회 제13회 총회 총회장에 당선되었다. 신학교를 졸업한 지 9년 만이요,

그의 나이 45세였다.

이자익 목사보다 더 훌륭한 목사가 많았다. 금산교회는 전라북도에 위치한 농촌교회이며 교세는 200명 정도였다. 평안도나 황해도에는 큰 교회 목사들이 많았다. 부회장으로 당선된 임택권 목사도 그보다 신학교 1년 선배였으며, 일본 고베 중앙신학교를 졸업하였다. 그럼에도 이자익 목사가 총회장으로 당선되었다. 일부 총대들은 그가 총회를 잘 이끌어갈 것인가를 염려했다.

그의 총회장 당선을 가장 기뻐하고 축하한 사람은 그에게 복음을 전해준 최의덕 선교사였다. 그는 이자익 총회장을 온몸으로 껴안으며 축하했다. 이자익 목사는 총회장이 된 후 처음으로 1천 명이 넘는 회중 앞에서 설교했다. 총회장으로 사회봉을 잡은 이자익 목사는 많은 헌의안을 각 부서로 이관하고, 그 부서에서 결정된 사건을 본 회의에 보고하도록 하였다. 총회장으로 모든 회의 안건을 침착하고 분명하게 처리하였다. 남대리(L.T. Newland) 선교사는 '경이로운 사회자'라는 말로 그를 칭찬하였다.

그는 총회장이 된 후 교회로 돌아온 다음해에 호주 선교부의 초빙으로 거창 선교기지 순회 목사로 여러 교회를 돌보는 데 임명되었다. 이 일은 한국교회에 매우 중요한 일이었다. 더욱이 전라도에서 목회하던 이가 경상도에 갈 수 있는 것은 매우 중요한 일이었다. 또한 미국 남장로교 선교구역에서 호주 선교구역으로 간 것이다. 선교사들이 개척한 교회나 한국인들이 개척한 교회들을 잘 성장시키고 돌보는 일은 공동 목회의 역할일 뿐 아니라 사도 바울이 전도한 교회들을 다시 가서 살폈던 것처럼 한국교회에서도 '돌봄'의 목회였다. 그것은 목회자가 없는 곳을 다니며 교회로서의 모습을 갖추고 선교할 수 있도록 북돋우는 것이었다. 이 일을 1936년까지 계속했다. 그러면서 1927-29년까지 경남노회 노회장을 역임했다.

이자익 목사가 1925년 호주 선교부 경남지역 순회목사로 파송받은 그해에 주기철 목사가 부산 초량교회 담임목사로 부임했다. 1927-28년 이자익 목사가 경남노회 노회장으로 재선되었고, 주기철 목사는 부노회장으로, 최상림 목사는 경남노회 서기로 섬기게 되었다. 일제의 신사참배가 논란이 되었을 때 오직 하나님 중심, 말씀 중심의 이자익에게는 논란의 여지가 없었고, 지교회마다 반대 결의에 동참하도록 강력하게 이끌었다. 1931년 9월, 경남노회는 한국 기독교 최초로 신사참배 반대 결의안을 통과시켰다. 1935년 12월 6일, 경남노회의 신사참배 반대 중대결의 기사가 〈부산일보〉에 보도되었다. 1936년 2월, 신사참배 반대 결의안을 당국에 제출하였다. 이로써 이자익은 흔들림 없이 신사참배 반대 운동을 이어갔다.

1929년 12월 15일, 근 30년 동안 함께한 아내가 난산 끝에 쌍둥이 자매를 분만한 후 세상을 떠났다. 그 충격이 채 가시기도 전인 이듬해 2월에는 설상가상으로 갓 태어난 쌍둥이들마저 병원에서 치료를 받던 중 차례로 목숨을 잃었다. 그 후 어려운 시기를 보냈으나 그런 가운데도 열정적으로 기도하며 목회했다. 1925-36년 호주 선교부의 초빙으로 거창 선교기지 순회목사로 여러 교회를 돌보았고, 1927-29년 경남노회 제22-25회 노회장에 계속 추대되었다. 1929년 부인 김선경의 사망으로 어려운 시기를 보내고 1931년 강학민과 재혼했다. 1927-37년 평양장로회신학교 이사를 역임했다. 1940년에는 조선신학교의 개교와 함께 초대 이사에 추대되었다.

1937-45년 전북노회로 복귀하여 김제의 금산교회와 원평교회를 목회하였다. 1937년 제27회 대한예수교 장로회 총회가 신의주제일교회에서 열리기로 예정되어 있었으나 일본 경찰의 압력으로 평양 서문교회로 옮기게 되었다. 총회장 홍택기 목사가 신사참배 문제를 놓고 논의하는 중

찬성안이 나왔다. 결의하려면 가부를 물어야 하는데 "찬성하면 '예' 하십시오"라고 하자 총대원 10여 명이 "동의합니다" 했고, 홍택기 총회장은 '이의가 있느냐'고 물어야 하는데 가결되었다고 사회봉을 내리쳤다. 이때 미국 북장로교 한부선(B.F. Hunt) 선교사가 손을 들고 "불법이요, 가결이 불법입니다"라고 소리를 지르자 20여 명의 선교사들이 합세하면서 앞으로 나왔지만 고등계 형사들의 제지로 무산되고 말았다. 이어서 서기인 곽진근 목사는 성명서를 낭독했다. 그 낭독하는 시간에 선교사들은 모두 퇴장하고 말았다. 회의장은 혼란해졌다.

치욕적인 신사참배가 결의되자 부총회장 김길창 목사는 임원회의 대표로, 각 노회장은 노회의 대표들을 인솔하여 평양신사에 가서 허리를 굽혀 참배하였다. 가결된 즉시 서기부에서는 신사참배가 결의되었다는 사실을 총회장 홍택기 목사의 이름으로 조선총독, 경무국장, 학무국장, 조선군 사령관, 일본 총리대신, 제 각료들에게 전보를 보냈다. 이로써 제27회 총회는 1937년 7월 7일 중일전쟁을 일으켰던 일본의 중국 침략을 합법화해 주고, 앞으로 중일전쟁에 적극적으로 참여할 뜻을 밝히고 말았다. 이러한 결정에 대해 한국교회는 큰 충격을 받았다.

이자익 목사는 거창 선교부의 사역을 마치고 전북노회로 복귀했다. 금산교회와 원평교회에서는 대환영이었다. 곽신근 목사(총회 서기)의 후임으로 이자익 목사의 두 교회 위임목사 청빙건이 허락되었다. 그가 원평교회에 부임할 무렵 장남인 이봉환 집사가 장로로 장립받았다.

전북노회는 신사참배에 앞장섰던 노회였다. 전북성경학원에서 제31회 노회가 모였을 때 노회장 이수영 목사의 사회로 국가합창과 국민서사를 제창하고 지나(중일전쟁) 출전 장병을 위하여 1분간 묵도하였다. 그런 노회였으나 전주 서문교회 배은희 목사는 신사참배를 반대하다가 일제 고등계 형사의 감시를 더 이상 견딜 수 없어서 교회를 사임하고 은둔생활을 하였다. 그 후임자인 김세열 목사는 신사참배를 지지하면서 제27회 총회에 헌의한 인물 중 한 사람이었다. 그는 교회에 돌아와서 예배 때마다 동방요배, 국가제창, 국민서사 등을 일제의 고등계 형사의 감독 하에 진행하고 예배를 드렸다.

1939년 10월 31일, 제32회 임시 전북노회가 전주중앙교회에서 열렸을 때 이자익 목사는 노회에 참석하지 않았다. 이자익 목사가 노회에 참석하지 않은 이유가 있다. 전북노회를 이끌고 가는 김세열 목사는 친일인사로 일본제국주의를 찬양할 뿐만 아니라 중일전쟁에 적극적으로 협력했기 때문에, 노회가 개회될 때마다 예배를 드리기 전에 행한 식전행사가 있었다. 그때 '국민정신 총동원 조선예수교장로회 전북노회 연맹'을 조직하였다. 그리고 1941년 미국 선교사들을 추방했다. 이러한 사실 때문에 이미 총회장을 지내기도 했던 이자익 목사는 전북노회에 참여하지 않았다.

조선 청년들은 천황군으로 끌려가고 목사들은 모여서 감사예배를 드렸다는 신문을 읽을 때마다 이자익 목사는 분개하였다. 한국인들이 창씨개명을 하는 데 목사들이 적극적으로 협조했다고 전해졌다. 1942년 제31회 총회부터는 일본어를 총회에서 사용했다. 일본어를 모르는 목사, 장로는 총대로 선출될 수도 없었다. 이자익 목사는 1943년 제37회 전북노회에 참석하여 원평교회 담임 사면서를 제출하였다. 5년간 노회에 출석하지 않으면 노회에서 직권으로 제명 처분할 수도 있는 상황이었다. 그 후 해방될 때까지 노회 참석을 거부하고 목회를 중단하였다.

일본 정부는 한국교회를 천황에게 충성하는 일본적 교회로 만들려고 했다. 이리하여 1943년 5월 7일, 조선예수교 장로회를 해산하고 일본 기독교 조선장로교단을 조직했다. 조직을 개편하고 이름도 바꾸었다. '部'를 '局'으로 했다. 전북노회에서는 창씨개명한 목사, 장로만 총회에 참석하였다. 평양장로회신학교에는 이미 채필근 목사가 '佐川彌近'이라는 이름으로 교장이 되었다. 전국 25개 노회가 15개 교구로 대폭 축소되었다.

한국교회 전체 교단을 1943년 5월 5일에 통합하였다. 그것이 일본기독교 조선교단이었다. 여기에 초대 통리로 선출된 김관식 목사도 창씨개명을 했는데, 그의 이름은 金本觀植이었다. 그는 각 지방을 순회하면서 대동아전쟁에 절대적으로 협력하고, 주일예배를 시작하기 전에 국가의식을 하도록 독려하였다.

이자익 목사는 일본에 협력하던 목사들로부터 많은 회유를 받았다. 그러나 그는 오직 원평교회 목회에 전념하였다. 그는 일본말을 못하므로 협력할 수 없다고까지 했다. 1945년 8월 15일, 이자익 목사는 장남 이봉환 장로로부터 일본이 패망했다는 소식을 처음 들었다. 그때 패망한 일본인들이 본국으로 무사히 돌아갈 수 있도록 돕는 데 자신의 아들과 조덕삼 장로의 아들 조영호 장로를 내세웠다. 이자익 목사는 전주에서 은둔했던 배은희 목사와 기독교 독립촉성회를 조직하고 전주노회를 재건하는 데 힘을 모았다. 그러나 해방된 한국은 남북으로 갈라져 북한은 소련군이, 남한은 미군이 주둔했다. 북한은 공산주의자들이 다스리게 되었다. 교회는 어려워졌고 많은 목사와 장로들이 월남하였다.

전북노회가 재건되었다. 처음 노회에서 노회장으로 선출된 배은희 목사는 김종대 목사, 이자익 목사와 함께 총회 총대로 선출되었다. 총회는 원래 제31회 총회장이었던 김은순 목사가 맡아야 했지만 38선으로 월남할 수가 없어서 할 수 없이 제일 연장자인 함태영 목사가 임시의장이 되었다. 전국에서 12개 노회 30명의 총대가 출석하였다. 이북의 교세는 강하여 16개 노회였으나 출석하지 못했다. 총회에서 총회장으로 선출된 이는 전북노회의 배은희 목사요, 부총회장은 함태영 목사였다. 그 자리에서 총대들은 일본 신사참배에 대한 회개의 기도를 드렸다. 그로 인해서 신사참배를 했던 이들과 안 했던 이들과의 괴리가 사라졌다.

남부 총회는 한국 장로교의 소 총회였다. 해방 후 선교사들이 속속 내한했다. 선교사들은 성경학교와 미션스쿨들을 개교했다. 이자익 목사는 남장로교 선교부 대전선교부가 개설되었을 때 보이열(E.T. Boyer) 선교사와 함께 동사목사로 봉사하게 되었다. 그때 금산읍교회로부터 동사목사로 일해 줄 것을 제의받고 가족들과 함께 금산읍교회로 이사했다. 1947년 남부총회가 대구제일교회에서 개최되었다. 이때 부회장이었던 함태영 목사가 자연적으로 총회장이 되어야 했는데, 시골 교회 목사인 이자익 목사가 총회장으로 당선되었다. 제13회 총회장으로 일한 적이 있었으나 해방된 후 어려운 시기에 총회를 이끌고 가기가 매우 힘들었다. 새로운 인물, 젊은 일꾼들이 많았으나 그 무거운 짐을 지게 된 이자익 목사는 매우 송구한 마음을 가졌다.

이자익 목사가 총회장이 된 것은 성령의 역사였다. 이북에서 월남한 목사들은 평양신학교를 졸업했다는 것을 증명할 3명의 보증을 요구했다. 남한에서 목회하는 이들은 대부분 조선신학교를 졸업한 이들이었다. 그리고 조선신학교에서 공부를 더 해야만 된다는 안이 가결이 되지 않을까 조바심을 하고 있었는데, 이자익 목사의 결의안이 통과되자 매우 좋은 분위기로 바뀌었다.

총회에서 미국 남장로교가 대전으로 이전하기로 가결되었기 때문에 이자익 목사도 대전으로 이전하게 되었다. 제34회 총회가 서울 새문안교회에서 개회되었다. 이때 총회장 선거에서 이자익 목사가 재선되었다. 총회장으로 선출된 이자익 목사는 새 임원을 발표했다. 여기에 함태영 목사의 이름은 빠졌다. 이자익 목사는 총회가 해결해야 할 난제가 많을 때 당선되었다. 이때 난제란 조선신학교 학생 51명의 '진정서' 사건이었다. 이 문제는 신학적으로 매우 민감했다. 잘못하면 총회에 큰 혼란이 일어날 것이었기 때문이다.

조선신학교에서 강의를 듣던 신학생들이 김재준 목사의 강의에 모두 충격을 받았다. 그들은 신정통주의의 입장에서 강의하는 교수들 밑에서는 신학 수업을 할 수 없다며 총회에 51명 학생의 명의로 진정서를 제출하였다. 이 일로 인해서 박형룡 목사가 운영하는 신학교를 총회 직영 신학교로 인정해 달라는 헌의가 올라왔는데 김재준 목사가 반대하므로 할 수 없이 총회 안에 두 개의 직영 신학교가 탄생하게 되었다.

박형룡 목사는 부산의 고려신학교 교장으로 재직하고 있었지만 전국교회가 고려신학교는 인정할 수 없다고 해서 사임했다. 서울에서 장로회신학교를 세웠을 때 조선신학교 학생 51명과 평양신학교를 다니다가 월남한 신학생들이 장로회신학교에 편입함으로 자연히 총회 안에는 두 신학교가 양립하였다.

한 총회 안에 두 신학교가 있을 수 없다는 의견 때문에 하나로 통합하자는 안이 나왔다. 그래서 양 신학교 당국자들과 협의하여 다음 총회에 그 안을 내놓기로 하였다. 이자익 목사는 다음 총회에 총대로 나오지 않았다.

총회에서 두 신학교를 취소하고 총회 직영 신학교를 신설하기로 하면서 신학교 문제는 일단락을 지었다. 총회 직영 신학교는 보수정통으로 교수 진영을 짜야 한다면서 이사회에서는 교수 한 사람씩 투표로 결정하기로 했다. 그 결과 "교수: 인돈-만장일치 가결, 교수: 조하파-만장일치 가결, 교수: 박형룡-가 15, 부 2, 교수: 계일승 가 16, 부 1, 교수: 권세열-만장일치 가결, 한경직-가 13, 부 4, 교수: 김치선-가 16, 부 1, 교수: 명신홍-가 15, 부 2"였다. 이리하여 피난지인 대구에서 직영 신학교가 개설되었다. 조선신학교에 자극을 주지 않기 위하여 교장으로 감부열(A. Campbell) 선교사를 임명하였으며, 교사는 감부열 선교사 사택과 대구선문교회당을 사용하였다. 얼마 후 박형룡 목사를 교장 대리로 세웠다. 1954년 상경하였고, 다음해에 총회신학교를 대한예수교 장로회신학교라고 명칭을 변경하였다.

이자익 목사는 1950년 4월에 보이열 선교사와 인돈 선교사의 적극적인 협력에 힘입어 대전고등성경학교를 설립했다. 그러나 몇 달 되지 않아서 6·25가 발발하여 학교는 계속될 수 없었다. 전쟁 때에 이자익 목사는 송광사 주지 해광 스님을 찾아갔다. 그는 이 목사와 인척관계로 좋게 생각하고 갔다. 거기서 따뜻한 영접을 받았고, 얼마 동안 유했다.
  그러던 어느 날 붉은 완장을 한 청년이 와서 이자익 목사를 연행해 갔다. 그는 김제 내무서에 이첩되었다. 거기서 풀려난 후 아들 이성환의 집에서 지냈다. 왜냐하면 금산교회와 원평교회당은 이미 인민위원회가 접수했기 때문이다. 이 목사는 성경 읽고 기도하는 생활에 전념했다. 인민군들이 후퇴하면서 금산교회 근처의 민가들을 모두 불태웠다. 다행히 금산교회당은 그대로 남았다. 그러나 금산교회에서 목회하던 조기남 전도사는 인민군에게 처형당하고 말았다.
  이자익 목사는 당시로서는 선교의 불모지였던 경남의 거창지역 순회 목회를 통해 10개의 교회를 개척하고, 10개의 예배당을 신축하였으며, 해방 후에는 대전지역의 복음화를 위하여 종횡무진 개척과 창립을 주도한 대전 선교에 혁혁한 리더십을 발휘한 지도자였다.

1953년 제38회 총회에서 헌법을 개정하기로 결정하고 위원을 선정하였는데, 목사와 선교사가 15명인데 위원장이 이자익 목사였고 서기는 노진현 목사였다. 이들은 1년간 여러 차례 모여서 논의하고 결정한 후 다음해 총회 시에 제출하여 만장일치로 가결되었다. 이것은 현재에도 그 근간이 되고 있다.

이자익 목사는 이 헌법으로 신학교에서 강의하였다. 어느 날 그는 경건회에서 설교를 시작하면서 "저는 박 박사로부터 소개를 받은 시골 사람 이자익입니다. 저는 초등학교 문턱도 가 본 일이 없는데, 하나님의 은혜로 평양에 있는 장로회신학교를 졸업하고 목사가 되어서 김제군 금산교회에서 목회를 했습니다. 저는 하도 가난해서 17살에 경남 남해도를 떠나서 김제군 지주 조덕삼 장로의 마부로 일했습니다. 최의덕 선교사의 전도를 받고 조덕삼 지주와 함께 마부였던 저도 예수를 믿었습니다. 만일 제가 그냥 남해도에 있었으면 예수를 영접하지 못했을 것입니다. 여러 신학생들의 얼굴을 보니 한국교회는 소망이 있습니다. 여러분들은 모두 다 고등학교와 대학을 졸업하고 이 학교에 온 줄 압니다. 얼마나 하나님의 은혜를 많이 받았습니까?"

이자익 목사는 1954년 8월 25일, 마침내 대전신학교를 설립하고 초대 교장을 역임하였다. 그는 1958년 3월, 대전에서 김제군 원평에서 약국을 경영하는 셋째 아들 이성환의 집으로 이거했다. 그 후 주일이면 금산교회나 원평교회에 출석하여 예배드렸다. 그해 10월 7일, 79세로 하나님의 부름을 받았다. 그의 장례는 원평에서 10월 9일 대전노회장으로 엄숙하게 치러졌다.

이자익 목사는 인간적인 면에서 매우 행운아였다. 그가 고향을 떠날 때는 거지나 다름없었다. 그러나 김제 지방에서 만난 조덕삼이라는 부자를 은인으로 만났다. 그로 인해서 배불리 먹을 수 있었고, 공부할 수 있었고, 예수를 믿게 되었다. 이자익은 평생 조덕삼 장로를 잊지 않고 살았다. 그는 초등학교도 가 보지 못한 사람이었다. 그러나 조덕삼의 집 아들들이 공부할 때 어깨너머로 배운 것으로 신학교를 가게 되었으니 기적과 같았다. 그가 대한예수교 장로회 총회 역사상 유례없이 세 차례나 총회장을 역임했다는 것은 앞으로 누구도 깰 수 없는 기록이 될 것이다.

이자익 목사에게는 몇 가지 특징이 있었다.

첫째, 선교사들에게 좋은 협력자였다. 그는 선교사의 은덕을 많이 입었다. 선교사 최의덕으로부터 전도를 받아 처음 예수를 믿게 되었고, 그에게 세례를 받고 장로가 되었으며, 신학교 입학을 하게 되었다. 이렇듯 선교사들에게 많은 사랑을 받았기에 그들의 적극적인 협력자가 되었다.

1917년, 전라노회에서 전북노회가 분립된 것과 거창에 호주 장로교 선교부를 신설할 때 전라도에서 경상도로, 남장로교 선교부에서 호주 장로교 선교부로 옮기게 되었다. 대전선교부가 신설될 때도 금산읍교회에 시무하고 있었다. 그런데도 대전선교부로 갔고, 또한 대전고등성경학교 신설도 그의 적산가옥에서 시작하였다. 이 모든 것이 선교사들과의 협력관계에서 일어난 것이었다.

그는 미국에 유학한 목사도 아니요, 영어를 잘하는 사람도 아니었다. 그러나 그가 그렇게 훌륭하게 봉사할 수 있게 한 것은 선교사들과의 관계가 원만했기 때문이다. 이것은 신앙인에게 매우 귀중한 인격이다. 굴욕적인 것이 아니라 건설적인 면에서 선교를 효과적으로 이루어 가는 데 크게 협력했다는 것이다. 그리고 정작 6·25동란 때 많은 목사들이 선교사들의 도움으로 안전하게 피난할 수 있었는데 이자익 목사는 그대로 남아 있었다.

둘째, 법에 대한 전문가였다. 그는 먼저 총회장으로 회의를 원만하게 진행했다. 이것은 법에 대한 바른 자세가 있었기 때문이다. 그는 1953년 제38회 총회에서 헌법 개정이 결정될 때 위원장으로 1년간 수고하여 만장일치로 통과시켰다. 그는 신학교에서 헌법을 강의했다. 그의 회의 진행과 헌법에 대한 전문적인 지식과 진행은 매우 훌륭했다.

무엇이 그로 하여금 이렇게 법에 밝은 사람이 되게 했을까? 이는 그의 믿음이 잘 정립되었음을 말해 준다. 왜곡된 것을 모르며, 모든 것을 법에 따라서 진행했다. 총회는 물론 노회와 교회를 운영하는 일에도 그러했다. 그가 금산교회를 목회할 때 많은 문제가 있었는데, 그런 문제들을 신앙의 법에 따라 잘 치리하였다. 따라서 그가 정치적이고 명예를 좋아해서 총회장을 세 번이나 한 것이 아니라, 그의 법적인 치리가 가장 공정하고 총회를 유익하게 했기 때문이라는 것을 그 누구도 부인할 수 없을 것이다.

그가 총회장을 세 번씩이나 역임했다는 것은 기적이라 할 수 있다. 총회 창설 이후 90회에 이르기까지 총회장을 두 번 역임한 사람이 없는데, 이자익 목사는 세 번이나 총회장에 당선되었다. 그는 시골 교회에서도 100여 명의 교인뿐인 작은 교회의 가난한 목회자였다. 명예를 위한 정치꾼도 아니었다. 그가 처음 총회장이 되었을 때는 45세였으며, 목사로 안수를 받은 지 10년에 불과했다. 그 전임 총회장은 함태영 목사였다. 지식적으로나 명성으로나 차이가 많았다. 그래서 그가 총회장이 되었을 때 모든 사람들이 염려하기도 했지만 그 염려는 기우에 지나지 않았고, 다들 만족하게 여겼다.

두 번째 총회장에 선출될 때는 운이 좋았다. 먼저는 반쪽 총회였다는 것이다. 즉 남북 분단으로 인해서 이북 총대들이 전혀 참석하지 못했다. 남쪽에서 12개 노회가 참석했으므로 총회장 할 사람이 없었다는 것이다. 그러나 부회장이 함태영 목사였다. 함 목사는 12대 총회장이었고, 이 목사는 13대 총회장이었다. 어떤 면에서도 함 목사가 당선될 수 있는 확률이 컸다. 그럼에도 불구하고 이자익 목사가 당선되었다. 이뿐 아니라 그다음 해인 1948년 총회에서도 이자익 목사가 총회장으로 선출되었다. 그때에도 부총회장은 함태영 목사였다.

이때 한국교회에는 심각한 문제로 몸살을 앓고 있었다. 앞에서 서술했듯이 예수교 장로회신학교와 조선신학교 문제였다. 51명 조선신학교 학생들의 진정서 문제로 총회가 어려움에 직면하였다. 이때 남한의 총회에는 조선신학교 출신들이 다수였다. 그런데 총회장을 선출할 때는 평양신학교 출신인 이자익 목사를 선출한 것이다. 당시 부총회장이었던 함태영 목사는 조선신학교 창설자의 한 사람이며 교장을 역임하고 있었다. 그를 총회장으로 선출했다면 조선신학교 문제는 긍정적으로 해결될 수도 있었을 것이다. 따라서 이것을 보이지 않게 제재하기 위한 방법으로 이자익 목사가 선출되었다고 보아야 한다. 이것은 한국교회를 위한 성령의 역사였다.

  이자익 목사는 조선신학교 문제를 해결하기 위하여 많은 기도를 드렸다. 가장 큰 문제는 김재준 목사에 관련된 것이었다. 신학 방법론에 있어서 그의 신정통주의 입장은 도저히 본 교단에서 인정할 수 없었다. 평양에서 어빙돈 단권 주석의 번역으로 신학 논쟁이 있었을 때는 선교사들이 이 문제를 취급했고 길선주 목사의 신학적 발표로 인해서 잘 수습되었다. 그런데 이번에는 이자익 목사가 총회장이 됨으로 이를 잘 막아낼 수 있었던 것이다. 이 일을 해결하기 위하여 그는 질서를 바로잡아야 된다고 생각했다.

  당시 젊었던 김광현 목사의 조언이 매우 큰 도움을 주었다. 제33회 총회 시에 조선신학교 문제로 진정서가 제기되었을 때 '조선신학교 대책위원회' 위원장으로 활동했다. 그가 대한민국 헌법위원이었다는 사실을 알고 손수 김광현 목사를 만나러 멀고 험난한 안동교회까지 방문했었다. 그리고는 "조선신학교 김재준 목사 문제를 어떻게 하면 좋겠는가?"라고 자문을 구했다. 70세가 가까운 나이에 그렇게 먼 길을 찾아왔다는 것은 문제를 원만히 해결하려는 생각이 짙었기 때문이다. 그는 이자익 목사에게 분열은 막아야 한다고 강조했다. 이 목사는 메모지에 기록하면서 청취했다고 한다. 김광현 목사는 '저런 인격을 가졌기에 총회장을 하시게 되었구나'라는 생각을 했다고 한다. 그는 비록 체구는 작았지만 마음만은 참으로 넓었다. 용서와 사랑이 가득 찬 목사였다.

유감스러운 일이 없지는 않았다. 신사참배가 결의되고 한참 지방으로 신사참배가 진행되고 있을 때 그는 전면에 전혀 나타나지 않았다. 숨어서 목회에만 전념했다. 총회장을 지낸 분이 어찌 이렇게 묵비권만을 행사할 수 있는가? 이것은 회피였다고 여겨진다. 그 나름대로는 어떤 신념에 의해서 그렇게 했을 것이다. 노회에도 총회에도 참석하지 않았다. 이것은 옥의 티라고 할 수 있을 것이다.

그의 콧수염이 그의 인상을 나타낸다. 검소한 시골 할아버지상이었다. 어쩌면 농담도 잘할 것 같은 인상이었다. 그러나 날카로운 면을 엿볼 수 있다. 그리고 겸손한 모습이 역력하다. 그의 설교는 이야기처럼 구수하고 쉬웠으며 솔직하고 성경적인 내용을 드러내고 있다. 그러면서도 여러 신학자들이나 훌륭한 사람들의 말을 인용하는 것을 잊지 않았다. 마부에서 세 차례의 총회장을 역임한 목사가 되었다는 것은 젊은 목사들에게 큰 이상을 갖게 한다는 점에서 귀감이 된다.

03 한경직 목사
(秋陽 韓景職 牧師, 1902-2000)

한국교회 가장 훌륭한 목회자

한경직은 1902년 12월 29일(음) 평안남도 평원군 공덕면 간리에서 농부 한도풍과 청주 이씨의 장남으로 태어났다. 태어날 때 그 동리에는 교회가 있었다. 8살에 어머니가 세상을 떠났다. 1912년 향리의 자작교회에서 30리나 되는 진광학교를 걸어다녔다. 거기서 신학문과 기독교 신앙을 접하게 되었다. 어린 시절 그에게 영향을 준 인물로는, 6촌간이며 초기 평양장로회신학교 졸업생이었던 한병직 목사와 진광학교 교사인 홍기두 선생(평양 대성학교 출신), 교회의 우용진 전도사였다.

1914년 진광학교를 졸업하고, 그해 김찬빈(1899-1974)과 결혼했다. 1917년 정주 오산학교에 입학하여 이승훈, 조만식 등에게서 민족주의 교육을 받았으며, 1922년 숭실전문학교 이과에 진학하였다. 그는 숭실전문학교 재학 중 블레어(W. Blair, 방위량) 선교사의 비서로 일하면서 공부하였는데, 1924년 여름 블레어 선교사와 함께 여름 휴양지 황해도 구미포 해변가에 갔다가 주님의 부름을 받고 목회자로 헌신하기로 결심하였다.

이듬해 숭실전문학교를 졸업한 후 블레어와 윤치호의 도움으로 미국으로 유학을 가서 캔자스 주에 미국장로교가 설립한 엠포리아(Emporia)

대학에서 인문학을 공부하고, 다음에 프린스턴 신학교에 진학했다. 그때 박형룡, 백낙준이 졸업하였고, 그는 최윤관, 김성락, 보켈(Boelkel), 윤하영, 이규용, 김재준, 송창근 등과 함께 공부하였다. 당시 프린스턴에서는 보수신학과 신신학 간의 분쟁으로 신학교가 분열하였다.

　1929년 신학교를 졸업하고, 예일대학교 대학원에서 박사 학위를 공부하려고 준비하던 중 폐결핵이 발병하여 포기하였다. 뉴멕시코 주 알버커크 요양원에서 2년간 투병했다. 이때 그는 "하나님, 3년만 제 생명을 연장시켜 주시면 고국에 돌아가서 하나님의 일을 하다가 주님께로 가겠습니다"라고 기도했다. 그 후 콜로라도 주 덴버에서 다시 6개월간 요양했다.

　1932년 귀국하여 스승 조만식 선생의 권유로 평양 숭인상업학교의 성경교사가 되었으며, 숭실대학에서 강의하기로 했으나 대학교에서 강의하는 데는 총독부의 허락을 받아야 했으므로 거절당했다. 1933년 프린스턴 신학교 동문인 신의주 제1교회 윤하영 목사의 추천으로 제2교회에 부임하였고, 1934년 안동 제1교회에서 모인 의산노회에서 목사 안수를 받았다. 1935년 건평 320평 2층 벽돌 건물로 교회당을 건축하였으며, 1939년에는 백지엽, 김응락 등의 도움으로 보린원을 개설하여 고아들을 수용한 후 양로원까지 겸했다. 1941년 태평양전쟁이 발발하자 미국으로 유학했고, 신사참배를 거부했다고 교회에서 추방되어 해방될 때까지 보린원에서 아이들과 농사를 지으며 살았다.

　해방 후 그는 윤하영, 이유필과 함께 '신의주 자치회'를 조직하였다. 일본인 평북지사의 권유로 이 책임을 맡았다. 9월에는 윤하영과 함께 '기독교 사회민주당'을 조직하였다. 정치적 야심이 아니라 "누군가는 꼭 해야 할 일인데 할 사람이 없으니 우리라도 손을 대야 한다"는 애국일념으로 새 나라의 건국 기틀을 민주적이고 기독교적인 터 위에 놓아야겠다는 생각이었다. 이는 해방 후 최초의 정당이었다. 그러나 소련군과 공산주의자들의 방해와 신변의 위협까지 있어 그해 10월 초 윤하영 목사와 함께 월남하였다.

그는 월남 직후 미 군정청 통역으로 조선신학교에서 강의했다. 당시 서울 영락동에 있던 천리교 경성분소 건물을 접수하여 1945년 12월 2일 교인 27명이 모여 예배드림으로 베다니 전도교회(현, 영락교회)가 시작되었다. 1년 만에 재적교인 4천 명이 되었다. 이는 월남 인구의 유입과 평안도 그리스도인들의 적극적 참여, 실향민들의 안식처가 되었다는 특수성을 고려한다 할지라도 영락교회의 성장은 유례없는 일이었다.

한경직 목사는 민주적이고 기독교 복음 위에 나라를 세워야 한다는 신념과 원대한 꿈을 갖고 있었다. 그리하여 공산주의를 배격했고, 끝까지 북한 공산주의를 반대했다. 한경직 목사는 철저한 반공주의자였다. 이런 점에서 그는 이승만의 노선과 일치했다.

6·25사변이 일어나자 월남한 교역자들이 모였다. 그들은 교회를 사수한다는 결의를 다졌다. 교회를 지키기로 결심한 한경직 목사도 옆에 있던 사람들의 강력한 권면에 가족을 두고 단신 탈출하였다. 대전에 가서 교역자들과 구국 기도단을 조직했다. 그리고 부산에서는 밥 피얼스 목사의 협력으로 교역자 수련회를 1주일간 가졌다. 여기서 목사들의 사기를 북돋았다.

국군과 함께 다시 서울에 와 보린원에서 가족들과 고아들을 만났다. 그러나 김응락 장로가 교회에서 순교했다는 소식을 듣고 슬픔과 함께 자신의 죄과를 느끼며 회개했다. 영락교회를 다시 부흥시키는 데 최선의 노력을 다했으며, 눈물로 성도들을 위로하고 믿는 자의 능력으로 교회를 위하여 열정을 다해 목회하였다.

그는 1954년 숭실대 학장에 취임하여 3년간 봉직했으며, 1955년에는 대한예수교 장로회 제40회 총회장에 선출되었다. 그리고 1956년에는 한국기독교연합회(KNCC) 회장이 되었다. 이 무렵부터 장로교회는 NCC 및 WCC 에큐메니컬 노선과 이에 반대하는 NAE 계통의 극단적 보수주의 노선 사이에 갈등이 생겼고, 결국 1959년 제44회 총회에서 장로교회는 분열되고 말았다. 이때 그는 에큐메니컬 운동을 지지하며, 이 운동에 대한 NAE 측의 용공 비판에 대한 변호에 앞장섰고, 결국은 현 통합 측 장로교단 탄생의 한 주역이 되었다.

1960년대가 되면서 단일 교회로서는 세계 최대 교회가 되었다. 그가 국내외적으로 가장 두각을 나타낸 시기였다. 영락교회 교인 수는 1만 명을 넘어섰고, 1963년부터 한국에서 최초로 주일 3부 예배를 드렸다. 그리고 영락기도원, 영락보린원, 영락경로원, 모자원 등 사회사업기관과 영락중·상업고등학교, 영락여자신학원 등 교육기관을 설립 운영하였다. 전국에 200여 교회를 직·간접으로 개척하였다.

그의 대외적 활동도 두드러져 해외선교사 파송, 산업 전도, 외항선 선교, 구치소 선교, 방송 선교, 학원 선교, 군 선교 등 사회 각 분야에 대한 복음 전도의 일선에서 헌신하였으며, 밥 피얼스, 빌리 그레이엄 등과 함께 여러 나라에서 전도 집회를 개최하였다. 이 같은 그의 활동을 통하여 한국교회의 대표로 세계에 알려졌으며, 영락교회는 한국교회의 대표적 교회가 되었다.

1973년 27년을 목회하고 박조준 목사에게 영락교회를 물려주고 한경직 목사는 원로목사로 추대되었다. 은퇴 후에도 그의 활약은 활발했다. 빌리 그레이엄 전도대회(1973년), 엑스플로74 전도대회(1974년), 77민족복음화성회(1977년), 세계복음화대회(1980년) 등 국내의 대규모 대중 집회의 대회장으로 각종 국제 전도대회 및 세미나에서 강사가 되었다. 특히 "5

천 만을 그리스도에게로"라는 신앙 구호를 세우고 민족 복음화를 위해 꾸준한 노력을 기울였다. 1976년에는 '고당 조만식 선생 기념사업회'를 조직하였으며, 1982년 한국 기독교 100주년 기념사업협의회 총재로 초교파적 100주년 기념사업을 지휘했다.

또 서울여자대학교, 숭전대학교, 장로회신학대학원, 영락학원, 대광학원, 보성학원, 아세아연합신학대학원 등 교육기관 이사장을 역임했으며, 아시아전도협의회 위원장(1965년), 통일원 고문(1969년), 세계기독교선명회 이사장, 홀트양자회 이사장, 기독교방송재단 이사장, 한국복음운동본부 대표, 반공연맹 이사, 운정장학재단 이사, 아세아교회진흥원 원장을 역임하였다. 1948년 미국 엠포리아 대학에서 명예 신학박사를, 1956년 연세대학교에서 명예 신학박사를, 1977년 숭전대학교에서 명예 철학박사 학위를 받았다.

그의 동상이 몇 곳에 세워져 있으나 2006년 10월 10일 개교 109주년 기념일에 숭실대학교 한경직기념관 앞에 그의 동상이 제막되었다. 그 밑에는 "하나님의 선포자, 한국 기독교인의 사표, 숭실의 재건자"라고 적혀 있다.

제막식에서 영락교회 이철신 목사는 "그는 애국적 기독교인이었습니다"라고 소개했다. 진정 민족을 구원하기 위한 목사로서 전국복음화운동을 시작했고, 민족이 잘살 수 있는 길은 오직 기독교 신앙이라고 외쳤다. 1970년 대한민국 정부로부터 국민훈장 무궁화장을 받았다. 1975년 교회 설립 30주년 기념으로 '한경직 목사 기념관'을 건축하였다.

한경직 목사는 무엇보다 '성공적인 목회자'였다(김재준의 말). 그의 설교는 영적인 설득력이 있어 청중을 사로잡았으며, 목회 행정이 뛰어나 영락교회를 대교회로 성장시켰다. 그는 교회 설립 초기부터 교회의 3대 목표를 '선교, 교육, 봉사'로 설정하였으며, 4대 지도 이념으로 1) 성경 중심의 복음주의 신앙 2) 경건한 청교도 생활 훈련 3) 에큐메니컬 정신으로 교회 상호간에 협력과 연합사업 4) 교회의 대사회적 양심의 구현 등을 정립하였다.

그의 신학적 입장은 자유주의와 보수주의(근본주의)의 중도인 복음주의였다. 프린스턴 재학 시절 함께 공부한 송창근, 김재준 등의 신학노선을 이해하고, 1934년 어빙돈 주석 사건 때 함께 정죄당한 신신학의 부류에 들기도 하고, 해방 직후 조선신학교에 함께 참여하면서도 그는 성경에 대한 지나친 인본주의적 해석을 거부하였다. 그리하여 1948년 조선신학교의 김재준에 대한 총회의 처단을 반대하면서도 행동으로는 그와 함께하지 않았다. 왜냐하면 한경직 목사의 신앙노선은 김재준의 그것보다 온건하고 중도적이었기 때문이다. 비록 개인적으로 프린스턴 재학 시절 보수신학자 메이첸에게 감화를 받았으면서도, 1950년대 박형룡을 중심으로 한 극단적 보수주의 신앙노선에는 찬동하지 않았다. 그는 편협된 보수정통을 부르짖기보다는 성경에 근거한 대화와 연합운동을 역설하였고, 그의 이러한 입장은 WCC의 에큐메니컬 운동을 대변하였다. 이같은 입장에서 그는 고려파운동이나 NAE가 대변하는 보수신앙을 찬성하지 않았다.

그는 국제기구인 동북아시아기독교협의회(EACC), 세계개혁주의연맹(WARC) 혹은 세계교회협의회(WCC)에 참여하고 교류하였다. 한경직 목사가 연합운동을 하는 이유는 교회 또는 교파간의 상호 교류를 위해서였다. 1950년 후반 WCC 문제가 제기되었을 때, 한국교회와 세계교회와의 유대와 협력으로 이해하였다. 신학적인 불일치를 인정하지만 서로 협력할 것은 도와야 한다고 믿었다. 그러면서도 자신의 복음주의 신학은 포기하지 않았다.

한경직 목사는 실제적인 사례를 들어가며 기독교를 소개했고, 또한 전도했다. 그는 대설교가였다. 그의 목회를 성공케 한 것은 설교였다. 그의 설교는 복음적이며 성경적이었다. 신의주 제2교회를 부흥시킨 것도 설교였다. 젊은이들이 몰려든 것은 오직 그의 설교 때문이었다. 영락교회의 부흥을 말할 때도 그의 설교였다. 그의 설교는 쉽고 감동적이다. 본문도 어려운 본문이 아니요, 성도들이 잘 알고 많이 읽는 것으로 해설했다.

그는 세계적인 부흥사였다. 진정한 부흥사의 표본이었다. 영락교회의 역사는 한경직 목사의 설교에서 그 부흥과 발전을 이룩했다. 그의 설교에서 가장 많이 취급된 내용은 역시 '믿음'이었다. 구원의 확신을 통한 신앙생활을 강조했다. 그리고 선교를 특별히 강조했다. 그래서 1969년대에 이미 민족 복음화를 위하여 순회 설교자로 전국을 다녔다.

그는 98년을 살았다. 그러나 그의 생애는 너무 바빴다. 그는 너무나 많은 일을 했으며, 또 바르게 했다. 그가 조직한 단체나 맡았던 큰 직책을 어느 연대표에서 보면 40여 개나 된다. 그것은 명예욕 때문이 아니었다. 그는 조직과 단체를 이끌어 가는 훌륭한 지도자였다. 그리고 일 욕심이 많은 사람이었다. 그 욕심은 자신에게 맡겨진 일을 열심히 한다는 의식 때문이었다. 그는 목회자로서 교회만을 생각하지 않았다. 고아원, 양로원, 학교, 개척교회를 설립하는 데 그의 모든 역량을 발휘했다.

단체를 조직한 것도 선교를 위함이었다. 교회와 단체들을 원만하게 인솔하여 목적을 달성하도록 이끌어 가는 사람이 훌륭한 지도자이다. 여기에는 독재형도 있다. 그러나 한경직 목사는 독재란 말을 듣지 않고 모든 일을 이끌었다. 모든 것을 민주적으로 또는 화목한 가운데 성취했다. 그는 경건한 신앙인이었다. 그에게는 협력자가 많았다. 그의 은퇴 후에도 어떤 조직을 만들 때는 반드시 한경직 목사를 모셔야만 성공한다는 의식이 형성되기도 했다. 그래서 그는 많은 단체의 회장과 고문을 맡았다. 그는 많은 사람들에게 존경을 받았다. 그것이 그의 권위였다.

한경직 목사의 교회론은 영락교회를 개척하고 1주년에 한 설교에 나타난다. 그는 분명한 교회관을 가지고 있었다.

> 이 집은 곧 살아 계신 하나님의 집이요, 교회는 우리가 볼 적에 인간적인 것 같으나 그것은 실로 신적인 것입니다. 세상의 교회란 사람이 모이고, 사람이 조직하고, 사람의 힘으로 성장하고 변체되고 부흥되는 사람의 기관 같지만, 실은 하나님의 것이요 하나님이 하시는 일입니다. 교회는 본래 희랍어 '에클레시아'인데 성별된 자의 모임이요, 그리스도의 몸이요, 그리스도의 신부요, 그리스도의 터 위에 건설됩니다. 교회는 가견적(可見的)이나 또한 불가견적(不可見的)인 기관입니다. 교회는 보이는 부분과 보이지 않는 부분이 있는 바, 보이는 부분이란 교회로 나누인 모든 지상의 지교회입니다.
>
> 그러나 이는 외적 형상일 뿐이고 교회의 실체, 곧 그리스도 위에 터를 잡고 열두 사도의 초석 위에 건설된 교회는 보이지 않습니다. 우리가 모이는 이 지상 교회는 흠도 있고 티도 있고 부패도 있고 분열도 있으나 불가견적인 영적 교회는 티나 주름 잡힌 것들이 없이 거룩하고 흠이 없는 것입니다. 교회는 국가의 정신적 산성이며, 황야에 헤매는 대중을 인도하는 진리의 구름 기둥과 불기둥이며, 암야의 행로를 밝히는 광명한 등대이며, 거친 세해(世海), 죄악의 파도에 빠져 죽어 가는 인생들의 구원선이며, 피곤한 자의 안식처이며, 수난자의 피난처입니다. 교회야말로 인간의 최고 이상의 상징이니, 여기서 인간은 인간 이상의 존재인 하나님의 자녀가 되는 것입니다.

한경직 목사는 은퇴하고 28년을 더 살았다. 말년에는 육신적으로 고통을 겪었다. 전신 마취가 필요한 수술을 두 번 받고 실어증이 있기도 했다. 잠이 오지 않아 수면제를 먹었다. 자신이 치매가 아닌가 하는 의심을 가진 때도 있었다. 그리고 사람을 알아볼 수 없는 때는 말도 나오지 않았다. 그래서 미소로 인사하고 손을 흔들었다. 가래가 심해서 목이 막혔다. 한경직 목사는 1902년에 태어나 2000년에 세상을 떠나 주님께로 돌아갔다.

한경직은 누구인가? 그는 예수님의 제자였다. 제자 중에서도 요한을 닮았다. 한경직 목사는 폐병으로 죽을 사람이었지만 하나님이 살려 주셨고, 일본인들이 신사참배로 죽이려 했으나 기묘한 방법으로 주님이 그를 살려 주셨다. 그리고 북에서 공산주의자들이 그를 체포하려고 했으며, 남한에 와서도 공산주의자들이 그를 암살하려고 따라다녔다.

죽을 수밖에 없었던 때가 많았지만 한 세기를 살면서 주님의 충성된 종으로서의 사명을 잘 감당했다. 그가 처음 예수를 믿을 때 제일 먼저 읽은 성경 구절이 요한복음 3장 16절의 "하나님이 세상을 이처럼 사랑하사 독생자를 주셨으니 이는 그를 믿는 자마다 멸망하지 않고 영생을 얻게 하려 하심이라"였다. 그리고 가장 중요한 말씀으로는 예수님의 가장 큰 계명인 "네 마음을 다하고 목숨을 다하고 뜻을 다하여 주 너의 하나님을 사랑하라 하셨으니 이것이 크고 첫째 되는 계명이요, 둘째도 그와 같으니 네 이웃을 네 자신같이 사랑하라 하셨으니 이 두 계명이 온 율법과 선지자의 강령이니라"(마 22:37-40)였다. 그는 기독교는 사랑의 종교라고 강력하게 외쳤다. 그래서 "믿음, 소망, 사랑 이 세 가지는 항상 있을 것인데 그중의 제일은 사랑이라"(고전 13:13)를 자주 암송하곤 했다.

한경직 목사는 연약한 인간의 몸을 지녔었다. 그리고 사상적으로도 분열을 싫어하는 온유한 성품이었다. 그런데도 평생 굽히지 않는 강한 믿음을 주셔서 그를 '세상이 감당할 수 없는' 사람으로 세워 주셨다. 그는 인내력이 강했다. 당회나 제직회를 모이면 의견이 갈라져 서로 비방하고 다툴 때도 있다. 그러면 한참을 기다리다가 일어서서 "모두가 이 사람이 부덕해서 그렇습니다. 우리 기도합시다"라고 회의를 마쳤다고 한다.

한번은 중요한 직분자들이 한 목사의 소극적인 처사에 대하여 조목조목 써가지고 와서 항의했다. 그들은 강력했다. 그러자 한 목사는 "그것뿐이겠습니까? 잘못된 것들이 더 많이 있습니다" 하고는 그 종이에 몇 가지를 더 적어 넣었다. 그러고는 "여러분, 부족한 저를 위해 많이 기도해 주시기 바랍니다"라고 했다. 이것은 인내이다.

한 목사는 조리 있게 설명할 수도 있고, 그들이 알고 있는 일에 대해서 바로잡아 줄 수 있는 의견도 있었다. 그러나 교회를 위하여 참고 견뎠다. 사랑장인 고린도전서 13장에 "사랑은…" 하고 뒤에 나오는 구체적인 내용이 15가지이다. 그중에 제일 먼저 나오는 것이 "오래 참고", 열한 번째가 "모든 것을 참으며", 그리고 마지막에 "모든 것을 견디느니라"가 나온다. 사랑은 참는 것이다. 그가 남한산성 오솔길을 산책하다가 고목 앞에 섰는데, 고목을 보니 속이 많이 썩어 있었다. 그러자 "당신은 한경직도 아닌데 왜 이렇게 속이 다 썩었습니까?"라고 독백했다는 것이다.

한경직 목사가 평생 산 모습은 매우 헌신적이었다. 헐벗은 사람을 보면 입었던 옷을 벗어 주었고, 병들고 고통 속에 있는 사람을 보면 그에게 도움이 될 일을 반드시 했다. 신의주 제2교회에서 목회할 때 어려움을 겪고 있는 가정을 방문한 적이 있는데, 어린 딸은 장애인이요 아버지는 폐병 환자였다. 이를 본 한 목사는 교회에서 주는 생활비로 그들을 도왔다. 그리고 아버지가 죽자 남은 장애 아동을 위하여 보린원을 설립했다. 사업 계획에 의해서 보린원을 세운 것이 아니라 상황이 그 원인이었다. 한경직 목사는 항상 마음의 감동으로 사역했다.

6·25 피난 때, 부산에 피얼스 목사가 와서 한경직 목사에게 무엇을 하면 도움이 되겠느냐고 했다. 그때 실의에 빠져 있는 목사들을 400명이나 모아서 일주일 동안 세미나를 했다. 그때 모인 목사들이 새로운 힘을 얻었다.

그는 선교 역사를 혼자 공부했다. 그래서 전도하는 것이 최고의 사명이라고 여겼다. 숭실대학에서 공부할 때부터 전도대를 조직하여 시골에 가서 전도했다. 지리산 공비들이 출몰할 때도 그곳에 가서 전도 집회를 가졌다. 빌리 그레이엄과 피얼스 목사가 와서 전도 집회를 할 때 통역으로 수고했다. "3천만을 그리스도에게로"라는 슬로건을 걸고 방방곡곡 전도 집회를 열었다.

사실 1970년대 한국교회 부흥운동은 빌리 그레이엄 전도집회로부터 시작되었다고 보는 것이 역사적 판단이다. 그는 전국 복음화를 위해 최선봉에 서서 동분서주했다. 국내만 아니라 세계를 다니며 전도 집회를 했다. 이것이 주님의 명령을 따르는 최대 사명이라고 여겼다. 그의 교회론을 보면 교회는 전도하는 공동체라는 것이 분명하다.

한경직 목사는 예수님의 충성된 종이었다. 종은 자기 주장이 없다. 주인의 말씀대로 따른다. 종에게는 개인적인 소유가 없으며 몸도 자기 것이 아니다. 한경직 목사는 폐병을 앓은 후 평생 건강하지 못했다. 그래서 목숨을 걸고 목회했다. 신의주 제2교회와 영락교회를 위한 목회만이 아니었다. 그야말로 민족과 국가를 위해서 그렇게 많은 일을 한 사람은 한국교회 130년 역사에서 전무할 것이다. 그는 명예욕이 없었다. 그러나 그가 맡은 교단 총회장을 비롯해서 단체장이나 기관장 또는 대학 총장까지 수없이 많았다. 그것은 명예욕이 아니었다. 그가 많은 일을 크게 했다는 것을 증명하는 것이다.

한경직 목사는 왜 훌륭한가? 첫째로, 그 누구보다 소명감이 확실했다. 이것을 그의 목사로서의 자격으로 여겼다. 어떻게 그것을 알 수 있는가? 그는 스펄전의 다섯 가지 '소명감 타진법'을 적용했다. "1) 내가 목회를 진정으로 원하는가? 2) 하나님은 나에게 이 목회를 감당할 수 있는 재능을 주셨는가? 3) 일정 기간의 목회 후 목회의 열매가 있는가? 4) 일하는 목회지에서 목회자 자신을 환영하는가? 5) 목회자가 목회하는 일 자체를 마지못해서 하는가, 아니면 진정한 기쁨이 있는가?"

한경직 목사는 하나님이 어떤 사람을 불러 교역자를 삼는다면 반드시 그 일을 감당할 만한 재능을 주시기 때문에 목회자는 목회를 하고 싶은 간절한 마음이 있어야 한다고 믿었다.

다음으로 한경직 목사가 수도원 생활을 할 때 하나님이 그 길을 인도하셨다. 처음 미국에서 유학할 때 공부를 잘하기도 했지만, 교회사를 공부해서 박사 학위(Ph. D.)을 받고 유명한 신학교 교수가 되고 싶었다. 그런데 폐결핵에 걸려서 포기하였다. 그리하여 알버커크라는 요양원에 들어가게 되었다. 그곳이 한경직에게는 첫 번째 수도원이었다. 2년 아니 덴버의 6개월까지 하면 2년 반이었다. 그때가 한경직이 목사가 되기 전 수도원 생활이었다. 그 수도원에서 회개했고, 깊이 기도하였고, 고독한 삶을 살았다.

본래 소래 바닷가에서 부름을 받을 때는 민족과 나라를 위해 일하라고 하셨는데 그것을 자신이 바꾸려고 했다. 소명을 버린 것은 아니었지만 변경하려고 했다. 그것은 인간적인 욕망 때문이었다. 그것을 하나님께서 본래의 부름에 합당하도록 조정해 주셨다. 그래서 그는 "살려 주시면 2-3년만이라도 한국에 돌아가 복음을 외치겠습니다"라고 기도하였다.

두 번째 수도원은 남신의주에 있는 '보린원'이었다. 그곳에 들어가게 된 것은 신사참배를 반대하자 일본 당국이 윤하영 목사와 한경직 목사,

홍화순 목사(의주교회)를 교회에서 축출했다. 그래서 '보린원'에 들어가 아이들과 함께 농사를 지으며 해방될 때까지 살았다. 그때 한경직 목사는 노동을 겸한 수도생활을 3년이 넘도록 계속했다. 그러다가 해방 후 주님의 종으로 다시 목회 현장으로 돌아왔다.

세 번째로, 그는 영락교회를 은퇴한 후 남한산성에서 살았다. 여기가 그의 마지막 수도원이었다. 은퇴 후 수도원은 개방되었다. 거기서 가장 오랜 수도생활을 했다. 아내가 떠난 후 고독하게 살았다. 그를 찾아오는 이들을 만나면서 수도자의 삶을 보여주었다. 그것은 가난이요, 고독이요, 기도하는 삶이었다. 거기서 나타낸 모습은 평생토록 예수님을 닮은 성품 '겸손'이었다. 스스로를 낮추고 아주 젊은 목사가 와도 정중히 인사하고, 대화할 때도 하대하지 않으며, 많이 들어 주며 진실하게 권면하곤 했다. 그리고 돌아갈 때도 문밖까지 아니 멀리 보일 때까지 배웅하였다.

겸손은 예수님이 본이다. 예수님은 하나님 아버지께 복종하기를 죽기까지 하셨다. 예수님을 본받는 것이 진정한 겸손이다. 한경직 목사의 몸에 밴 겸손은 예수님에게 배운 겸손이었다. 이에 그는 목사들에게 훌륭한 모범이 되었다.

남한산성의 수도원에 찾아오는 모든 사람들은 그의 수도생활을 보았다. 예수님을 닮은 분이라고 감탄했다. 그의 말년 남한산성의 수도원 생활은 은퇴하는 모든 목사들에게 모범이 되었다. 은퇴하면 수도원으로 들어가야 한다.

한경직 목사는 신의주 제2교회(13년)와 영락교회(27년) 두 교회에서 40년 현역 목회 생활을 했다. 그의 목회자로서의 삶은 초기에 이루어졌다. 그가 1954년 장로회신학교에서 가을 부흥회를 인도했는데, 그때 주제가 "한국 교역자의 자세"였다. 첫째 날은 "교역자와 그 자신", 둘째 날은 "교역자와 그 강단", 셋째 날은 "교역자와 그 교회"였다. 여기서 한경직 목사의 목회학이 모두 나왔다.

첫째 날에는 "교역자와 그 자신"(딤전 4:16; 딤후 2:15)이라는 제목으로 말씀을 전했다.

> 교역자의 가장 중요한 것은 '무엇을 하느냐'(To Do)보다 우선 '무엇이 되느냐'(To Be)이다. 즉 어떤 사람이 되느냐보다 어떤 크리스천이 되느냐가 더 중요하다. 좋은 열매를 맺는 것보다 좋은 나무가 되어야 한다는 것이다. 그러기 위해서는, 첫째로 자신이 중생해야 한다. 영국의 유명한 목회자 스펄전은 "달란트를 얼마나 받았느냐보다 나 자신이 중생했느냐가 더 큰 문제"라고 했다. 남의 병을 고치기 전에 내 병을 먼저 고쳐야 한다.
> 둘째, 부름(소명)을 받아야 한다. 구원받았거나 중생했다고 모두 교역자가 될 수 있는 것은 아니다. 교역자는 그들 가운데서도 특히 하나님이 자신의 종으로 택해 세운다. 모세, 이사야, 예레미야, 아모스, 에스겔과 여러 선지자들 특히 예수님의 12제자를 보면 예수님께서 한 사람 한 사람을 불러 세웠다. 바울도 그렇다. 이런 부름을 받아야 하며 누구나 부름 받은 것을 알아야 한다. 단 부름의 방법은 다르다.
> 셋째, 영안이 밝아야 한다. 'Spiritual sight' 즉 비전이 밝아야 한다. 교역자가 상대하는 범위는 항상 보이지 않는 영계이기 때문에 통찰력이 있어야 한다. 모든 사건에서 보이지 않는 하나님의 뜻을 볼 줄 아는 눈이 밝아야 한다. 모세는 "보이지 아니하는 자를 보는 것같이 하여"(히 11:27)라고 하였다. 목사는 1) 보이지 않는 거룩한 하나님을 뵈옵고 2) 그 자신의 더러움을 보고 3) 자기 사명이 무엇인가를 볼 수 있어야 한다. 교역자는 이 세 가지를 꼭 볼 줄 알아야 한다. 또 교역자는 1) 어떤 교회

를 지어야겠다는 분명한 비전이 있어야 한다. 2) 그 교회를 세울 밭을 볼 줄 알아야 한다. 3) 자기 세대를 내다볼 줄 알아야 한다. 그리고 교역자는 항상 신문에서 눈을 떼지 말아야 한다. 이 신령한 눈은 1) 기도로 얻는다. 2) 마음이 청결한 자는 신령한 눈을 얻어 하나님을 볼 수 있다.

넷째, 교역자는 항상 성장하도록 힘써야 한다. 육신은 성장하다가 어느 단계에서 멎는다. 그러나 정신력은 계속 성장한다. 교역자의 성장은 1) 세대가 요구한다. 2) 교인이 요구한다. 3) 자신이 요구한다. 성장은 생명의 원천이다. 4) 그리스도가 요구한다. 그리스도는 열매 없는 가지는 찍어 불에 던지신다. 영적으로 성장해야 한다. 영적 성장은 기도로 가능하다. 도덕적으로 성장해야 한다. 도덕적 성장은 그리스도의 품성으로 성장함이다. 지적으로 성장해야 한다. 항상 독서의 습관으로 다방면의 지식을 많이 얻게 된다. 사회적으로 성장해야 한다. 인간을 이해하고 동정과 긍휼을 베푸는 데에도 성장해야 한다. 이를 위하여 심리학을 꼭 공부해 두어야 한다. 예술, 문학에 대한 독서를 열심히 해야 할 것이다.

다섯째, 교역자는 성령을 충만히 받아야 한다. 사도들은 3년 동안 예수님에게 실지로 교육 받고 많은 경험과 교훈 속에서 살았다. 그들은 예수님의 십자가도 목격했고 부활도 목격했으나 이런 경험이 그들을 완전한 교역자로 만들지 못했다. 그들이 완전한 교역자가 된 것은 오순절 날 성령을 충만히 받았을 때부터다. 참 교역자는 성령을 충만히 받아야 한다.

마지막으로 한 가지, 특별히 교역자에게 부탁할 것은 유혹을 삼가 조심하라는 것이다. 교역자에게 오는 유혹 중에는 세상 사람 일반이 당하는 돈, 정욕, 허영, 권세와 같은 유혹도 있으나 특별

> 히 평교인들이 받지 않는 유혹이 있으니 영적 교만, 가식, 그리고 독선 등이다. 이것은 가장 넘어지기 쉽고 가장 방임하기 쉬운 유혹이기에 항상 자신을 겸손하게 교역해야 할 것이다.

둘째 날에는, "교역자와 그 강단"(딤후 3:14)이라는 제목으로 말씀을 전했다.

> 교역자는 항상 강단의 중요성을 알아야 한다. 강단은 복음을 전하는 곳이며, 그다음은 양을 먹이는 곳이며, 선교의 유산이기에 중요한 것이다. 설교자가 꼭 기억할 것은 1) 설교는 성경적이어야 한다. 강단은 연단이 아니다. 강단은 하나님의 말씀을 선포하는 곳이요, 내 이상이나 상식을 웅변하는 곳이 결코 아니다. 성경 중심은 그리스도 중심이다(고후 4:5). 2) 설교는 항상 목표가 있어야 한다. 여러 가지 설교 목표가 있으나 가장 큰 목표인 '인간 영혼 구원'을 잊어서는 안 된다. 설교는 영혼이 구원에 이르게 해야 한다. 3) 설교는 반드시 실존적이어야 한다. 현재 한국의 남한에 있는 서울 시민에게 적합한 설교를 하자는 말이다. 적절한 때에 적절한 음식으로 먹이려면 충성과 지혜가 필요하다. 각양의 인간론이 대두되는 이때 조직적인 교리의 체계를 교인들이 세울 수 있도록 설교해야 한다.
> '윤리적 설교' 역시 기독교인 생활에 없어서는 안 될 것이다. 나는 설교를 진리에 기초한 윤리적 생활의 교훈이라고 생각한다. 기독교인은 윤리적 설교가 필요하다. '일상생활을 취급하는 설교'는 교인들의 질병, 생활고, 우월감, 열등감의 세밀한 부분을 간섭 혹은 위로하는 설교이다. 이 설교는 심방으로 자료 수집이 가능하며 위로받을 자에게는 위로를, 싸매 주어야 할 자

에게는 싸매 주는 설교가 절실히 필요하다.

설교를 할 때는 권위가 필요하다. 권위는 1) 하나님 말씀 그대로 전해야 된다. 항상 'Bible Says'를 근거로 해야 한다. 항상 주격은 하나님 말씀 그대로 전해야 한다. 2) 권위는 언제나 확신에서 온다. 베드로는 오순절 설교에 가장 큰 확신을 가지고 말씀을 전했다. 3) 권위는 항상 경건한 생활에서 온다는 것을 잊어서는 안 된다. 4) 권위는 인간 영혼을 구원하겠다는 강한 열정이 있을 때 생긴다. 5) 권위는 언제나 성령이 충만할 때 온다. 설교를 준비할 때는 항상 기도해야 한다.

강단에 오르기 전에 꼭 기억할 것은 1) 설교는 죽을 사람이 죽을 사람에게 주는 하나님의 말씀임을 기억하라. 2) 혹 이 시간이 내게 마지막 기회가 될지도 모른다고 생각하여 설교할 때는 언제나 마지막 메시지처럼 전해야 한다. 3) 나 자신이 설교를 하려고 하기보다 그리스도께 맡겨서 그가 하시게 하라. 즉 그리스도가 주체가 되게 하고 설교자 자신은 기계임을 기억해야 한다.

셋째 날에는, "교역자와 그 교회"(엡 4:1-7; 벧전 5:1-4)라는 제목으로 말씀을 전했다.

교역자는 양을 먹이며 양을 치는 의무가 있다. 양을 치는 교역자의 세 가지 자세가 있다.

첫째, 목회 행정가로서의 자세이다. 가장 관계가 많은 치리회가 있는 것은 당회이다. 당회에는 치리 장로와 목사가 있다. 당회의 목사와 장로는 치리하는 면에서 서로가 같고, 다른 면이 있다면 목사는 설교를 하고 장로는 사회를 한다는 것이다. 목회 행정가로서의 목사는 무엇보다도 이 당회를 잘 이끌어야 된다. 만일 당회에서 의견 대립이 생기고 심적 갈등 내지 충돌이 생긴다면, 이 적개심이 제직회에 퍼지게 되고 제직회에서 전 교우에게 퍼져 마침내 교회는 분열을 가져오며 목사를 미워하게끔 되는 결과를 가져온다. 한국교회의 많은 목사들이 당회 행정을 잘못하여 실패한 예가 많다. 당회 분규는 물론 목사 책임만은 아니다. 장로의 책임과 반반이다. 오히려 장로의 책임이 더 클 수도 있다. 왜냐하면 목사는 그래도 이 방면의 교육을 전문적으로 받았지만, 장로는 임직 외에는 별로 훈련이 없었기 때문이다.

우리가 생각할 것은 항상 '그리스도의 종'이라는 의식이다. 사도들은 항상 자기를 소개할 때 '그리스도의 종'이라고 했다. 우리는 흔히 '내 교회'라는 말을 쉽게 한다. 교회는 '내 교회'가 아니라 '그리스도의 교회'이다. 그래야 교회는 목사의 교회도 장로들의 교회도 아니라고 생각할 수 있다. 그러므로 그리스도의 뜻을 따라 행정을 해야 한다. 예수님께서는 아버지의 뜻대로 순종하셨다.

당회는 성령이 하나 되게 한다는 것을 믿어야 한다. 내가 하나 되게 하는 것이 아니라 성령께서 '샬롬'의 은총을 주신다. 이것이 하나님의 뜻에 순종하고 하나 되게 하는 것이다. 성령이 하나 되게 함을 지키겠다는 결의가 필요하다. "주 안에서 갇힌 내가 너희를 권하노니 너희가 부르심을 받은 일에 합당하게 행하여 모든 겸손과 온유로 하고 오래 참음으로 사랑 가운에서 서로 용납하고 평안의 매는 줄로 성령이 하나 되게 하신 것을 힘써 지키라"(엡 4:1-3)고 말씀하셨다. 참는 교역자가 되었을 때 교회 발전을 가져올 수 있다. 서울 교회는 웬만큼 큰 예배당을 지어 놓고 3년만 계속하여 싸움이 없으면 크게 부흥된다. 서울의 교회가 안 되는 것은 싸움 때문이다. 항상 싸움은 있을 수 있다. 당회의 싸움은 언제나 자기 의견만 주장하는 데서 생긴다. 성격적으로 큰 차이가 있는 자들끼리 하는 회합인 만큼 인내가 없으면 반드시 의견 충돌이 일어난다.

둘째, 심방자로서의 자세는 우선 세 가지이다. 1) 심방의 목적은 잃은 양을 찾는 것임을 잊지 말아야 한다. 심방의 첫째는, 개인 전도이다. 그러므로 전도할 만한 집을 택하여 심방해야 할 것이다. 2) 약한 자의 가정을 심방해야 한다. 심방의 우선은 '먼저 약한 가정'이다. 3) 시험받는 자를 심방해야 한다. 믿음의 시험, 세상에서의 시험, 가정과 친지간의 시험 든 자를 심방해야 한다.

셋째, 연합하는 교역자로서의 자세이다. 이것은 광범위한 의미로 연합운동이다. 지 교회만을 위해서 목회하는 것이 아니라 여러 지 교회들이 연합하는 일을 원만하게 할 수 있도록 지도하는 것이다. 헌금을 하는 것도 지 교회를 위해서만 내는 것이 아니라 상회 즉 노회와 총회를 위해서 나아가서는 연합 사업을 위해서 초교파적으로 협력함이 필요하다. 하나님의 목회는 항상 상회와 여러 지 교회와의 유대를 같이 해야 한다. 하나님의 교회는 마치 한 나무와 비교할 수 있으니 여러 가지들이 한 나무의 둥치에 붙어 있어서 매 가지마다 꽃을 피우고 열매를 맺고 하는 것이다. 이 나무의 한 가지가 자기 단독으로 자라려고 하든지 협조하지 않을 때 그 가지는 자기 구실을 할 수 없을 뿐 아니라 그 나무의 몸에 붙어 있을 수 없게 된다. 마찬가지로 하나님의 교회의 가지들로서 독특한 개성을 지니고 맡은 임무를 잘 감당해 나가야 한다. 이 가지들은 서로 협조하며 많은 자선사업 기타 봉사 사업에 협력하면서 열매를 맺고 있는 것이다. 나아가서 전 세계 교회가 한 덩어리가 되어 교회의 꼭 해야 할 사업을 부지런히 열심히 하고 있는 것을 볼 수 있다. 이와 같은 거대한 하나님의 교회 중의 일원임을 교인들로 하여금 깨닫도록 교역자는 힘써야 된다. 교역자 자신이 먼저 뚜렷한 교회 관을 이상과 같이 가지고 시간과 공간을 초월하는 예수 그리스도의 교회를 위해 소극적인 목회보다 좀 더 대국적으로 교회를 이끌어 가야 할 것이다. 구교가 성도 교제를 위한 운동에 적극적인 관심을 보이는 지금 우리 신교의 철저한 각성이 촉구되고 있음을 깨달아야 한다.

여기에 내가 대전노회 목회자 수양회에서 제공한 '목사 십계명'을 소개한다. 1) 잃은 양 찾고 남의 양 도적질 말자. 2) 새 교회 설립은 좋으나 기성 교회 분열시키지 말자. 3) 새 교회당 건축 좋으나 이웃 교회 가까이 세우는 일은 피하자. 4) 어떤 목장에서 부르심을 받았든지 그곳에서 충성하고 남의 울타리 넘겨다 보지 말자. 5) 반대하는 교회에 억지로 머물지 말고 환영하는 교회에서 억지로 떠나지 말자. 6) 교인 가정 심방은 좋으나 '이웃 돌이'는 절대 삼가자. 7) 남의 비밀 누설은 절대 금하자. 8) 금전 거래는 분명하게 하자. 9) 남녀교제는 공명정대하게 하자. 10) 교역자끼리 화목하자.

한경직 목사는 경건주의자였다. 그래서 자신을 '청교도'라고 한 적도 있다. 성경에서 말하는 경건은 분리주의적 혹은 이원론적 삶의 형식이 아니라 일상의 현실에서 기독교적 가치의 실현을 의미했다. 한경직 목사는 분리주의적이지 않았다. 피난민에게 거처를 제공하고, 주린 자에게 먹을 것을 주고, 약한 자에게 도움을 주는 삶을 지향했다. 한경직 목사는 청빈하게 살았다. 그리고 경건한 삶의 모범자였다. 이것이 그의 신념이다. 그는 자기가 설교한 대로 실천했다. 이론과 실제가 다른 가르침은 허위이다. 한경직 목사의 특징이 여기에 있다. 한국교회 130년 역사에서 가장 훌륭한 목회자가 한경직 목사였다고 해도 과언이 아니다.

고려신학대학교 역사 교수인 이상규 교수는 그의 저서 《한국 장로교회의 역사와 신학》의 '제15장 한경직 목사의 생애, 목회 활동, 유산' 초두에서 이렇게 평했다.

> 한경직 목사는 한국 개신교를 대표하는 인물이라는 점에 이의를 제기할 사람은 아무도 없을 것이다. 또한 한국교회 인물 중에 한국사회와 교계 전반에 그만큼 광범위하게 영향을 끼친 인물도 없을 것이다. 그는 한국 근대 역사와 함께 살아온 역사의 증인인 동시에 한국 개신교회를 형성해 온 중심인물이었다. 그는 한국교회의 지도자이자 한국교회를 대표하는 목회자였다. 〈중앙일보〉사의 '광복 50주년 한국을 바꾼 100인' 중의 한 사람으로 선정되기도 했고, 건국 60주년을 기념하여 '대한민국을 세운 사람'의 한 사람으로 선정되기도 했다. 1970년대 이후에는 김수환 추기경이 천주교를 대표한다면, 한경직 목사는 개신교를 대표하는 인물로 인식되어 왔다.
> 한경직 목사는 한국의 장로교회, 특히 대한예수교 장로회 통합 교단의 시원과 발전, 정체성 결정에도 깊이 관련되어 있다. 그는 1900년 전후에 출생한 박형룡, 김재준, 김교신, 이용도, 함석헌, 한상동 등과 때로는 협력하고 때로는 대립하면서 상호 영향을 끼치며 한국교회를 형성해왔다. 그 결과 한상동은 고신을, 김재준은 기장을, 박형룡은 합동을 대표한다면 한경직은 통합 교단을 대표했다.

한경직 목사에게는 그림자처럼 그를 도운 선배가 있었다. 그는 윤하영 목사이다. 신의주 제2교회에 한경직을 추천하였고, 해방 후 '신의주 자치회', '기독교 사회민주당' 조직 그리고 월남을 함께했고 영락교회 개척 멤버의 한 사람이었다. 이는 프린스턴 동문이라는 데서부터 시작되었다. 그리고 신주주에서 함께 월남한 이들이 있었다. 백경보, 이창로, 최창근, 김치복, 김치선 등 여러 명이다. 이들은 예수님의 제자처럼 한경직 목사를 따라다녔다. 그리고 한경직 목사의 목회와 사회활동에 적극적으로 협력했다. 한경직 목사가 훌륭한 목사로 세워지는 데 최선의 협력자들이었다.

한국교회사에서 그의 영향력이 지대했으므로 그의 생존 시부터 그에 대한 다양한 논구가 이루어져 왔다. 여러 차례 그의 설교집과 전기 혹은 평전이 출간되었고, 그에 대한 박사학위 논문도 출판되었다.

2부

문학가

01 해리엇 비처 스토
《엉클 톰스 캐빈》의 작가

02 빅토르 위고
《레미제라블》의 작가

02 해리엇 비처 스토
(Harriet Beecher Stowe, 1811-1896)

《엉클 톰스 캐빈》의 작가

　해리엇 비처 스토는 《엉클 톰스 캐빈》이라는 소설을 통해 미국의 노예해방운동에 불을 지핀 인물이다. 그는 기독교 신앙으로 이 소설을 써서 미국의 기독교인들을 놀라게 했으며, 그들로 하여금 노예제도는 비성서적이라는 사실을 깨닫고 남북전쟁을 해서라도 노예제도를 폐지해야 한다는 행동적 신앙을 일으킨 기독교 여성으로 독실한 신앙인이었다.

　해리엇 비처 스토는 1811년 미국 동북부의 코네티컷 주 하트퍼드 뉴잉글랜드 지역의 리치필드에서 장로교 목사인 리먼 비처의 10남매 중 7번째로 태어났다. 스토가 5살 때 어머니가 병으로 세상을 떠났다. 그리고 큰언니인 캐서린의 영향을 받았다. 캐서린이 세운 하트퍼드 여학교에 다녔다. 1832년 신학교를 설립하려는 아버지를 따라 오하이오 주 신시내티로 이주했고 그 신학교에서 공부했다. 노예제도가 있는 남부와 인접한 신시내티에서 18년간 살면서 노예들의 실상을 잘 알게 되었다.

　1836년 목사이며 신학교 교수, 노예해방론자인 캘빈 엘리스 스토와 결혼했다. 훗날 하트퍼드 여학교에서 프랑스어와 라틴어를 가르쳤다. 노예 농장주와 결혼한 이모 메리에게 노예들의 참상을 들으며 당시 켄터키 주에서 노예들의 비참한 삶을 보기도 했다. 그리하여 사회의 부조리에 눈을 뜨게 되었다. 결혼 후 가계에 보태려고 문예지에 단편소설을 기고하였다.

1850년에 '도망노예법'(Fugitive Slave Laws)이 반포되었다. 1850년을 전후하여 남북 간의 지역적 갈등 이전 북부의 도망노예 정책은 대체적으로 연방정부의 친남부적인 도망노예 정책을 적극적으로 지지하거나 협력하는 것이었다. 본질적으로는 1830년대 초반 급성장하던 노예제도 폐지 운동을 견제하고 약화시키기 위한 핵심적 조치로서, 오하이오 주의 친노예제적인 도망노예 정책의 확립을 대표적으로 보여주는 것이었다. 이러한 상황에서 스토 여사는 노예제도에 항의하는 소설을 썼다.

노예제도는 역사 발전 단계에서 원시 공동체가 해체되면서부터 나타났다. 고대 그리스의 아테네 인구 가운데 5분의 2가 노예였고, 고대 로마 인구 중 4분의 1이 노예였던 것으로 추정된다. 중세 유럽 인구 10명 중 1명이 노예로 살았다. 노예제도 중에서도 역사상 최악의 오점으로 꼽히는 건 대서양을 넘나들며 이루어지던 아프리카 노예무역이다. 16세기에서 19세기에 이르는 동안 무려 1,200만 명의 노예가 배에 실려 아프리카에서 아메리카로 팔려갔다.

'도망노예법'이 제정되기까지 노예가 자유 주로 도망 와도 신고할 의무는 없었다. 하지만 법 제정 후에는 남부에서 도망친 노예를 신고할 의무가 있었다. 실제로 1851년 2월, 보스턴의 한 식당에서 일하던 도망노예 샤드라흐를 강제로 보냄으로 북부의 양심적인 사람들은 큰 논란거리가 되었다.

《톰 아저씨의 오두막》은 두 가지 이야기가 얽혀 있다. 하나는 톰이 관대하고 친절한 주인이었던 세인트클레어의 집에서 팔린 다음 포악한 주인 리그리에게 맞아 죽은 이야기이고, 또 하나는 조지, 엘리이자, 해리 가족이 캐나다로 탈출하는 이야기이다. 소설에는 실제 사건들이 많이 반영되었고, 치밀한 문학적 구성보다는 사실이 주는 힘, 사람의 양심을 흔드는 글의 힘이 더욱 잘 나타나 있다. 당시 백인들은 흑인들을 차별하는 이유로 외모, 지적 능력, 혹은 신앙의 유무로 근거를 찾았지만 《톰 아저씨의 오두막》은 이 일들이 얼마나 설득력 없는지를 잘 보여준다.

1850년의 법은 노예가 도망가면 그를 잡아서 주인에게 되돌려주도록 했다. 만일 도망한 노예를 숨겨 주거나 다른 곳으로 도망하도록 도와주면 그 사람도 처벌받았다. 도망노예법이 실시되었으나 붙잡혀서 남부로 보내진 흑인 노예는 대략 300명 정도에 불과했다.

스토 여사는 결혼한 후 딸을 낳았다. 그녀는 딸을 참으로 사랑했는데 갑자기 병이 들어 죽고 말았다. 갑작스럽게 딸을 잃고 나니 세상 모두를 잃은 것 같았고 눈을 감으나 뜨나 딸 생각뿐이었다. 자기 마음이 이렇게 아픈 것을 생각하다가 나를 위해 아들을 세상에 보내 죽게 하신 하나님의 사랑을 생각하며, 이 세상에는 나와 같은 슬픔을 당하는 여자가 얼마나 많을까 하고 생각하게 되었다.

그때 흑인 노예들의 형편을 보았는데, 흑인 어머니는 딸이 죽지 않아도 다른 사람에게 팔려가 사방으로 가족이 흩어지는 생이별을 했다. 스토 여사는 '나는 내 딸이 죽어서 슬픈데 살아서 아들딸과 생이별하는 흑인 어머니들의 가슴은 얼마나 아프겠는가?' 하는 이 마음을 소설로 표현했다. 그래서 스토 여사는 어머니의 영향력과 건강한 가정의 관계를 인물과 가정을 통해 예시함으로써 가정 이데올로기가 제시하는 모성의 가치가 사회적인 영역에서도 효력을 가질 수 있다는 것을 보여주었다. 스토 여사는 모성애와 가정의 문화적 가치를 강조함으로써 연민을 유발하고 노예 문제에 관심을 갖게 했다.

스토 여사는 일곱 자녀를 두었다. 41세 된 1850년에 '톰 아저씨의 오두막'(Uncle Tom's Cabin)을 쓰기 시작했다. 스토 여사가 이 작품을 쓴 것은 동기는 삶을 경건하게 만들려는 신앙적 열정과 가정을 소중히 여기는 주부로서의 간절한 마음 때문이었다. 낭만주의는 감정의 시대를 이끌었고, 가족과 사랑이라는 미덕을 최고로 끌어 올렸다. 스토의 소설에서 노예제도를 비판하는 것은 가정의 가치를 침해하고 있었기 때문이다.

남북전쟁을 기점으로 동북부의 산업화에서 더 많은 변화가 생겼다. 그러나 《19세기 미국 산업화의 과정과 의미(Industrializing America The Nineteenth Century)》에서 살펴보면, 노예제도를 그 부(富)의 토대로 삼은 남부 주들은 남북전쟁 이후 가치관, 사회관계, 권력 구도, 경제활동이 거의 변화가 없었다. 반면에 북부는 남북전쟁 이전에 공장 기계, 철도 운송과 전신 통신, 공장 생산 분야를 키워오고 있었으므로 남북전쟁에서 우위를 차지할 수 있었다.

이 소설은 총 45장으로, 북쪽 캐나다로 탈출하는 조지, 해리와 엘리자에 관한 내용이 10장, 남쪽의 루이지애나 주의 뉴올리언스로 팔려가는 톰 아저씨에 관한 내용이 27장을 차지하는데, 중점은 톰 아저씨의 고난과 사랑 이야기에 있다.

때는 남북전쟁이 일어나기 얼마 전인 2월의 쌀쌀한 어느 오후였다. 이 야기의 무대는 미국 켄터키 주 한 마을의 유지인 셸비(Shelby)가 헤일리라는 노예 상인과 밀담하는 장면으로 시작된다. 그는 부채 때문에 하는 수 없이 자기 집의 가장 충실한 노예인 톰을 팔기로 결심한다. 이때 해리라는 아이가 불쑥 나타난다. 셸비는 해리에게 노래와 댄스를 시킨다. 헤일리는 해리를 탐내며, 이 애를 톰과 같이 자기에게 넘기면 셸비의 부채를 전액 지불하겠다고 말한다. 해리는 셸비의 노예인 엘리자와 이웃집 노예 조지 해리와의 사이에 낳은 아들이었다. 이때 문 밖에서 헤일리의 이야기를 엿들은 엘리자는 까무러칠 듯 놀라 황급히 해리를 밖으로 데려간다.

  그날 밤이었다. 엘리자의 남편 조지 해리가 돌연 그녀 앞에 나타나 자기는 캐나다로 도망칠 것이라고 말한다. 이들 부부는 명색이 부부였지만 노예의 신분인 데다 주인마저 다르기 때문에 주인의 허락 없이는 마음대로 동침도 할 수 없었다. 그런 까닭에 이들은 비록 이웃에 사는 처지라 해도 멀리 떨어져 있는 것과 다름이 없었다. 조지는 머리가 우수하여 마대를 세탁하는 기계를 발명한 사람이었다. 그러나 조지의 주인은 난폭한 사람이어서 조지를 마구 부렸다. 그는 묵묵히 순종했으나 주인이 기르던 개를 강물에 던져 죽이도록 시켰을 때 더 이상 견딜 수 없어 도망하기로 결심했다. 그는 아내 엘리자와 아들 해리를 껴안고 키스하고는 뛰쳐나갔다.

  톰은 늙은 흑인 노예로 독실한 크리스천이었다. 사람들은 그를 '톰 아저씨'라고 불렀다. 성실하고 충직한 사람이어서 셀비는 그에게 집안 살림을 일임하다시피 했다. 그러나 부채 때문에 부득이 이번에 팔게 된 것이다. 셀비의 저택 뒤편으로 돌아가면 톰이 사는 오두막집이 있었다. 그곳에서 톰은 아내인 클로우, 그리고 세 아이들과 함께 살고 있었다.

  클로우는 저택에서 가장 솜씨 좋은 요리사였다. 한가로운 저녁 클로우는 가족들을 위해 식사를 준비하고 있었다. 톰은 방 한가운데 놓인 식탁 앞에 앉아 열심히 글자를 배우고 있었다. 어릴 때 노예 상인에게 팔린 톰은 글을 배울 기회를 놓쳤다. 셀비의 아들 조지 셀비는 그런 톰에게 틈틈이 글자를 가르쳐 주었다.

  덩치가 큰 톰은 셀비 농장 노예들의 우두머리였다. 톰은 모두에게 친절하고 다정했으며 모두에게서 존경을 받았다. 노예들은 톰을 믿고 따랐다. 톰은 가끔 저녁에 집에 사람들을 모아 예배를 드리곤 했다.

"오늘 밤에는 모임이 있으니까 얼른 식사를 끝내야겠어."

톰이 클로우에게 말했다.

"아저씨! 저도 모임에 참석하면 안 될까요?"

"물론이죠. 도련님은 글을 아시니까, 나중에 저희를 위해 성경을 읽어 주세요."

"좋아요, 맡겨만 주세요."

잠시 후 톰의 오두막집으로 흑인 노예들이 하나둘 모여들었다. 셀비 농장 식구들뿐 아니라 주인의 허락을 받은 다른 농장 식구들까지 톰의 오두막집으로 왔다. 모임은 세상 이야기로 시작되었으나 찬송을 부르기 시작했다. 그들은 찬송을 많이 불렀다. 그들은 모두 즐거운 마음으로 하나같이 목청을 돋워 찬송을 불렀다.

합창이 끝나자 모인 사람들의 뜻에 따라 조지가 일어나서 신약성경 묵시록 22장을 읽었다. 똑똑한 조지는 어머니에게서 배운 성경을 읽었다. 글을 알지 못하는 흑인 노예들이 알아듣기 쉽게 설명까지 해가면서 읽어 내려갔다. 성경을 읽고 설명하는 모습이 그럴듯하다는 듯이 모여 앉은 사람들을 한 사람씩 둘러보다가 "아니, 엘리자가 보이지 않네…" 하고 깜짝 놀라며 말했다. 그러나 알 길이 없었다.

한밤중에 엘리자가 해리를 안고 톰을 찾아와 주인이 톰 아저씨와 자기 아들 해리를 헤일리에게 팔았다는 것과, 자기 아들 해리를 내놓을 수 없으므로 지금 캐나다로 남편을 찾아 도망할 것이라고 했다. 톰의 아내 클로우는 크게 놀라며 남편에게 엘리자와 같이 도망하라고 권고하나 톰은 주인을 배반할 수 없다고 거절한다.

그날 밤 엘리자는 해리를 데리고 북쪽으로 도망쳤다. 계절은 겨울이었다. 그녀는 오하이오 강까지 도망쳐 왔으나 강은 얼음이 풀려 강물이 불었고, 얼음이 무서운 소리를 내면서 떠내려가고 있었기에 배로 건널

수 없었다. 그녀는 애태우며 강 언덕 가까운 주막에서 쉬게 되었다.

한편 셀비 집에서는 엘리자가 도망을 해서 소동이 일어났다. 헤일리는 셀비 집 노예인 샘과 엔디를 데리고 엘리자를 추적한다. 샘은 꾀를 내 추적을 늦추고 그녀가 어서 도망칠 수 있도록 애쓰지만 불행하게도 헤일리에게 발견된다. 위기일발의 순간, 엘리자는 해리를 안고 오하이오 강 위로 떠내려가는 얼음을 타고 필사적으로 탈출을 감행한다. 깨진 얼음이 엘리자의 종아리와 발을 상하게 하여 피가 흐르고 쑤시고 아팠다. 그래도 그녀는 열심히 얼음을 밟고 이리저리 뛰어 넘어갔다. 기적적으로 그녀는 강을 건넜고, 헤일리는 추적을 포기한다. 그는 악한 톰 로커와 막스에게 엘리자를 생포하면 해리만 자기에게 주고 엘리자는 그들에게 주겠다고 약속하고 생포해 달라고 부탁한다.

엘리자는 목숨을 걸고 오하이오 강을 건넜다. 그 강은 미국의 중동부를 흐르는 강인데 미시시피 강과 합쳐진다. 이 강을 건너면 노예 주(州)인 켄터키 주에서 자유주인 일리노이, 인디애나, 오하이오 주로 갈 수 있었다. 노예 주는 노예제도를 인정하는 주인데, 대개 남부 주들은 노예 주였다. 남부는 흑인 노예들의 노동력으로 면화나 담배, 수출용 작물을 재배하는 대농장이 많았으므로 노예제도를 폐할 수 없었다. 반면 상공업이 발달한 북부는 노예제도에 반대했으며 도망노예들을 도와주었다. 그래서 남부 노예주의 흑인들은 강 건너 자유 주로 가기를 원했으며, 미시시피 강 아래 남쪽으로 팔려가는 것을 두려워했다.

이런 마음은 당시 흑인영가 가사에 잘 나타나 있다. 흑인영가란 미국의 흑인노예들이 고된 노동의 괴로움 속에서 부르기 시작한 신앙적이며 영적인 민요이다. 그 노래 가사에는 '강'이 많이 나온다. 기독교에서 '강을 건너간다'는 것은 요단강을 건너 약속의 땅 가나안에 가는 것을 의미한다. '깊은 강'(deep river)이란 유명한 흑인영가 가사는 "내 집은 저 요단강 건너 깊은 강, 주여! 나 그 강 건너 집회소 가기를 원합니다"이다.

언뜻 보기에 강제노동에 시달리는 흑인 노예들이 죽어서 천국에 가는 것을 소망하는 의미 같다. 하지만 당시 흑인 노예들은 실제로 강을 건너 자유 주로 가기를 원했다.

'예수로의 도피'(Steal away to Jesus)라는 노래는 "주께로 피하라. 주께로 달아나라. 고향으로 가자. 여기 더 있을 것 없네"라는 가사의 내용을 담고 있다. 이 노래는 도망갈 때의 암호나 비밀 집회 신호였다. 《엉클 톰스 캐빈》에서도 엘리자가 도망치는 것을 본 노예가 여주인에게 "그녀는 요단강을 건너 가나안으로 갔습니다"라고 말하고 있다. 강을 건너 자유 주로 가면 도망노예들은 자유를 얻었다. 즉 요단강을 건너 약속의 땅, 구원의 땅에 간 것이다.

매리언 앤더슨(Marian Anderson, 1897-1993)이 부른 '깊은 강'(Deep river)의 가사는 다음과 같다.

> "깊고 맑은 요단강 건너 내 집 주님 계신 곳
> 그리운 고향에 가리로다 깊고 맑은 요단강 건너
> 내 집 주님 계신 곳 그리운 고향에 가리도다
> 오 돌아가리라 주님 계신 곳 언약하신 집
> 요단 강가의 주님 만나리라~!
> 깊고 맑은 요단강 건너 내 집에
> 깊은 요단강 나 건너가 주님 만나리라"

톰에게 기독교 복음을 전한 사람은 과연 누구일까? 남부에서 흑인 노예주가 전했을 것이다. 그는 노예를 사서 집에서 일을 시켰으나 그 영혼에게 새로운 구원의 소식을 전했다. 착한 주인이었다. 그래서 흑인 노예들은 착한 주인의 말을 믿고 복음을 받은 것이다. 그들은 진정 예수 그리스도로 말미암아 구원을 받았으며, 그 구원의 감격으로 인해 노예의 비참한 삶에서 영원한 천국을 바라보며 극복할 수 있었다. 그래서 'Steal away to Jesus'를 부르게 되었다. 흑인 노예들은 'Amazing Grace'를 그렇게 많이 불렀다.

톰은 착한 신앙인이었다. 안타깝게도 헤일리에게 끌려갔다. 뒤늦게 톰의 출발을 알게 된 주인의 아들 조지 소년은 톰 아저씨와의 이별을 슬퍼하며 자기가 크면 톰 아저씨를 다시 데리러 오겠다고 약속한다. 조지 해리는 아내 엘리자의 소식도 알지 못한 채 교묘히 변장하여 도망한다. 미시시피 강을 오르내리는 라 벨 라비에르 호의 배 위에서 톰은 에반젤린이라는 소녀와 사귀게 된다. 중도에서 배가 크게 기울어지는 바람에 에반젤린이 강물에 빠져 익사하기 직전이었는데 톰이 구출한 것이다. 배가 뉴올리언스에 도착했을 때, 에반젤린의 아버지 어거스틴은 헤일리로부터 톰을 사들인다. 어거스틴은 후덕한 부호로 톰은 에반젤린의 집으로 팔려가 행복한 나날을 보내게 된다. 에반젤린의 소원으로 어거스틴은 톰을 자유롭게 해줄 것을 약속한다. 그러나 얼마 뒤 에반젤린은 병들어 죽고 만다. 그 후 어거스틴이 술집에서 칼부림을 당하고, 그 상처로 인해 죽게 됨으로 그의 약속은 지켜지지 않는다.

톰은 노예시장에 끌려가 경매에 부쳐진다. 경매에서 톰을 산 리그리(Legree)는 목화농장주였다. 다시 팔려간 곳은 레드 리버라는 상류지방으로 목화를 재배하는 리그리 집안인데, '악마'라는 별명으로 불리는 지독한 악한이었다. 톰은 이곳에서도 성실히 일한다. 리그리는 톰에게 현장 감독을 시키려 했으나 톰이 거절하자 샘보와 킴보라는 흑인 노예를 시켜 악형을 가한다. 톰은 이곳에서 캐시라는 혼혈 노예를 알게 되는데, 그녀는 바로 엘리자의 어머니였다.

이 사실을 안 톰과 캐시는 친해진다. 캐시가 톰에게 같이 도망할 것을 권유하나 그는 듣지 않는다. 얼마 뒤 캐시가 새로 끌려온 노예와 도망쳐 버리자, 리그리는 톰이 캐시를 도망치게 했다고 의심한 나머지 톰을 고문하고 그 때문에 죽고 만다. 톰은 숨을 거두며 이렇게 말한다.

"그대들을 예수님에게로 이끌 수만 있다면 난 내 힘도 보탤 수 있소. 오오, 하나님! 이 두 영혼을 제게 주옵소서."

톰의 귀향을 기다리던 셀비 농장의 가족들과 노예들은 톰의 주검과 만나게 된다. 셀비는 "나는 톰 아저씨의 무덤과 하나님 앞에서 모든 노예들이 자유로워지는 그날을 위해 노력하겠다고 다짐했어요. 나는 앞으로 절대 노예를 부리지 않겠습니다. 누구도 톰 아저씨처럼 집과 친구에게서 떨어져 외로운 농장에서 죽어선 안 됩니다. 자유를 누리게 되면 톰 아저씨의 영혼에 진 빚을 생각하시고, 그의 아내와 아이들에게 친절하게 대해 주세요. 톰 아저씨의 오두막을 볼 때마다 이웃을 사랑하고, 참되게 살다 간 톰 아저씨를 본받도록 노력합시다"라고 했다.

톰 아저씨는 강직하고 진실하며 항상 다른 사람들을 배려하고 사랑을 베푸는 마음 따뜻한 인물로, 자신을 위기에 빠뜨린 사람들도 너그럽게 용서하였다. 비참한 상황에서도 원망하거나 좌절하지 않고 있는 그대로 받아들이고 도리어 감사할 줄 알며 다시 희망을 품는 꼿꼿한 마음을 가지고 있었다. 톰의 아름답고도 고귀한 희생이 온갖 학대와 핍박을 받아온 노예들에게 따뜻한 오두막집을 선사한 것 같아 더욱 마음이 훈훈해진다.

양순한 톰 아저씨는 아내와 자식들과 생이별하고 주인의 뜻대로 순순히 노예 중개상을 따라간다. 마지막에는 악마의 화신과도 같은 노예상 시몬 리그리에게 학대를 받아 채찍에 맞으며 죽어갔다. 루이지애나에서 만난 새로운 주인 어거스틴 세인트클레어(Augustine St. Clair)의 저택에서 보낸 평화로운 생활, 특히 주인의 딸인 에반젤린에 대한 톰의 헌신적인 애정은 이 작품에 나오는 다양한 이야기들 가운데, 엘리자가 필사적으로 북부로 탈출하는 부분과 함께 가장 유명한 장면으로 꼽힌다. 세인트클레어의 가문은 영국에서 건너와서 북부에 큰아버지 집안이 있고, 아버지는 남부에서 대농장주로서 살아왔다. 세인트클레어에게는 쌍둥이 형이 있는데, 아버지의 대농장과 노예들을 물려받은 남부의 전형적인 노예농장주였다. 형과 상반되게 세인트클레어는 양심적이고 노예들을 잘 돌봐 주지만, 이 제도를 뒤집을 수는 없다고 하면서 조직되어 있는 사회에서 자기가 명예롭게 살고 싶어도 그렇게 할 수 없다고 말한다.

그 제도에 의해 돈을 버는 농장주들, 농장주의 비위를 맞추는 성직자들, 그 제도로 지배하고 싶어하는 정치가들, 이런 사람들은 자신들의 교묘한 재주를 발휘하여 세계를 놀라게 할 정도로 언어와 윤리를 뒤틀고 구부린다. 그들은 자연과 성경과 그 밖의 것들을 자기들의 목적에 맞게 왜곡한다. 하지만 그런 사람들도, 세상 사람들도 그런 그들의 말을 믿지 않는다.

이 작품은 정치나 철학적 이유만 아니라 가족들을 헤어지게 하고 부모의 사랑을 파괴하는 등 비기독교적인 모습이 사악하게 묘사되었다. 작가는 서문에서 "이 소설의 주된 목적은 우리 미국에서 살고 있는 아프리카 종족에 대한 동정심과 이해심을 일깨우려는 것이다. 그들에게 가해지는 학대와 그들의 슬픔을 묘사함으로써 현재의 제도가 얼마나 잔인하고 불공정한가를 보여주려는 것이다"라고 했다. 소설에서 가장 감상적인 장면은 고통받고 있는 여성 노예가 울부짖는 자신의 아이를 돕지 못하는 것과 아이의 아버지가 가족과 떨어져 팔려가는 장면이다. 이는 신성한 가족 사랑에 대한 범죄 행위였다.

미국 노예들은 백인 주인의 아이를 낳고 주인은 그 아이를 노예라고 팔아버렸다. 부모의식이 없음은 물론 아이를 재산으로 여겼다. 모든 백인이 아니라 일부가 그랬지만 역사적 기록이 남아 있다. 저자는 마치 대자보를 적듯이 "정의로운 미국 시민들이여! 제발, 노예제도를 폐지합시다!"라고 정리했다. 이 책이 발표되고 몇 년 후 링컨이 대통령에 당선되고 노예제도 폐지를 선언했다.

작품 속에서 셸비 가(家)의 부인은, 톰과 해리를 팔기로 했다는 사실을 알고 남편을 향해 분노했다. 부인의 분노는 '여성'이라는 이름에서 출발한다. 자신이 추구해 온 '가정적 이상'이 깨져버린 시점에서 '도덕성'을 저버린 남편의 결정에 항의하는 아내의 목소리는 작가 스토의 외침이었다. 노예들이 팔려 가는 것을 무기력하게 바라볼 수밖에 없었던 부인의 한숨과 안타까움은 동시대 여성의 한계점을 날카롭게 지적한 작가의 시선이었다.

아프리카 흑인이 미국에 끌려와 처음 노예가 된 때는 1619년이었다. 미국에서는 200년 이상 노예제도가 지속되었다. 처음 아프리카에서 흑인들을 잡아서 미국에 팔아넘긴 나라는 영국이었다. 그래서인지 노예해방운동이 영국에서 먼저 일어났다. 가장 훌륭한 노예해방운동가는 영국의 윌리엄 윌버포스(William Wilberforce)였다.

그는 21세에 국회의원이 되었고, 4년 후 하나님 앞에 엎드려 자기의 사명을 받았다. 그리고 1786년에 노예해방운동을 시작했다. 이후 20년 뒤인 1807년에 국회에서 노예무역을 폐지하기로 결정하였다. 그 후 이미 노예가 된 사람들을 해방시키는 운동을 계속했다. 그는 66세인 1825년에 의원직을 은퇴하였다. 1833년 노예해방법이 의회에서 통과되었고, 그해 윌버포스는 72세로 세상을 떠났다. 미국에서 에이브러햄 링컨이 노예 해방을 선언하기 30년 전이었다. 윌버포스는 47년 동안 노예무역 폐지와 노예해방운동을 위하여 생을 바쳤다. 미국의 노예해방운동은 영국보다 좀 늦었다.

스토 여사가 어느 날 메인 주 브런즈윅의 한 교회 예배에 참석했다. 예배가 끝나고 성가대의 합창이 시작될 무렵, 스토에게 '한 노예가 매 맞고 죽어가는 환상'이 보였다. 그 포악한 백인 주인은 자신이 직접 매질을 하지 않고 타락한 두 흑인 감독에게 시켰다. 늙은 흑인노예는 죽어 가면서도 두 고문자를 용서해 달라고 하나님께 기도했다. 그 환상 속에서 죽어가는 흑인은 소설 속에서 톰 아저씨였고, 고문하는 두 흑인 감독은 샘보와 킴보였다. 사악한 노예 주인 리그리라는 이름도 이때 나왔다.

소설 속에 나오는 스토리는 작가가 만들어 낸 이야기가 아니라, 모두 스토 여사가 목격했거나 가까운 사람들에게 들은 사실이었다. 그래서 읽는 이들에게 직접 보고 느끼는 것 같은 감동을 주었다. 이 소설은 노예제도를 반대하는 신문 〈The National Era〉에 연재되었다. 1851년에서 52년에 걸쳐 약 10개월 동안 연재된 후에 1852년 3월 20일, 두 권짜리 단행본으로 출간되었다. 간행 1년 만에 30만 부가 팔렸다. 북부에서는 뜨거운 찬사를 받아 많이 읽혔고, 남부에서는 격렬한 비난을 받으며 금서로 지정되었다. '악마의 책'이라며 공개적으로 불살랐다. 그러나 남부에서도 이 작품이 많이 읽혔다.

1853년, 노예제도 옹호자들의 비판에 맞서 많은 자료를 보강해《엉클 톰스 캐빈의 열쇠》를 썼으며, 1856년에는 노예제도에 의존하는 사회의 타락을 묘사한《드레드: 디즈멀 대습지 이야기》를 출간했다.《목사의 구혼》(The Minister's Wooing, 1859),《올드 타운의 사람들》(Old town Folks, 1869) 등을 썼다. 이것들은《엉클 톰스 캐빈》만큼 유명하지 않았으나 지방문학의 원조로 그녀의 사실주의는 근년에 재평가되고 있다.

영국에서는 40개 출판사에서《엉클 톰스 캐빈》을 출판했다. 이내 20개 언어로 번역되었고, 프랑스의 조르주 상드, 독일의 하인리히 하이네, 러시아의 이반 투르게네프 등의 작가들로부터 격찬을 받았다. 19세기 후반 미국과 유럽에서 300만 부 이상 팔린 베스트셀러이다. 성경 다음으로 많이 팔린 책이었다.

스토 여사의 미국 노예제도 폐지에 대한 열정적인 호소는 10년이 채 지나기 전에 미국 남북전쟁(1861-1865)에 불씨를 당겼다. 《엉클 톰스 캐빈》이 성공한 이유는 명백한 것이었다. 민주주의와 만인의 평등을 구현하고 있는 미국에서 노예제도는 엄청난 부정 행위임을 이 소설이 고발했기 때문이다.

원래 스토 여사는 남부 지역을 공격하려는 의도가 없었다. 남부 사람들을 친절한 사람들로 묘사했다. 소설 속에서 남부의 노예 소유주들은 좋은 주인들이고 톰을 잘 대우했다. 세인트클레어는 개인적으로 노예제도를 싫어하여 자기 노예들을 해방시키려 했다. 반면 사악한 주인 시몬 리그리는 북부 사람이며 악했다. 아이러니한 것은, 이 소설이 10년 뒤 전쟁을 치르게 되는 미국 북부와 남부를 화해시키려는 의도를 지니고 있었다는 점이다. 하지만 결국 이 책은 남부에 대한 논쟁서로 노예제도 폐지론자를 비롯한 많은 사람들에게 활용되었다.

소설에서 시종 독자들을 사로잡은 건 노예들의 비참함이었다. 그들은 새벽 3시부터 밤 9시까지 혹사당하며 옥수수 가루로 연명하며 흙바닥에서 잠을 잤다. 나무에 묶여 매를 맞고 돌멩이나 채찍으로 맞으며 감금된 채 굶어죽어 갔다. 노예 상인에게 아이를 빼앗기지 않기 위해 밤을 틈타 도망치는 엘리자, 노예 사냥꾼과 대치하며 자신이 자유인임을 역설하는 조지, 사랑하는 사람에게 버림받고 자식을 빼앗긴 뒤 그런 인생을 물려주지 않기 위해 갓난아기에게 아편을 먹이는 캐시 같은 등장인물은 노예들의 운명을 실감나게 했다.

혹사당한 노예가 병이 들면 죽을 때까지 부려먹고 새 노예를 사는 게 경제적이라고 말하는 리그리는 노예를 물건으로 취급한 사악한 노예주를 상징한다. 이 같은 극적인 상황 설정이 설득력을 얻을 수 있었던 것은 현실을 그대로 닮아 있었기 때문이다.

소설 2장 마지막을 보면, 아주 인도적인 한 법률학자가 "인간을 학대하는 최악의 방법은 그를 목매달아 죽이는 것이다. 그러나 그보다 더 나쁘게 학대하는 방법이 있다. 그것은 노예제도다"라고 말하는 장면이 나온다. 작가 스토는 "이 이야기를 구성하는 개별적인 사건들은 거의 다 실화이며, 노예제도의 실상을 생생하고 드라마틱하게 현실을 있는 그대로 드러내고자 이 소설을 썼다"라고 말했다. 이 소설에 등장하는 셀비 부부의 성격은 작가 스토 부부와 비슷했다.

1862년 11월, 스토 여사가 백악관에 갔을 때 에이브러햄 링컨 대통령이 "당신이 이 엄청난 전쟁을 촉발시킨 책을 쓴 바로 그 조그마한 여인이로군요"라고 말했다는 일화는 유명하다. 또한 남북전쟁 승리 축하 파티에서 링컨 대통령은 "나는 지금 두 여성에게 감사를 드립니다. 한 분은 나에게 책읽기를 가르쳐주신 나의 계모이고, 또 한 분은 《엉클 톰스 캐빈》으로 나에게 흑인의 슬픔을 일깨워 주신 스토 부인입니다"라고 했다.

링컨 대통령이 스토 부인을 만나서는 "나는 스토 여사의 소설을 읽고 여사를 정의감 강하고 담대하며 무서운 사람으로 상상했는데, 직접 만나니 인자하고 온순하여 보통 부인과 다름이 없음을 느꼈다"라고 하였다. 이때 스토 여사는 미소를 지으며 대통령에게 "그 소설은 제가 쓴 것이 아니고 노예제도를 노여워하시는 하나님이 쓰신 것입니다"라고 했다. 자신은 하나님의 뜻을 따라 글을 썼을 뿐이라고 하였다.

오히려 대통령이 5년 동안 전쟁에서 북군을 이끌면서 절망하거나 굴하지 않고 끝까지 싸워 승리를 거두어 불쌍한 노예들을 해방시킨 것을 치하했으며, 대통령에게 위대한 장군으로 용감할 뿐만 아니라 너무나 친절하고 온순하며 인자하다고 치하하였다.

이때 링컨 대통령은 소탈하게 웃으며 "나도 인간입니다"라고 하면서 전쟁에서 같은 미국 국민끼리 싸운 것이 마음 아팠다고 했다. 그 전쟁은 노예를 구원하기 위하여 하나님이 주관하신 성전(聖戰)이었으며, 자신은 단지 하나님의 무기와 방패로 싸웠을 뿐이라고 하였다. 스토 여사와 링컨 대통령은 붓과 총칼로 하나님의 정의를 위하여 싸웠다. 링컨 대통령은 해리엇 비처 스토 여사에게 '흑인 해방의 어머니'라는 헌사를 안겨주었다.

스토 여사는 글을 쓸 뿐만 아니라 1861년 남북전쟁이 발발하자 북부의 편을 들어 맹렬한 유세를 펼쳤다. 그리고 아들 프레드릭도 북군 대위로 참전했다. 실제로 흑인 하녀가 구원을 요청한다는 스토 부인의 말을 전해 들은 남편과 스토 부인의 오빠 헨리 워드 리처드 목사는, 밤중에 이 하녀를 마차에 태워 오하이오 오지의 농장주에게 데려가 감춰 줌으로써 추적이 중지될 때까지 피신시켜 주었다.

남부 지방에서 수도 워싱턴으로 도주한 수천 명의 흑인 노예들을 돌봐 달라고 요청하기 위해 1863년에 스토 여사가 직접 백악관을 방문했었다. 스토 여사가 《엉클 톰스 캐빈》을 쓴 것은 예수님의 계명인 "서로 사랑하라"(요 13:34)를 실천하기 위함이었다고 여겨진다. 노예제도가 공식적으로 사라진 이유는 대부분의 사람들이 반대했기 때문만이 아니라 소수의 사람들이 폐지를 위해 적극적으로 행동했기 때문이다.

스토 여사는 아버지가 목사요, 오빠가 목사요, 남편이 목사였다. 더 중요한 것은 자신이 신학을 공부한 독실한 기독교 신앙인이었는 것이다. 그녀는 인간은 모두 평등하다고 믿었기에 노예제도는 인간의 불평등 사상에서 나온 악이라고 생각했다. 스토 여사는 평생 노예들을 위해 글을 쓰고 행동했으며, 1896년 85세로 사망했다.

미국의 노예들은 거의 개인에게 속해 있었다. 그런데 미국 역사에 노예들이 세운 공공의 공헌이 있다. 미국 수도 워싱턴 한복판에 장엄한 국회의사당과 대각선으로 대칭을 이루는 백악관은 미국 민주주의와 자유 인권의 으뜸가는 상징이다. 매년 미국뿐 아니라 전 세계에서 수십만 명의 관광객이 이곳을 찾아 민주주의의 과거와 현재를 배운다.

그런데 이 두 건물을 지을 당시 많은 흑인 노예들이 강제 노역에 동원되었던 사실이 최근 알려졌다. 이러한 사실이 알려지면서 미국 의원들 사이에서 참회의 움직임이 일어났다고 한다. 기록에 따르면 건축 공사는 노예해방 선언 이전인 1790년대 초에 시작했고, 노예들은 1860년대 중반까지 힘든 노역을 했다.

언론들은 냉소적이었다. 특히 영국의 〈인디펜던트〉와 〈더 타임스〉는 각각 "한 달에 5달러를 받은 노예들이 지은 의사당과 백악관", "노예 노동 위에 쌓아올려진 자유의 성전"이란 제목을 달았다. 미국 역사가들에게서는 더욱 냉소적인 반응이 나오기도 했다. 백악관은 '대통령의 집'(president house), '대통령의 저택'(president mansion)으로 불렸으나 1814년 독립전쟁에서 영국군의 방화로 타고 남은 부분을 하얗게 칠한 후 '백악관'(White House)으로 불리게 되었다.

러셀 애덤스는 "미국 민주주의의 아버지라 불리는 토머스 제퍼슨의 몬티첼로 자택도 흑인 노예가 지은 것 아니냐"고 묻고 있다. 그는 "점잖게 자유를 토론했던 이들도 노예는 단지 동물이나 동산(動産)으로 여겼다"라고 꼬집었다.

《엉클 톰스 캐빈》에 등장하는 통나무 오두막집이 메릴랜드 주 몽고메리 카운티에 100만 달러에 팔렸다. 메릴랜드 주의 베세즈다에 위치한 이 집은 소설의 주인공 흑인 노예 톰의 모델인 '조시아 헨슨'이 살던 집이라는 사실 때문에 명소로 주목 받아왔다. 조시아 헨슨은 오두막이 있던 농장에 팔려와 무능한 백인 주인을 대신해 농장 감독이 됐으며, 1830년 캐나다 온타리오 근처로 이주해 생을 마감했다.

집을 사들인 몽고메리 카운티는 1월 16일 흑인 인권 지도자인 마틴 루터 킹 주니어의 생일을 기념하는 '마틴 루터 킹 데이'를 맞아 축하하는 행사를 열었다. 메릴랜드 수도공원 계획위원회는 이 오두막을 재단장해 일반에 공개하였다.

'해리엇 비처 스토 센터'가 있다. 미국 동북부의 코네티컷 주의 주도로 세워졌지만, 사람들에게는 뉴잉글랜드 지역의 한 축을 담당하는 곳답게 미국 내에서도 손꼽힐 정도로 오랜 역사를 간직한 곳이다. 하지만 실상 하트퍼드는 근처의 뉴욕이나 보스턴 사이에 위치한 '지나치는 도시'로서의 인식을 줄 뿐이다. 마주친 건물은 '캐서린 세이모어 데이 하우스(Katharine Seymour Day House)인데, 현재는 해리엇 비처 스토 재단의 행정 업무가 수행되는 곳이다. 알록달록한 색상의 외관은 물론 집 근처의 화단도 굉장히 화사하다.
센터의 행정 사무실은 1884년 체임벌린이라는 사람이 지은 집으로, 1971년 미국 국가 사적지로도 지정되어 있을 만큼 역사적, 미적 가치를 인정받고 있다. 아쉽게도 해리엇 비처 스토 센터의 행정실로 이용되는 이곳은 일반인들이 입장할 수 없다. 넓은 부지 내에 세워진 세 채의 건물들이 '해리엇 비처 스토 하우스'이다. 스토 부부가 살던 곳으로 바로 이곳에서 스토 부인의 《엉클 톰스 캐빈》이 탄생했다.

마지막으로 해리엇 비처 스토의 명언을 소개한다.

> 힘겨운 상황에 처하고 모든 게 장애로 느껴질 때,
> 단 1분조차도 더는 견딜 수 없다고 느껴질 때,
> 그때야말로 결코 포기하지 마십시오.
> 바로 그런 시점과 위치에서 상황은 바뀌기 시작합니다.

03 빅토르 위고
(Victor Marie Hugo, 1802-1885)

《레미제라블》의 작가

빅토르 위고는 프랑스의 시인이자 소설가, 극작가로 프랑스 낭만파 최대의 대표 시인이다. 위고는 1802년 2월 26일 브장송에서 출생하였다. 아버지는 나폴레옹 휘하의 장군이었고, 어머니는 왕당파 낭트 성주의 딸이었다. 그는 아버지를 따라 코르시카, 이탈리아, 에스파냐 등지로 전전하면서 살았다. 그러나 부모 사이가 원만하지 못하여 1812년부터 어머니는 자녀를 데리고 파리에서 살았고, 그는 1814년부터 어머니와 떨어져 기숙학교 교육을 받았다.

아버지는 군인이 되기를 희망하였으나 그는 문학에 흥미를 갖고 제2의 F.R. 샤토브리앙을 꿈꾸었다. 1817년에는 아카데미 프랑세스의 콩쿠르에서 당선되었다. 이어 1819년 투르즈이 아카데미 콩쿠르에서 그의 시가 입상하였다. 그해에 형 아베르와 함께 낭만주의 발전에 크게 공헌한 잡지 〈Conservateur Litteraire〉를 창간하였다. 1821년 어머니가 사망한 후 아버지도 재혼했다. 1822년에 어릴 적 친구였던 아델 푸세와 결혼하였다.

그해 《오드, 기타》(Odes et poesies diverses)를 냈는데, 이 작품으로 루이 18세와 가까워져 연금을 받게 되었으며, 이 무렵의 위고는 왕당파에 속했고 가톨릭을 지지했다. 이 밖에 그의 시집 《오드와 발라드》(Odes *et ballades*, 1826), 《동방시집》(*Les Orientales*, 1829), 소설 《아이슬란드의 한》 (*Han d'Islande*, 1823), 희곡 《크롬웰》 (*Cromwell*, 1827) 등을 발표하였다. 이전에 그는 고전주의자들을 가까이하는 듯했고, 대립되는 고전-낭만 두 경향 사이에서 중재를 시도하기도 하였다. 그러나 그는 다가오는 흐름, 막 피어오르는 낭만주의의 힘을 간파하고 그 시기에 다양한 작품들에서 나타나는 새 사상에 눈을 돌리며, 이것들을 혼합하여 이미지를 부여하는가 하면 역설을 강조하는 사이 '크롬웰 서문'을 집필했다.

이것은 새 유파의 헌장이자 선언이었다. '크롬웰 서문'은 위고를 낭만주의의 수령으로 만들어 주었다. 그가 나아갈 입장을 제시하는 동안 그의 주위에는 고전주의와 전투를 각오한 젊은 시인들이 모여들었다. 《에르나니 논쟁》, 《에르나니》는 빅토르 위고가 1830년 낭만주의 문학의 실천을 보인 대표적 희곡으로 프랑스 극장에서의 초연은 고전극에 대한 도전이었고, 결국 '에르나니 논쟁'을 일으키게 되었다.

'에르나니 논쟁'(Bataille d'Hernani)은 문학상의 획기적인 사건이었다. 초연 때 위고를 총수로 하는 고티에, 네르발 등 낭만주의 문학청년 그룹과 '삼일치(三一致)의 법칙'의 고전극의 전통을 지키려는 그룹이 대립하여 격심한 논쟁이 벌어졌다. 이 논쟁에서 승리함으로 사실상 문단의 주도권이 낭만주의 작가들에게로 옮겨왔다.

그는 기독교에서 시가 태어났으나 오늘날의 시는 드라마라고 했다. 드라마의 성격은 현실적이라는 데 있으며, 현실적이라는 것은 숭고함과 기괴함의 두 유형이 매우 자유스럽게 결합하는 데서 성립된다고 위고는 주장했다. 숭고한 것과 기괴한 것이 삶과 우주 삼라만상에서 교차하며 나타나듯 드라마에서도 엇갈려 나타난다.

그 이유는 참된 시, 완벽한 시는 상반되는 것의 조화 속에 존재하기 때문이다. 그리고 이러한 점 때문에 여러 가지 예외들은 그것들을 통일시켜 주는 규칙을 찾을 수 있게 되고, 자연 속에 존재하는 모든 것을 예술 속에 존재하게 할 수 있다. 또한 그는 이전 작가들의 주장에서 자기의 주장을 더하여 요약하고 압축해 풍요로운 낭만주의의 원리를 생성시켰다.

위고는 희곡을 해방시키고 또한 희곡을 예술의 한계 내부에 고정시켰다. 그는 몇몇 그의 시대 인물들보다 혁신성이 미흡해 보이긴 하나, 자유를 선언하고 방종을 추방하면서 운문의 권리를 확립시키는가 하면, 멜로드라마가 깎아내릴 위험에 처해 있던 극 형식을 문학적 범위로 이끌어 놓았다.

처음에는 노디에를 중심으로 모여 있던 낭만주의자들이, 이 무렵부터 위고를 중심으로 모여들어서 이른바 '세나클'(클럽)을 이루어, 사실상 낭만주의자들의 지도자가 되었다. 그러한 의미로 '크롬웰 서문'은 낭만주의 문학의 선언이라 할 만큼 그는 고전주의를 비판하여, '삼일치(三一致)의 법칙' 중에서 시간과 장소의 일치는 너무나 구차한 구속이라고 주장하였다.

1830년에는 희곡 '에르나니'(Hernani)의 상연을 계기로 고전주의 지지파와 격렬한 투쟁을 벌여 승리를 거두었다. 1833년 애처(愛妻) 아델과 친구 생트뵈브와의 추문으로 크게 상심하던 중 여배우 J. 들루에와의 연애가 시작되었다. 들루에는 항상 위고를 도왔고 자녀들을 살펴 주었다. 위고가 망명했을 때도 말없이 따라가 그의 뒤에서 묵묵히 협조했고 위로하였다. 그러나 결혼하지 않은 것으로 전해진다.

1830년 7월, 혁명이 일어날 무렵부터 위고는 인도주의와 자유주의로 기울어, 시(詩) 《가을의 나뭇잎》(Les Feuilles d'automne, 1831), 《황혼의 노래》(Les Chants Du crepuscule, 1835), 《마음의 소리》(Les Voix inerieures, 1837), 《빛과 그림자》(Les Rayones et les ombres, 1840)와 희곡 《마리옹 드 로름》(Marion de Lorme, 1831), 《왕은 즐긴다》(Le Roi s'amuse, 1832), 《뤼 블라》(Ruy Blas, 1838), 《뷔르그라브》(Les Burgraves, 1843) 등을 발표하였다.

그러나 1843년, 그의 딸 레오포르딘이 남편과 더불어 세느 강에서 물놀이를 하다가 익사하자, 비탄에 빠져 10년간 문필을 중단하였다. 딸과 사위에 대한 사랑이 항상 그 가슴에서 떠나지 않았다. 여기에는 그의 문학까지 포기할 만큼 실망과 애정이 묻어 있었다. 자녀는 부모의 가슴에 항상 살아 있다. 이러한 애정이 그의 작품 속에서 다른 면으로 나타나기도 했다.

그는 자기의 정신을 쏟을 곳을 찾았는데 그것이 바로 정치였다. 이러한 정치적 경향으로 위고는 1845년 왕당파로 프랑스 국회 상원의원이 된다. 1848년 2월 혁명 후에는 파리 출신 제헌의회 의원으로, 또 입법의 회원으로 활약하며 가난한 자와 피압박자의 편에 서서 자유, 평등, 공화체제를 위한 싸움에 가담했다.

위고가 정치를 한 이유는, 가난하고 압박 받는 자들을 위한 관심에서 비롯되었다고 할 수 있다. 그리하여 그의 작품에서도 항상 가난하고 고통 받는 자들, 소외된 이들, 그리고 집시들을 위한 내용을 담고 있다. 당시 프랑스 사회에는 빈부의 격차도 심했고, 식민지에서 온 사람들의 차별 대우도 심했다.

드디어 군과 우익 정당을 배경으로 등장한 나폴레옹 1세의 조카 루이 나폴레옹이 대통령으로 당선되어 반민주적인 헌법 개정을 하자, 위고는 그의 가장 격렬한 반대자가 되었다. 1851년 루이 나폴레옹이 쿠데타를 일으켜 의회를 해산하고 헌법을 정지하고 반대파와 공화파 의원을 체포할 때, 위고는 첫 번째 대상에 포함되어 있었다. 위고는 파리 시민을 앞세우는 시위를 위해 봉기하려 했으나 실패하고, 동료 의원 72명과 함께 프랑스를 떠나 망명길에 올랐다. 이때부터 벨기에를 거쳐 영국해협의 저지 섬과 건지 섬에서의 19년간에 걸친 망명 생활이 시작되었다.

고국을 떠나 다시 시인의 생애로 돌아간 것이다. 가정적으로 어려움을 겪고, 또한 사회와 정치적으로 말할 수 없는 고통의 시절을 지나면서 그의 시는 인간의 내면으로 깊어져 갔고 더 원숙해졌다. 인간의 죄악을 심판하는 격정이 그 속에 담겨 있었다. 1853년 발표된 《징벌 시집》은 나폴레옹 3세에 대한 분노였다. 1856년 《명상 시집》(冥想詩集)은 익사한 딸의 추억, 그의 25년간의 생활의 역사였다. 1859년 루이 나폴레옹은 위고에게 사면령을 내렸으나, 위고는 이를 거부하고 여전히 망명지에 남아 있었다. 이때 쓴 《세기의 전설》은 위고 최대의 걸작임과 동시에 프랑스 최대의 서사시가 되었다. 그 밖에 정치론 《소인》, 《나폴레옹》(1853)이 있지만, 그의 시종일관한 신념은 민중에 대한 진실한 애정이며, 이 유토피스트적 정치 이상은 시인의 사명으로서 그의 작시 태도에도 흐르고 있다.

오랫동안 소설에 손을 대지 않았던 그는 1862년 그의 최대 명작 《레 미제라블》을 발표했다. 이 작품은 그의 문학적 생애의 절정을 이루고 있으며, 《노트르담 드 파리》와 3부작을 이루는 《바다의 노동》(1866), 《웃는 남자》(1869)는 그의 작품 중 손꼽히는 걸작으로 그가 바로 프랑스 문학계의 제왕이며 거성임을 입증해 주고 있다.

나폴레옹 3세를 비난하는 《징벌 시집》(懲罰詩集, *Les Chetiments*, 1853), 딸의 추억과 철학사상을 노래한 《명상 시집》(冥想詩集, *Les Contemplations*, 1856), 인류의 진보를 노래한 서사시 《여러 세기의 전설》(*La Legrende dessiecles*, 1859), 장편소설 《레 미제라블》(*Les Miserables*, 1862), 《바다의 노동자》(*Les Travallieurs de la mer*, 1866), 《웃는 남자》(*L'Homme qui rit*, 1869)를 발표하였다.

망명 기간이 그의 인생에서 가장 충실했으며, 파리에 돌아온 이후에 발표한 대부분의 작품이 이 시기에 집필된 것이었다. 위고는 나폴레옹 3세가 보불 전쟁에 패하여 퇴위, 망명하고 파리 시가 프러시아 군에 의해 완전 포위되기 직전인 1870년 제정이 무너진 후 파리에 돌아왔다. 이 극적인 입성은 용감하고 희생적이었으며, 파리 시민들은 그를 애국적 영웅으로 맞이했다. 그는 '자유의 화신'이자 '공화국의 대부'로 칭송받았다. 그의 80세 생일은 임시공휴일로 지정될 정도였다. 이때로부터 그가 죽을 때까지 만년의 생활을 주로 창작 활동에 바쳤다.

그는 상원의원이 되었으나 정치에는 실패하고 실망했다. 그러나 작품 활동은 쉬지 않았다. 파리의 농성과 점령을 다룬 시 《끔찍한 해》, 《할아버지가 되는 법》, 《세기의 전설》의 보충편과 최종편의 시와 과학 문제를 다룬 《나귀》, 《정신의 네 바람》, 소설로는 프랑스 대혁명 이야기를 다룬 최후의 소설 《93년》(*Quatre-vingt-treize*, 1873)을 썼다.

이때는 낭만주의는 가고 사실주의와 자연주의가 일어나고 있었고, 시에서는 상징주의가 다가오고 있었다. 이즘(ism)은 이렇게 지나가고 또 오기도 하며 그리고 떠나가는 것이다. 그러기 때문에 사상에 골몰하다 보면 언젠가 지나가는 느낌이 들 때 자신의 인생도 가고 만다. 사상가들은 항상 자기의 사상을 위해 싸워서 이기기도 하고 지기도 하면서 인생을 보낸다. 사상가는 환영을 받을 때도 있으나 지나갈 때는 배반자로 낙인찍힐 때가 많다. 사상가의 생애는 많은 시간을 투쟁하다가 남긴 것 없이 사라지는 경우가 많다. 그러나 사상이 뚜렷하지 못한 사람은 쓸데없는 존재로 여겨진다. 이런 의미에서 위고는 사상가로는 실패했다고 할 수 있다. 그러나 그의 문학적 사상은 프랑스를 대표하는 이름으로 남았다.

그는 1885년 5월 18일, 폐렴으로 몸져누운 후 4일 후인 22일, 83세를 일기로 사망했는데 그가 남긴 마지막 말은 "검은 빛이 보인다"였다. 그는 국민적인 대시인으로 추앙되어 프랑스 정부에서 국장으로 예우해 장례를 치렀으며, "그의 시신은 밤새도록 횃불에 둘러싸여서 개선문에 안치되었고, 파리의 온 시민이 판테온까지 관 뒤를 따랐다"(G. 랑송)라고 전해진다. 가난한 사람의 영구차와 간소한 장례식을 요구한 그의 유언과는 너무나 대조적이었다. 위고가 미리 써 놓은 유언장에는 "신과 영혼,

책임감, 이 세 가지만 있으면 충분하다. 그것이 진정한 종교다. 나는 그 속에서 살아왔고, 그 속에서 죽을 것이다. 진리와 광명, 정의, 양심, 그것이 바로 신이다"라고 했다.

 이 위대한 시인이자 소설가이며 희곡작가인 빅토르 위고의 파란만장한 생애를 보면 정말 대단하다는 말밖에 나오지 않는다. 1876년 71세의 나이로 사망한 조르주 상드의 고별사를 만들기도 했던 빅토르 위고, 파란만장한 문학사, 사회사, 음악사, 과학사들이 연결되었음을 느낀다. 먼 미래에 우리의 시대도 그렇게 추억되겠지만, 그때엔 어떤 사람들이 빅토르 위고와 같은 위대한 인물들로 기억될지 짐작도 할 수 없다.
 "영국에 셰익스피어가 있다면 프랑스에는 빅토르 위고가 있다"라고 한다. 위고는 정확하게 프랑스 낭만주의를 대표하는 대문호로 기록된다. 그는 문인으로서 최고의 영예를 얻었다. 평생을 두고 그가 견지한 것은 자유, 평등의 신념이며 그의 풍부한 상상력과 온건한 필치는 그를 19세기 최대의 문호로 만들었다. 그의 작품에서 독자가 받는 강렬한 인상과 감동은 그의 다이내믹한 생명력에서 오는 변화무쌍한 창조력, 무궁무진한 상상력, 강렬한 감정 등이다. 이 거대한 창조력은 그로 하여금 시, 연극, 소설 등 여러 분야에서 창작하게 했으며, 각 분야에서도 다양한 장르의 작품을 썼는데 그는 모든 문학 부문에 손을 댔다.
 시인으로서의 주된 힘은 상상력이다. 이 상상력은 무궁무진할 뿐만 아니라 머릿속에 상상하는 바를 실제로 있는 존재같이 정확하고 명료하게 보는 힘이 있다. 이에 그는 서사시, 역사소설, 환상극 등에서 뛰어난 재능을 발휘했으며, 자연이나 환경, 인물 묘사에 탁월했다. 구약성경의 인물들의 성격과 생활, 중세 기사들의 영웅적 모험, 나폴레옹 휘하 군대의 전투장면 등 세밀한 사항에 이르기까지 실제와 방불하게 묘사함은 풍부한 고증이나 사실보다는 강력한 상상력에 의한 것이었다.

시인 빅토르 위고에게는 치밀한 지성이나 분석적인 정신이 없는 반면 크고 풍부한 감정과 감수성이 있었다. 그는 감정의 큰 불덩어리였다. 이러한 감정은 그의 작품과 생활에서 일차적으로는 사랑으로 나타났다. 특히 가족에 대한, 그리고 어린이들에 대한 끝없는 애정으로 나타났다. 또 이 사랑은 약한 사람, 가난한 사람, 압박 받는 사람에 대한 연민과 박애 사상으로 확산되어 그의 중심 사상이 되었다.

이렇게 강력하고 온건한 상상력과 우주 만상에까지 펼치는 감정을 위고는 천재적인 언어로 자유분방하게 표현했다. 그의 문장은 숨 쉬듯 자연스럽고 강물같이 도도했으며, 장엄하고 화려하고 많은 이미지를 동반했다. 이로써 그는 가장 평범한 일과 사물에 생명을 부여하고, 일상적인 행위와 감정을 승화시켜 우주적인 비전을 보게 하는 마력이 있었다. 물론 그에게 결점이나 결함이 없는 것은 아니다. 상상력이 지나쳐 때로는 터무니없는 공무 부상으로 흐르는 점, 위대함과 장엄함을 좋아하는 허장성세, 웅변조, 지나친 언어의 기교, 대중에 영합하는 통속성 등이다.

그에게는 이러한 결점들이 있었으나, 그는 19세기 프랑스 문단의 최고봉이었으며 프랑스 문학사의 빛나는 거성이었다. 빅토르 위고는 뛰어난 문학작품으로 인간의 자유를 억압하는 모든 것에 대항했다. 《레 미제라블》을 발표했을 때 그는 출판사 사장에게 '?'의 물음표만 있는 편지를 보냈다고 한다. 출판사 사장은 잘 팔린다는 뜻으로 '!' 하나만 적힌 답장을 보냈다고 하니, 세계에서 가장 짧은 편지를 주고받은 셈이다.

1831년 위고는 《노트르담 드 파리》(*Notre-Dame de Paris*)를 썼다. 15세기를 배경으로 집시 소녀, 꼽추 종지기와 같이 소외된 사람이 주인공으로 등장한다. 소설에는 흉측한 얼굴에 귀머거리이며 꼽추인 콰지모도가 주인공으로 등장한다. 콰지모도란 반만 인간이란 뜻이다. 그래서 성당 밖으로 나가지 못하고 안에서만 살았다. 그런데 어느 날 밖에서 축제가 벌어진다고 해서 사람들과 함께하고 싶은 마음에 나갔다가 실수로 사람들에게 발각되고 말았다.

콰지모도가 어렸을 때 그 외모가 너무 흉측해서 사람들이 죽여야 된다고 했을 때, 프롤로 신부가 그 아이의 양아버지가 되겠다고 하여 살려냈다. 그 뒤 성당에서 종을 치는 일을 시켰는데, 얼마 후 그는 너무 요란한 종소리에 귀가 먹어버렸다. 그 후 그는 근위대장 페뷔스에게 잡혀서 판사에게 갔는데, 귀머거리인 콰지모도가 판사의 이야기를 잘못 듣고 대답한 것을 판사는 자기를 놀리는 줄 알고 형틀로 데려가 채찍질을 했다. 한 시간을 맞고 더 기다려야 하는데 그는 물이 먹고 싶어졌다.

성난 군중에게 둘러싸여 공격당하는데도 꼽추 소년은 사람들에게 물 한 모금만 달라고 애걸한다. 그러나 야유와 조롱만 쏟아질 뿐이었다. 군중이 하나둘 흩어질 무렵 에스메랄다가 물동이를 들고 앞으로 걸어나왔다. 그리고 가여운 꼽추 콰지모도에게 그 물동이를 내민다. 그 물을 마시고 그는 물을 준 에스메랄다를 감사하게 생각했다. 이처럼 위고 작품에서 매우 생생하게 그려지는 인정 어린 행위는 예수의 냉수 한 그릇을 건네주라는 가르침을 생각나게 한다. 이 비슷한 장면은 루 윌리스 작 《벤허》에서도 한 장면이 삽입되어 있다.

위고는 종교적인 작가는 아니다. 그러나 그의 소설에 등장하는 몇몇 인물은 예수를 대신하는 것같이 보인다. 이 작품에서 빅토르 위고는 사랑이 갖는 변화의 힘을 보여주었다. 그는 "인생에서 최상의 행복은 사랑받고 있다는 확신이다. 자기도 모르는 사이에 사랑받고 있다는 확신은 자기 자신을 행복하게 한다"라고 썼다. 이 말이야말로 위대한 작가가 독자에게 건네는 냉수 한 그릇이라 여겨진다.

콰지모도는 프롤로 신부에게 속한 노예와 다름없었다. 얼굴이 흉측하고 뭉그러진 꼽추에다가 귀머거리였다. 그런 그에게 사랑하는 사람이 생긴 것이다. 그가 사랑하는 집시 여인 에스메랄다는 매우 아름다웠다. 그녀가 콰지모도를 사랑했다는 이야기는 없지만 둘은 서로 좋아했다. 그런 그녀를 사랑하는 한 사람이 있었는데, 바로 프롤로 신부였다. 그는 질투와 집착이 가득한 이기적이고 못된 신부였다. 프롤로 신부는 콰지모도를 괴롭혔다. 에스메랄다가 자기를 좋아하지 않고 콰지모도를 좋아했기 때문이다. 프롤로 신부는 결혼할 수 없는 성직자였다. 그럼에도 불구하고 집시 여인 에스메랄다를 사랑했다. 이것은 분명 성직자로서 불륜이었다.

질투에 눈먼 프롤로 신부는 페뷔스를 미행해 에스메랄다의 칼로 그를 찌르고는 에스메랄다에게 죄를 덮어씌워 감옥에 가둔다. 집시들의 두목 클로팽과 집시들도 근위대에게 모두 잡혀들어간다. 콰지모도는 에스메랄다를 위해 집시들의 탈옥을 돕는다. 에스메랄다는 콰지모도의 도움으로 탈출에 성공해 노트르담 성당으로 잠시 피신하지만 곧 다시 잡혀가게 되고, 에스메랄다는 사형을 당할 운명에 처하게 된다. 프롤로 신부는 에스메랄다가 사형당하는 장면을 발코니에서 보면서 잔인하게 웃고 있었다. 그러나 콰지모도는 그녀가 사형 당하기 직전에 프롤로 신부를 발코니에서 떨어뜨려 죽인다. 그는 교수형을 당한 에스메랄다의 시신을 부여잡고 오열하며 "춤을 춰요. 에스메랄다"를 외친다. 너무나도 비극적인 결말이다.

콰지모도와 에스메랄다 두 인물은 외모와 그들의 운명으로 인해 사랑을 이루지 못한다. 콰지모도는 아무리 흉측하고 못생겼어도 그의 내면은 누구보다 따뜻하고 마음이 넓은 인물이다. 그러나 남의 시선과 관점에 기가 눌려 제대로 사랑을 표현하지 못한다.

이 작품에서 위고는 사회에서 눌리고 천대받는 계층을 발견하여 그들을 주인공으로 세웠다. 그리고 그들을 괴롭히는 사람으로 《레 미제라블》과는 달리 성당의 신부를 들고 있다. 그것은 작품의 배경인 당시 성직자들이 얼마나 부패하고 타락했었는가를 고발하는 것이라 할 수 있다. 위고는 항상 사회의 낮은 계층과 그들을 착취하고 학대하는 계층을 대립시키고 있다.

노트르담 성당은 실제로 파리에 있는 오래된 성당이다. 소설의 주요 무대는 노트르담 대성당이 가장 찬란했던 루이 15세 시절을 이야기의 배경으로 하고 있다. 이 성당은 중세시대인 1163년, 즉 모리스 드 쉴리(Mauris de sully)에 의해 건축이 시작되었고, 무려 200년(대략 2세기) 동안 지어졌다. 그래서 딱히 한 양식으로 지어진 성당이라고 할 수는 없다. 그리고 13세기까지 서유럽의 종교 건물 중에서 가장 컸을 것으로 여겨진다.

그런데 프랑스혁명이 성당의 역사를 바꿔놓았다. 혁명 기간 왕가와 교회 권력을 상징하던 성당은 공격을 당하고, 특히 성당 문 바로 위쪽을 장식하던 왕들의 조각상은 전부 끌어내려서 파괴했다. 유대의 왕들을 상징함에도 불구하고, 기분 나쁜 프랑스 왕들을 떠올리는 이유였다. 1845년부터 건축가 비올레 르 뒤크(viollet-le-duc)가 지금의 모양으로 복원했다. 그리고 1991년 유네스코 문화유산으로 등재되었다. 위고는 1845년부터 시작된 노트르담 성당 복원운동에 굉장히 적극적으로 참여했다. 성당뿐 아니라 문화유산의 복원 자체에 큰 관심을 가지고 있었다.

1862년 발표한 《레 미제라블》은 모든 스타일과 소재, 다양한 내용이 혼합되어 있으면서도 마치 하나의 세계로 잘 정돈된 느낌을 준다. 이 작품은 워털루 대전과 왕정 복고의 혼란을 그린 역사소설의 성격을 띠면서 민중의 영광을 희원하는 인도주의의 시였고, 작가 자신의 자전적 서정소설의 성격을 띠는 동시에, 저열하고 비속한 당시의 풍속을 폭로한 사실주의적 소설로도 이해된다.

그러나 한평생 죄인으로 쫓겨야 했던 주인공 장 발장과 맹목적으로 법을 맹신하고 자신의 임무를 완수하는 것만을 지상의 목표로 삼고 장 발장을 추적하다가 마침내 그 허무함을 깨닫고 자살하는 자베르라는 인물을 통해, 위고는 논리와 조직만으로 인간의 행복이 가능하지 않으며, 사람들 사이에는 인정과 자비와 연민이 필요함을 역설하고 있다. 그리하여 작가는 사회가 이러한 요소들을 무시한 법률의 기계적인 해석과 적용으로 많은 희생자를 내고 있다는 것을 폭로하고 있다.

《레 미제라블》은 프랑스어로 '비참한 사람들'이다. Les(정관사) Miseravles(비참한 사람들)은 빅토르 위고에 의해 장장 16년 만인 60세에 탈고되었다. 이 책은 사회적, 철학적, 종교적 위대함이 녹아 있는 방대한 역사소설이다.

위고는 《레 미제라블》을 통해 사회의 비참한 희생자들을 주인공으로 하여 혁명 중인 프랑스 사회를 장대한 서사 소설로 그려냄으로써 전 세계의 이목을 집중시켰다. 후일 이 작품은 사랑과 용기, 그리고 신념의 정수로 여겨져 어린이부터 노년에 이르기까지 읽혀졌고, 브로드웨이의 대표적인 뮤지컬로 공연되었다. 혁명의 격정적인 시기를 거치면서 선악을 상징하는 뚜렷한 존재들로 당시의 사회와 시대상을 대표하며, 작가는 그들을 통해 부도덕과 일률적 자세에 예리하게 메스를 가했다.

결론적으로 이 작품은 박애, 자유, 평등을 향한 열정을 보여준다. 인권이 무시되고, 빈부격차가 심화되고, 부정과 불의가 횡행하는 사회에 대한 직격탄이었다. 이 작품은 많은 이야기를 하고 있지만, 특히 눈여겨 볼 점은 바로 절대적이고 무한한 사랑에 관한 것이다. 장 발장 자신도 신부님의 그런 사랑에 개과천선할 수 있었고, 온갖 역경 속에서도 받은 그 큰 사랑을 코제트에게 부어 줄 수 있었을 것이다. 마지막 운명하기 직전에 그 사랑의 상징물인 은촛대를 코제트에게 준 것은 작가의 강력한 사랑의 메시지였다. 범죄가 횡행하고 자기본위적인 그래서 황량하기까지 한 이 시대의 유일한 처방은 어쩌면 진정한 사랑이라고 우리에게 가르쳐주고 있다.

16년 동안 집필된 이 작품은 묵직하고 두툼할 뿐만 아니라 그 내용을 이해하기도 녹록하지 않다. 프랑스 혁명 이후의 역사를 굽이굽이 파헤칠 뿐만 아니라, '역사' 속에서 왜 '소설'이 불가피한지를 설득하는 소설의 형식이다. 총 5부의 이야기에서 1부의 제목은 '팡틴', 2부 '코제트', 3부 '마리우스', 5부에 와서야 '장 발장'이다.

《레 미제라블》의 주인공 또한 단수로서의 개인이 아니라 당시 프랑스의 격변기를 살아가는 수많은 인물들이다. 실제 장 발장도 다른 인물로 변신한다. 어머니는 그를 '잔마티외'로 불렀으며, 아버지는 '저 장이란 놈'의 약칭인 '장 발장'으로, 자베르는 '24601'번의 죄수로, 시민들은 '마들렌' 시장으로, 마리우스는 '포슬르방'으로 불렀다. 이처럼 장 발장은 복수적 존재이다. 장 발장의 존재가 그러하듯, 소설은 프랑스 격변기 속에 놓인 다수의 군중, 시민의 얼굴을 담아낸다.

바로 이때 위고는 장 발장의 '양심'을 역사의 빛으로 내놓는다. 신의 영혼을 대신하는 '양심'의 탄생이었다. 마차에 깔린 자를 살려내고, 여공의 아이를 대신 키우며, 죽음을 자처하는 청년을 구출하는 순간마다 장 발장은 미리엘 주교의 모습과 겹쳐진다. 그는 두려워하지도, 그렇다고 분노하지도 않는다. 두려움을 넘어서 고백하며 분노를 넘어서 상생한다. 《레 미제라블》은 프랑스혁명 이후 자유와 평등의 기운이 어떻게 인간 내면에 젖어드는지를 역설한다. 이 양심은 자베르의 '법'이 닿지 못한 세계이며 '법 너머의 법'이다. 이 세계를 엿보고자 하는 다수의 열망이 지금 다시 《레 미제라블》을 불러들이고 있다.

이렇듯 《레 미제라블》은 역사상 가장 유명한 소설 가운데 하나이지만 '완독'한 사람은 의외로 많지 않다. 축약하거나 각색하지 않은 '무삭제판' 《레 미제라블》을 처음 접한 사람들은 두 번 놀라게 된다. 방대한 분량에 놀라고, 그 유명한 줄거리가 빙산의 일각에 불과하다는 사실에 놀란다. 장 발장에 대한 이야기는, 이 소설에서 3분의 1가량 내용에 불과하며 나머지 3분의 2에는 19세기 초 프랑스 사회와 풍습, 그리고 다양한 문제에 관한 작가의 견해가 서술되어 있다.

중요한 문제는 《레 미제라블》을 신앙적 관점에서 주목해야 하는 점이다. '그리스도인으로서' 사회적 불의와 구조적 모순, 불평등으로 인해 불행해진 개인과 민중의 문제를 어떤 태도로 책임지고 싸우며 살아가야 하는지, 지금도 시대를 초월한 묵직한 질문과 올바른 모델을 알려 주고 있다. 작품에 나타나는 미리엘 신부에 대한 이야기는 상당히 길게 나온다. 한번은 병원 안이 환자로 가득했다. 이것을 본 미리엘 신부는 주교관을 보이면서 "이 방에 얼마나 더 침대를 들여놓을 수 있을까요?"라고 묻는다. 그리고 주교와 그의 시중을 들고 있던 여동생 마글루아르 부인과 함께 거처를 누추한 곳으로 옮긴다.

미리엘 신부는 장 발장에게 은촛대를 돌려주었다. 미리엘 주교에게 감동한 장 발장이 회개했고, 결국 사랑을 온몸으로 행하는 성자다운 사람이 된다. 빅토르 위고가 이런 것을 바랐을 것이다. 그래서 위고는 미리엘 주교를 창조함으로 자신이 살고 싶었던 모델을 형상화한 것이다. 이 작품에서 보여주는 것은 미리엘 신부의 감동적 행동 때문에 장 발장이 감동하여 새로운 삶을 산다는 것이다.

그것은 사랑이고 용서였다. 종신형으로 감옥 생활을 하고 나온 사람이라면, 사회에 대한 강한 적개심과 사람을 대하는 태도도 부정적일 수밖에 없다. 그런데 장 발장은 가난하고 병든 한 여인의 죽음 앞에서 새로운 약속을 한다. 그것이 사랑이었다. 코제트를 잘 돌보아 주겠다는 것이다. 그것으로 끝나는 것이 아니라 그 나약한 코제트의 애인이 어려움을 당했을 때도 구해 주는 역할을 한다.

여기서 그 사랑의 출처라고 할 수 있는 미리엘 신부를 한번 돌아볼 필요가 있다. 위고가 35년간 마음속에서 그려오다가 1845년 집필을 시작하여 16년 만인 1861년 완성했는데, 소설의 처음 시작은 장 발장과 미리엘 신부의 내용을 기록하고 있다. 미리엘 신부에 대한 설명이 80페이지 이상 계속된다.

프랑스에서 출판되자마자 폭발적인 반향과 함께 성경 다음으로 읽힌다는 평가를 받고 있는 거대한 작품이다. 이 작품보다 더 위대한 건 작가 빅토르 위고였다. 이런 훌륭한 작품과 위대한 작가를 만날 수 있다는 것은 정말 큰 행운이 아닐 수 없다.

앙드레 모루아는 "서사시와 소설, 그리고 에세이의 요소를 모두 갖추고 있는 작품"이라 했고, 테오필 고티에는 "한 인간의 작품이라기보다 시대 상황과 자연이 창조해 낸 작품"이라 했으며, 랑송은 "온갖 탈선과 삽화와 명상 등으로 가득 차 있는 이 소설, 가장 위대한 아름다움이 가장 멋쩍은 수다 옆에 자리를 같이하고 있는 이 소설은 하나의 세계요, 하나의 혼돈이다"라고 했다.

위고가 망명했을 때인 1869년 그의 유명한 작품 《웃는 남자》가 나온다. 《웃는 남자》는 어릴 적 인신매매단에 납치되어 찢어진 입을 가진 괴물의 형상으로 살아가야만 하는 주인공 그윈플렌의 잔인한 삶을 그렸다. 생존을 위해 웃어야 하는 비극적 스토리에 평생 기괴한 웃음을 짓고 살아가는 남자와 맹인 소녀의 진정한 사랑, 인간 본성 등을 담은 묵직한 작품이다. 원작에서 느껴지는 특유의 치밀한 구성과 사실적인 묘사가 섬세한 대사와 실험적 연출로 무대 위에 옮겨질 예정이다.

원작이 출간된 19세기 전 유럽을 들썩였던 주제의식은 현재에도 관심거리이다. 원작은 위고가 인생에서 이보다 더 위대한 작품은 쓰지 못했다고 단언했던 작품이기도 하다. 이 작품의 배경은 17세기 프랑스에서 실제로 있었던 일들을 바탕으로 했다.

《웃는 남자》는 18세기 영국을 배경으로 쓰인 소설을 극화했다. 여기에 등장하는 그윈플렌은 어려서 입을 째서 웃는 모습으로 만들어졌다. 그리고 우르수스와 함께 유랑극단에서 공연을 한다. 런던 공연에서 자신의 입을 찢은 사람을 발견하고 그를 찾기 시작하며 이 모든 비극이 시작된다.

그런데 그와 같이 버려진 데아라는 소녀가 함께 극단에 있었다. 그 소녀는 감당할 수 없는 추위에 눈이 멀고 만다. 두건을 쓴 소년은 사람들에게 버림을 받고 홀로 살길을 찾아야 했다. 게다가 눈이 많이 쏟아져서 어린 소년의 운명은 어두워 보였다. 그런데 길에서 얼어 죽은 한 여인을 발견하고 그 여인에게 다가간다. 여인은 얼어 죽으면서도 딸아이를 품에 감싸 안고 있었다. 딸아이는 어머니의 온기 때문에 아직 얼어 죽지 않았다.

소년 그윈플렌은 그 상황에서도 전혀 당황하지 않고 그녀의 품에서 그 여자아이를 빼내 안고 길을 간다. 그렇게 추위에 떨며 그윈플렌은 어느 한 마을에 도착한다. 그윈플렌은 도와 달라고 소리를 치지만 아무도 문을 열어 주지 않는다. 그때 들리는 늑대 울음소리, 그윈플렌은 마을과 동떨어진 곳에 위치한 어느 집 문 앞에 선다. 그 집에는 불친절한 우르수스가 살고 있었다. 우르수스는 말한다.

"여기 말고 저기 마을에 가서 도와 달라고 하지 그래?"

"이미 갔었는데 아무도 문을 열어 주지 않아요."

"그게 바로 기독교의 자비다."

우르수스의 이 말은 굉장히 의미심장하게 들린다. 우르수스는 종종 헛소리처럼 하지만 뼈를 가진 듯한 대사를 관객들에게 던졌다. 이 말도 마찬가지로 생각한다. 헐벗은 민중들에게 자비를 베풀어야 할 교회가 당시 그 역할을 제대로 수행하지 못하고 있음을 비판하고자 한 것이다.

우르수스는 그윈플렌과 소녀를 집에 들인다. 그리고 어떻게 된 사연

인지를 듣는다. 그는 이들을 거두어 주기로 결심한다. 우르수스는 이들을 데리고 다니며 주일날 교회에서 예배를 마치고 나오는 사람들에게 사기를 친다. 엉터리 약장사 노릇을 하는데, 그윈플렌은 그 뒤에서 몸동작 흉내를 내서 사람들을 불러 모은다. 그윈플렌의 동작이 사람들을 모은다는 것을 알고 우르수스는 본격적으로 장사를 한다. 그리하여 세 사람은 생계를 유지했다. 더 큰 도시로 나가서 우르수스는 글을 쓰고 그윈플렌과 데아는 연기를 한다.

인기가 있을 때 한 여공작이 그윈플렌을 유혹한다. 데아는 눈이 멀었지만 그것을 직감하게 되고 우르수스도 그윈플렌이 점차 탐욕스러워지는 것은 아닌지 경계하게 된다. 그윈플렌이 상류층 사회, 궁으로의 입성을 고대하는 것처럼 보였기 때문이다. 그때 우르수스는 말한다. "좋아하는 여자랑 애 낳고 그냥저냥 사는 것이 행복"이라고. 행복은 별게 아니라는 말이다. 하지만 그윈플렌은 그 말을 흘려 듣는다.

그런데 이게 웬일인가? 어느 날 들이닥쳤던 건장한 사내들이 그윈플렌을 연행해 엄청나게 거대한 성으로 끌고 간다. 이때 그윈플렌의 잊어버렸던 기억, 과거의 신분이 드러나게 된다. 그윈플렌은 여전히 장터에서의 광대 생활을 그리워하지만, 그렇다고 현재의 상황을 강력하게 저항하지도 않았다. 그리고 결국 여공작의 유혹에 넘어가 두 사람은 정사를 나누게 되는데, 눈이 먼 데아는 그 광경을 목격하고 만다. 눈은 멀었지만 그 앞에 서서 생생한 소리를 듣고 충격에 빠진 데아는 우르수스와 함께 그 성을 떠난다.

상류층 사회에서도 자신은 조롱과 멸시의 대상이라는 것을 뒤늦게 깨달은 그윈플렌은 의회에 나가 여왕을 향해 소리친다.

"이 풍요는 백성을 발아래 두고 밟고 누리는 것에 불과하고 곧 백성이 주인이 되는 세상이 올 것이오."

그리고 뒤늦게 장터로 돌아간 그윈플렌은 비극적인 운명이 기다리고 있음을 깨닫게 된다.

이것이 빅토르 위고의 《웃는 남자》가 출판된 19세기 전 유럽을 들썩였던 주제의식이었다. 위고는 이 《웃는 남자》를 가장 사랑했다고 한다.

앙드레 지드는 "프랑스의 가장 위대한 작가가 누구인가?"라는 질문에 "할 수 없다. 위고다"라고 했다는데, 그의 이 평은 위고가 많은 인간적 내지 예술적 결함을 가졌을지라도 그의 위대성은 인정하지 않을 수 없다는 고충을 피력한 것이다.

위고의 생활과 사상의 기조를 이루는 것은 웅대하면서도 낙천적이다. 다른 낭만파 시인에게서 볼 수 있는 감상적인 요소는 그의 작품에서는 부수적인 역할이었다. 생애의 반은 인류의 무한한 진보, 이상주의 사회건설의 낙관적인 신념으로 일관되었다.

위고는 거의 한 세기를 살아 장수했다. 대혁명 후의 제1제정, 왕정 복고, 7월 혁명, 2월 혁명, 제2공화정, 제2제정, 제3공화정에 이르는 모든 정치 변혁과 더불어 시대사조가 흘러 굽이치는 그 가운데를 뚫고, 언제나 생장하여 마지않는 자연의 거목처럼 항상 일대를 군림 통솔한 것이 위고의 일생이었다.

그의 작품은 시집이 20권, 희곡이 10편, 장편소설 10편, 논문집이 5권에 달한다. 그의 창작력이 얼마나 왕성했는가를 짐작할 수 있다. 일찍부터 시인으로 재능을 인정받고, 샤토브리앙의 문학적 보호를 받고 있던 청년 위고는 "샤토브리앙이 되느냐, 그렇지 않으면 무(無)가 되느냐 둘 중에 하나다"라고 그의 작시 수첩에 기록하였다.

3부

철학자

01 쇠렌 키에르케고르
실존주의 철학자

02 블레즈 파스칼
《팡세》의 작가

01 쇠렌 키에르케고르
(Soren Kierkegaard, 1813-1855)

실존주의 철학자

　현대 사상가들 중 키에르케고르의 영향을 받지 않은 사람은 없을 것이다. 하이데거와 독일 실존주의, 사르트르와 프랑스 실존주의 원류는 19세기 초, 중반 철학의 변방이었던 덴마크에서 활동했던 쇠렌 키에르케고르이다. 하이데거, 야스퍼스, 칼 바르트 등 많은 철학자와 신학자들에게 '실존적' 사고를 하게 한 철학자이다.

　당대 최대의 철학자였던 게오르그 헤겔을 무기력한 사변철학자라고 비판하며, 인간의 삶은 '절대 이성'의 보편적이고 추상적 관념에 예속될 수 없는 다채롭고 변화무쌍하다고 했다. 그는 계몽정신에 따라 모두 이성을 맹신할 때 중요한 인간의 삶이 함몰되는 위험을 경계했던 선구자였다. 헤겔식 독일 관념주의가 양립 불가능한 것들을 하나로 통합하는 데 몰두했다면, 그는 앞면인 것이 동시에 뒷면일 수는 없다는 논리를 통해 '차이, 이질성, 아이러니'에 주목한다. 그의 철학은 '철학을 위한 철학'이 아니라 '삶을 위한 철학'이었다.

　그는 1813년 덴마크 수도 코펜하겐에서 아버지 미카엘 페데르센 키에르케고르와 어머니 안네의 7남매 중 막내로 태어났다. 그때 아버지는

56세, 어머니는 44세였다. 어려서부터 아버지에게 기독교 신앙과 금욕주의 훈련을 받았다. 그는 몸이 허약했으며, 신앙적으로 신실하면서도 우울증으로 고생했다. 그에게는 소년 시절이 없었다. 어려서부터 늙은이였다. 그는 우수와 쾌활이라는 야누스의 두 얼굴을 가지고 살아야 했다. 암울한 유년기를 보내고, 17세에 아버지의 권유로 코펜하겐 대학 신학과에 입학했다.

그가 생애를 보낸 코펜하겐은 인구 20만이었으나 작은 나라의 수도이고 절대 군주의 거주지였다. 이 도시의 후루에 교회(Fure Kirke)는 덴마크 국가교회의 수석감독이 있는 대성당이었다. 이 대성당에는 도르바르겐이 조각한 〈그리스도와 열두 제자〉라는 조각이 있다. 왕립도서관 앞에는 오하스레프(Aasrsleff)가 만든 키에르케고르의 동상이 있다. 그는 코펜하겐을 사랑하였고 덴마크어를 사랑하였다. "나는 심령을 넓혀주고 그 국어가 지닌 부드러운 음향으로 귀를 즐겁게 해주는 이 독특한 용법이 풍부한 내 모국어에 묶여 있음을 기뻐한다"라고 하였다. 그는 사계절 중에서 가을을 좋아했으며, 하루 중에 늦은 오후의 한나절을 좋아했다.

1835년, 그가 22살 되는 생일에 '큰 지진'이 일어났는데, 이것은 그의 유년 시절의 신앙에 마침표를 찍는 것이었다. 하나님의 벌이 그 위를 덮고 있음이 틀림없었다. 이 가족은 소멸해야만 하고, 하나님의 전능하신 손에 의하여 말살되어야 하고, 성공하지 못한 실험처럼 일소되어야만 한다고 생각하였다.

그는 꿈을 꾸었다. 거기서 하나님은 경건한 자의 하나님이 아니라 죄 많은 자의 하나님이시며, 하나님의 택함을 받은 인간은 죄 많은 인간이어야 함을 암시한다. 이 꿈의 공포는 모순이었다. 하나님과의 친교와 하나님 앞에서의 순수한 성실성은 설명될 수 없으나 은밀한 죄는 모든 것을 설명하는 비밀이었다.

솔로몬은 슬기로웠으나 영웅이 되지 못했다. 그는 사상가는 되었으나 기도하는 인간은 아니었다. 그는 전도자는 되었으나 신앙인은 아니었다. 그는 많은 사람을 구했으나 자신을 구하지는 못했다. 그는 향락적인 인간은 되었으나 참회하는 인간은 아니었다. 그는 죄를 뉘우치고 쓰러졌으나 다시 일어나지는 못했다. 왜냐하면 의지가 청년의 힘을 능가했기 때문이다.

키에르케고르의 아버지는 그의 어머니가 처녀였을 때 그녀를 범했다. 그의 어머니는 그의 아버지에게 전적으로 복종하는 하녀였다. '솔로몬의 꿈' 이야기와 지진에 대한 기록은 둘 다 아버지와의 결렬을 암시하고 있다. 그 이야기는 최초의 문학작품인 《이것이냐 저것이냐》에 대담하게 기록되어 있다.

1838년 아버지와 스승 밀러 교수가 세상을 따나자, 신학과 철학에 전념하여 1841년 논문 〈아이러니의 개념에 대하여〉로 학위를 받고 신학사 자격시험에 합격했다. 그의 첫 충격은 그의 글 "대지진"에 나온다. 1837년에 쓴 죄의식의 자각이었다. 21살이 되기까지 자신과 한 명의 형을 제외한 나머지 다섯 형제와 어머니가 차례로 병사하는 것은 그들이 육체적으로 나약했음을 암시한다.

가족에게는 심리적인 불안을 나타내는 불안정성이 있었다. 그의 삶은 평탄하지 못했다. 가족들의 죽음을 지켜보게 하신 하나님이 아버지에게 내린 형벌이라 생각했다. 그의 부친 미카엘 페데르센 키에르케고르(Michael Pedersen Kierkergard)는 가족을 잃는 비탄에 잠겨, 자신이 시골에서 목동으로 생활했던 가난한 시절 언덕에서 신을 저주한 것과, 사업가로 성공한 후 아내가 병든 동안 하녀를 강간하여 임신시킨 두 개의 큰 죄를 고백했다.

첫 번째 아내가 죽은 후 결혼한 그 하녀가 키에르케고르의 생모였다.

그의 어머니는 정상적인 관계로 결혼한 것이 아니었다. 강제로 정복당한 상태에서 함께 살았던 것이다. 그리하여 키에르케고르는 그 부친을 불륜의 죄인으로 보는 감정과, 자기도 그 죄스러운 상황에서 잉태되었다는 죄의식에 시달렸다. 어머니에 대해서 언급한 곳은 어디서도 찾아볼 수 없다. 아무런 영향도 받지 않은 것으로 보인다. 어머니를 사랑할 수 없었다는 사실은 확실히 그의 비극의 중요한 원인이었다.

그의 아버지는 아들 쇠렌에게 자기의 죄를 솔직히 고백했다. 그가 그리스도인이고 위선자가 아니었다는 사실을 밝혔다. 그는 아버지가 있었다는 것을 감사했다. 그리고 일기에 이렇게 기록했다.

"내 아버지는 8일(1838년 8월) 목요일 밤 2시에 돌아가셨다. 그의 사랑은 내게 준 최후의 희생이고, 그는 내게서 죽어서 떠난 것이 아니라 나를 위해서 죽으셨다."

"내 아버지는 가장 사랑스러운 분이었다. 그리고 아버지에 대한 내 열렬한 사모는 가장 깊은 것이었고 또 지금도 그렇다. 아침저녁으로 내 기도 속에서 내가 그를 잊은 적은 하루도 없었다."

키에르케고르가 아버지께로 돌아간 것은 하나님께 돌아간 것이다. 부친이 사망하자 아버지가 더 이상 자녀의 죽음을 보지 않아도 된다는 데 안도감을 느꼈다.

키에르케고르는 레기네 올센(Regine Olsen)을 처음 보는 순간 사랑에 빠졌다. 그것이 첫사랑이자 마지막 사랑이었다. 그는 사랑에 빠졌는데, 그것도 이만저만하게 깊이 빠져 있었던 것이 아니다.

"그대 내 지배자 레기네여, 그대는 내 가슴속 가장 깊은 비밀 속에 나의 가장 생생한 사랑의 원천에 간직되어 있다."

"나는 그대를 쫓아갈 수 있도록 가벼워지기 위해서 온갖 것을 내게서 내던지련다."

레기네 올센이라는 여성을 사모하면서도 우울증을 앓으며 죄 많은 자신과의 결혼 생활이 그녀를 괴롭게 할 것이란 예감 때문에 일방적으로 혼인을 파기하였다. 그는 자신도 오래 살지 못할 것이라며 죽음을 가까이 느꼈고, '삶'의 문제를 탐색했다. 실존주의의 사상적 화두와 개념은 이렇게 탄생했다.

인생과 기독교에 대한 근본적인 변혁이 생겼다. 그는 레기네와 파혼한 후 베를린에 가서 쉘링의 '신화와 계시의 철학' 강의를 듣고 《돈 조반니》, 《파우스트》 등 오페라를 관람했고, 이듬해인 1842년 돌아와서 집필에 집중했다. 그에게 획기적인 변화가 왔다.

"그녀와의 약혼과 파혼은, 하나님에 대한 내 관계이고 하나님과 나와의 약혼이다."

한편으로 그는 "나를 시인으로 만든 것은 그녀였다"라고 말했다.

그의 활동은 활발하여 1843-1846년의 짧은 기간에 《이것이냐 저것이냐》(1843), 《반복》(1843), 《두려움과 떨림》(1843), 《불안의 개념》(1844), 《인생행로의 여러 단계》(1845)와 《철학적 단편》(1844), 《철학적 단편을 위한 결말의 비학문적 후서》(1846) 등 철학적 저서들을 익명으로 출판했고, 이밖에도 그리스도교에 관한 많은 교화적인 강화를 발표했다. 키에르케고르는 1844년 6월 17일에 《불안의 개념》을 출판했다. 이 《불안의 개념》은 그가 신앙으로의 도상에서 그 무렵 경험에 대한 깊은 '심리학적'인 분석이다.

원래 '실존'의 어원은 ex-sistere(밖으로 나온다)라는 의미로서 관념론적 본질 규정이나 합리주의 체계 밖으로 나와 구체적, 개별적인 존재임을 의미하며, 자신의 바깥에 초월하는 존재를 뜻한다. 그러나 그 초월의 방향은 다르며, 이로부터 여러 가지 실존철학이 생겨났다. 키에르케고르, 마르셀, 야스퍼스는 유신론적 실존철학자이며, 하이데거, 사르트르, 메를로 퐁티는 무신론적 실존철학자이다.

실존은 영어로 'existence'이며 어원은 '밖으로 나타난다'이다. 영어의 통상적 뜻은 '존재'이다. 실존주의는 근대사상의 추상적 객관주의, 즉 본질주의에 반대하고 무시되어 온 구체적인 주체적 존재를 강조한다. 실존주의에서 실존은 '인간 개인의 구체적인 삶'이라고 설명할 수 있다. 실존주의는 헤겔에 대한 반론이다. 헤겔 철학은 이성과 정신과 관념의 철학으로 전체성과 보편성과 일반성을 강조한다. 헤겔은 인류와 세계의 역사를 다루지만 추상적이어서 구체적으로 개인의 삶이 무시된다. 헤겔과 키에르케고르의 사고를 비교하면, 추상적 사고에 대하여 구체적 사고, 객관적 사고에 대하여 주체적 사고, 이념적 사고에 대하여 실제적 사고이다.

철학사상에서 첫째 혁명은 소크라테스가 그 전에 철학자들이 '우주'에 대하여 연구하던 것을 '인간'에 대해 연구한 일이며, 둘째 혁명은 막연한 '인류'에 대한 연구가 구체적인 '한 사람'(단독자)의 삶에 대하여 연구할 때에 일어났다. '천상에서 지상의 인간으로, 지상의 인간에서 다시 구체적인 실존으로'이다.

인류에 대하여 연구하는 것보다 나 자신의 삶을 연구하는 것이 더 중요하다는 사상이 실존주의이다. 첫 번째 책 《이것이냐 저것이냐》(1843)와 《두려움과 떨림》(1843)에서 인간을 세 유형으로 구분한다.

첫째, 미적 실존은 미와 향락을 따른다. '인생을 즐기라'는 것이 삶의 표어이다. 그 예로 돈 후안을 들었다. 돈 후안은 스페인 전설에서 미모의 방탕한 귀족 청년의 이름이다. 그는 향락과 관능의 상징으로 1,003명의 여성을 유혹했다. 그는 순간순간 쾌락을 위해 살며, 연애는 있지만 결혼은 없으며, 순간순간 쾌락은 있지만 깊은 사랑은 없었다. "결혼은 연애의 무덤이다"라고 한 오스카 와일드와 같다. 키에르케고르도 젊어서 한때 방탕했다.

미적 실존의 다른 사람은 로마 황제 네로이다. 그는 권력으로 모든 것을 다 하지만 권태와 허무와 불안의 노예가 되어 자기 아내와 어머니를 죽이고, 로마 시를 불태우고, 새 도시를 건설하려다가 반란이 일어나자 기독교인들의 소행으로 덮어씌워 죽였다. 미적 실존의 본질은 향락이며, 그 결과는 우수와 불안과 권태와 실망이다. 미적 실존은 결국 자기를 부정하게 된다.

둘째, 윤리적 실존(ethical existence)은 양심적이고 윤리적인 삶을 의미한다. 미적 실존이 연애의 단계라면 윤리적 실존은 결혼의 단계다. 여러 여성을 찾아다니는 것이 아니라 한 여성을 성실하게 사랑하는 삶이다. 윤리적 실존은 사회적, 시민적 사람으로 좋은 남편, 현숙한 아내, 훌륭한 아버지, 인자한 어머니, 착한 자녀, 좋은 스승, 성실한 제자, 정직한 시민, 선량한 국민으로 사는 삶이다. 키에르케고르는 《이것이냐 저것이냐》에서 '이것'은 미적 실존이고 '저것'은 윤리적 실존이라고 말한다.

윤리적 실존은 양심을 가진 인격으로 '선택하고 결정'해야 한다. 윤리적 실존은 의무를 다하며 '반복'이 윤리적 실존에 있어서 중요한 개념이다. 매일 성실하게 되풀이해서 살아야 하며, 이 사람 저 사람 이것저것을 찾아다니지 않고 '반복'해서 성실히 살아가고 일하는 것이 윤리적 실존이다.

셋째, 최고의 단계는 종교적 실존(religious existence)이다. 종교적 실존은 신 앞에 단독자로 선다. 근대의 데카르트는 "나는 생각한다. 고로 존재한다"라고 했다. 그런데 키에르케고르는 "나는 믿는다. 고로 존재한다"라는 철학이다. 데카르트가 진리를 발견하기 위하여 '회의'했다면, 키에르케고르는 참다운 실존이 되기 위하여 '절망'했다. 절망은 '죽음에 이르는 병'이지만 또한 절망은 생명에 이르는 계기가 된다. 키에르케고르는 《이것이냐 저것이냐》에서 미적 실존과 윤리적 실존을 설명했다. 아브라함은 하나님의 약속대로 100세에 독자 이삭을 얻었으나, 이삭이 소년이 되었을 때 하나님은 이삭을 잡아 번제로 바치라 하셨다. 이에 아브라함이 모리아 산에 올라가 칼을 들어 이삭을 죽이려고 할 때 하나님이 말리고 대신 수풀에 걸린 양을 번제로 드리게 했다(창 22:13).

윤리적으로는 인륜을 어기고 자식을 죽이는 일이지만 종교적으로는 순종하고 충성하는 결단이다. 아브라함은 유대인의 조상이요 모든 믿는 자의 조상이 되었다. 욥기에 나오는 의인 욥은 이유 없이 열 자녀와 많은 재물과 건강을 다 잃어버린다. 그래도 욥은 신앙을 버리지 않았다.

"내가 모태에서 알몸으로 나왔사온즉 또한 알몸이 그리로 돌아가올지라 주신 이도 여호와시요 거두신 이도 여호와시오니 여호와의 이름이 찬송을 받으실지니이다"(욥 1:21).

그리고 욥은 우주 만물을 창조하신 하나님을 만나서 자기를 알게 되고 회개하여 이전 복의 갑절을 받았다(욥 42장). 자기 실존에 대한 '절망'이 살아나는 역설적인 진리를 키에르케고르는 종교적인 실존에서 밝힌다.

키에르케고르는 미적 실존에서 윤리적 실존으로, 윤리적 실존에서 종교적 실존으로 발전해야 함을 암시하지만, 우리의 실존적 삶에는 이 세 단계가 공존하고 있다. 어느 단계가 지배하느냐가 문제이다. 미적 실존에 머물면 나와 이웃을 해치게 된다. 그러므로 모든 사람이 윤리적 실존으로 살아야 자기의 의무를 지킬 수 있다. 인간은 허물과 '죄'가 많으므로 절망한다. 따라서 신을 의지하고 신 앞에서 신앙으로 살아야 한다. 하나님은 실존 위에 초월하며 동물은 실존 아래에 있다. 사람만이 실존이며, 나는 이 세상에서 유일한 실존적 존재로 다른 사람이나 물건으로 대치될 수 없는 존귀한 존재이다. 그러므로 이 땅에서 나 한 사람의 삶의 꽃을 피우고 열매를 맺어야 한다.

키에르케고르의 철학은 기독교 신앙으로 출발한다. 그리스도인들은 키에르케고르의 실존주의 철학을 신앙으로 수용해야 한다. 우리는 주 안에서 사는 실존이다. 그러므로 항상 기도할 때 나를 위해서 한다. 오직 하나님과 단독으로 대면해서 사는 것이 신앙생활이다. 이것이 실존적 삶, 즉 단독자로 하나님 앞에서 사는 삶이다.

그의 글 속에는 기도문이 자주 나온다. 키에르케고르는 이렇게 기도했다.

> 우리의 기도가 오늘 피었다가
> 내일 아궁이에 던져지는 꽃과 같지 않게 해주옵소서.
> 비록 그 꽃의 아름다움이 솔로몬의 영광보다 클지라도
> 그런 꽃과 같지 않게 해주십시오.

기억할 것은 나의 영적 기도는 나에게 힘을 준다는 것이다. 세상은 항상 죄를 향해 간다. 그 속에서 번민하고 절망하지만 기도를 통해서 나의 절망을 희망으로, 나의 나약함을 강인함으로 변화시킨다. 나는 기도를 통해서 실존적 삶을 산다. 나는 객체가 아니라 주체이다. 그러므로 나의 삶이 가장 중요하다. 사람들과의 관계적 삶이 윤리적 실존의 삶이다. 그러나 더 중요한 것은 하나님 앞에 선 나의 모습이다. 그것이 실존이다.

가장 낮은 단계는 '미적 실존'이요, 두 번째는 '윤리적 실존'이며, 이를 초월한 세 번째 단계는 '종교적 실존'이다. '미적 실존'은 욕망과 쾌락을 좇으며 고민 없이 살아간다. 그러나 즐기기 위해 쾌락을 좇을수록 오히려 허무와 절망, 권태에 빠져 허우적거린다. 또한 아무리 양심 혹은 이성에 따라 도덕적으로 살아가고자 발버둥친다 해도, 인간이란 '죄를 지을 수 있는 가능성'을 타고난 한계를 지닌 존재이다. 이상과 현실 사이의 이 같은 괴리를 목도하는 순간 우리는 한번 결단을 통해 미적 단계에서 '종교적 실존'으로 나아간다.

신앙적 단계는 윤리적 단계인 현실적 삶을 보호하는 보편적 이성의 세계를 부정하지 않는다. 윤리적 단계와 신앙적 단계, 소크라테스와 아브라함, '아테네의 철학'과 '예루살렘의 신앙'에서 두 가지 내용을 모두

읽어야 한다. 신앙은 이성과 타협하지 않는다. 아브라함이 위대한 행동자이고 시험을 감당한 것과 용기가 있었다는 것을 깨달았다. 다시 말하면 살인까지도 신을 위한 신성한 행위로 수용할 수 있는 역설, 이삭을 아브라함에게 돌려준 역설, 이 역설은 인간의 사고로는 이해할 수 없다.

신앙이란 사고가 끝나는 바로 그 지점에서 시작된다. 이것이 '단독자'(單獨者), 즉 인간이 하나님 앞에 벌거벗고 적나라하게 서는 것이다. 하나님과 나는 객관적, 보편적 관계가 아니다. 주관적이며 특별한 관계로서 하나님 앞에 선 단독자이며, 나 자신의 주체적 결단으로 하나님과의 관계를 정립한다. 하나님 앞에 맞서겠다는 것이나 하나님에게 의존한다는 것도 아니다. 스스로 인생을 결정하는 주체적인 존재로서 '하나님 앞에 선 단독자'이다. 나 자신이 하나님 편에 서고 하나님을 믿는 것이 단독자의 모습이다.

"인간이 신을 입증하려고 하기 때문에 신은 드러나지 않는다. 그러나 입증을 그치면 그곳에 하나님이 나타나신다."

그는 인간과 하나님과의 관계를 사색보다 '신앙적인 복종'으로 설명한다. 인간은 '피조물'임을 부정할 수 없기 때문에 사색을 통해서 하나님께 도달할 수 없다. 하나님에 관한 사색이 참되다면 항상 하나님과의 관계, 창조자와 피조물 간의 관계를 이해하게 해준다. 인간의 정신이 하나님을 찾지 못한 까닭에 하나님을 믿는다. 그런 의미에서 인간의 정신은 하나님에 의해서 분쇄된다. 인간이 피조물의 입장에서 하나님을 생각하는 것이 성경적 견해이다.

키에르케고르는 예수 그리스도에 대한 전통적 견해와 삼위일체설을 믿었다. 그는 옛 신앙에 접근하려 했다. 인간이 예수 그리스도에게로 접근할 수 있는 것은 '관계'(關係)이지 '사색'(思索)이 아니다. 이 말은 그리스도는 교리의 문제가 아니라는 뜻이다. 인간의 생각으로 그리스도에게 도달할 수 없다. 인간은 관념으로 그리스도를 이해하는 것이 아니라 직접 그리스도의 제자가 되어야 한다고 했다. 그리스도의 교훈이 아니고 그의 삶으로써 그리스도는 주님이라는 것을 믿게 된다는 것이다. 하나님이 그리스도를 통하여 용서하심으로 인간은 하나님의 사랑을 알고 그 사랑을 체험할 수 있게 된다.

신앙의 반대는 그리스도를 십자가에 못 박는 것이다. 인간은 중성적으로 하나님 앞에 서지 못하며 항상 죄 가운데 있기 때문에 실족한다. 인간이 바라던 대로 그리스도가 오시지 않았기 때문에 인간은 죄를 범하게 된다. 인간은 신앙으로 살려고 하지 않는 데서 죄를 범하고 만다.

키에르케고르는 1835년 8월 1일 일기에 "나의 목표는 내가 참 진리를 발견하고 그대로 살고, 죽을 수 있게 되는 것이다"라고 했다. 그에게서 하나님은 우주의 중심이다. 인간의 삶은 '절망'이다. '절망'을 극복하는 과정에서 그 극복이 좌절될 때 삶이 높은 단계로 비약한다. 이것이 '죽음에 이르는 병'의 요지다. 죽음에 이르는 병은 좌절이며 삶의 비약을 통해 하나님에게 이른다.

키에르케고르의 신은 기독교의 여호와이다. 기독교의 신은 유일한 분, 이스라엘을 이끈 신, 화산 신, 파괴의 신이다. 그런데 이것은 단지 사람의 마음이 무뎌서 형성된 신의 모습인데, 이 공포의 신 앞에 자신 있게 나설 수 있어야 한다. 누가 하나님을 보았는가? 그의 모습을 보고 모두 다 돌이 되거나 눈이 멀지 않았는가? 확실히 키에르케고르의 눈에 비친 하나님의 모습은 아버지의 모습 그 자체였다. 그래서 더더욱 마음속에 오이디푸스 욕구에 사로잡혀 있었는지 모른다. 키에르케고르가 성적으로 타락했었다는 것은 하이베르가 말한 "그가 술에 취한 채로 유쾌한 몇몇 술친구에게 이끌려서 이상하기 짝이 없는 일이지만 여자의 추잡한 짓에 대하여 돈을 지불하는 어떤 장소를 찾아갔다"는 것이다.

> 나는 삶의 나그네길을 떠났다. 가능한 한 온갖 향락의 비결을 배웠으나, 결코 진정으로 즐겁지는 않았다. 오히려 나는 내가 즐기고 있다는 인상을 남들에게 주기 위해 애썼다. 나는 온갖 종류의 인간들과 사귀려고 길을 떠났다. 그러나 나는 결코 내가 그들 중의 어떤 사람을 막연한 벗으로 사귀리라는 생각은 하지 않았다. 또 어느 누구에게도 내가 그의 막연한 벗이라고 생각되는 일도 없었음이 확실하다. 나는 인생에서 까불리고, 그리고 가지각색의 것들을 해보고, 또 불행히도 사도(邪道)에도 빠져 보았고, 파멸의 길에도 들어가 보았다. 그리하여 내가 25살이 되었을 때, 나는 나 자신에게도 수수께끼처럼 발전한 범상치 않은 가능성을 가지고 있었다. 내 삶은 참회를 하는 일에 사용되는 것이 가장 정당하다는 사실이 그것이다.

이것은 그가 참회하고 있다는 것이다. 그의 생애는 참회하는 데 소모되었다. 그가 문득 "나는 참회자다"라고 했을 때 그의 친지들은 놀랐다.

인간이 절망을 극복하려면 단독자로 하나님 앞에 서야 한다. 기독교는 구원에 이르는 유일한 길이다. 그는 기독교의 절대성을 인정했다. "모든 죄는 불안과 더불어 시작한다. 내게 길을 잃게 한 것은 불안이었다"라고 했다. 불안은 사람을 몸서리치게 만들지만 사람을 매혹시키는 뱀의 눈과도 같다. 진정한 생활을 추구하는 자유인으로서 '불안'에서 자기를 단련시킨다. 하나님과 나와의 단절을 믿음의 대화로 푼다. 진리는 합리적 객관적인 것이 아니라 개별적, 주체적인 것이다. 고독한 단독자로서 자신의 존재에 스스로 관계하여 결단해야 하는 주체적인 존재이다. 실존이란 현실 존재이고 개별적인 나를 의미한다.

키에르케고르에게서 실존은 미적, 윤리적, 신앙적이라는 세 단계를 거치지만 진정한 실존은 신 앞에서의 '나'이다. 그때 고독한 고뇌 속에서 죄책감으로 전율하면서 신에게 스스로를 내맡기게 된다. 인간은 스스로 책임지는 주체적 존재로서 근본적으로 자유롭지만, 자유에 불안을 느끼고 스스로가 물(物)처럼 타성적으로 존재하는가를 골똘히 생각하고 스스로 인정된 본질을 규정하는 초월적 가치를 정립한다. 실존주의는 이러한 자기기만을 타파하고 주체성에서 출발해야 한다고 주장한다.

실존주의 철학은 여러 모습으로 나타나고 있지만, 일반적으로는 근대의 관념론 내지 합리주의가 부딪친 철학적 교착 상태를 타개하여, 인간의 유한성을 지적함과 동시에 실증주의적인 객관적 인간 파악을 타파함으로 인간을 주체적인 자각으로 이끌기 위한 노력이다. 그러므로 실존철학은 20세기 전반기의 가장 중요한 철학적 입장의 하나라고 할 수 있다.

키에르케고르는 신학을 마친 후 시골 교회의 목사로서 조용히 살고 싶었다. 성직자였던 형도 그렇게 권유했다. 그러나 동화될 수 없다고 했다.

"확실히 모든 것은 개혁되어야 한다. 그리고 그것은 무서운 개혁이 될 것이다. 그것에 비하면 루터의 종교개혁 따위는 거의 농담에 지나지 않을 것이다."

그는 덴마크 교회의 골치 아픈 논쟁자가 되었다. 이러한 키에르케고르의 입장을 알려 주는 것이 한스 크리스쳔 안데르센(Hans Christian Andersen)의 자전적 동화 "미운 오리 새끼"를 뒤집어 놓은 것 같은 "기러기"라는 우화이다. 안데르센과 키에르케고르는 동시대인으로 비판을 주고받았다. 안데르센은 당시 철저한 국가교회파 사람이었다. 키에르케고르의 책은 안데르센에 대한 혹독한 문학 비평서인 《아직도 살아 있는 자의 수기》(1838)였다.

안데르센의 미운 오리 새끼들 틈에서 돋보이는 백조가 되는 반면, 키에르케고르의 "기러기"에선 날 수 있는 기러기가 날지 못하는 거위들을 날게 하려다가 결국 거위들에게 비난을 듣는다. 이런 비난에 기러기는 의기소침해져 날지 못하는 거위처럼 돼버린다.

"거위는 기러기가 될 수 없으나 기러기는 거위가 된다. 경계하라."

국가교회와 맞선 그의 책들은 거위가 되지 않으려는 몸부림이었다. 안데르센은 그의 청년 시절 그룹의 친구였다. 그러나 갈등이 계속되었다. 멋대가리 없는 꺽다리는 키에르케고르의 기지의 화살을 가장 많이 받고 시달린 사람이다.

키에르케고르는 많은 책을 썼으나 익명으로 했으며, 철학적인 체계의 이론이 아니었다. 그의 일기 속에 자신의 사상을 표현했다. 그의 철학은 신학적인 입장이 강하다. 기독론에 대한 입장이 분명하다. 하나님은 인간의 이해 범위를 초월한 존재이며, 그리스도의 신성은 그분의 인성 안에 가려져 있어서 주관적인 신앙의 도약에 의해서만 그분을 알 수 있다는 지론이다.

키에르케고르는 국가교회를 비판한 사상가였다. 그는 《그리스도교의 훈련》에서 "기독교를 하나의 학설로 생각하고 분개하는 모든 말은 기독교를 모해하는 것이다"라고 했다. 복음은 내면성, 주관성으로 설명한다. 그러나 그가 하나님에 대한 자신의 고유한 입장을 수립하면서 남긴 사상은 종교적인 영역에 국한되지 않고 실존철학의 한 입장으로서 가치를 지닌다. 중요한 개념은 '실존'과 '불안'이다. 인간이 하나님께로 가는 연속적인 길은 없고, 그 사이에는 역설과 배리, 좌절과 비약이 있다.

국가교회가 권력과 결탁한 것을 비판, 독자적 신앙으로 대치했다. 그의 사상은 당대에는 지지를 받지 못했다. 그가 국가교회를 비판함으로 〈순간〉지의 공격은 격렬했다. 풍자신문 〈코르사르〉에 그의 작품과 인물에 대하여 오해에 찬 비평이 실려 그것을 둘러싸고 격렬하게 논쟁하는 사이에 기독교로서의 새로운 정신 활동과 저술을 향한 의욕이 용솟음쳤다. 그는 신문의 비판과 비웃음에 굴하지 않고 대중의 비자주성과 위선적 신앙을 엄히 비판했으며, 다른 한편으로는 절망에서 단독자로서의 신을 탐구하는 종교적 실존의 존재 방식을 《죽음에 이르는 병》(1849), 《그리스도교의 훈련》(1850)에서 추구했다.

키에르케고르는 사람들에게 기독교인이 되게 하는 것보다 기독교가 무엇인지를 알려야 한다고 했다. 그래서 그는 글 쓰는 일을 계속했다. 성직자가 시민의 비위를 맞추는 데 급급하므로 신앙의 원리를 그르치는 덴마크 국가교회의 수치스런 상황을 폭로했다. 그는 저술들에서 기독교를 완고하고 비타협적이라고 했다.

《그리스도교의 훈련》은 국가교회를 공격했다. 1855년 무렵 그는 국가교회와 성직자들을 공격할 권위를 받았음을 믿고 글을 썼다. 그의 건강은 쇠약해졌다. 국가교회를 공격하는 일이 힘들었다. 국가교회를 변화시키지는 못했으나 많은 성직자 개개인이 국가교회에 대한 태도가 변했으며 심지어 인연을 끊기도 했다. 키에르케고르는 체제에 대항했다. 관념론에 대항했다. 실존은 실존에 대한 사고 정도로 축소될 수 없다. 그는 범신론에 대항했다. 하나님은 헤겔의 절대정신과 혼동될 수 없다. 그는 그리스도교가 현실에 훨씬 가깝다고 했다. 키에르케고르의 철학에서는 종교 주제가 우위를 차지했다. 종교란 진실한 철학자가 무시하기에는 아주 현실적인 요소이다.

철학자는 종교를 설명해야 한다. 키에르케고르의 이 철학적인 관심은 그의 작품에서 분명히 나타난다. 키에르케고르는 체계화된 기독교 해설로는 소용없는 복음의 변호인이다. 키에르케고르는 《그리스도교의 훈련》에서 "기독교는 학설이 아니다. 기독교를 학설로 생각하는 말은 기독교를 오해하는 것이다"라고 했다. 복음은 스스로를 절대화하는 객관성에 대항한다. 복음은 내면성, 주관성에만 추론된다.

"사변에서 떠나라! 체계에서 떠나 현실로 돌아오라."

현대의 실존철학은 그에게서 유래했다. 이성은 궁극적 진리에 도달할 수 없지만 신앙은 가능하다. 칸트의 '순수이성'은 하나님의 존재를 증명도 부인도 못한다. 신앙은 하나님을 만나는 것이다. 기독교는 합리성도, 헤겔의 명예로운 자리도 아니며, 절대적 의존도 아니다. 기독교는 신앙이다. 성경과 예수 그리스도 안에서 계시를 보여주신 하나님에 대한 신앙이다. 키에르케고르에게 적은 국가교회였다. 국가교회는 사람들에게 너무도 쉽게 기독교인이 되는 것을 요구했다. 그것은 고통이나 대가를 지불하지 않는 '값싼' 기독교였다.

키에르케고르의 생애와 저작들은 국가교회에 심각한 도전이었다. 그는 당시 기성 교회의 신앙의 도약과 헌신에 대한 개인적인 책임을 무시했다. 그는 "타락한 개인이 진정한 기독교인이 될 수 있을까"라고 물었다. 그의 답은 절망적이었다. 그는 국가교회에서 아무런 희망도 발견할 수 없었다. 오직 하나님의 기적만이 우리를 구원할 수 있다는 것이 그의 결론이었다.

국가교회를 공격할 때 덴마크 교회는 정통 루터파 신학과 예배의식을 수호했다. 그러나 국가교회는 신앙적 활기를 잃고 있었다. 왠지 그는 1850년 집필을 중단했다가 뉴질랜드 주교였던 친구 J.P. 뮌스터가 죽은 후에 다시 글을 썼다. 뮌스터는 덴마크 교회에 새로운 활기를 불어넣으려고 했으나 큰 성과가 없었다. 키에르케고르는 교회를 비난했다. 그는 교회가 그리스도의 가르침을 등한히 하고 형식과 철학적 체계에 집착하며 돈과 권력을 숭상한다고 꾸짖었다. 1854년 12월부터 1855년 5월 사이 그는 〈조국〉 신문에 21편의 논문을 발표했다. 그 후에는 자신의 신문을 만들었다.

그의 생애 마지막인 1848년 무렵 '목사들'과의 격렬한 논쟁이 한창일 때 그는 확고부동했다. 왜냐하면 그는 항상 자기 자신에게 성실했기 때문이다. 《죽음에 이르는 병》, 《그리스도교의 훈련》, 그리고 《관점》은 19세기 다른 그리스도교의 신학적인 저술 중에서도 불멸의 저작 중 하나였다. 그중에도 《그리스도교의 훈련》은 가장 진실하고 완벽한 것이다. 말은 솔직함으로 표현했다. 이 책은 그리스도를 본받을 것, 그리스도를 '따를 것'과 그리스도의 제자가 될 것을 강조했다. 그는 하나님께 봉사하는 거룩한 생활을 종용하고 국가교회의 나태한 신앙을 논박했다.

그는 1855년 10월, 갑자기 노상에서 졸도한 후 11월 11일 42세에 병원에서 사망했다. 그가 소유했던 귀중품들을 그가 사랑했던 레기네 올센 앞으로 남겨 주었다.

장례식은 18일에 치러졌다. 군중들은 교회를 비판한 자를 교회에서 장례식을 하는 데 불만했고 폭도가 되다시피 했다. 그의 시신은 가족묘지에 묻혔으나 형의 질투 때문에 어디에 묻혔는지 모른다. 그의 이름을 쓴 평판 대리석이 아버지의 기념비에 기대어 있을 뿐이다. 키에르케고르의 논쟁적 책들은 그가 죽음으로 사라지는 듯했으나, 20세기 초 독일과 프랑스 철학자들에 의해서 현대 실존주의 철학의 선구자가 되었다. 철학뿐 아니라 기독교에도 큰 영향을 미쳤다. 그의 명성은 현대 기독교와 실존주의의 선구자로서 널리 알려졌다.

어느 누구도 키에르케고르만큼 당시의 문학과 음악, 근대 극(劇), 소극(笑劇)뿐 아니라 그리스 및 로마의 교양이나 원시 그리스도교의 저술가들, 그리고 중세기의 세속적인 흥밋거리에 통달하였거나 그것에 마음이 사로잡힌 사람은 그리 많지 않았다.

그는 예수 그리스도를 하나님의 아들로 믿었으며, 그를 통해서만 구원을 얻는다고 확신했다. 세례교인 증명서로 그리스도인이 되지 않는다. 예수 그리스도를 구원자로 믿는 사람이 그리스도인이다. 이러한 신앙인이 하나님을 창조주로 체험하고 예수 그리스도를 믿고 성령의 역사로 나의 사명을 감당한다. 그의 사상은 신앙적 겸손이다. 하나님은 과학적으로 분석할 수 없다. 그의 하나님은 나를 구원하기 위해 이 땅에 오신 예수였다. 인간은 의지, 희망, 슬픔을 지닌 존재이다. 그는 철학과 종교에서 추상적 진리를 부정했다. 종교의 임무는 인간에게 삶을 위한 구체적 방법을 가르치는 데 있다고 생각했다.

그가 22세에 쓴 일기는 매우 의미가 있다.

> 나에게 진리는 객관적인 것이 아니라 주관적인 것이다. 주체적 진리가 가치 있다. 주체적 진리란 나의 진리, 내게 있어서 진리가 되는 것이다. 이것은 나의 사명을 깨닫는 것이다. 하나님이 나에게 주신 사명이 무엇인가를 깨닫고, 그것을 위해서 죽음을 두려워하지 않고 끝까지 최선을 다하는 것, 그것이 내가 세상에 태어난 의미이다. 이 세상 누구에게도 주지 않았던 하나님의 사명을 감당하는 이것이 진리를 위한 삶이다. 내가 헌신하는 신앙의 삶이 과연 하나님이 나에게 주신 것이라고 믿고 실행하는가?

천국으로 가는 시

키에르케고르

삶의 끝에 서면
너희 또한 자신이 했던 어떤 일도
중요하지 않다는 것을 알게 된다.
중요한 것은 그 일을 하는 동안
자신이 어떤 사람이었는가 하는 것뿐이다.
너희는 행복했는가?

다정했는가?
자상했는가?
남들을 보살피고 동정하고 이해했는가?
너그럽고 잘 베풀었는가?
그리고 무엇보다도 사랑했는가?
너희 영혼에게 중요한 것은
자신이 무엇을 했는가가 아니라
자신이 어떤 사람이었는가를 알게 되고
마침내
자신의 영혼이 바로 '자신'임을 알게 될 것이다.

주님께서 우리를 먼저 사랑하셨습니다

키에르케고르

하늘에 계신 아버지! 주님께서 우리를 먼저 사랑하셨습니다. 주님이 사랑이심을 우리가 잊지 않게 하소서. 그래서 이 분명한 확신으로 우리의 마음을 세상의 유혹과, 영혼의 불안과, 장래에 대한 걱정과, 과거에 대한 두려움과, 지금 이 순간의 절망을 이겨내게 하소서. 그리고 이 확신을 통해 우리의 영혼을 훈련하셔서, 주님께서 우리에게 '네 몸과 같이 사랑하라'고 명령하신 그 모든 이웃들을 향해 품고 있는 우리의 사랑이 마음에서 우러나오는 신실함과 진실함이 되게 하소서.

오! 하나님, 주님께서 우리를 먼저 사랑하셨습니다. 아! 주님께서는 우리를 수도 없이, 매일같이, 우리의 전 생애를 통해 먼저 사랑해 주셨건만, 우리는 주님께서 단 한 번만 우리를 만져 주

> 신 것처럼, 역사의 용어를 빌어 그 사랑에 대해서 말하고 있을 따름입니다. 아침에 우리의 마음을 주님께로 향하였을 때, 그때도 주님께서 먼저 우리를 사랑하셨습니다.
> 제가 새벽에 기도하려고 제 영혼을 주님께로 향하는 그 순간에도, 주님께서는 저보다 먼저 거기 계셔서 저를 사랑해 주셨습니다. 제가 복잡한 하루 일과를 마치고 제 영혼을 주님께로 향하면, 주님께서는 먼저 거기에 계셨습니다. 그것은 영원한 주님의 사랑입니다. 그러나 우리는 언제나 주님께서 오직 한 번만 우리를 사랑하신 것처럼 불평을 늘어놓습니다.

그는 덴마크의 국가교회에는 그리스도교가 없다고 외쳤다. 진정한 그리스도교는 성경에 있다. 교리적이고 형식적인 덴마크 교회는 사라지고 진정한 그리스도교가 세워져야 한다고 외쳤다. 그런데 성직자들은 국가 공무원이었다. 절대군주에게 충성하는 것만이 그들의 의무였다.

국가교회는 키에르케고르를 이단자로 몰았으나, 그는 진정 예수님의 제자였으며, 기독교를 바로 알고 믿었고 전했다. 그는 교회에서 배척 받은 기독교 신앙인이었다. 교회 밖에서 예수님의 말씀을 목청껏 외친 예수님의 참 제자였다. 그는 이 신앙으로 철학에 큰 영향을 끼쳤다. 그것이 '유신론적 실존주의'이다.

02 블레즈 파스칼
(Blaise Pascal, 1623-1662)

《팡세》의 작가

> 인간은 자연 속에서 가장 연약한 갈대일 뿐이다. 그러나 그는 생각하는 갈대다. 그를 죽이기 위해 전 우주가 무장할 필요는 없다. 한 방울의 물이면 충분하다. 그러나 우주가 그를 박살낸다 해도 인간은 그를 죽이는 것보다 더 귀하다. 인간은 자기가 죽는다는 것, 그리고 우주가 자기보다 우월하다는 것을 알기 때문이다. 그러므로 우리의 모든 존엄성은 사유로 이루어져 있다. 우리가 스스로를 내려놓아야 하는 것은 여기서부터이지 우리가 채울 수 없는 공간과 시간에서가 아니다. 그러니 올바르게 사유하도록 힘쓰자. 이것이 곧 도덕의 원리이다.

파스칼은 1623년 6월 19일, 프랑스 오베르뉴의 클레르몽페랑에서 고등 세무원장인 에티엔 파스칼과 앙투아네트 베공의 1남 3녀 중 셋째로 태어났다. 세 살 때 어머니를 여의고, 자녀 교육을 아버지가 맡게 됨으로 8세 때 파리로 이주했다.

파스칼의 생애는 세 단계로 나눌 수 있다.

제1단계는 수학적 삶이다. 아버지는 그를 학교에 보내지 않았다. 어려서부터 여러 외국어를 가르치고 인문과정을 중요시했다. 특히 수학을 가르치지 않았다. 열한 살 때 접시에 칼을 부딪쳐서 나는 소리를 실험하여 《음성론》을 썼고, 열두 살에 유클리드 기하학 제1권 제32명제를 푸는 것을 보고 아버지가 기하학을 가르쳤다.

15세부터 과학자들이 모이는 메르센 아카데미에 출입했다. 그의 천재성은 1640년 16세에 "원추 곡선론"을 발표하고, 아버지의 세무 일의 능률을 높이기 위해 2년여에 걸쳐 계산기를 제작했다(1642). 24세에 '진공에 관한 새 실험'을 발표했고, 이를 계기로 데카르트 및 노엘 신부 등과 논쟁했다. 그는 자신의 지적 욕구, 정확한 사고에 대한 추구를 만족시켜 주는 듯이 보이는 기하학에 거의 마술적인 매혹을 느꼈다. 물리학 연구로 '파스칼의 원리'를 작성했다. 일생 동안 그는 건강이 매우 약했고, 후일 기독교에서의 결정적인 회심에도 불구하고 그는 끝내 기하학을 버리지 않았다.

1644년까지 자연과학과 수학, 기하학에서 탁월한 성과를 보이고 철학으로 기울어졌다. 그는 인간에 대한 관심을 가졌다. "우리는 자기 자신을 알아야 한다"라고 했으며, "인간을 탐구하지 않고 사는 것은 초자연적인 눈멂이다"라고 했다. 그러나 철학에 오래 머무르지 못했다. 1646년 첫 번째로 신앙적 회심을 했으며, 1651년 아버지가 세상을 떠난 후 동생 재클린은 오빠의 반대에도 불구하고 포르 르아얄 수도원으로 들어갔다. 파스칼은 고독해졌다. 병약한 몸으로 과학을 연구해서 육체가 점점 쇠약해져 지팡이를 짚고 다녀야 했다.

제2단계는 사교계에 진출한 것이다. 파스칼의 생애에서 학문 연구 못지않게 중요한 전환기는 1651년 부친이 죽고 사교계로 발을 들여놓은 때였다. 파스칼의 누이 질베르테는 파스칼이 계산기 제작으로 건강이 악화되자 의사의 권고로 사교 생활에 들어갔다고 말한다. 그러나 그녀는 "그의 생애에 있어 가장 낭비된 시기였다"라고 그때를 말한다. 그럼에도 불구하고 그는 그 시기에 인생의 좌절과 인간이 얼마나 죄악된 존재인지를 깨달았고 허무함을 체험했다.

사람들은 이때의 파스칼의 생활에 대해서 단편적인 것만 알고 있다. 그는 과학 연구에 열정을 기울이는가 하면, 생 땅쥬라는 다분히 이단적인 사제에 대한 맹렬한 도전 혹은 에띠엔느의 죽음을 누이에게 알리는 서한에서 감동 깊은 신앙고백과 같은 명상에서 볼 수 있듯이 제1회심의 감동을 꾸준히 유지하고 있는 듯 보였다. 자신에 대한 천재 의식은 거의 교만에 이르렀고, 거듭되는 성공은 그에게 명성의 매력을 맛보게 하였으며, 이로써 활짝 열린 사교계에서 자유사상가들과 폭넓게 교제했다.

결국 이때 중요한 사실은 파스칼이 사교계의 사람들, 교양인들과 직접 접촉했다는 것이다. 당시 프랑스 사회에는 소위 '교양인'이라는 하나의 이상적 인간상이 형성되어 보편적 도덕의 전형을 이루고 있었다. 파스칼이 친교를 맺은 로안네 공, 슈바리에 드메레, 미똥 등은 지위 및 개성의 차이에도 불구하고 일치된 생활양식, 사고의 이상을 지향하고 있었다. 형식주의나 도그마티즘을 비웃으면서, 오직 인간의 다양성과 절도 있는 자유와 폭넓은 미적 생활과 우아한 회의 및 사고의 세련을 믿는 이들은 그들만의 도덕과 성실성을 지니고 있었다.

파스칼은 인간을 배웠다. 추상과 논리가 아니라 현실 속에 살아 있는 인간, 모순과 비참 가운데 허덕이면서도 이를 은폐하고 자신을 기만하는 적나라한 인간을 배웠다. 표면상의 우아, 세련, 평온, 성실 뒤에 숨어 있는 인간의 근원적인 비극의 심층을 꿰뚫어 본 파스칼은 이제 그가 싸워야 할 대상을 찾았다. 사교계에 나가 살다가 몸이 다시 약해져서 1654년 세속 생활을 접고 동생 재클린이 있는 수도원에서 동생의 검은 수녀복에 감격하고 상담도 하고 설교도 들었다.

제3단계로 파스칼의 심각한 영혼은 여기에도 오래 머물지 않았다. 믿음과 사랑의 단계로 옮겨 갔다. 23세에 최초의 회심이 있었다. 1646년 1월, 그의 부친이 넘어져 대퇴부에 골절상을 입었다. 이에 두 사람을 불러 그를 돌보게 하였는데, 그 사람들은 열성적인 얀센파였다. 그들은 신앙고백을 진지하게 받아들이는 가운데 코넬리우스 얀센(Counelius O. Jansen, 1585-1638)이 히포의 아우구스티누스를 깊이 연구하여 얻은 은혜와 도덕률의 일반적 가르침을 따르고 있었다. 이것은 예수회와 달랐다. 그들이 볼 때 예수회는 기독교를 안이하고 접근하기 쉽게 만들어 놓고 있었다. 파스칼은 생 시랑, 아르노 등의 글을 읽으면서 마음에 불이 일어났다.

사교계에서의 흥미는 이야기, 노름, 도박, 여인, 문학, 철학이 마음을 차지하여 신앙이란 한낱 이름뿐이었다. 이러한 것들은 그의 마음에 공허와 인간의 비참함을 더하는 것이었다. 11월 23일 깊은 밤 결정적인 회심을 했다. 그날 밤 10시 30분부터 12시 30분까지 약 두 시간 동안 뜨거운 체험을 했다. 이 체험을 양피지와 종이에 써서 옷 안쪽에 꿰매서 다른 사람이 볼 수 없게 하여 죽을 때까지 간직하고 다녔다. 그가 죽은 후 그의 시종이 고인의 웃옷 속에서 발견했다. 거기에는 양피지와 종이로 된 파스칼의 친필이 있었다. 그것은 누이에게 전해졌고 다시 파스칼의 친구들에게 전달되었다. 종이 상단에는 빛으로 둘러싸인 십자가가 그려져 있었다.

파스칼은 네 마리의 말이 끄는 마차를 타고 있었다. 언제 봐도 아름다운 센 강의 경치에 푹 잠겨 있었다. 달리던 말 중 두 마리가 갑자기 무언가에 홀린 듯 겁에 질려 울면서 날뛰었다. 걷잡을 수 없이 껑충대는 바람에 마차는 중심을 잃고 이리저리 끌려갔다. 두 말은 강과 길 경계에 놓인 돌담을 뛰어넘어 순식간에 연결고리가 끊어져 아슬아슬하게 위기를 모면할 수 있었다. 이것은 마차 사고였다. 이 사고로 파스칼은 전적으로 그리스도에게 헌신하기로 결정했다. 밤잠을 이루지 못하던 어느 날, 파스칼의 인생을 바꾸어 놓은 사건이 일어났다. 예수 그리스도가 화염에 휩싸인 모습으로 나타났고, 파스칼은 벅찬 감격과 행복을 느끼며 헌신을 다짐했다. 그날의 환상을 기억하기 위하여 양피지에 자신의 다짐을 적고 코트 주머니 속에 담아 바느질로 봉했다.

거기에는 아래와 같은 글이 적혀 있었다.

"은총의 해 1654년 11월 23일 월요일, 교황이면서 순교자인 성 클레망 및 순교자 명부에 나타난 여러 성인의 축일 전날 밤 10시 반부터 12시 반까지."

불!

'아브라함의 하나님, 이삭의 하나님, 야곱의 하나님'
철학자와 학자의 하나님이 아니다.
확신, 확신, 감정, 환희, 평화.
나는 하나님 외에 세상의 모든 것을 잊어버렸다.
의로우신 아버지, 세상은 당신을 알지 못하지만 나는 압니다.
기쁩니다. 기쁩니다. 기쁩니다! 눈물이 맺히도록 기쁩니다!
예수 그리스도의 하나님
나는 당신에게서 멀리 떨어져
당신을 외면하고 십자가에 못 박았습니다.
사람들은 생명수가 솟아나는 샘, 예수를 저버렸습니다.
나는 그분에게서 멀리 떨어져 있었습니다.
하지만 이제는 영원히 당신 곁에 있겠습니다.
나는 구원자이신 예수를 온전히 따르렵니다.
당신의 가르침을 결코 잊지 않겠습니다. 아멘.

제2의 회심이 결정적인 것이라 해서 최초의 회심을 단순한 지적인 도의 정도로 가볍게 넘겨 버릴 수는 없다. 그것은 단순한 감정적인 것이 아닌 전인적인 감동과 함께 체험되었다. 그때까지 그가 가지고 있던 모든 의심이 사라져 버렸다.

그 후 6년간 그는 비록 회원은 아니었지만 그 공동체와 더불어 생활하면서 성경과 교부들에 대해서 연구했다. 서른일곱 살 때 그는 기독교 변증론을 쓰기 시작했다. 이것은 기독교의 바른 이론이다. 로마 가톨릭교회가 좀 더 바른 기독교 신앙으로 개혁되기를 바라는 마음에서 진정한 기독교 신앙을 쓰기 시작했다. 그런데 그것을 끝내지 못하고 서른아홉 살에 죽었다.

파스칼의 전기 작가인 과르디니는, 이 고백의 내용을 파스칼이 경험한 두 시간 동안의 영적인 체험으로 보고 있다. '불!'이라고 쓴 것은 '성령의 불'이다. 그리고 이 고백의 내용은 파스칼이 의도했던 《팡세》의 사상을 요약한 것으로 볼 수 있다. 사도 바울이 이 체험을 했으며, 성 프랜시스나 성 아우구스티누스가 경험한 신앙적 변화였다.

그 후 포르 르아얄 수도원으로 들어갔다. 그때 수녀인 여동생 재클린의 감화가 컸다. 거기서 장세니즘의 신학자 앙트와느 아르노를 만났다. 파스칼은 그와 급격히 가까워졌다. 당시 프랑스의 가톨릭교회 내에서 정치적 주도권을 갖고 있던 예수회와 포르 르아얄에 모인 얀센파 사이에 신학상의 격렬한 논쟁이 벌어졌다. 파스칼은 모르는 사이에 논쟁에 말려들었다. 장세니즘은 17-8세기 프랑스의 종교, 정치, 사회에 큰 영향을 미친 종교운동으로 이름은 신학자 얀센(프랑스 명 장세니우스)의 이름을 따라 지었다.

코르넬리스 얀센은 네덜란드 북부 지방에서 출생하였고 루뱅(Louvain) 대학에서 수학했다. 루뱅 대학의 교수 바유스(Bajus)의 사상을 받아 아우구스티누스를 존경하고 스콜라 철학을 싫어했다. 후에 루뱅 대학의 학장이 되었고, 이프르(Ypres)의 감독이 되었다. 그는 22년에 걸쳐서 《아우구스티누스》를 집필했다. 1642년 교황 우르바누스 7세가 금서로 지정하였으나 그의 사상은 널리 전파되었다. 그의 사상은 로마 교황에 의해서 단죄된 은총에 관한 교의를 가리키는데, 얀센 지지자들은 그런 의미에서 장세니즘은 실재가 없는 환영이라 하고 교회, 더 나아가서는 국가권력에 저항했다. 따라서 장세니즘은 단순히 얀센의 교설의 틀을 넘어서 장세니스트들의 신앙의 실천과 도덕상의 엄격주의, 나아가서 교회 조직 내에서의 개혁을 지향하는 교회론과 그에 따른 실천운동이기도 했다.

그는 당시 우월적 위치에 있던 예수회 신부들의 도덕 지침인 '결의론', 즉 무엇이 죄가 되고 안 되는지에 대해 비판했다. 나아가 무엇이 거짓과 구별되는 진실과 정의인지를 말하고자 했다. 이는 단순한 신학 관련 논쟁이 아니었다. 언뜻 보면 이 책은 신의 은총과 인간의 자유의지를 비롯한 몇 가지 기독교 교리에 관한 이견에서 출발하였기에 신학서로 읽히기 쉬운 함정이 있다. 실질적으로 정치적, 종교적 영향력을 행사하는 것은 정의가 아닌 힘이라는 냉혹한 현실에서 그는 '힘없는 정의의 무력함'을 절실하게 느꼈지만, 목적이 수단을 정당화할 수 없다는 믿음을 여전히 보여주었다.

신학사상으로서의 장세니즘은 후기 아우구스티누스의 은총론을 지지하고, 한편으로는 신의 예정과 은총의 절대성을, 다른 한편으로는 원죄 이후의 인간의 무력함을 강조했는데, 이는 르네상스와 종교개혁에 충격을 받아 근대 세계에 어떻게 대응할지가 모색된 가톨릭신학의 궁극적 해답이며, 기독교와 휴머니즘과의 조화를 도모하는 근대주의적 입장에 서 있었다.

이 두 경향은 16세기 중엽부터 논쟁을 거듭하였는데, 1640년 얀센의 유작 《아우구스티누스》의 출판과 함께 논쟁이 재연되었고, 1553년 이 책에서 인출되었다는 '다섯 명제'에 대해 로마 교황청, 프랑스 주교단, 왕권의 3자가 결탁하여 로마의 결정에 대해 복종을 서약하는 '신앙선서문'의 서명을 프랑스의 성직자에게 요구했다. 이에 저항하는 포르 르아얄 수도원과 그 동조자들에게 여러 가지 탄압을 가했다.

이에 대해서 얀센의 벗 생 시랑의 지도를 받은 포르 르아얄 수도원에 모인 사람들은 신학자 A. 아르노를 중심으로 '다섯 명제'와 '아우구스티누스'를 옹호했다. 파스칼이 그들을 옹호한 것도 그때였다. 파스칼은 종교재판을 받게 된 아르노를 위해서 《프로뱅시알 편지》라는 익명의 책을 냈다. 그 책에서 장세니즘을 옹호하고 예수회의 도덕주의를 공격했다. 이에 그 책은 금서로 불태워졌다.

이런 면에서 장세니즘은 점차 당파의 양상을 띠게 되었는데, 아르노가 죽은(1694) 후 지도자가 된 사람은 케넬(1634-1719)이었다. 18세기에 들어와 재연해서 1709년에는 포르 르아얄이 폐쇄되고, 1713년 로마 교황의 대칙서 '우니게니투스'가 발표되어 케넬의 교설을 단죄하였는데, 운동은 진정되지 않고 로마의 결정에 이의를 제기하는 다수의 성직자들이 공의회 개최를 호소하였다.

파스칼은 장세니스트가 아니었다. 그러나 파스칼은 두 자매의 영향으로 장세니즘에 발을 들여놓았다. 그는 종교적인 깨달음을 얻었다. 이론적이고 실제적인 것이 혼합된 장세니스트의 가르침은 그의 마음을 움직였다. 장세니즘은 여러 면에서 가톨릭의 이단으로 간주되었고 크게 논란이 일어났다. 파스칼도 장세니즘의 적이었던 예수회를 공격하는 싸움에 개입했다.

예수회는 1534년 스페인의 이그나티우스 데 로욜라가 창립한 성직 수도회로 그 목적은 회원 각자의 인격의 완성, 종교, 교육, 문화 사업을 통해 다른 사람들에게 도덕성과 이해, 천명에 따른 생활을 하도록 하는 데 있다. 본래 기사였던 로욜라는 1521년 팜플로나 전투에서 부상을 입고 병상에서 회심하여 그리스도를 섬기는 기사가 되겠다고 결심했다. 그는 《영성 수련》을 저술해서 사람들을 지도했으며, '그리스도의 나라'를 위하여 일하려는 프랜시스 사비에르 등 6명의 동지들과 1634년 예수회를 결성하고, 1640년 교황 바오로 3세의 인가를 받았다.

예수회에 입회하는 사람은 '영성 수련'에 의해서 수도하고, 예수처럼 살면서 일하고, '하나님의 보다 큰 영광을 위하여' 신과 인류에게 봉사하고 헌신하는 사람이 되어야 한다. 예수회라는 명칭도 '예수처럼' 사는 사람의 모임이라는 뜻이다.

파스칼이 비밀리에 쓴 《프로뱅시알 편지》('시골 친구에게 부치는 편지'라는 의미로 어느 지방인에게 쓰는 형식을 띠고 있다)는 폭넓게 읽혀졌다. 프랑스 문학을 전공하는 많은 학생들에게 이 편지는 격론을 벌이는 산문체 스타일에서는 타의 추종을 불허한다. 그가 많은 장세니스트 지도자들을 친구로 둔 것은 분명하고 그의 누이도 장세니스트였다. 파스칼은 그들과 함께하고 그들을 옹호하면서 기독교 신학의 여러 훌륭한 점을 배웠고, 인간이 의미 있는 삶을 살기 위해서는 기독교 신앙이 매우 중요하다는 것을 새로이 인식했다.

파스칼은 합리주의가 전성기에 도달했던 17세기 중엽에 살았다. 수학, 기하학을 바탕으로 삼는 연역적인 사고가 모든 학문을 이끌어 가는 시대였다. 이 시기는 이성주의 시대였다. 그리고 역사상 가장 위대한 학자들이 활약해 온 때이기도 했다. 파스칼은 그 누구에게도 뒤지지 않는 천재적 달란트를 받고 태어났다. 미국의 심리학자 콕스(Cox)는 파스칼을 괴테와 라이프니츠에 버금가는 천재라고 평가했다. 선천적으로 병약했던 파스칼은 남다른 천재성을 지니고 있으면서도 고독하고 명상에 잠기는 생애를 살았다.

30세가 되면서 기억력이 약화되어 떠오르는 생각들을 메모하였다. 그래서 기독교 변증론을 위한 메모들이 많이 남게 되었다. 파스칼은 아우구스티누스와 같은 의지의 내면적 갈등을 느끼지도 않았다. 어디까지나 인간적 삶에서 그 신앙적 해결을 모색해 나갔다. 파스칼은 인간의 문제를 논하면서 '인간의 비참'을 느꼈다. 비참을 안다는 것은 인간의 위대함이다. 그러나 그 비참을 극복하는 것이 신앙이다. 이는 후에 키에르케고르에게 전달되었다고 여겨진다.

파스칼은 인간이 이성만으로 궁극적인 진리를 발견하고 입증하고 체계화하려고 하는 것이 철학이라는 데 주목한다.

"설령 우리가 철학의 모든 것이 한 시간의 노력이면 족하다고 생각하지 않는다는 것이 사실이더라도, 가장 철학적인 시기는 아무런 번거로움 없이 그저 단순하게 살 때였다."

파스칼은 유명한 철학자들을 조롱했고, 궁극적인 지식이 아니라 허세적이고 거만한 주장이라는 생각이 들면 그것을 공격하였다. 그러나 파스칼은 수많은 분야에서 상당한 지적 능력을 발휘했던 명석하고 심오한 기독교 사상가였다. 또한 그는 현실에 대한 뛰어난 통찰력으로 핵심을 꿰뚫어 명확하게 표현한 인물이었다. 그는 독자들을 충격에 떨게 하면서도 즐겁게 만들었고, 자극을 주고 감탄시켰으며, 아연실색하게 했다. 그의 말을 들으며 반박을 하건 박수를 보내건 우리는 그로부터 배울 수밖에 없다.

무관심의 어리석음

> 영혼의 불멸성은 우리에게 심각한 영향을 미치는 매우 중요한 문제이므로, 그것의 사실 여부를 알고 싶어하지 않는 사람은 감정이 완전히 결여된 사람임에 틀림없다. 영원한 축복을 바랄 수 있느냐 없느냐에 따라 우리의 궁극적 목적이 되어야 한다. 따라서 우리의 첫 번째 관심사이자 최고 의무는, 그에 따라 우리의 모든 행동이 달라질 이 영혼 문제를 분명히 밝히는 것이다. 그렇기에 나는 영혼의 불멸성을 이해하지 못하는 사람 중에서도 전력을 다해 배우려는 사람과, 그런 노력은커녕 그런 생각조차 하지 않는 사람을 엄격하게 구별한다.

그는 더 나아가 그런 문제에 무관심한 사람에 대하여 "그들 자신과 그들의 영생 및 그들의 모든 것이 걸려 있는 문제에 무관심한 사람을 보면 측은하기보다는 화가 난다. 나를 경악하게 하고 소름끼치게 한다. 내게는 그런 일이 무시무시하게 느껴진다"라고 하였다.

그는 "분별력과 판단력을 갖고 행동할 수 있는 유일한 길은 불멸성에 비추어 우리가 갈 길을 결정하는 것이다"라고 했다. 그러나 불멸에 대한 믿음이 도덕적 삶을 사는 데 필요하다는 주장은 틀린 말이 아닌가? 사후세계에 대한 어떤 희망이 없이도 도덕적으로 사는 사람이 많다. 또한 도덕적으로 행동하기 위한 조건이 불멸성을 믿는 것으로 충분하다고 생각하는 것 역시 잘못으로 보인다. 사후세계가 있다고 믿지만 현실을 훌륭하게 살지 못하는 사람도 있다. 가장 큰 어리석음은 사리사욕을 위해 살도록 부추기는 것이다.

성찰 능력이 있는 사람들이 이런 연관성을 보았다. 알프레드 로드 테니슨은 말하기를 "불멸이 없다면 나는 바다에 몸을 던지리라"고 했다.

이 말은 영원성과 그 의미 그리고 가치를 묻는 것이다. 객관적이고 영원한 의미와 영원한 가치. 인간의 보잘것없는 삶은 무한하고 영원한 맥락 속에서 펼쳐진다. 그것에서도 같은 의미를 유추할 수 있다. 이것은 파스칼이 전하고자 했던 메시지였다.

그는 당시 천주교가 얀센의 교리를 비판하고 정죄하여 이단으로 몰아가는 것이 안타까웠다. 그들은 진심으로 사랑했으며, 교리도 아우구스티누스가 가르친 칼뱅주의적 신앙을 따르는데, 예수회를 중심한 가톨릭 학자들에게 공격을 받았다. 그런데 그 예수회의 도덕주의는 타락했고 장세니스트들은 엄격한 도덕적 기준에서 살고 있으므로, 그는 장세니즘을 변호했다.

프랑스는 종교개혁 시대에도 천주교 일색이었다. 칼뱅의 나라였으나 종교개혁 신앙이 뚫고 들어갈 수 없었다. 장세니즘은 종교개혁가들의 신앙이었다. 칼뱅의 신앙을 따르고 있었다. 그것은 정치운동에까지 나아갔다. 파스칼은 종교개혁가는 아니었으나 장세니즘을 지지한 데서 종교개혁적 신앙을 가졌다는 것을 나타낸다. 파스칼은 그 후 '기독교 원리 탐구', '인간과 신에 대한 사색'에 전념했다. 1655년, 그는 포르 르아얄 수도원에서 《그리스도의 생애 약전》을 썼다. 그 후 1659년부터 건강이 악화되어 1662년 8월 19일 39세로 죽었다.

파스칼이 신비 체험을 하고 회심한 후 3년은 파스칼의 생애에서 깊은 신앙의 기간이었다. 그리고 많은 글을 썼다. 그가 체험한 것은 신비적이었으나 남긴 것은 신앙적 내용들이었으며 성경에 있는 예수님의 말씀을 지켜 나갔다. 이것이 그의 명상에서 얻은 신앙적 기록들이었다. 이것은 신앙적인 견해이지 철학이 아니었다. 그는 철학자나 신학자 더욱이 성직자도 아니었다. 그는 가끔 키에르케고르와 비교되었다. 그의 생애 마지막에는 병고와 치열하게 싸웠다. 그러면서도 수도원에서는 가장 고통당하는 이들을 위해서 봉사했으며, 가장 비천한 일을 자원했고, 문지기까지 섰다. 그는 기도할 때 진정한 회개의 눈물을 흘렸다. 그가 눈으로 본 환희의 장면은 용서요 구원이었다. 그는 홀로 주님 앞에 선 실존이었으며, 가장 정직한 인간이 되었다. 그때에 예수님과 많은 대화를 나누었으며 거기서 영적으로 한없이 행복했다.

그는 너무 일찍 세상을 떠남으로 그의 글을 책으로 완성하지 못했다. 그가 더 살았다면 깊고 오묘한 체험들이 '기독교 변증론'이 되었을 것이다. 프랑스는 천주교 국가였다. 그런데 참 기독교의 진리를 깨닫지 못했다고 여겼다. 그래서 '기독교 변증론'을 쓰기 시작했다. 그러나 몸이 약해졌고, 기억력이 쇠퇴해져서 그때그때의 명상을 메모로 남겼다. 그가 죽은 후에 그의 메모가 여기저기서 나타났다. 모으니 작은 것은 한 줄의 글이요, 긴 것은 논문처럼 길었다. 그 조각이 924편의 단장이었다. 이것이 《팡세》라는 책으로 태어났다.

한때는 사교계에도 나갔으나 삶의 위로를 얻지 못했다. "이 세상의 모든 불행은 사람들이 방에 혼자 조용히 있을 줄을 모르기 때문에 생겨난다"라고 했다. 혼자 있으면 자기 자신과 솔직하게 마주해야 하기 때문에 혼자 있기를 두려워한다. 그래서 그들은 항상 '자신에 대해 생각하는 것을 막아 줄 격렬하고 정신을 빼앗는 활동'을 찾는다. 그들은 끊임없이 자기 자신을 잊어버리기를 원한다. 그의 영혼은 여동생 재클린이 있는 수도원으로 갔다. 그는 자기 생애를 주님께 바치기로 결심했다. 그러나 세속이 그를 유혹하는 때가 많았다. 그럴 때면 누이동생 재클린에게 상담함으로 그 유혹에서 벗어나곤 했다.

마지막에는 입을 다물었다. 온갖 교제를 끊고 수도원에만 있었다. 깊이 기도했고, 다른 사람들을 보살피면서 자기는 도움을 일절 포기했다. 자기 방에 그림이나 양탄자 같은 것을 두지 않았고, 좋아하는 음식도 거부했다. 그리고 가시가 달린 허리띠를 둘렀다. 병약한 그는 신음소리를 내지 않았다. 설사가 계속되고 심한 두통이 왔을 때 죽음이 가까웠음을 직감했다. 그는 사제를 불러 참회하고 최후의 성찬 받기를 원했다. 사제가 성체를 받들고 병실에 들어왔을 때, 그의 얼굴은 창백했으나 기쁨을 보이며 반신을 일으키려고 했다. 사제가 신앙의 교의를 물으니 분명하게 "나는 모든 교리를 믿습니다"라고 대답했다. 임종의식이 끝나고 파스칼은 가느다란 목소리로 "주여, 저를 불쌍히 여기소서"라고 기도했다. 이것이 그의 마지막 말이었다. 이때가 39세, 1662년 8월 19일이었다.

그는 영으로 승천했으나 육신으로는 땅에서 끝났다. 그가 죽은 후에 여러 사람들의 손을 거쳐서 책으로 만들어진 것이 《팡세》(명상록)이다. 그의 사상은 조직적으로 체계화되지 못했다. 따라서 미완성의 '기독교 변증론'이다. 파스칼은 1897년 11월 28일, 성체운동의 수호성인으로, 그 후에는 국제 성체대회의 수호성인으로 선포되었다.

1670년에 파스칼의 유고는 그의 조카 에티엔 페리에가 서문을 써서 출간한 "종교 및 기타 주제에 관한 파스칼의 사상"《팡세》(초판본)이다. 파스칼은 《팡세》에서 "인간의 문제는 종교의 문제다"라고 결론지었다. 그는 "신에게 순종하여 그의 계시를 받아들이는 것으로만 온전한 지식을 얻는다"라고 말했다. 인간은 행복을 추구하지만 참된 신앙이 없이는 그 행복을 찾을 수 없다는 것이다. 그는 "사람이 신앙인이 되는 것은 은혜이지 이성이 아니다. 종교를 회피하는 것은 정욕이지 이성이 아니다"라고 말하고, "진정한 신앙은 이성을 초월하여 오직 예수를 믿음으로써만 발견할 수 있다"라고 했다.

파스칼은 수학과 물리학으로 시작하여, 철학과 신학으로 이어지는 생애를 살았다. 그의 기독교 신앙은 훗날 많은 실존주의자들에게 영향을 끼쳤고, 다양한 그의 천재성과 깊은 신앙심은 하나님의 은혜를 입은 사람으로 알려졌다. 그의 《팡세》는 프랑스인들이 자랑하는 명저이며, 프랑스 문학도들은 지금도 여전히 그 문체를 모범으로 삼는다. 19세기 중엽 그에 대한 관심이 일어났고, 이 관심이 《팡세》에 대한 체계적 연구로 이어졌다. 20세기에 와서 몇몇 괄목할 연구들이 파스칼의 텍스트 및 사상에 대한 이해를 새롭게 하였다. 그리하여 우리는 적어도 파스칼이 죽을 때 남겨놓은 상태 그대로의 텍스트를 대할 수 있게 되었고, 그 속에서 파스칼의 참모습을 찾아볼 수 있게 되었다.

《팡세》(Pensees)의 골자는, 제1부 신을 믿지 않는 인간의 비참함, 제2부 신을 믿는 인간의 행복, 또는 제1부 '본성이 타락한 것을 본성 그것으로서', 제2부 '구제자가 존재한다는 것을 성경으로서'라는 단장에서 엿볼 수 있다. 파스칼은 먼저 인간성 탐구로부터 인간 존재가 불완전하고 모순에 차 있다는 것을 나타내려고 했다. 그는 성경의 입장에서 인간성의 모순을 해명하고 기독교의 진리를 변증하는 논술로 옮겼다.

파스칼은 인간의 실존을 쇠사슬에 묶인 한 무리의 사형수에 비유했다. 그중 몇몇이 매일 교살 당하고, 그것을 지켜보는 자들은 고뇌와 절망에 사로잡힌 채 그 동료들의 운명에서 자기의 운명을 읽으며 차례를 기다린다. 이 비참한 '인간 조건'을 어떻게 할 것인가? 저 '숨은 신', 무한성과 필연성의 존재를 믿음으로써 '비참'에서 '행복'으로 갈 수 있을까?

《팡세》는 어쩔 수 없이 신을 요청하는 내용이 아니라, 먼저 신을 받아들이고 기독교의 정당성에 대해 변호하기 위해 쓴 단상들이다. 《팡세》의 상당 부분이 기독교적 교리와 해설들로 채워져 있다. 인간의 본성을 성찰한 글들도 사실은 신과의 관계에서 조망한 것이라 할 수 있다.

파스칼의 생생한 주체적 체험의 파토스가 깃들어 있는 진리는 눈이 열리지 않는 한 발견할 수 없다. 진리를 찾아내기 위해서는 사랑이 있어야 한다는 것이 그의 논리이다. 그는 데카르트적 합리성을 추구하는 데 그치지 않고, 몽테뉴의 회의를 변증법적으로 통합해 휴머니즘 차원을 넘어서 단호한 기독교적 입장에 서 있었다. 기하학적 정신과 정신의 구별, '생각하는 갈대', '클레오파트라의 코' 등의 명구, 내기, 두 개의 무한 등의 장대한 고찰은 매우 유명하여 사람들로 하여금 충분한 설득과 수사의 매력에 빠지게 한다.

플라톤에서 사르트르까지 많은 철학자가 인간을 탐구했다. 그러나 파스칼의 《팡세》만큼 예리하고 경건하게 인간을 성찰한 책은 없다. 《팡세》는 파스칼의 위대한 인간 성찰의 책이다. 그것은 엄숙하게 인생을 살고 진지하게 인생을 사색한 위대한 철학자의 사상적 악전고투의 다큐멘트이다.

파스칼은 인간을 몇 가지 형태로 말했다. "첫째, 신을 발견하고 섬기는 사람, 둘째, 신을 발견하지 못하고 신을 믿으려고 하는 사람, 셋째, 신의 존재를 믿지 않고 사는 사람이다. 신을 믿지 않는 불경죄는 용서될 수 없다. 세상에는 두 종류의 사람이 있을 뿐이다. 하나는 자기를 죄인이라고 자백하는 의인이요, 또 하나는 스스로 죄가 없다고 생각하는 죄인이다. 넷째, 신이 실제로 존재하지 않는다고 생각하고 자신도 믿지 않는 사람이다. 그에게는 고통받을 지옥도 쾌락을 즐길 천국도 없다." 인간은 하나님을 향한 신앙을 간구하는 존재이다.

39세의 삶에서 그는 인생 체험이 아니라 성령 체험에서 진리를 깨달았다. 수리를 연구하다가 환상을 체험한 그는 기독교 신앙의 진수를 얻었다. 그의 글을 많은 사람들이 읽고 체험했다. 프랑스 젊은이들은 군에 나가면서 성경과 파스칼의 《팡세》를 갖고 간다고 한다. 젊은이들이 이 책을 접하면 새로운 인생의 미래를 살아갈 방도를 알게 되며, 오늘 이 나의 삶에서 어떤 의미가 있는지 알 수 있다. 파스칼은 "생각하라. 그리고 일하라. 이것을 위하여 그대가 태어났다고 믿어라"고 했다.

파스칼의 기독교 신앙은 철저하다. 예수 그리스도 외에는 모든 종교를 거부한다.

파스칼은 "그러므로 나는 구주에게 두 손을 내민다. 그는 4천 년 동안 예언되어 오다가 예언된 시기와 예언된 모든 사정 아래서 나를 위해 죽고자 땅에 오셨다"라고 한 신앙인이었다. 그는 기적을 믿었고, 신비적인 신앙의 삶을 살았다. 그의 구속사의 중심은 분명히 예수 그리스도이다. 그분은 성경의 주제로서, 구약은 그를 향해 진행하고 신약은 그에게서 출발한다.

> "예수 그리스도 그분을 두고 두 개의 성경, 구약은 그 희망으로, 신약은 그 모범으로 그분을 중심으로 보고 있다."
>
> "신앙을 가진다면 곧 쾌락을 버릴 것이라고 말하는 사람들이 있다. 하지만 나는 당신이 쾌락을 버리면 곧 신앙을 얻을 것이라고 말할 것이다."
>
> "예수 그리스도 없이는 인간은 악과 비참 속에 빠져들 수밖에 없다."
>
> "인간마다 마음속에 공백이 있는데, 이 공백은 다른 무엇으로도 채울 수 없고 오직 그리스도에 의해서만 채워질 수 있다."

예수 그리스도를 통한 신, 우리는 예수 그리스도를 통해서만 신을 알 수 있다. 이 중재자가 없으면 신과의 교제는 끊어진다. 예수 그리스도에 의해 신을 알게 된다. 예수 그리스도 없이도 신을 알고 신을 증명한다고 생각하는 사람들은 헛된 증거를 가지고 있다. 그러나 예수 그리스도를 증명하는 것으로서 우리에게는 예언이 있다. 그것은 분명한 증거이다. 그리고 이 예언은 이루어졌고 그것이 진실임이 실제로 증명되었으므로, 이 진리의 정확성에 따라서 예수 그리스도가 신이라는 증거를 보여주고 있다.

그러므로 그에게서, 그에 의해서 우리는 신을 안다. 그를 떠나서는 성경도 없고, 원죄도 없으며, 약속대로 강림하신 중재자 없이는 인간은 신을 증명할 수 없을 뿐만 아니라 올바른 도덕과 교리도 가르칠 수 없다. 예수 그리스도 안에서 사람은 신을 증명하고 도덕을 가르친다. 따라서 예수 그리스도는 인간의 참된 신이다. 그러나 우리는 그와 동시에 우리의 비참한 상태도 알고 있다. 왜냐하면 이 신은 우리의 비참을 구원해 줄 분이기 때문이다.

예수 그리스도를 떠나서 하나님을 구하는 사람은 만족할 만한 빛을 찾지 못할 것이며, 중보자 없이 하나님을 알려고 함으로써 무신론과 이신론에 빠진다. 이 둘은 모두 기독교와는 다르다. 그는 1655년경 《그리스도의 약전》을 저술했다. 이것이 파스칼의 신앙이며, 프랑스 가톨릭교회에 큰 영향을 끼쳤다.

> "신앙은 가장 깊은 의미에서 인생의 도박이다. 물론 신이 있는 데다 걸자. 왜냐하면 신이 존재한다고 결정할 때 우리에게는 무한한 행복이 약속된다. 신이 없다고 결정하면 유한한 행복밖에 얻을 수 없다. 그런데 유한은 무한에 비하면 무나 다름없다. 지체하지 말고 신이 존재한다고 해야 한다."

쾌락주의자 에피큐로스는 인생의 행복을 '밖'에서 찾으려 했다. 쾌락과 유희 속에 행복이 있다고 했다. 극기 금욕주의자인 스토아의 철학자들은 행복을 '안'에서 찾으려 했다. '너 자신의 덕 속에 행복이 있다'는 것이다. 그러나 파스칼은 행복을 '위'에서 찾았다. 그는 경건한 심정으로 신을 구하고 신을 믿는 데서 인생의 행복을 찾았다. '신음하면서 신을 구하는 자' 이것이 인간의 가장 높고 가장 옳은 자세라고 믿었다.

파스칼은 과학자로서 또는 철학자로서 예수 그리스도 신앙에 적극적인 입장을 가졌다. 인간적으로 볼 때는 불가능한 사건이 그에게서 일어났다. 그의 신비적 체험 때문에 병들어 죽어가면서도 오직 예수 그리스도를 믿음으로 마지막에 "주여! 나를 불쌍히 여기소서!"라고 고백한 것이 그의 진정한 신앙을 나타내고 있다.

4부

음악가

01 안토니오 비발디
'사계'로 유명한 음악가

02 게오르크 프리드리히 헨델
'메시아'의 작곡가

01 안토니오 비발디
(Antonio Vivaldi, 1678-1741)

'사계'로 유명한 음악가

어린 시절 고향인 부레시아를 떠나 베네치아로 왔던 조반 바티스타 비발디는 이발사였다. 그런데 뛰어난 아마추어 바이올린 연주자로 연주 실력이 있어서 산 마르코 대성당의 관현악단 정규 단원이 되었다. 안토니오 비발디는 조반 바티스타 비발디에게서 1678년 3월 4일 태어났다. 비발디가 태어날 때 그의 어머니의 말에 의하면 "1678년 3월 4일 점심때쯤 갑자기 천둥이 치고 큰 지진이 베네치아를 뒤흔들었다. 그때 비발디의 어머니는 임신 7개월이었다. 배를 감싸고 있었는데 벽에 부딪쳤다. 정신을 잃었다. 깨어나 보니 안토니오가 태어났다"는 것이다. 그래서 비발디는 팔삭둥이로 세상에 나왔다.

산파는 안토니오 비발디가 너무 허약했기 때문에 얼마 살지 못할 것이므로 세례를 받게 했다. 그런데 비발디는 생일이 또 하나 있다고 한다. 그것은 5월 6일이다. 이날을 비발디의 생일이라고 주장하는 이유는 그날이 바로 비발디가 세례를 받은 날이기 때문이다.

비발디의 음악적 재능은 어려서부터 나타났다. 그는 곧 아버지와 함께 교회 관현악단에 들어갔으며, 베네치아 음악의 위대한 전통을 접하면서 성장했다. 비발디는 성직자가 되기 위하여 삭발하고 올레오 수도원에 들어갔으나 정상적인 사람도 힘든 수도원 생활을 병약한 몸으로 감당할 수 없었다. 특별히 집에서 다닐 수 있도록 허락해 주어 집에서 아버지에게 바이올린 연습을 받게 되었다.

25세인 1703년 3월 23일 사제 서품을 받았다. 그러나 몸이 허약해서 서서 미사를 드리는 직무를 끝까지 수행할 수 없고, 심한 천식 때문에 미사를 집전할 수 없었다. 그는 책과 염주를 항상 손에서 놓지 않았다. 그가 쓴 악보 첫머리에는 'LDBMDA'(축복받은 성모 마리아를 찬미하여 아멘)라는 글자가 적혀 있는 곡이 많았다. 그의 성직자로서의 신앙은 대단했다. 유전 때문에 그는 '붉은색 머리'였다. 이것이 그에게 좋은 별명을 붙여주진 않았다. 붉은색 머리는 악마의 머리라고까지 했다. 그해 9월에 베네치아에 있는 오스페달레 델라 피에타(Ospedale Della Pieta) 여자 고아원의 바이올린 교사 겸 지휘자이자 상주 작곡가가 되었다. 어린 소녀들은 엄격한 음악 교육을 받았으며, 주로 비발디가 작곡한 곡들로 구성된 연주회는 베니치아의 음악 애호가들 사이에서 매우 큰 인기를 누렸다.

그곳에 있는 고아들은 대부분 당대 부유층인 유력인사들의 사생아여서 양심의 가책을 느낀 부모들이 신분을 밝히지 않고 고아원에 많은 기부를 했다. 그로 인해 재정이 풍부했으며, 이 합창단과 오케스트라는 수준이 매우 높아서 유럽에 널리 알려져 당대에 베네치아를 방문하는 여행객들에게는 고아들의 콘서트를 관람하는 것이 관광 코스였다. 당시 베네치아는 세계적인 무역 항구도시였을 뿐만 아니라 전 유럽의 음악의 중심지였다. 거친 뱃사공들과 음악가를 꿈꾸는 할 일 없는 몽상가들이 우글거렸으므로 성적으로 문란한 도시였다. 거리와 교회 문 앞에는 사생아와 버려진 아기들도 많았다.

비발디의 음악이 대체로 아름답기는 하나 다소 나약하다는 평을 듣는 것은 소녀들을 위해 썼기 때문이다. 비발디는 이 고아들의 오케스트라를 위해서 400여 곡의 협주곡을 썼는데, 그중 "사계"는 초연 때부터 많은 사랑을 받았고, 특히 프랑스의 루이 15세는 비발디의 열렬한 팬으로 그의 신하들은 "봄" 악장만으로 특별 연주회를 열기도 했다.

그는 피에타에서 소녀들이 연주할 수 있는 곡을 많이 썼다. 그래서 작품마다 특색이 별로 없다는 흠이 있다. 스트라빈스키는 비발디를 "같은 곡을 100곡이나 쓴 사람"이라고 했다. 그는 소재 음악을 썼기 때문에 주제를 쉽게 찾을 수 있었다. 그는 당대에 유명한 바이올리니스트였다. 그러나 자신은 작곡가로 알려지기를 바랐다. 비평가 골도니는 "비발디는 바이올린 주자로는 만점, 작곡가로는 그저 그런 편이고, 사제로서는 영점이다"라고 했다. 여기에 대해서 비발디는 "골도니는 험담가로는 만점, 극작가로는 그저 그런 편이고, 법률가로서는 영점이다"라고 했다. 비발디는 많은 작품을 썼으므로 비슷하게 들리는 곡들이 있었다.

그는 미사곡, 모테토(Moteto) 등 교회를 위한 종교음악도 다수 썼다. 허약한 몸이지만 초인적인 힘으로 창작 활동을 해나갔다. 그의 속필은 특히 유명했다. 전문 사보가들의 사보 속도보다도 더 빨리 풀스코어를 썼다고 한다. 그의 작품은 현을 위한 협주곡만도 400곡이 넘었다. 뒷날 빈 고전파의 '모차르트'(Mozart), '베토벤'(Beethoven) 등에 의해 확립된 독주 협주곡의 선구자 역할을 했다.

18세기 전반 베네치아에서 비발디의 연주, 그리고 창작물 등이 불러일으킨 감흥에 대해서는 많은 증인이 있다. 그가 출판한 악보의 대부분은 권력자들에게 헌정되었다. 토스카나 대공 페르디난트 3세(조화의 영감, 1711), 모르친 백작(사계를 포함한 협주곡집 화성과 창의의 시도, 1724), 합스부르크의 카를 6세(라 체트라, 1728), 비발디의 인쇄된 곡집과 필사본(특히 협주곡)은 1750년경까지 전 유럽에 유포되었다.

협주곡 외에도 50여 편의 오페라를 작곡한 비발디는, 그의 제자인 가

수 안나 지로(Anna Tessieri Giro)와 그녀의 언니 파울리나(Paulina)와 연주 여행에 동행하자 세간에서 그들의 관계를 의심하게 되었다. 안나 지로는 프랑스에서 이민 온 가발제조공의 딸로 비발디에게 성악을 배운 제자였다.

1730년대가 되면서 비발디의 생애에 어려움이 닥쳤다. 1736년 늘 의지가 되었던 아버지가 사망했다. 그리고 1737년 비발디는 무척이나 난처한 일을 겪게 된다. 당시 페라라는 교황령의 일부로 추기경이 봉신으로 이곳을 통치하고 있었다. 당시 페라라를 통치하던 사람은 투포 추기경이었다. 추기경은 막 페라라의 통치를 시작한 상태였고, 성직자로서 그는 도덕적인 생활과 가톨릭의 규칙에 매우 엄격했다. 이런 추기경에게 비발디는 타락한 성직자로 보였다. 게다가 비발디를 시기하는 사람들도 있어서 난처해졌다. 결국 비발디는 1737년 페라라에 들어가지 못했다. 미사를 집전하지 않는 성직자의 오페라를 허용할 수 없다는 것과 안나 지로와의 불순한 관계 때문이었다. 비발디는 계속 결백을 주장했으나 인정받지 못했다.

페라라의 공연 취소는 비발디의 경제적 형편을 더욱 어렵게 했다. 1740년 봄 피에타는 비발디의 여러 작품들을 기록하기로 결정한다. 이것은 비발디가 이미 베네치아를 떠나기로 결심한 때였다. 비발디가 빚 때문에 도시에서 도망간 것은 아닐 것이다. 당시 유행은 나폴리 작곡가들이었으며 하세의 오페라들이 대세였다. 이런 상황에서 비발디는 더 이상 베네치아에서 자신의 음악을 할 수 없을 거라 생각했으므로 더 넓은 세상인 빈으로 가기로 결심했다. 비발디의 후원자 중 한 명이 황제에게 그를 소개시켜 주려 했다.

1740년 가을 황제 카를 6세는 사망했고, 그의 뒤를 이은 마리아 테레지아는 바로 오스트리아 계승전쟁에 돌입하게 된다. 빈으로 간 비발디는 어쩌면 운을 잡을 수도 있었다. 다행히 1742년에 계획된 극장 스케줄에는 비발디의 오페라가 있었다. 하지만 1741년 7월 안토니오 비발디는 63세의 나이로 사망했는데, 안나 지로와 그의 언니는 끝까지 비발디를 간호했고 마지막을 지켰다.

비발디는 가난한 이들을 위한 공동묘지에 묻혔다. 비발디의 묘지는 현재 남아 있지 않다. 비발디의 음악은 고위층을 위한 것이 아니라 평민들, 그리고 특별히 고아들을 대상으로 작곡하고 연주하게 함으로 많은 사람들이 들을 수 있었다. 음악은 돈 많고 권력 있는 사람들을 위한 것이었다. 물론 그전에도 평안히 음악을 들을 수 있는 사람들은 그런 사람들이었다. 세상이 각박해져 갈수록 가난한 사람들이 음악을 즐길 수 있는 기회는 줄어들었다. 아름다운 음악을 제공해 주던 교회까지도 이제는 세상 권력과 타협하면서, 그곳에서도 성직자들이 한껏 기분을 낼 수 있는 거창한 음악들이 판을 치게 되었다. 또한 온통 종교 때문에 싸움질하고 난리를 치는데 사람들이 조용히 교회 음악에 귀를 기울일 수 없었다. 교회 음악은 갈수록 그 중요성을 잃어갔다.

이탈리아의 음악 애호가였던 바르디 백작 집에서 일단의 음악인들이 모여 종래의 대위법 양식에서 벗어나 단순한 선율에 화음으로 이루어진 반주가 붙은 음각을 창안해 냄으로써 소위 단음악이라는 새로운 음악이 나왔다. '카메라타'라고 불리는 일단의 무리들이 만들어 낸 단음악은 바로크 음악의 효시가 되었다.

르네상스 음악의 반동으로 바로크 음악은 1600년경에 시작되어 1750년 바흐의 죽음에 이르는 약 150년 동안의 음악에 적용되는데, 17세기에서 18세기 중엽에 이르는 시대를 음악사에서는 바로크(baroque) 시대라고 부른다. 바로크란 '정돈되지 않은 진주'라는 뜻으로 언뜻 보기에는 복잡하고 다양한 양식 속에 형체를 잘 알 수 없으나 크고 웅장한 양식을 가리키는 말이다. 본래 바로크는 건축 양식에서 쓰였으나, 음악에서도 이를 받아들여 답답하고 단조로운 르네상스 음악에서 새로운 양식의 개념으로 쓰이게 된 것이다.

처음 바로크 음악은 성악을 통해 발전되어 나갔으나, 악기의 발달이 급속도로 이루어지자 드디어 이탈리아를 중심으로 바로크 음악은 기악곡에 의해 주도되어 갔다. 모든 형식의 예술은 군주나 교회에 의해 강요되는 인습적인 태도를 반영하는 대신 세속에 대한 예술가의 개인적인 느낌을 표현하기 시작하였다. 바흐, 헨델이 대표적인데 여기에 비발디도 포함된다.

바로크 시대의 음악은 악기의 소리도 커지고 악기 편성도 거창해졌으며, 음악의 내용도 거칠어지고 억세어지고 자극적이 되었다.

그러나 바로크 시대가 되면서 요란스럽고 자극적인 음악이 많이 나왔기 때문에 그에 비하면 바로크 음악이 부드럽게 들리며, 아무리 거칠었던 것이라도 오랜 세월이 흐른 후에는 처음의 거칠었던 점이 잘 느껴지지 않기 때문에 그 점을 느끼기는 쉽지 않다. 이런 때에 조용하고 마음에 스며드는 소리로 호소하는 비발디의 음악은 많은 사람들에게 가까이 갈 수 있었고, 진정 음악을 즐길 수 있는 애호가들이 많아졌다.

디스크를 통해 접할 수 있는 바로크 음악들은 이탈리아 출신의 바이올리니스트 비탈리(1644-1692)와 토렐리(1658-1709), 코렐리(1653-1713), 그리고 안토니오 비발디에 의한 것이다. 당시 역사상 최고의 수준까지 올라간 현악기의 제조 기술에 힘입어 합주 협주곡으로 불리는 콘체르토 그로소와 트리오 소나타라 불리는 독특한 바로크 형식이 완성되었다. 합주 협주곡은 나중에 협주곡이라는 형식으로 발전되었는데, 독주 군과 합주 군으로 나뉘어 다중 협주곡의 묘미를 보여줄 뿐 아니라 음악적 대화를 통해 별미를 느끼게 했다.

바로크 음악은 일체의 세속적 잡소리나 다른 감상적 표출을 거부했다. 피아노(p)와 포르테(f)도 없이 담담하게 끌고 간다. 따라서 바로크 음악은 대단위 오케스트라보다는 예술적, 기술적 조화를 이룬 실내악 그룹에 의해 더욱 진가가 발휘된다.

바로크 시대에 특별히 새로운 음악 형태가 있었는데, 그것은 오페라이다. 오페라는 그냥 생기지 않고 '발명되었다'고 할 수 있다. 대부분의 예술들이 시대가 변함에 따라 자연스럽게 변하면서 발전되었으나, 오페라는 그때까지 없었는데 몇 사람이 새로 만들어냈다. 그 '발명'에는 이탈리아 중부 대도시 피렌체의 부호이며 백작인 바르디가 있었다.

바르디는 1580-1589년 플로렌스의 카메라타(camerata)라는 동지회의 수장이었다. 이들은 예술애호가인 메디치(Medici) 공작의 후원으로 여러 가지 음악극의 요소를 가진 장르를 자주 공연했다. 이것은 고대 그리스의 대화 모임인 '아카데미'를 모방한 것이다. 카메라타 회원들은 옛 그리스 음악이론서를 번역하기도 하고, 낭송하기에 좋은 새 음악 형식을 찾는 데 힘썼다. 이들의 가장 큰 업적은 오페라의 탄생이다. 이들이 그리스의 비극을 재현하는 과정에서 탄생한 것이 오페라였다.

카메라타의 중심인물은 바르디(Giovanni de'Bardi) 백작이었으며, 음악가, 학자, 시인, 후원자로 구성되었다. 음악가로는 바르디, 카발리에리(Emilio de' Cavalieri), 갈릴레이(Vinzenzo Galilei), 스트롯지(Pietro Strozzi), 카치니(Giulio Caccini), 페리(Jacopo Peri), 학자로는 메이(Girolamo Mei), 시인으로는 리누치니(Pttavio Rinuccini), 키아브레라(Gabrielo Chiabrera), 후원자로는 코르시(Jacopo Corsi)가 있었다.

카메라타 그룹에 앞서 그리스 음악을 깊이 연구한 사람은 차를리노(Gioseffo Zarlino)였다. 그는 음악과 가사의 통일성이 음악가와 시인이 하나일 때 나오고, 음악이 가사 전달을 명확하게 할 때 효과를 거둔다고 주장했다. 카메라타 그룹의 중심이론가 차를리노의 제자였던 갈릴레이는 이 생각을 수용했다. 갈릴레이의 '고대 음악과 새 음악의 대화'(1581)는 카메라타 회원들이 무엇을 했는지 잘 보여주는 문서이다.

그들은 고대의 단성부 음악을 부활시키고자 했는데, 이는 노래와 가사, 감정의 표현을 통합해 막강한 힘을 발휘했던 그때 그리스 음악과 같은 것을 재현하기 위한 것이었다. 이를 위해 그들은 당대의 폴리포니를 부정했다. 이러한 견해는 폴리포니를 옹호했던 스승 차를리노와 새로운 음악을 옹호한 제자 갈릴레이 간에 논쟁을 불러왔다. 갈릴레이의 새로운 음악 작품인 두 개의 예레미야 '탄식가'와 한 개의 우골리노 '탄식가', 단테의 '신곡'은 오늘날까지 전해지지 않았다.

이 작품들 가운데 오늘날에도 알려져 있는 작품은 '트리오 소나타집 작품 1'(1705)이며, 그 뒤 '바이올린 소나타집 작품 2'(1709), 출세작이 되었던 협주곡집 '조화의 영감(L'estro amonico) 작품 3'(1711)을 비롯하여 1713년까지 기악곡만 작곡하였다.

비발디가 작곡한 '조화의 영감'은 바로크 시대의 대표적인 협주곡으로 잘 알려져 있다. 이는 비발디가 바로크 음악의 대표적인 작곡가이기 때문이기도 하지만, 그만큼 그의 협주곡은 훗날 탄생하는 여러 유명한 작곡가들에게 많은 음악적 영감을 주었다고 할 수 있다.

제목에 있는 'estro'는 영감을, 'armonico'는 조화를 뜻하는 말이다. 모두 12곡으로 되어 있는 이 곡은, 협주곡의 대표적인 구성처럼 각 곡마다 3악장으로 되어 있고 '알레그로-아다지오-알레그레'로 진행되고 있다. 특히 바흐가 12곡 중 몇 곡을 여러 악기로 편곡했다. 그의 대표작은 '조화의 영감' 안에 포함된 '사계'인데 비발디의 가장 훌륭한 명곡으로 알려져 있다.

1713년 4월, 피에타의 악장이 퇴직함에 따라 종교음악의 작곡도 시작하였는데, 이때 유명한 '글로리아'를 비롯하여 '미사곡', '시편', '모테트' 등이 탄생되었다. 오라토리오 '적장 홀로페네스에게 승리하고 돌아오는 유디트'는 1714년에 베네치아에서 초연되었다. 1710년대에 그는 오페라 작곡을 시작하였는데, 1713년에 초연된 '별궁의 오토 대제'로 명성을 얻어 산탄젤로 극장의 작곡가 겸 흥행사로 활동하게 되었다.

1714년 사육제(겨울) 시즌은 그의 오페라 '광기를 가장한 오라토리오'로 개막되었고, 1717년까지 2편의 오페라가 상연되었다. 1716-17년에는 모이제 극장을 위해 3편의 오페라를 작곡했으며, 1718년 이후 그의 활동은 더 넓어져갔다. 그해 4월에 만토바에서 오페라 '이집트 전장의 아르미다'를 상연한 것을 시초로, 1720년까지는 만토바에서 오페라를 상연하였고, 그 뒤에는 로마, 피렌체, 빈에서 활동하였다.

1723년과 1724년의 사육제에서 '테르모돈 강의 헤라클레스'(1723)를 비롯하여 3편의 오페라가 로마에서 상연되었다. 1725년 무렵 가수 안나 지로와 가까워져 순회공연도 같이 다녔다. 그녀는 1724-47년 베네치아를 중심으로 활동했던 오페라 가수였는데, 비발디는 사제의 신분으로 그녀와 그 자매인 파울리나를 늘 곁에 둠으로 지탄을 받았다.

1726-28년 비발디는 다시 베네치아의 산탄젤로 극장을 중심으로 활동하며 기악곡도 출판했다. 1725년에는 '사계'(四季)와 협주곡집 '화성법과 인벤션의 시도 작품 8'이 암스테르담에서 출판되었고, 1727년에는 협주곡집 '라체트라 작품 9'를 출판하여 황제 카를 6세에게 헌정했다. 1728년 무렵 '바다의 태풍'을 포함하는 '플루트 협주곡집 작품 10', 1729-33년에 비발디는 프라하와 각지로 여행하며 오페라 상연을 하였는데, 1733-35년에는 산탄젤로 극장과 산살루트의 그리마니 극장을 위해서도 몇 곡의 오페라를 썼다.

베네치아에서의 오페라 활동은 이 무렵이 마지막이었고, 그 뒤에는 베로나, 안코나, 레조, 페라하에서 크게 흥행하였다. 그러나 1738년 암스테르담의 왕립극장 백년제의 음악감독을 맡는 등 명예와 성공을 얻은 반면, 성직자답지 않은 생활을 한다는 이유로 페라라에서는 입국을 거부당하는 사건도 있었다. 1740년 작센의 선제후와 폴란드 왕자가 베네치아를 방문하게 되자, 비발디는 베네치아에서 마지막으로 화려한 음악을 선보였다. 여러 악기를 위한 협주곡이 이때 작센 선제후에게 헌정한 대표적인 곡이다. 그런데 베네치아에서의 평판도 떨어졌기 때문인지 1740년 갑자기 고향에서 쫓겨나다시피 하여 오스트리아 빈으로 가서 다음해 7월 객사하였다. 그의 시신은 가난한 자들의 묘에 묻혔다.

770여 곡의 작품 중 오페라는 46곡, 소나타가 약 90곡이며, 그의 작품의 중심을 이루는 500여 곡의 협주곡이 있다. 그는 무엇보다 토렐리(1658-1709), 알비노니(1671-1750)에 의하여 개발된 독주 콘체르토의 세계에서 안정된 양식을 확립시킨 작곡가로 알려져 있다. 리토르넬로 형식을 주된 구성 원리로 하는 협주곡 편성의 대부분(약 350곡)은 독주 협주곡이며, 그 가운데 약 230곡은 바이올린 협주곡이다. 약 60곡 되는 현악을 위한 협주곡은 오페라의 서곡에 가깝고, 전고전파(前古典派) 교향곡의 선구적 존재라고도 할 수 있다.

특히 비발디가 결정한 3악장 '알레그로-아다지오-알레그로'에 의한 협주곡 형식이었다. J.S. 바흐는 비발디를 가장 존경하며 일종의 교전(敎典)으로 삼았는데, 몇 개의 협주곡은 바흐에 의해 편곡되었다. 예를 들면, 비발디의 제3번 G장조가 바흐의 클라비어 협주곡 F장조로, 제8번인 a단조가 오르간 독주곡 a단조로, 제9번 d단조가 클라비어 독주곡 d단조로 편곡되었다. 바로크 시대의 협주곡 형식이 되었다.

비발디의 영향을 보면, 18세기 중반과 후반에 기악에 끼친 영향은 한 세대 전의 코렐리의 경우와 같다. 현악 오케스트라 작법에 나타난 그의 확실한 경계적인 서법은 새로운 깨달음을 주었고, 독주자의 역할에 대한 그의 극적인 개념은 고전 콘체르토 안에 반영되고 발전되었다. 비발디의 특징인 간결한 주제 형식의 명확한 리듬의 활기, 악상의 흐름에서 나타나는 저돌적인 논리적 지속성의 특성이 있다.

비발디는 매우 열정가였다. '붉은 머리의 사제'(il Prete Rosse)라는 그의 별명이 그의 머리색에 의해서만 붙여진 것은 아니었다. 그의 예술적 열정이 그의 붉은 머리를 더욱 빛나게 했다. 그 열정이 많은 작품을 만들었다. 그가 너무 음악에만 열정을 쏟았기 때문에 성직자로서는 별로 충성하지 못했을 수 있었다. 미사를 드리다가도 영감이 떠오르면 나가서 작곡을 하거나 바이올린을 연주했다. 비발디의 음악은 오래도록 서고에 묻혀 있었으며, 그 이름은 기억되지 않았다. 특히 20세기 이전까지는 그의 이름에 대해서 거의 알려지지 않았는데, 비발디의 가장 유명한 곡인 '사계'조차도 '작곡가 알 수 없음'이라고 알려질 정도였다.

그러다가 20세기에 들어서며 오스트리아의 바이올린 연주자 프리츠 크라이슬러, 프랑스의 음악학자 마르크 팡쉐를르, 이탈리아의 작곡가 알프레도 카셀라 등의 노력으로 비발디의 음악은 그의 사후 2세기 만에 부활했다. 마치 비발디가 환생한 듯한 크라이슬러의 작품에 자극을 받은 팡쉐를르의 연구가 시인 에즈라 파운드의 도움을 얻어 카셀라가 기획한 '비발디 주간'이라는 대대적인 행사로 이어졌다. 이 세 음악가의 재발견은 음악계에서 칭찬받아야 할 역사적 사건으로 알려진다.

또한 요한 세바스찬 바흐의 이야기를 통해 비발디의 이름을 기억하게 된다. 바흐는 비발디의 아리아와 콘체르토의 영향을 받았으며 비발디의 곡을 편곡하기도 했다. 이런 상황은 후세에 바흐에 대해서 연구하는 사람들이 '비발디'라는 이름을 알 수 있게 하는 계기가 되었다.

비발디의 이름은 20세기에 들어서 널리 알려지기 시작했다. 그리고 비발디에 대한 연구가 시작되면서 비발디의 작품들이 발견되었다. 나폴레옹 전쟁 이후 그의 작품이 많이 상실되었다고 여겨졌지만 그의 작품들이 보관된 곳을 찾아냈으며, 또 비발디의 음악에 대한 기록 등을 찾아냈다. 그리고 현재까지도 비발디의 새로운 작품들이 발굴되고 복원되고 있다. 그의 작품은 그의 생전에 출판된 곡은 거의 없었고, 200년 후인 1920년대부터 그의 작품이 발견되어 알려지게 되었다.

20세기 중반에 이탈리아 현악 악단인 이무지치(I MUSICI)가 비발디의 곡, 특히 '사계'를 연주함으로 세상에 널리 알려지게 되었고, 모든 클래식 애호가들에게 최고의 곡으로 인정받게 되었다.

한편 오늘날 그의 오페라 곡들이 거의 상연되지 않는 이유는 그의 오페라에 카스트라토가 필요하기 때문이라고 한다. 여성 가수의 활동을 용납하지 않았던 당시의 비인간적인 시대의 산물이 카스트라토였다. 변성기 이전의 소년을 거세하여 인위적으로 만들어진 소리, 여성의 소프라노와 남성의 성량이 합쳐진 오묘한 음색의 카스트라토는 높은 개런티를 받으며 오페라를 즐기는 이탈리아 사람들에게 큰 인기가 있었다.

1700년대 중반에는 이탈리아에서 매년 4천여 명의 소년들이 잔인하게 거세되었다고 한다. 물론 이 악습은 법으로 금지되어 1922년 사망한 알렉산드로 모레스키(Alessandro Moreschi, 1858-1922)를 마지막으로 거세된 카스트라토는 지구상에서 사라졌지만, 모레스키의 음색은 녹음으로 남아 있어서 들을 수 있다. 한편 남성이 여성의 소프라노나 메조소프라노 같은 음색을 타고나거나 변성기 후에 훈련을 통하여 가성으로 내는 높은 소리를 카운터 테너라는 이름으로 분류하고 있다.

비발디에게서 가장 유명한 곡은 역시 '사계'(四季, The Four Seasons)이다. '사계'는 '조화의 영감'에 있는 1번에서 4번까지의 협주곡을 말한다. 비발디는 이 협주곡에서 불, 공기, 물, 흙이라는 네 가지 요소를 포함시킴으로 자연의 절대적인 법칙을 가능한 음악적 기법들로 모두 표현하고 있다.

'사계'의 네 곡은 비발디가 50세쯤 된 1759년경 암스테르담의 '르 세느'에서 출판된 작품 8의 협주곡집 전 12곡 중 제1번에서 제4번까지에 해당된다. '사계'는 3악장의 협주곡 형식을 취한 완전한 표제 음악이란 두드러진 특징이 있고, 소네트에 충실히 곡을 붙였을 뿐만 아니라 묘사적인 부분도 많이 보인다.

소네트(Sonnet)란 유럽의 정형시이다. 13세기경 엄격한 형태와 특정 구조의 각운(脚韻)이 있는 14행으로 구성된 시의 형식이며, 소네트와 관련된 형식적 규율들은 시대에 따라 진화했다. 르네상스 시기에 이탈리아에서 만들어져 영국으로 전해졌고 영국시의 형식이 되었다. 사계의 각 악장마다 소네트로 내용을 설명하고 있다.

비발디는 '투티'(tutti)와 솔로가 번갈아 있는 '리토르넬로'(ritornello) 형식에 프로그램을 교묘하게 뜯어 맞추었는데, 그러나 당시의 작곡가들은 이미 오페라나 발레의 작곡을 통해서 이 수법을 충분히 소화시키고 있었다.

비발디에 대한 소설 《비발디의 처녀들》이 있다.

18세기 베네치아를 배경으로 당대에 인기있던 문학 형식에 맞춰서 그려낸 성장소설이다. 바이올린 연주자 안나 마리아의 눈과 삶을 통해 18세기 베네치아와 비발디의 모습을 생생하게 전해 준다. 안나 마리아가 자신의 뿌리를 찾아가는 과정과 음악에 대한 열정을 강렬한 문체로 표현하였다.

오스페랄레 델라 피에타 고아원에서 자란 안나 마리아는 고아원 안에 있던 악단의 단원으로 선발되어 마에스트로, 안토니오 비발디의 가르침을 받게 된다. 그녀는 자신의 정체성에 대해 고민하며 성장하고, 그 과정에서 고아원의 담장을 넘어 사회 속으로 나아간다. 유대인 게토의 골목길, 국왕과 동행하는 가면무도회, 지휘자의 호감을 사기 위한 소녀들의 노력과 시샘, 사춘기 소녀들의 집단생활 등이 안나 마리아의 시선으로 그려진다.

이 소설은 음악과 예술의 도시 베네치아를 배경으로 한 여성이 성숙해 가는 이야기와 함께 비발디의 음악적 유산의 기원을 보여준다. 음악, 남녀 간의 로맨스, 미스터리, 여기에 사춘기 소녀들의 공동생활까지 그려 내며 읽는 재미를 더해 준다. 또한 고아원을 찾아오는 사람들을 통해, 소녀들의 외출이나 탈출을 통해 당시 베네치아의 모습을 볼 수 있다.

저는 라우라 수녀님께서 저를 그분 앞에 데리고 갔던 날을 기억해요. 안토니오 선생님께서는 성구(聖具)실에 앉아 계셨지요. 가발을 쓰지 않으신 그분의 머리카락은 이곳에 내버려진 아이들을 표시하는 데 사용되는 낙인처럼 붉었어요. 바로 제 발 한쪽에 피에타의 아이를 나타내는 작은 장식체의 'p'자가 찍혀 있는 것과 같은 거예요.
"무슨 일이오?"
안토니오 선생님께서 물으셨지요. 책상 위에 아무렇게나 널려 있는 종이와 깃펜으로부터 고개를 들면서 그분은 자기가 고용된 것은 어느 정도 수준에 오른 학생들을 가르치기 위해서지 피콜라를 가르치려는 것이 아니라고 말씀하셨어요. 저는 돌아서 도망치고 싶었지만 라우라 수녀님께서 저를 앞으로 떠미셨지요. 그분의 머리카락이 마치 지옥의 불길을 연상시켰기 때문에 여간 무섭지 않았어요. 그리고 성마른 목소리는 어린이에 대한 애정이 없음을 나타내고 있었어요.
라우라 수녀님께서는 제 연주를 들어 보라고 그분께 간청하셨어요. 연주가 끝나자 그분은 제 손에 들려 있던 악기를 한쪽으로 치우시고는 제 손을 그분의 손 위에 올려놓고 살펴보셨지요. 그리고 고개를 들게 하여 제 눈을 쳐다보셨어요. 그제야

> 제 연주가 그분께 행복감을 자아냈음을 알아차릴 수 있었어요. 그분은 제 이름을 물으셨지요.
> "바이올린의 안나 마리아라고 해요."
>
> 우리는 비발디를 좋아했어요. 그는 항상 우리 마음에 드는 선생이었지요. 어느 누구보다 그의 사랑이나 칭찬을 받으려고 했어요. 우리는 그가 우리의 훌륭함을 믿었기 때문에 기꺼이 그처럼 열심히 노력했다고 생각해요.

'비발디의 처녀들'은 바이올린 연주자인 화자를 통해 오늘날의 청중들에게는 차단된 측면으로 비발디의 음악이 지닌 풍요로움을 체험하게 해준다.

이 소설의 작가 바바라 퀵은 안나 마리아라는 화자의 눈과 그녀의 삶을 통해 18세기 베네치아와 비발디의 모습을 생생하게 전달한다. 오스페달레 델라 피에타 고아원에서 세상을 등진 채 살아가는 고아 안나 마리아는 어릴 때부터 고아원 안에 조직된 악단의 단원으로 선발돼 비발디의 가르침을 받는다. 오스페달레 델라 피에타에 갇힌 상태라고는 하지만 그곳을 찾아오는 사람들을 통해 그리고 호기심 많은 소녀들의 외출이나 탈출을 통해 독자들은 당시의 베네치아를 엿볼 수 있다.

이 소설은 문학적 아름다움을 추구하는 독자들, 비발디와 클래식 음악의 애호가, 당대를 살았으면서도 역사에서는 언급되지 않은 여성들의 눈을 통해 역사를 따라 체험하고자 하는 여성들, 비교적 덜 알려진 베네치아나 음악의 역사를 알고자 하는 광범위한 독자들에게 호소력을 지닌다. 또한 매우 환상적인 시대와 장소를 배경으로 어느 뛰어난 젊은 여성이 성숙해 가는 흥미진진한 이야기에 곁들여, 비발디의 음악적 유산의 기원을 엿보게 한다.

작품의 배경이 된 시대는, 국력도 쇠퇴한 데다 주민들의 생활도 사치와 방탕으로 흘렀다고 한다. 하지만 베네치아는 음악과 예술에 관한 높은 관심과 열정이 깃든 곳이기도 했다. 그 같은 배경 속에서 갓난아이 때 고아원에 버려진 안나 마리아가 고아원에서 운영하는 관현악단의 연주자가 된다. 바이올린 연주에 뛰어난 재능을 가진 그녀는 비발디의 수제자가 되어 음악에 열정을 쏟으면서도 자신의 정체성과 뿌리를 찾아 나선다. 당시의 베네치아를 재현해 놓은 장면을 보면서 그 배경으로 은은히 흐르는 비발디의 음악까지 듣는다면 더할 나위 없는 작품 감상이 될 것 같다.

'사계'에 귀를 기울여 보자.
'봄'의 1악장을 소네트는 이렇게 설명한다.
"봄이 왔다. 작은 새들은 즐거운 노래를 부르며 봄에게 인사한다. 시냇물은 산들바람과 상냥하게 얘기하며 흘러간다. 그러다가 하늘이 어두워지고 천둥이 치고 번개가 번쩍인다. 폭풍우가 지나간 뒤, 작은 새들은 다시 아름다운 노래를 즐겁게 부른다."
솔로 바이올린이 연주하는 '새의 노랫소리'에 귀를 기울여야 한다.
"2악장은 꽃들이 만발한 아름다운 목장에서 나뭇잎들이 달콤하게 속삭이고, 양치기는 충실한 개를 곁에 둔 채 깊은 잠에 빠져 있다."
이번에는 솔로 바이올린이 잠에 빠진 양치기를 묘사한다. 비올라는 그 옆에서 '멍멍' 하고 짖는 개를 형상화하고 있다.
3악장은 봄날의 들판에서 벌어진 흥겨운 춤판을 묘사한다. 소네트는 설명한다.
"요정들과 양치기들은 눈부시게 빛나는 봄에, 양치기가 부는 피리의 활기찬 음률에 맞춰 즐겁게 춤춘다."

'여름'의 1악장은 "태양이 강하게 내리쬐는 계절, 사람과 가축의 무리가 활기를 잃고 나무와 풀들도 더위에 지쳐 있다. 뻐꾸기가 지저귀고, 산비둘기와 검은 방울새가 노래한다. 어디선가 산들바람이 기분 좋게 불어온다. 그러다 갑자기 북풍이 산들바람을 덮치고, 양치기는 비를 두려워하며 불운을 한탄하고 눈물을 흘린다." 솔로 바이올린이 뻐꾸기 울음소리를 묘사하는 장면에 귀를 기울여 본다. 이어서 산비둘기, 검은 방울새의 노래도 들려준다. 북풍이 몰아치는 장면은 전체 협주로 강하게 연주되고, 양치기의 눈물은 다시 솔로 바이올린의 애잔한 선율로 표현된다.

2악장은 "번개, 격렬한 천둥소리, 그리고 파리 떼, 달려드는 파리 떼의 공격으로 양치기는 피로한 몸을 쉴 수가 없다." 이번에는 솔로 바이올린이 쉴 수도 없는 양치기의 슬픈 모습을 묘사한다. 반주로 등장하는 바이올린 협주는 자꾸만 달라붙는 파리 떼를 형상화한다. 그러다가 다른 현악기들이 일제히 가세하면서 천둥 치는 장면을 그려낸다.

3악장은 아주 강렬한 느낌의 전체 합주로 천둥과 번개, 우박을 묘사한다. "아아, 양치기의 두려움은 얼마나 옳았던가, 하늘은 천둥을 울리고 번개를 치고 우박을 내리게 하여 익은 곡식들을 떨어트린다."

'가을'은 그럼에도 불구하고 수확의 계절이다.

1악장은 "마을 사람들은 춤과 노래로 수확의 즐거움을 기뻐하고 축하한다. 바커스의 술 덕택에 사람들은 흥겨움에 빠진다. 그러다 모두 잠든다." 흥겨운 춤과 노래가 펼쳐지는 악장이다. 중간쯤에 솔로 바이올린이 술 취한 걸음걸이를 흥겹게 묘사한다.

반면에 2악장에서는 조용하고 평화로운 분위기가 펼쳐진다. 사람들의 잠과 휴식을 묘사하는 까닭에 약간 몽환적이기도 하다.

"모두 춤을 멈추고 노래도 끝났다. 조용한 공기가 평화롭다. 달콤한 잠이 사람들을 휴식으로 이끈다."

3악장에서는 다시 활기가 넘친다.

"새벽이 되자 사냥꾼들은 피리와 총을 들고, 개를 데리고 사냥을 떠난다. 짐승들은 무서워하면서 달아나고 그들은 쫓는다. 총소리와 개 짖는 소리에 쫓긴 짐승들은 상처를 입고 떨고 있다. 도망칠 힘마저 사라진 채 궁지에 몰려서 죽는다."

'겨울'의 1악장은 정말 춥다.

"차가운 눈 속에서 벌벌 떨며, 휘몰아치는 바람을 맞으며 쉴 새 없이 달리지만 제자리걸음일 뿐 너무 추워서 이가 덜덜 떨린다."

하지만 2악장에서는 다시 안온한 분위기로 돌아온다.

"불 곁에서 조용하고 만족스러운 나날을 보낸다. 집 밖에서는 비가 만물을 적신다."

아주 인상적인 솔로 바이올린 선율이 펼쳐지는 악장이다.

마지막 3악장은 "얼음 위를 걷는다. 넘어지지 않으려고 천천히 발을 내딛는다. 하지만 다급하게 걷다가 미끄러져 넘어진다. 다시 일어나 얼음이 깨질 정도로 힘차게 달린다. 문 밖으로 나가 남풍과 북풍, 모든 바람들의 싸움에 귀 기울인다. 이것이 겨울이다. 이렇게 해서 겨울은 기쁨을 가져다준다." 솔로 바이올린이 얼음 위를 조심스럽게 걷다가 힘차게 달려간다. '바람들의 싸움'을 묘사하는 장면에서는 짧은 음형들을 아주 빠르고 격렬하게 연주한다. 마지막으로 모든 악기가 등장해 마침표를 찍는다. 연주 시간은 약 42분이다.

'사계'(Le quattro stagioni)는 네 편의 시에 의해서 4계절의 분위기와 색채를 즐겁고도 섬세하게 표현해 낸 표제음악의 걸작이다. '사계'는 서양 음악의 전 시대를 통틀어 사실적인 표제음악에 속한다. 작품의 제목에서도 알 수 있듯이, 비발디는 계절에 따라 변하는 자연과 그 속에서 더

불어 살아가는 인간을 아름다운 음악으로 묘사하고 있다. 네 곡은 짧은 곡들이기는 하지만 내용 면에서 아주 뛰어나며 비발디의 아름다운 시정이 잘 나타나 있다. 이곳에 붙여진 시를 따라 음악을 들을 때 내용을 음악과 일치시키는 일은 어렵지 않을 뿐 아니라 경우에 따라서는 시를 읽지 않고도 내용 짐작이 가능하다.

'사계'를 들으면 이것은 '성직자의 작품이다'라는 느낌이 든다. 섬세하고 온화하며 사랑이 흐르는 음악이기 때문이다. 하나님께서는 비발디에게 성직자로서 음악적 재능을 주셨다. 그는 이 사명을 충실하게 발휘했다. 주님 앞에 섰을 때 "착하고 충성된 종"이라는 칭찬을 들었을 것으로 여겨진다. 인간은 참으로 다양하다. 새로운 문화를 창조하는 존재이다. 개인에게 이러한 사명을 주신 하나님 앞에 성실히 살아간 한 사람의 삶이 인류에게 아름다움을 선사한다.

02 게오르크 프리드리히 헨델
(George Friedric Handel, 1685-1759)

'메시아'의 작곡가

사교성 있고 국제적인 성품을 지닌 헨델은 독일에서 태어나 영국에서 활동한 바로크 시대의 위대한 작곡가였다. 그는 46편의 오페라와 우수한 오라토리오를 비롯해 오케스트라, 바이올린, 쳄발로, 오르간 분야에 이르기까지 많은 작품을 남겼다. 그의 음악은 명쾌하고 호호탕탕하고 신선하여 생생한 리듬에 성악적이다.

헨델은 독일 제국이 형성되기 전 북부의 한 왕국이었던 프로이센의 작은 마을인 할레의 한 가톨릭 가정에서 1685년 바흐와 같은 해에 태어났다. 헨델의 고향인 독일의 할레는 바흐의 고향 튀빙겐에서 북쪽으로 160킬로미터 떨어진 곳이었다. 두 사람 모두 장수한 셈이다. 둘 다 말년에 시력을 잃었다. 하지만 두 사람은 직업적, 음악적인 면에서는 서로 너무도 달랐다.

작센 궁정의 아우구스트 대공의 시의로 외과의사인 아버지 게오르크는 의학 스승의 미망인을 아내로 맞아 11명의 자식을 낳았으나 1682년에 아내가 죽자, 63세에 30세 연하인 젊은 루터교 목사의 딸을 맞아 첫 아들을 낳았다. 그러나 그 아들이 곧 죽고, 1685년 2월 23일 대작곡가 헨델을 낳았으며, 다음에 딸 둘을 낳았다. 헨델은 태어난 다음날에 마르크트 교회에서 세례를 받았다.

　아버지는 헨델의 음악성을 무시했으며 법학 공부를 시키려고 했다. 그러나 그는 밤에 다락방으로 올라가 달빛에서 악보를 읽고 연주법을 배우고 클라비코드로 연습했다. 결국 헨델은 자기 뜻을 관철하여 일반 정규 교육에서 음악을 공부할 수 있게 되었다. 아버지가 돌아가신 후 본격적으로 음악을 공부했다. 9살 때 오르간 연주와 작곡의 기초를 배웠다. 헨델은 할레에서 훌륭한 교회음악과 시민음악을 들을 수 있었으며, 그의 아버지가 작센 바이센펠스의 공작 시의(侍醫)로 일할 때에는 궁중에서 연주되는 음악을 들을 수 있었다. 헨델은 개혁교회에서 오르간을 연주했으며, 할레 시 합창단의 지휘자인 작곡가 자코브(F.W. Zachow)의 제자가 되어 그에게서 건반 연주와 작곡의 원리들을 배웠다.

　음악의 경험을 넓히고 생활비의 일부를 벌기 위해 헨델은 대학교에 입학할 때 할레의 칼뱅주의 대교회당의 오르간 연주자가 되었다. 계약 기간은 1년이었으며, 그 기간이 끝나자 그는 보다 큰 기회가 기다리고 있는 함부르크로 갔다.

　아버지가 사망한 후 아버지의 희망에 따라서 할레 대학 법과를 지원했으나 18세의 봄을 맞아 고향을 떠나 함부르크로 갔다. 겐제마르크트의 오페라 하우스에서 제2바이올린을 맡았고 오페라 작곡을 했다. 1705년 첫 오페라 '알미라'(Almira)는 20회나 연속 연주를 할 만큼 성공을 거두었다. 그는 더욱 발전했고 음악가로서의 기반을 굳히게 되었다.

　20세가 되기 전에 최초로 두 개의 오페라를 썼다. 그리고 가톨릭 예배에 쓰이는 라틴어로 된 훌륭한 합창곡들을 작곡하였다. 그의 오페라 작품으로 '세르세'가 있다. 여기에 나오는 주인공인 페르시아의 세르세왕이 뜰에 나와 무성한 나무들을 바라보며 부르는 아름답고 평화로운 아리아가 있다. 선율이 너무나 우아하고 아름다워서 성악뿐 아니라 여러 악기로 편곡되어 연주되는 명곡이다. 사춘기 소년의 가슴에 단비와 같은 감동을 안겨주던 노래였다.

당시 함부르크는 독일 현대적 상업도시로 발전하여 시민의 생활수준도 높았다. 그에 따라 번창한 오페라 운동은 라인하르트 가이저의 지도 하에 바야흐로 황금시대를 이루고 있었다. 요한 마테존도 그 중심인물 중 한 사람이었다. 마테존은 함부르크의 상류 가정에서 태어난 시인으로 작곡과 악기도 연주했다. 헨델은 이 박학한 마테존과 친교하여 장래의 길을 개척해 나갔다. 나중에 런던으로 가게 된 것도 이 마테존에 의해서 씨가 뿌려진 것이다.

어느 해 여름이었다. 헨델은 마테존과 함께 쿼벡에 부크스테후데의 오르간을 들으러 갔다. 이 사람은 이미 고령으로 후임자를 물색 중이었다. 헨델은 그 자리를 노렸다가 포기하고 돌아왔다. 마침 함부르크에 와 있던 이탈리아의 귀족 메디치 가의 페르디난도 왕자의 후견 아래 1706년 오페라의 본고장 이탈리아로 갔다.

이 무렵 이탈리아는 유럽 음악의 중심지로 간주되었으며, 필요한 돈을 조달할 수 있는 야심적인 음악가들은 음악 공부를 위해 이탈리아로 모였다. 이미 저명한 이탈리아인들을 사귄 헨델은 이탈리아에서 3년 동안 자활할 수 있을 뿐만 아니라 자금에 있어서나 명성에 있어서나 다른 음악가들보다 부유한 상태로 그 나라를 떠날 수 있었다.

1707년에서 1711년 사이 이탈리아 북부에서 지내며 안토니오 비발디(Antonio Vivaldi), 아르칸젤로 코렐리(Arcangelo Corellio), 도메니코(Domenico), 알렉산드로 스카를라티(Alexandro Scarlatti) 같은 위대한 이탈리아 작곡가들과 사귀었다. 이 작곡가들의 선율 감각은 헨델에게 지대한 영향을 끼쳤다. 또한 로마, 베네치아, 나폴리의 여러 도시를 방문하여 직접 이탈리아 오페라에 접할 수 있었고, 1707년 그가 작곡한 첫 오페라 '로드리고'가 피렌체의 극장에서 상연되었다. 이 공연은 큰 성공을 거두며 성악가였던 대공부인 빅토리아 타르퀴니에게 큰 호응을 얻었다. 특히 로마에서 상당한 재력가인 교황의 부고문이었던 추기경 피에트로 오토보니의 궁에서 좋은 자리를 얻었다. 헨델은 개신교도였으나 저녁기도 음악을 비롯한 가톨릭 전례음악을 작곡했다.

부활을 주제로 한 헨델의 첫 오라토리오는 1708년 부활절에 보넬리 궁에서 연주했다. 이때 알렉산드로의 아들 도메니코 스카를라티와의 친교는 변치 않고 오래도록 지속되었다. 1709년 말부터 베네치아에서 오페라 '아그리피나'를 27회나 상연하는 대성공을 거두었다. 상연 도중에 "작센 인 만세"라는 소리가 들렸다. 헨델은 여기서 하노버 선거후의 동생 에른스트 공을 만났다. 선거후는 가까운 장래에 영국의 조지 1세가 될 사람이었다.

1710년 독일의 하노버 공작의 궁정에서 음악 감독직을 맡았다. 하노버 공작은 특별히 음악을 좋아해서 궁정에는 호화로운 오페라 극장을 가지고 있었다. 다른 데서 볼 수 없는 정원극장도 있었다. 그러다가 헨델은 안식년을 이용해 런던으로 갔다. 그의 작곡 스타일은 이때부터 독일식에서 영국풍으로 전환되기 시작했다. 이때 영국은 존 블로우와 그의 제자 헨리 퍼셀의 사후 음악적 공백기였고, 바로 이 자리에 발을 들여놓게 된 헨델은 계속 늘어나는 중산층에게 오페라에 대한 관심을 불러일으켜 그들에게 만족을 주었다.

헨델은 앤 여왕에게 우대를 받았다. 당시 영국 사회는 경제적으로 활기가 넘쳤으므로 그들의 의욕을 충족시켜 주었다. 동인도 식민정책이 성공하여 부를 축적한 기업가가 많았고, 산업혁명 바로 전 시대였다. 런던에는 극장이 여럿 있었는데, 헤이마케트 극장이 대표적이었다. 이 극장은 1704년 앤 여왕의 후원으로 건축되었고, 그 후 퀸즈 디어터(Queen's Theatre) 또는 킹즈 디어터(King's Theatre) 혹은 단순히 오페라 하우스로 불리며 주로 오페라를 상연하고 있었다. 여기서 헨델의 작품들이 연주되었다.

헨델의 오페라 '리날도'는 1711년에 런던에서 오페라에 관심을 갖게 한, 시민을 위해 쓴 최초의 오페라였다. 이탈리아어로 되었는데도 절찬을 받았다. 관객들이 특히 좋아했던 것은 아리아 '작은 새들'에 맞추어 실제로 참새 떼를 무대 위로 날아다니게 한 효과였다. 런던에서의 그의 지위는 높아져 갔다. 그는 1712년에 '충실한 양치기', '테세오'를 작곡했고, 1713년부터 '여왕의 생일을 위한 송가', '우트레흐트 테 데움'을 작곡하였다. 이후 런던을 중심으로 이탈리아의 오페라 작곡가로 활약하게 되었다.

1714년 앤 여왕이 후손 없이 별세하자, 독일의 하노버 선거후가 영국의 왕 조지 1세가 되었다. 헨델은 하노버에서 무작정 떠났었으므로 조지 1세의 환영을 받지 못했다. 헨델은 불안해서 한자리에 앉아 있을 수 없었다. 그때 헨델은 그 유명한 '수상 음악'을 작곡하여 조지 1세에게 바쳤다. 왕이 배를 띄우고 훈풍에 밀려갈 때 흘러나오는 아름다운 멜로디를 들으면서 조지 1세는 마음을 풀었다.

헨델은 직업의 안정성을 확신하게 되자 브루크 가에 저택을 구입했으며, 여생을 그곳에서 살았다. 1719년 창립되고 왕족과 귀족들이 후원했던 '왕립음악 아카데미'는 헨델을 상주 작곡가로 임명하고, 런던에 오페라단을 만들 계획을 세웠다. 이탈리아 오페라를 상연했는데 그곳에서 보논치니, 아리오스티와 함께 지배인이 되었다.

그 후 10년 동안은 그의 전성기였다. 그는 '아치스와 갈라테아'(Acis and Galatea, 1718), 오페라 '라다미스토'(Radamisto, 1720), '오토네'(Ottone), '줄리어스 시저'(Giulio Cesar, 1720), '타메를라노'(Tamerlano), '로델린다'(Rodelinda), '아드메토'(Admeto), '톨로메오'(Tolomeo) 등을 발표했다. 1721년 초 명작 오

라토리오 '에스테르'(Esther)를 작곡했다.

1726년, 영국에 귀화해서 영국이 그의 제2의 고향이 되었고, 왕실 부속예배당의 작곡가로 임명되었다. 조지 1세는 1727년 사망했다. 그의 후계자 조지 2세의 대관식을 위해서 헨델은 찬가 4개를 작곡했는데, 이 중 하나인 '사제 사독'은 지금까지도 영국의 대관식에 사용된다. 이 시기 왕립 음악원은 심각한 재정난에 빠져 있었고, 헨델 역시 오페라라는 '이국적이고 불합리한 음악'에 질리기 시작한 대중과 존 게이의 풍자적인 '거지 오페라'의 예기치 못한 흥행 저하, 그리고 건강 악화로 재정적 손실을 겪고 있었다.

그러나 헨델은 많은 선한 일을 함으로 사람들에게 호응을 얻었다. 그는 영문학의 열성적인 학도였으며, 영어의 구조와 숨은 뜻을 파악하면서 영어를 음악으로 옮겼다. 1728년부터 영국인들의 이탈리아 오페라에 대한 호응이 사라지면서 약 10년간 이탈리아 오페라 작곡가로서의 헨델의 인기가 점차 기울었다. 또 그를 시기하고 모함하는 자들이 불량배들을 동원하여 그의 작품이 발표되는 공연장을 아수라장으로 만들었다. 공연장에서 더 이상 헨델의 작품을 공연하지 못하게 되므로 그는 파산하고 말았다.

그는 다시 일어나 아카데미를 재건해 헤이마케트 극장에서 옛날의 인기를 회복했다. 그러나 1733년 보논치니의 이탈리아 오페라와 오페라 회사인 귀족 오페라에 밀려 두 번째로 극장 문을 닫았다. 재기하려고 노력했으나 1737년 건강 악화와 경제적 타격으로 극장 경영자로서의 활동을 접게 되었다.

1739년, 그는 구약성경에 입각한 서사시적인 드라마 '사울'(Saul)과 '이집트의 이스라엘인'(Israel in Egypt)을 발표하면서 건강을 회복했다. 1741

년 56세 때 아일랜드의 데본샤 공작 류테난트 경과 더블린의 자선음악 단체인 '필하모닉 협회'에서 헨델을 초청, 신작 연주 의뢰가 있었다.

그는 음악 작품으로 실패한 후였다. 이 작품의 의뢰가 인간적으로 성공하려고 하면 또 실패할 수밖에 없다는 것을 자신이 너무 잘 알고 있었다. 그래서 그는 겸손히 하나님 앞에 엎드렸다. 그리고 기도하기 시작했다. 그리고 소리를 듣게 되었다.

그해 8월 22일부터 그는 마치 전기에 감전된 것 같은 전율을 느끼면서 제1부를 7일에, 제2부를 9일에, 제3부를 5일에 그리고 관현악 편곡 작업을 2일 만에, 그래서 24일간을 두문불출하고 또 거의 식음도 폐한 채 기도와 묵상으로 작곡에 몰두했다. 24일째 되는 날 하인이 숙소에 들어갔다가 헨델의 두 눈에서 눈물이 비 오듯이 흐르는 것을 보았다. 깜짝 놀란 하인이 무슨 일이 있었는지를 물었다. 그러자 헨델은 "하늘이 내 앞에 열렸습니다. 아니, 전능하신 하나님을 내가 뵈었습니다"라고 했다. 바로 그날 '메시아' 작곡을 완성했다. 헨델은 감격 속에서 '메시아'를 작곡했다.

1741년 11월 18일에 더블린에 도착한 헨델은 이듬해 그곳에 머물며 많은 작품을 연주했지만 신작 '메시아'의 초연은 그야말로 대성공이었다. 1742년 4월, 더블린 음악당에서 헨델에 의해 '메시아'가 초연되었을 때, 헨델 자신은 물론 모든 청중이 감격했다. 그 이듬해 다시 런던에서 연주되었을 때는 임석했던 조지 2세가 너무나 감격한 나머지 제2부 마지막 합창곡인 '할렐루야'에서 벌떡 일어났고, 그러자 모든 청중도 함께 일어나 '할렐루야'를 들었다. 그 후부터 '할렐루야'가 연주될 때는 일어나서 듣는 것이 관례가 되었다. '메시아'를 그냥 음악적으로 이해해서는 진수를 느낄 수 없다. 중요한 것은 '메시아'를 떠받치고 있는 신앙이 무엇인가를 아는 데서부터 출발해야 한다. 그런 의미에서 바흐와 헨델의 작품은 기독교적 신앙 안에서 이해되어야 한다.

'메시아'는 모든 사람들에게 헨델이 감동 속에서 작곡했듯이 기독교 신앙의 깊은 감동으로 전달된다. 그러나 헨델의 많은 오라토리오 중에서 서정적 요소를 강조하며 접속하는 칸타타 형태를 취한 이 작품은 예외적인 작품이다. 그의 오라토리오의 본질은 기독교적 신앙을 모체로 보편적, 윤리적인 관념을 전개하였다. 3대 오라토리오가 있다. 헨델의 '메시아', 하이든의 '천지창조', 멘델스존의 '엘리야'이다. 그중에서도 헨델의 '메시아'는 가장 유명하며 음악적 완성도와 대중적인 인기도 가장 높다.

오라토리오는 '기도실'이란 이탈리아어로 17세기에 이탈리아에서 시작되었다. 가톨릭교회에 기도소가 딸려 있는데, 참회 기간에는 극장이 문을 닫기 때문에 이 기도소에서 오라토리오 곡들이 처음 공연되었다. 오라토리오는 종교적인 주제를 극적으로 다루어 독창, 합창, 관현악에 의해 상연되는 성악곡의 형식으로 무대 위의 연기는 포함되지 않는다. 그 기원은 16세기 중엽에 로마의 성 질로라모 델라 카리타 기도소(오라토리오)에서 열리고 있었던 성경 낭독회에서 비롯되었다.

다시 말하거니와 헨델이 런던에서 시도했던 일은 이탈리아식 오페라 작품의 보급이었다. 그러나 왕실의 보호와 도움에도 불구하고 그것은 완전히 실패하고 말았다. 첫째로는 궁정을 싸고도는 복잡한 정치적 알력과 그의 격한 성격이 원인이 되었지만, 당시 런던에는 이미 왕실 밖에서도 나름대로 음악시장이 형성되어 있어서 시민의 욕구를 만족시키지 않으면 경제적인 자립을 할 수 없었던 것이다.

실패한 헨델은 경제적으로나 정신적으로 실의에 빠져 있었다. 여기서 그가 자신을 잃고 작업을 포기했다면 웨스트민스터 교회에 그의 기념비가 세워지는 일은 없었을 것이다. 그는 오페라에서 실패했지만 오라토리오라는 장르에서 새로운 눈을 뜨게 된다. 빛나는 승리를 향하여 새 발걸음을 내디딘 것은 1741년 그의 나이 56세가 되었을 무렵이다. 런던과는 달리 아일랜드에서는 여전히 위대한 작곡가의 명성을 유지하고 있었는지, 아일랜드의 데본샤 공작 류테난트 경과 더블린의 자선 음악단체 '필하모닉 협회'가 헨델에게 시작의 연주를 의뢰한 것이다.

　헨델은 그 음악회를 위해 이미 찰스 젠넨스로부터 그리스도의 탄생과 수난, 부활의 내용을 다룬 오라토리오의 킹 제임스 성경 대본을 받아 두었다. 그 가사에 큰 감명을 받았으므로 1741년 8월 22일에 런던 자택에서 곧 새 오라토리오 '메시아'를 작곡했다. 하늘에서 들려주시는 곡을 받아 쓴 것이었다. 그의 신앙이 여기서 여실히 드러났다. 이것은 계시였고 그의 신앙의 열매였다. 그는 '메시아'로 많은 사람들을 감동케 했다. 작곡을 완수한 후 헨델은 스스로 "하나님께서 나를 찾아오셨던 것만 같다"라고 했다. 헨델은 신비한 체험을 했다. 이것은 하나님이 역사하시는 자리에 함께 있었다는 것을 의미한다. 그 결과 '메시아'가 작곡된 것이다.

　'메시아'는 그리스도의 사건과 관련된 성경 구절을 명상하며 그리스도의 근원적인 의의를 찾고자 시도했다. 악보 초판 서문에서 헨델은 "하나님의 뜻이야말로 위대하다. 지식과 지혜의 보배는 모두 하나님께 있다"라고 적었다. 음악학자 자크 사이에는 "헨델의 '메시아'는 사람의 아들의 영광, 하나님 자신의 영광의 찬가"라고 했다.

　헨델은 기념비적인 오라토리오로 손꼽히는 '메시아'를 작곡해 오페라 작곡가로서 겪어야 했던 경제적 실패를 만회할 수 있었으며, 다시금 오라토리오 작곡가로서 우뚝 설 수 있었다. '메시아'는 아일랜드의 더블린에서 초연되었다. '메시아'의 가사는 영어로 되어 있었다. 8월 22일에 시작하여 오라토리오 '메시아'는 완벽한 악보로 탄생했다. 연주 시간 2시간에 달하는 이 대작을 24일 만에 완성했다는 것은 믿어지지 않는다.

　헨델은 런던에 있는 자택의 거실에서 24일 동안 '메시아'를 작곡했다. 훗날 그는 "곡을 쓰는 내내 육신을 입었는지 벗었는지 알 수 없었다"라고 회상했다. 또 "내 앞에 펼쳐진 천국의 정경과 하나님을 정말 본 것 같다"라고 말하기도 했다. 헨델은 살아생전 혹평에 시달리기도 했지만 사후에는 '음악의 어머니'로 불리며, 영국 역사상 위대한 음악의 반열에 올랐다. 그리고 '메시아'는 천재 음악가의 기념비로서 전 세계에 울려 퍼지고 있다.

헨델의 '메시아'가 초연되던 1742년 4월 13일, 더블린의 뮤직홀은 헨델의 새로운 작품을 들으려고 몰려든 청중들로 입추의 여지가 없었다. 입장권은 매진되었고, 신문에서는 '혼잡을 피하기 위해 장소를 많이 차지하는 현란한 복장은 삼가라'고 했었다. 신사들은 칼을 차지 못했고, 숙녀들은 스커트를 부풀리는 후프를 입지 않도록 했다. 연주회장에 한 사람이라도 더 들어갈 수 있게 하기 위해서였다. 결국 600석의 공연장에 700명이 끼어 앉아 헨델의 '메시아'를 들었다.

초연은 대성공이었다. 더블린의 언론들은 헨델의 '메시아' 공연을 극찬했다. 더블린 저널은 '숭고하고 장대하며 부드러운 음악'이라는 찬사를 보냈고, 엘핀의 주교 에드워드 싱 박사는 "헨델은 오라토리오 분야에서 내가 알고 있는 작곡가들 중 엄청나게 뛰어나지만, '메시아'라는 이 작품은 그 스스로를 능가한 것으로 보인다"라고 했다. 그는 '메시아'를 처음 듣고 이 작품이 헨델의 작품들 가운데서도 매우 뛰어난 것임을 알아보았던 것이다.

'메시아'는 빅토리아 여왕의 대관식 때에도 연주되었는데, 영국에서 대관식 때는 전통적으로 왕이 일어나는 법이 없었다. 하지만 빅토리아 여왕은 그 전통을 깨고 일어나 참 왕이신 하나님께 경배를 드렸다. 빅토리아 여왕은 이때의 일을 회상하면서 "하늘에 계신 지고하신 하나님 앞에 이 지상의 왕은 아무것도 아닙니다. 지상의 평화는 오직 인간 모두가 하나님을 높일 때에만 이루어질 수 있습니다"라고 했다.

특히 제23곡 유명한 알토의 아리아는 "그는 경멸되고 남에게 버림받아"인데, 가장 감동적인 아리아이다. 헨델이 눈물을 흘리면서 이것을 작곡했다고 전해진다. 그동안 헨델은 실의에 싸여 있었고, 이 곡을 의뢰받을 때 하나님의 뜻임을 직감했다. 이것이 하나님의 뜻을 따라서 참된 신앙인의 회개를 통해 메시아이신 예수 그리스도를 맞이하는 자신이 되어 작곡했다는 것이다.

하나님이 인간이 되셨으며, 십자가에서 고난 받으시고 죽었다가 사흘 만에 부활하셨다는 것을 자신뿐 아니라 청중들에게 전달하도록 영감을 받은 것이다. 그 곡이 제2부 끝 곡인 '할렐루야'이다. 헨델은 이 곡으로 실의에서 다시 일어섰으며, 청중들도 벌떡 일어서는 감동을 받게 되었다. 예술가 한 사람의 신앙적 겸손이 많은 사람들에게 전달되는 복음 전파는 가히 기적이라 할 수 있었다.

'메시아' 연주는 자선 음악회를 위해 계획되었다. 첫 연주회는 아일랜드의 더블린(Dublin)에서 열렸는데, 수익금은 모두 자선사업 기금으로 쓰였다. 오페라적인 요소인 화려한 화성과 친숙한 선율적인 효과의 솔직한 분출 기법으로 작곡되었다.

'메시아'는 신약성경의 4복음서와 이사야서, 시편을 바탕으로 그리스도의 탄생과 삶과 수난을 담은 곡으로 3부로 구성되었다. 제1부 '예언과 탄생', 제2부 '수난과 속죄', 제3부 '부활과 영원한 생명'이다. 런던 초연은 1743년 3월 23일 '메시아'가 초연된 코벤트 가든 극장으로, 영국 국왕 조지 2세가 참석했다. 공연 막바지에 이르러 '할렐루야' 합창이 시작되었을 때, 마침 그곳을 방문한 국왕과 청중은 감격하여 자리에서 일어났고 막이 내릴 때까지 그대로 서 있었다.

전 세계 어디서나 '할렐루야' 합창이 울릴 때면 청중은 모두 기립한다. 관례상 예를 갖추기 위해 일어나는 사람도 있고, 웅장한 연주와 합창에 찬사를 보내기 위해 일어나는 사람들도 있다. 하지만 어떤 사람들은 왕의 왕, 주의 주께 영광을 돌리기 위해 일어난다. 이것은 감격의 표현이며 신앙적 열정의 표출이다. 신앙인은 신앙적 감격으로 산다.

이러한 감격이 계속될 수 있는 '메시아'는 신앙인들에게 항상 계속될 수 있어야 한다. 그리고 '메시아'를 통해 청중들이 감격하는 것은, 헨델이 그 곡을 작곡하는 가운데 큰 감격이 있었다는 것을 전제한다. 예수 그리스도의 삶을 통해 감격하는 신앙인이 진정한 신앙인이다. 그런 면에서 헨델은 예수 그리스도를 통해 자신의 죄가 용서받은 데 대해 감격한 작품이었다고 할 수 있다.

'메시아'는 내용에서 그리스도가 성경의 중심이라는 사실을 보여주고 있다. 그는 '할렐루야' 합창을 맹목적으로 끝에 넣지 않고, 예수님의 과거와 미래 역사의 흐름 속에 적절하게 배치해 놓았다. 헨델은 특히 합창에 있어 타의 추종을 불허한다. '메시아' 중에도 매우 뛰어난 합창곡들이 많은데, 그중에서도 제2부의 마지막을 장식하는 합창 '할렐루야'가 가장 유명하다. 유명한 '할렐루야' 합창곡은 "우리는 양 떼같이 헤매었네", "우리를 위해 한 아기 나셨네" 등과 함께 널리 알려진 바로크 곡 중의 하나다. 1742년 '메시아'가 더블린에서 성황리에 초연을 마친 뒤 헨델의 명성은 치솟았으며, 대중적 작곡가로서의 입지가 더욱 확고해졌다.

'메시아'는 헨델의 많은 오라토리오 중에서도 최고의 걸작이며, 오페라에서 실패하고 오라토리오로 전향한 그가 승리를 확정한 작품이기도 하다. 또한 당시 런던에서는 많은 비판을 받아 실의에 빠져 있던 헨델이 아일랜드의 더블린에 있는 필하모니 협회의 의뢰로 완성한 것으로, 그의 신앙적인 열정을 남김없이 발휘한 역작이었다. 그렇지만 바흐의 오라토리오나 수난곡처럼 교회에서 상연하기 위해 작곡한 이른바 교회음악이 아니었다. 또한 메시아란 본래는 히브리어로 '기름 부음을 받은 자'를 의미하는데, 보통 '구세주'라 번역되고 기독교로 말하면 예수 그리스도이다.

당시에 도덕적으로 타락했던 영국인들은 종교음악에서 돌파구를 찾으려 했다. 때문에 헨델의 오라토리오가 주는 감동, 그리고 작곡가의 개인적인 인품은 영국인들에게 큰 반향을 일으켰다. 헨델은 영국 최고의 작곡가로 국민의 사랑을 받았으며, 앤 여왕, 조지 1세, 조지 2세에 이르기까지 경제적인 후원도 받을 수 있었다.

국왕의 극찬에도 불구하고 '메시아' 공연은 런던 사람들에게 큰 호응을 얻지 못했다. 당시 런던에는 중산층의 급성장으로 궁정, 귀족 문화인 오페라에 대한 반발심이 팽배했고, 귀족 사회를 풍자한 민족주의 오페라가 등장했다. 또 이탈리아식 오페라에 염증을 느낀 사람들이 새로운 음악 양식을 갈구했다. 극장에서 종교음악 연주를 잘 듣지 않았으므로 흥행 참패에 한몫을 했다.

헨델은 죽기 전에 30곡이 넘는 오라토리오를 완성했다. '삼손'(Samson, 1743), '세밀'(Semele, 1744), '솔로몬'(Solomon, 1749) 등을 작곡하였다. 헨델은 1750년 네덜란드에서 사고로 부상을 당했다. '메시아' 후에도 뛰어난 오라토리오를 작곡했다. 1751년 오라토리오 '입다'(Jephtha)를 작곡할 때 시력을 잃었다. 실명한 후에도 오라토리오의 상연을 지휘하는 한편 조수의 도움으로 작곡해 놓은 작품들을 개정했다. 헨델은 오페라 46곡, 오라토리오 32곡 등 주로 대규모의 극음악 작곡에 주력하였지만 기악 방면에서도 상당히 많은 작품을 남겼다.

헨델의 음악은 독일적인 진지함, 이탈리아적인 산뜻함, 프랑스적인 장대함을 모두 갖추고 있다. 그의 두 가지 중요한 업적은 바로크 시대 말기의 음악 보급에 기여한 것과, 18세기 중엽의 새 양식에서 중요한 요소가 되는 많은 것들을 예시한 점인데 심지어 낭만파 음악까지 예시해 주고 있다. 합창 양식에서는 타의 추종을 불허할 정도로 뛰어난 면모를 보여주었으며, 이 밖에 무대음악, 수난곡, 종교곡, 세속합창곡, 성악곡, 관현악곡 등이 있다.

헨델은 '메시아'의 초연 후 8년째인 그의 나이 65세 되던 해에는 완전한 승리자가 되어 있었다. 그는 1732년의 '에스테르' 개정판에 이어 1735년 사순절에는 성가 작품을 포함한 약 15편의 오라토리오를 헤이마케트 극장에서 연속적으로 연주하여 점차 오라토리오 작곡가로서의 명성을 높였다. 또 1736년에는 '메시아'에 버금가는 유명한 오라토리오 '알렉산더의 향연'을 작곡하고, 1738-51년까지도 거의 모든 시간을 오라토리오 작곡에 전념하였다.

오늘날 청중에게 '메시아'는 헨델의 많은 작품들 가운데 가장 친숙한 곡이다. 또한 성탄절에 즐겨 연주되고 있어 연말 분위기를 나타내는 음악이기도 하다. 그러나 헨델의 '메시아'는 그리스도의 탄생과 수난, 부활의 전 과정을 다루고 있기 때문에 굳이 성탄절에 연주되어야 하는 음악이라고 할 수는 없다. 헨델 자신도 부활절을 염두에 두고 이 곡을 작곡했다. 그러나 북아메리카에서 헨델의 '메시아'를 성탄절에 연주하는 관습이 생기면서 오늘날 '메시아'는 성탄절과 연말에 공연되는 작품으로 자리매김하고 있다.

헨델은 1750년부터 녹내장으로 영국의 안과 명의 존 테일러의 수술을 받았으나 마침내 실명하고 말았다. 존 테일러는 독일에서 바흐의 눈도 수술한 사람인데 그때도 실패했다. 헨델은 실명한 후에도 구술로 작곡을 계속했고, 1759년에 '메시아'가 연주될 때까지 오르간 연주도 했다. 헨델이 살던 집은 지금도 런던의 브루크 스트리트에 남아 있다. 그는 1725년부터 세상을 떠날 때까지 34년간 그 집에서 살았다. 그는 마지막에도 가난한 음악가 구제회에 1,000파운드를 남겼다.

1759년 3월 30일, 그는 기아보호소의 '메시아' 연주에 참석했다. 일주일 후 두 번째 연주에는 참석할 수 없을 정도로 병약해진 헨델은 1759년 4월 14일 세상을 떠났다. 독일에서 태어났고, 영국으로 귀화하여 평생 왕의 총애를 받았다. 대작곡가의 죽음을 애도하며 장례식에 모인 사람은 3,000명이 넘었다. 그의 시신은 웨스트민스터 대사원에 안치되었다. 영국의 국가적인 음악가로서 존경을 받아 최고의 위인들이 묻히는 곳에 안장된 것이기 때문에, 한 음악가의 묘로서는 지극히 명예로운 일이었다.

헨델의 묘비

시대를 막론하고 가장 뛰어났던 음악가,
그의 음악은 단순한 소리를 뛰어넘은
인간의 수많은 열정을 표현하는 언어의 힘마저도
모두 초월한 것이었다.

그는 평생 결혼하지 않았고, 가난한 음악가를 구제하는 일에 많은 선행을 베풀었다. 헨델은 음악적 실패와 병고로 실의에 빠졌을 때 기도하며 주님의 자비를 힘입어 다시 일어선 강력한 신앙인이다. 헨델은 단순한 음악가가 아닌 독실한 신앙인이었다. '메시아'뿐 아니라 그의 작품 '사울', '애굽에서의 이스라엘인', '삼손' 등은 모두 신앙적 내용을 담고 있다. 찬송가도 작곡했다. 헨델의 박애정신과 다른 사람들에 대한 그의 전체적인 관심은 그가 영국민의 큰 사랑을 받는 요인이 되었다.

한편 독일에서도 헨델에 대한 관심이 급속도로 고조되었다. 1771년 9월, 영국인 지휘자요 작곡가인 마이클 아론이 함부르크에서 '알렉산더의 향연'(Alexander's Feast)을 지휘했고, 또한 1772년 4월 독일에서 '메시아'가 초연되었다. 독일에서 헨델의 음악이 가장 잘 보급되었던 도시인 함부르크에서의 이러한 모험은 C.P.E. 바흐 지휘 하에 합창곡 연주의 길을 열었다. 가장 중요한 것이 1775년 12월에 열린 '메시아' 연주였다. 그의 작품들의 연주와 헨델에게 주어진 비평적인 관심을 통해, 그는 독일에서 국민적인 작곡가의 지위를 회복하게 되었다.

당시 영국의 감리교를 창설한 요한 웨슬리의 동생인 찰스 웨슬리가 작사한 '내 주는 살아 계시고'를 작곡했던 때가 1741년이었다. 찰스는 6,500편의 찬송시를 썼으나 4,000편만 출판되었다. 또 한 곡이 있다. 그것은 왓츠(Issac Watts) 목사의 '기쁘다 구주 오셨네'이다. 왓츠 목사는 150센티미터 정도의 작은 사람이요, 매부리코의 매력 없는 외모에 험악함까지 지니고 있었다. 천연두로 인한 곰보는 보는 사람들에게 역겨운 기분마저 들게 했다. 외모는 추했지만 그의 삶의 초점은 언제나 하나님께 맞춰져 있었다.

'나는 왜, 무엇을 위해 사는가?'

그는 늘 자신에게 이렇게 질문했다.

그리고 무엇보다 주님의 나라와 의를 구하는 삶을 살겠노라고 다짐했다. 나이가 들어가면서 몸이 더 약해졌다. 왓츠 목사는 예수 그리스도화 된 찬송을 만드는 데 열정을 쏟았다. 성경 66권이 모두 예수 그리스도를 가리키듯, 모든 찬송도 어떤 주제이든 본질적으로는 예수 그리스도를 가리켜야 한다고 주장했다.

왓츠가 '기쁘다 구주 오셨네'를 쓰고 23년이 지난 1742년에 57세의 헨델은 런던에서 '메시아'를 작곡했다. 한 세기가 흘러간 1839년 미국의 로웰 메이슨(Lowell Mason)은 왓츠의 시에 헨델의 '메시아' 일부분이 은근히 잘 어울린다는 느낌을 받아 두 작품을 합성했다. 그렇게 메이슨이 왓츠의 시에 헨델의 곡을 결합하여 찬송 '기쁘다 구주 오셨네'가 빛을 보게 되었다.

이 작품은 완성되기까지 120년이 걸렸다. 헨델은 고국인 독일을 넘어 국제적인 인물로 개혁신앙을 널리 펴면서 많은 사람들에게 예수님의 고난과 부활, 그리고 삶의 이미지를 강하게 부각시킨 신앙적 음악가였다.

바흐를 음악의 아버지, 헨델을 음악의 어머니라고 한다. 그것은 그들의 중요한 역할을 말해 준다. 그 두 사람을 비교하면 다음과 같다.

첫째, 바흐는 일생 동안 자신의 고향을 중심으로 생활한 데 비해, 헨델은 일생의 많은 부분을 이탈리아, 영국 등지를 다니며 세계적인 활동을 했으며, 말년에는 영국 시민권을 취득한 후 영국에서 세상을 떠났다.

둘째, 바흐는 음악 가문의 명문 출신으로 두 사람의 부인으로부터 20명의 자녀를 두었는데, 헨델은 음악가의 선조도 없이 일생 동안 결혼도 하지 않은 채 독신으로 살았다.

셋째, 바흐는 그의 생활에 있어 작은 모험도 매우 꺼리며 평범하게 살았는데, 헨델은 일생을 항상 큰 모험 가운데서 살았다.

넷째, 바흐의 대표적 작품군은 교회 칸타타와 오르간 음악 등의 교회음악인 데 반해, 헨델의 작품은 주로 범위가 큰 극적인 요소로 된 오페라와 오라토리오 등이다.

다섯째, 바흐는 기계적이고 공리적으로 작품을 씀으로써 특유한 기능을 나타낸 데 비해, 헨델은 장엄한 음계를 그의 작품에 사용하여 기능적인 면을 찾기 어렵다.

여섯째, 바흐의 음악은 폴리포니 음악의 대표라고 할 수 있으며, 헨델의 음악은 호모포니 음악이라고 할 수 있다.

일곱째, 바흐는 성악곡에까지도 기악적인 형태를 보이고 있는데, 헨델의 작품은 성악곡 형식이다.

여덟째, 바흐의 화성은 복잡하고 풍부하지만, 헨델의 화성은 단순하다.

이외에 두 사람의 공통점을 든다면 규칙적인 리듬을 좋아했다는 것과 둘 다 독실한 기독교인이었다는 것, 그리고 말년에는 눈이 멀어 실명한 채 세상을 떠났다는 것이다. 바흐는 대단히 완고하고 굽실거리며 겸손한 성격이었으나, 헨델은 세속적이며 사치스럽고 교만한 데가 있었다. 그런데 두 사람의 성격에서 우리가 발견하게 되는 것은 외형적인 겸손과 내면적인 완고함, 그리고 외형적인 교만함과 내면적인 인간미, 이 두 가지 형에서 필연적으로 표출되는 상이점이다.

결국 바흐는 면밀한 음의 처리를 통한 기교, 물샐 틈 없는 충실감, 깊은 내면세계에서의 추구를 표현하였고, 그에 반해 헨델은 보편적이고 소박하며 군데군데 허점이 보이기는 하지만 보다 직접적이고 인간적이며, 누구나 이해될 수 있는 단순함과 명쾌함, 솔직한 표현과 극적 박력감으로 청중을 압도하였다.

헨델은 그 명성을 그의 극적 작품에서 얻었지만, 통주저음을 바탕으로 성립되는 바로크적 협주 양식에 기초를 두고 유려한 벨칸토의 성악적 멜로디와 결부하여 항상 간결, 명쾌하며 밝은 표현을 했다. 그의 멜로디에서 벨칸토 양식은 독일의 내면적인 힘찬 표현과 결부되어 호모포니의 방향으로 향한다. 또한 바로크 특유의 일정한 악형(樂型)의 반복이 사라반드, 쿠랑트, 가보트 등의 리듬에 지탱되면서 단조롭게 고수되고 있는 경우가 많으며, 바흐에서 볼 수 있는 표현의 길이라든가 다양성은 없으나 그 대신 알기 쉽고 명쾌한 표정이다. 그는 합창에서 뛰어난 솜씨를 발휘했다.

헨델의 신앙은 독일에서 시작되었으나 영국에서 꽃을 피웠다. 그것은 음악의 국제성을 의미하며, 더 중요한 것은 기독교 신앙은 세계적이라는 것이다. 그러므로 복음은 세계에 전파된다. 헨델의 '메시아'는 오늘도 한국에서 울려 퍼지고 있다. 그의 신앙은 역사적으로 전달되고 있다. 한 신앙인의 가슴속에 심긴 복음은 세계로 퍼져간다. 그만큼 헨델의 '메시아'는 감격적인 음악임을 알려 준다. 우리의 가슴에 지금도 들려오는 그 '할렐루야'는 예수 그리스도의 부활을 알리며 우리의 신앙적 승리를 일깨워주고 있다.

헨델은 철저한 개신교 신자였다. 바흐와 함께 바로크 시대를 마감했다는 것도 천주교 시대의 음악을 다음 시대로 완성하는 데 공로자라는 점에서 분명한 신앙의 자세였다. 그가 영국에서 훌륭한 음악가로 존경을 받은 것은 참으로 아이러니하다. 영국은 헨리 8세에 의해 종교개혁을 해서 성공회, 즉 영국식 기독교의 모습을 지니고 있었다. 그런데 헨델은 철저한 루터의 종교개혁적 신앙인이었다. 그는 그렇게 고집스럽게 루터의 신앙인으로 영국에서 작품 활동을 했다. 그리고 크게 인정을 받았다. 종교개혁의 신앙인이 '메시아'를 썼다는 것은 종교개혁적 신앙의 작품이라는 것이다.

5부

순교자

01 로버트 토머스 목사
한국 개신교 첫 순교자

01 로버트 토머스 목사
(1840-1866)

한국 개신교 첫 순교자

2016년은 로버트 토머스 목사의 순교 150주년이 되는 해이다. 그래서 몇 곳에서 토머스 목사 순교 심포지엄을 열었다. 그런가 하면 대한예수교 장로회(통합) 총회에서는 토머스 목사의 순교신앙을 이어가자는 결의를 하였다. 반면 몇몇 역사학자들이 토머스 목사는 결코 순교자가 아니라고 반박하기도 했다. 그럼에도 불구하고 "토머스 목사는 진정한 순교자"이다. 역사적으로 토머스 목사의 순교에는 확실히 성령의 역사가 있었음을 증명할 수 있다.

로버트 저메인 토머스(Robert Jermain Thomas)는 1840년 9월 7일 웨일즈의 라드노셔(Radnoshire) 주 라야더(Rhayader) 읍에서 로버트 토머스 목사의 둘째 아들로 태어났다. 그의 아버지는 라야더 교회의 목회자였다. 토머스가 8살 때 하노버 교회로 이전하였고, 토머스는 런던 대학교에 가기까지 이곳에서 자랐다. 토머스는 자연스럽게 목사가 되어야 한다고 생각했다. 아버지 로버트 토머스 목사가 훌륭한 목회자였기 때문이다. 아버지처럼 교회를 담임한 목회자가 되어야 한다는 사명감을 갖게 되었다.

토머스는 1851년 웨일즈의 슬란도버리 칼리지에 장학생으로 입학했다. 엄격한 학칙 아래 학업과 기숙사 생활을 이어가면서 늘 묵묵히 자신의 일을 감당하는 성실한 학업 생활을 하였다. 그는 헬라어, 라틴어, 프랑스어 등 여러 언어를 공부하면서 자신의 타고난 언어 재능을 개발하는 데 마음을 쏟았다. 또한 수많은 고전들을 섭렵하면서 신사가 갖춰야 할 교양과 덕목을 익히며 자신의 성품을 만들어갔다.

토머스는 14살이 되었을 때 공부를 잘했기 때문에 자신의 실력으로 옥스퍼드 대학교 지저스 칼리지의 장학생이 되었다. 그러나 연령 미달이라는 이유로 입학이 보류되었다. 슬란도버리 칼리지를 졸업한 후 주변 사람들의 권유를 받아 의과대학에 입학했다. 그리하여 런던 대학교 의과대학에서 의술의 아버지로 존경을 받고 있는 워터만(Waterman) 박사 밑에서 2년간 의학 공부를 했다. 그는 열심히 공부했다. 그러나 한편으론 진지하기 이를 데 없던 그 영혼은 언제부터인가 육신을 고치는 일보다 영혼을 고치는 일이 더 자신에게 주어진 사명임을 깨달았다.

옥스퍼드 칼리지 교수회의는 그가 어리기 때문에 1년간 입학을 연기하기로 결정했다. 그래서 온들(Oundle)의 초등학교에서 1년 못 되게 교편생활을 했다. 학교장 알프레드 뉴스는 중국 선교사가 되기 위해 소년 시절부터 준비해 온 사람이었다. 중국 선교 역사에서 중요한 인물인 로버트 모리슨에게 직접 중국어를 배우며 오랫동안 중국 선교를 꿈꾸었다. 그러나 그는 23세에 호머튼 대학교에 들어가면서 선교사의 꿈을 접고 목회자가 되었다. 토머스는 그를 통해 중국에 대한 내용을 많이 듣고 중국에 관심을 갖게 되었다. 그에게 중국 선교에 대한 이야기도 듣고 간단한 중국어를 배웠다. 그와 함께하는 동안 토머스는 중국 선교에 대한 비전을 갖게 되었다.

1856년 런던 대학 뉴 칼리지(New College) 신학과에 지원했다. 그러나 17세라는 나이는 여전히 대학에 들어가기에 모자란 나이였고, 결국 그는 가입학을 하고 정식 입학생이 되기까지 몇 달을 기다려야 했다. 기다리는 동안 토머스는 설교 공부를 하고 실습도 했다. 그리고 노방전도를 열심히 했다. 지역 교회 초청을 받아 설교를 할 때도 있었지만 노방전도를 더 많이 했다. 토머스는 윌리엄 윌리엄스(William Williams), 조지 휫필드(George Whitefield), 브리스톨(Bristol)의 영향을 받았다. 토머스는 선진들의 발자취를 따라 열심히 전도하였다. 아무리 열악한 환경이고 돌아오는 것은 배타적인 반응뿐이라도 그는 그의 천성과 의지대로 자기의 힘을 다하였다. 이는 훗날 중국 베이징에서 매일같이 벌였던 노방전도를 하는 데 큰 힘이 되었다.

토머스는 4년에 마쳐야 할 과정을 2년 반에 수료하겠다고 요청했다. 그것은 중국 선교사로 가려는 조급함 때문이었다. 토머스는 중국어를 열심히 공부해서 다른 사람들보다 잘했기에 중국 선교사를 지원했다. 런던 뉴 칼리지에 재학할 때 회중교회 웨스트민스터 채플에서 사무엘 마틴(Samuel Martin) 목사의 지도를 받았다. 마틴 목사는 선교사를 지원했다가 합격하지 못해서 목회자가 되었다. 그러나 항상 선교사의 꿈은 버리지 않고 있었다. 그의 영향으로 토머스는 선교사가 될 것을 결심했다. 주변의 선배들을 만나서 여러 가지 선교 방법과 고려해야 할 것을 배우며 선교사의 꿈을 키웠다.

토머스는 1859년 10월 런던선교회가 인도하는 예배에서 록하트의 설교를 듣고 형언할 수 없는 감동과 은혜를 받았다. 그날 토머스와 몇몇 젊은이들은 무릎을 꿇고 함께 기도하고 헌신하기로 결단하였다. 그가 훗날 고백한 대로라면, 그 기도회 때 중국 선교에 대한 소망을 다시 불태우게 된 것이다.

토머스는 1863년 5월 신학대학을 졸업했고, 중국 선교사로서 런던선교회의 이사들 앞에서 면접을 보았다. 그때 "선교사가 될 생각을 오래 간직해 왔느냐?"는 질문에 "첫째, 훌륭한 교육을 받았습니다. 둘째, 강인한 성품을 구비하고자 노력했습니다. 셋째, 외국어를 습득하기 위하여 많은 노력을 아끼지 않았습니다. 넷째, 자기희생의 정신으로 봉사하고자 결심했습니다"라고 말했다. 토머스는 하나님께서 자기를 선교사로 부르셨다고 확신했다.

1863년 6월 4일 목사 안수를 받았다. 얼마 후 그가 잠시 교편 생활을 했던 온들의 처녀 캐롤라인 고드페리(Caroline Godfery) 양과 결혼했다. 1863년 7월 21일, 토머스는 아내와 함께 중국을 향해 폴메이스(Polmaise)호로 임지인 상하이로 떠났다.

사명감에 불타던 토머스 부부는 12월 초 상하이에 도착하여 선교부 책임자인 윌리엄 무어헤드(William Muirhead)의 영접을 받았다. 무어헤드는 인력 보강에 벅차 있었고, 런던선교회의 추천을 받은 토머스에게 기대를 가졌다. 그런데 다음해 3월 24일 캐롤라인이 유산 때문에 갑자기 세상을 떠나고 말았다. 토머스는 캐롤라인이 상하이에 온 후 기후 때문에 병에 시달리는 것으로 여겨 온화한 한구(漢口)에 잠시 체재할 생각으로 집을 구하러 가고 없었다. 이 불행이 그의 심중에 격동과 불안을 가져왔다.

그가 처음 런던에 보낸 편지에는 침통한 비보가 실려 있었다. 상하이에서 떠나고 싶다는 것이었다. 토머스는 선교사들의 사업과 회의에는 참석하지 않고 중국인 교회에만 나갔다. 무어헤드는 런던선교회에 그의 어학실력에는 경탄하면서도 신앙적, 선교적 능력과 의지력에는 부정적인 판단을 내렸다. 무어헤드는 토머스에 대해 결코 좋은 인상이 아니었다. 봉급 문제와 학원에 가서 가르치는 데 기독교 교육을 해서는 안 된다는 조건 그리고 주택 문제가 있었다. 토머스는 아내가 세상을 떠날 때 무어헤드 부부가 무성의했다고 여겼다. 이러한 사건들 때문에 토머스는 1864년 12월 7일 런던선교회에 사임서를 냈다.

그리고 토머스는 지프 소재 중국 왕립해상세관의 통역 연수관으로

1865년 1월 15일경 부임했다. 약 8개월간 일했다. 그는 중국어, 러시아어 및 몽골어에 탁월한 실력자였다. 선교사의 일을 계속하면서 하나님의 역사하심을 느꼈다. 중국인들을 전도하였고, 그를 선교사로서 돕는 이들이 있었다. 1807년 중국에 온 선교사 로버트 모리슨(Robert Morrison)의 아들 주중영사 모리슨이 토머스의 직장에서 선교사적 직능에 대해서 칭찬하였다. 그에게 가장 동정적인 사람은 스코틀랜드 성서공회 지프 주재원인 알렉산더 윌리엄슨(A. Williamson)이었다. 같은 후원자로 천진(天津)과 북경의 조셉 에드킨스(Joseph Edkins)도 있었다.

토머스가 지프에서 일할 때 동역자 윌리엄슨의 집에서 조선의 두 천주교인 김자평과 최선일에게서 조선 소식을 들었다. 조선 해안을 다녀간 독일 선교사 귀츨라프(Karl Friedrich August Gutzlaff)의 책에서 조선에 관한 부분을 밑줄을 치며 읽었다. 토머스는 조선인의 강렬하고 순박한 신앙심에 감동했다. 천주교 신자가 5만 명이며, 11명의 천주교 선교사들이 사역하고 있다는 것, 지어진 교회당은 없지만 가정에서 미사를 드리며 복음에 관한 책들을 돌아가면서 읽고 있다는 것이다. 토머스는 비록 세관에서 일을 하고 있었지만 내용적으로는 선교사로서 큰 사역을 하고 있었다.

어느 날 토머스는 기도하던 중 문득 조선에 복음을 전할 강한 충동을 받았다. 그것은 하나님의 계시였다. 토머스는 기도를 마치고 굳게 다짐했다.

'중국은 전도의 문이 열렸다. 이제는 저 험한 조선 땅에 복음의 씨를 뿌려야 한다. 내가 어둠이 짙은 조선 땅에 하나님의 밀알이 되리라. 그곳에 가서 죽어도 여한이 없다.'

이것은 우연이 아니라 그에게 하나님의 손길이 뻗치고 있었던 것이다.

윌리엄슨은 토머스에게 동정적이었다. 그는 런던선교회에 편지할 때도 토머스가 선교사로 종신할 수 있다고 말했다. 윌리엄슨은 토머스를 스코틀랜드 성서공회의 대리인이 되게 했다. 그래서 토머스는 많은 성경책과 종교서적들을 갖고 조선으로 떠나게 되었다. 두 조선인이 안내하기로 했다. 배는 중국인 우웬타이(千文泰)의 어선이었다. 김자평은 70이 넘은 노인이었으나 황해를 건너다닐 만큼 건강하였고, 또한 소래 해안 근처의 육도(陸島) 출신이므로 서해안 지리에 밝았다. 토머스는 김자평과 최선일 두 조선인과 우웬타이의 협조로 조선 선교를 준비했다.

1865년 9월 4일, 중국인 우웬타이의 배에 두 조선인과 함께 탑승한 토머스는 기도하면서 지프로 출발했다. 그리고 9월 8일경에 중국에서 가장 가까운 조선의 섬 백령도에 도착하여 두문진 포구에 정박했다. 토머스는 그동안 익혔던 조선말을 사용하면서 복음을 전했다.

군영을 지키던 진군(鎭軍)들이 토머스 목사의 일행을 너그럽게 대해준 것은, 청나라의 배였고 우웬타이나 김자평이 그곳의 지리와 사람들을 잘 알고 있는 덕분이었다. 토머스의 첫 조선 선교는 백령도에서 시작되었다. 9월 13일 조선 본토에 상륙하였다. 《조선왕조실록》을 보면 그가 첫발을 디딘 땅은 황해도 창린도(昌麟道) 자라리(紫羅里)였다. 기록된 책은 "종이 묶음이요(종교서적), 금서(성경)들이 있었다"라고 적혀 있다. 전도는 순조롭게 진행되었다.

토머스 목사는 성경책을 나누어주었다. 조선인들은 위험한 책인 줄 알면서도 성경을 받았다. 토머스 목사는 바다를 거슬러 올라가 왕이 사는 한양으로 가서 왕에게 선교를 허락받으려 했다. 우웬타이와의 계약 만료 기간이 다가오자 토머스 목사는 다른 조선인의 배를 구해야만 했다. 그런데 거듭되는 강풍으로 조선배가 파선되면서 결국 한양행을 포기했다. 토머스는 첫 조선 선교에서 배를 세 번이나 갈아탔다.

토머스는 아쉬운 마음으로 조선을 떠나 만주의 피쯔워 항구에 도착했고, 거기서 걷기도 하고 또 말을 타고 베이징으로 갔다. 조선에서 외국인에 대한 적대감, 20년 만에 불어온 태풍, 배의 난파로 위험했으며 만주에서는 마적들 때문에 죽음의 고비를 넘겼다. 그러나 첫 번째 조선 선교에서 선교사로서의 사명을 성실히 감당했다. 토머스 목사는 첫 번째 선교를 통해서 몇 가지 결과를 얻었다.

첫째, 조선인들에게 성경을 나누어주었다. 조선인들은 성경을 좋아했고 성경 읽기를 원했다.

둘째, 조선말을 배웠다. 처음엔 냉담하여도 조선말로 다가가 인사하고 성경을 주면 대부분 잘 받았다.

셋째, 많은 사람들을 알게 되었다. 그는 재방문을 염두에 두고 장사하러 조선을 오가는 중국인들과 조선인들을 비롯해서 각계각층의 사람들과 개인적인 친분을 맺었다. 그는 3,200킬로미터 가까이 바다와 육지를 다녔는데, 그 기간이 4개월이었다. 많은 조선어 단어와 대화들을 기록해 두었다.

토머스 목사는 훌륭한 선교사였다. 그는 베이징으로 돌아왔다. 런던선교회에 복귀했으며 런던선교회 소속 교회에서 매일 설교하였다. 50명에서 100명 정도가 그의 설교를 듣고 회심하였다. 그의 설교는 복음적이었고 은혜로웠다. 토머스는 끊임없이 노방전도를 하는 한편 교회를 설립하기 위하여 준비하였다. 토머스는 중국인을 좋아했고, 그들과 잘 어울렸다.

조선에서 1년에 세 차례 중국으로 왔다. 동지사(冬至使)까지 네 차례였다. 규모는 300명 정도로 천주교 선교사들은 이들과 적극적으로 접촉했으며, 사실상 그들을 통해서 서학(西學)인 천주교가 조선에 전래되었다. 토머스는 런던선교회에 일본, 조선, 몽골에 선교 계획을 세워야 된다고 했다. 윌리엄슨 선교사가 베이징을 떠나는 조선 동지사들을 랴오허(遼

河) 강 옆 텐창타이(田壓台)에서 만나 그들에게 성경과 기독교 서적을 전달했다.

베이징 선교 책임자 에드킨스(J. Edkins)는 토머스가 그의 희망에 따라 중서학원(Angro-Chinese College) 원장직을 맡았고, 다시 서구인들을 방문하고 중국인들에게 선교하였다고 했다. 그러나 그의 조선 선교에서 얻은 지식, 곧 조선인들이 기독교 복음을 수용하는 자세, 그의 조선어 숙달, 만주에서의 반란, 세력화한 마적들의 실태, 영국 영사관의 진출, 러시아 남진 경향의 노정(露程)으로 그의 극동 선교론이 확립되었다. 이에 그를 베이징에서 영구 정착하게 할 수는 없었다.

1865년 조선 동지사 일행이 베이징에 와서 체재하다 떠난 것이 1866년 4월 4일이었다. 토머스는 이 조선 통신사들과 자주 만나서 친숙하게 지내며 많은 조선의 상황을 알게 되었으며 그는 조선어와 조선에 대하여 많이 터득하였다. 김양선 목사의 자료에는 "베이징에 있을 때 평양감사 박규수(朴珪壽)가 동지사로 와 있었다. 토머스 목사는 일행을 초청하여 성경과 서구과학 서적을 주면서 조선 선교 계획을 전하였다. 박규수는 실학파 학자 박지원(朴趾源)의 손자로 서학에 대한 관심도 깊고 일찍부터 개화사상이 투철했으므로 토머스 목사의 계획을 찬성했고, 평양에 오면 반갑게 맞아 줄 것을 약속하였다"라고 했다.

토머스 목사는 다시 조선 선교를 구체적으로 계획하였다. 그에게는 좋은 후원이 있었다. 우선 그는 조선에 '더 순수한 복음의 소박성'을 전파해야 한다는 사명감을 가졌다. 또 하나는 정치적으로 러시아나 일본의 조선 진출 기도가 현저하여 개신교의 선교를 늦출 수 없다고 생각했다. 첫째로, 지난해 조선에 뿌렸던 성경이 평양까지 전달됐다는 사실을 알고 성경이 잘 읽혀지고 있다고 판단했다. 사실 천주교에서는 성경이 읽히지 않았으므로 성경을 읽을 수 있도록 해야 한다는 사명을 가졌다.

둘째로, 수행원 하나가 한문 쪽지를 몰래 토머스 목사의 포켓에 넣었는데, 조선 서해안에서 지난해 뿌려진 것과 같은 '마태복음'을 하나 구해 달라는 내용이었다. 셋째로, 그는 조선에서 한글이 여자들과 서민들에게까지 읽히고 있음을 알고, 선교가 더 빨리 발전할 수 있다고 믿었다. 넷째로, 그는 조선에서의 불교 침체를 선교의 호기로 판단하였다. 사찰의 도읍 내 부재라든가 중국에서보다 열세한 상황을 알고 있었기 때문이다.

조선에서 프랑스 신부들을 처형한 데 대해 격분한 베이징 주재 프랑스 대리 공사 앙리 발로네(H. Ballonet, 白羅呢)는, 프랑스 인도차이나 함대 사령관 로즈(P.G. Roze, 魯勢)에게 명하여 문책하기 위한 원정대를 조선에 파견하기로 하였다. 이때 로즈 제독은 리델 신부가 동승할 경우 정치적 음모의 연장이라는 인상을 줄 것을 염려했기 때문에 개신교 목사인 토머스를 통역으로 택하게 되었다. 《조선왕조실록》에는 토머스 목사가 통역한 것과 그와 대화한 내용들이 기록되어 있다.

영국인으로 중국 선교에 일찍 헌신한 조셉 에드킨스의 격려로 토머스 목사는 지프로 갔다. 에드킨스는 토머스가 군함을 타고 조선에 선교하러 가는 데 동의하였다. 왜냐하면 "조선 선교는 본국의 선교 후원자들에게 관심사였기 때문에 토머스에게 가지 말라고 하지 않았다"고 했다. 그러나 천진에 이르렀을 때 로즈가 월남 방면에서 일어난 반란 진압을 위해 홍콩에 급파된 소식을 들었다. 그 후 토머스 목사는 미국인인 프레스톤(Preston, 普來頓)의 소유인 '제너럴셔먼(The General Sherman)호'가 조선으로 간다는 소문을 듣게 되었다. 기회를 찾고 있던 토머스 목사는 제너럴셔먼호에 통역의 자격으로 편승하였다.

여기서 토머스 목사가 제너럴셔먼호를 타게 된 이유는, 백령도에서 선교할 때 그가 탄 중국인의 고깃배가 풍랑을 만났을 때 목숨을 잃을 뻔

했기 때문이다. 작은 배를 타고는 결코 조선에 갈 수 없다는 것을 알았다. 그래서 큰 배를 타려고 했다. 조선에 선교를 해야 한다는 사명감을 가지고 있었던 토머스 목사는, 제너럴셔먼호가 미국인의 배라는 사실과 영국인이 타고 있다는 것을 알고 있었다.

토머스 목사는 그 배에 스코틀랜드 성서공회의 후원으로 받은 성경책 500여 권, 기독교 서적 500여 권을 가지고 탔다. 큰 짐이 아닐 수 없었다. 그러나 이것은 토머스 목사에게 기독교 복음 선교가 최종 목적이었다는 사실을 알리는 것이었다. 제너럴셔먼호에 이렇게 많은 책을 실을 수 있도록 허락한 것은 토머스 목사의 선교 사역을 인정했기 때문이다. 이는 그가 조선에 가는 목적이 통역이라는 수단을 통한 선교였다는 사실을 분명히 나타내고 있었다.

제너럴셔먼호는 분명히 조선에 무역을 위해서 갔으며 토머스 목사는 조선에 선교를 위해서 갔다. 이 배에는 호가트(Hogarth, 何葛特, 영국인), 페이지(Page, 巴使, 덴마크인), 윌슨(Wilson)과 프레스톤(Preston), 토머스(Thomas) 등 5인의 백인이 있었고, 19명의 말레이시아인 및 중국인이 동승하고 있었다. 토머스 목사는 중국 섭정공(攝政公)의 특별 외국인 여권을 소지하고 있었다. 그리고 에드킨스의 추천으로 총명한 중국 기독청년 조능봉(趙凌奉)이 함께했다. 토머스의 신앙은 순수했고, 복음을 듣고자 하는 조선인들의 행렬이 그의 눈앞에 빛나고 있었다. 8월 9일 목요일 제너럴셔먼호는 지프를 떠나 조선으로 선수를 향했다.

케이블(E.M. Cable) 선교사의 자료에 의하면 제너럴셔먼호의 길이는 55미터, 너비 5미터, 높이 9미터였다. 두 개의 닻이 있는데 하나는 5미터, 다른 하나는 1.7미터이다. 각각 두 개씩의 큰 닻과 작은 닻은 흰색이었다. 구명보트는 푸른색이었으며, 돛대는 없었고, 길이 5미터, 너비 3.5미터였다.

당시 조선은 천주교 박해가 심했는데, 이때 제너럴셔먼호가 평양으로 들어왔으니 무사히 교역이 이루어질 수 없었다. 분명히 제너럴셔먼호는 미국인 소속의 무역선이었다. 그러나 프랑스에 대한 반감이 강하던 때에 프랑스 배로 오인되었다. 제너럴셔먼호에는 선주 미국인 프레스톤(Preston)이 영국의 메도우(Meadows) 상사와 함께 조선과의 통상을 위해 면포, 유리 그릇, 철판, 자명종 등 많은 상품, 그리고 한문 성경과 기독교 서적을 싣고 있었다. 토머스 목사가 제너럴셔먼호를 탄 것은 그의 선교적 열정 때문이었다. 제너럴셔먼호는 토머스의 두 번째 조선행이었다.

여기까지가 토머스 목사에게서 나온 사료이다. 그다음 사료는 조선 측에서 나왔다. 조선 측의 사료만으로는 토머스 목사의 평양 선교에 대해 의문을 갖게 마련이다. 조선 사료로는 토머스에게 매우 불리하다. 그것은 쇄국정책을 펴고 있는 조선 측의 해석이기 때문이다. 토머스 목사는 무역을 위한 배라고 했으나 제너럴셔먼호는 무장을 하고 있었다. 그러기 때문에 처음부터 여행 목적에 의심을 받았다. 무역선으로 어울리지 않게 무장하고 있었다.

그래서 그리피스(W.E. Griffis)는 평양에 있는 왕릉 도굴과 모종의 상관이 있었을 것이라는 소문을 중요시하였다. 에드킨스 역시 제너럴셔먼호가 무장했다는 소문을 듣고 불안해하였다. 어쨌든 메도우 상사(Messrs. Meadows & Co.)는 베이징 주재 미국 공사 벌링게임(Anson Burlingame)에게 보낸 공문에서 '단순한 상역'이 목적이라고 밝혔다. 제너럴셔먼호는 무역선이었지만 전에는 미국 해군이 사용한 배로서 2문의 대포가 있었고 선원들은 중무장하고 있었다. 그것이 마음에 걸렸다. 그러나 토머스 목사에게는 하루빨리 평양에 가서 복음을 전하는 것만이 그의 바람이었다.

제너럴셔먼호가 처음으로 닻을 내린 곳은 백령도 두문진이었다. 이곳은 토머스 목사가 처음 조선 선교를 왔을 때 정박했던 곳이기도 했다.

제너럴셔먼호는 평양까지 들어왔다. 조선의 거절을 무릅쓰고 들어온 상황이었다. 무역을 위해 왔다고 했다. 1866년은 병인년이었다. 그해는 유달리 서양 열강들이 조선을 귀찮게 굴었다. 다사다난했던 대원군 집권 3년째인 병인년에는 병인박해와 병인양요가 일어났다.

바로 종교적으로 혹세무민하고 정치적으로 모반의 우려가 있다고 해서 새해 벽두부터 9명의 프랑스 신부와 수천 명의 조선인 천주교도들을 고문하고 학살한 사건이다. 이를 계기로 복수의 칼을 품은 프랑스 함대가 9월에 강화도에 상륙, 병인양요가 일어나고 만다. 이때부터 외세에 대한 대원군의 쇄국정책은 극으로 치닫는다. 대원군의 섭정으로 쇄국정책을 진행하던 때였으므로 제너럴셔먼호가 평양에서는 침략자로 여겨질 수밖에 없었다.

그래서 제너럴셔먼호가 평양을 향해 올라오고 있을 때 평양감사 박규수는 부하 이현익을 보내 평양으로 올라오는 사유를 물었다. 제너럴셔먼호는 온전히 무역을 위함이라고 했다. 그러나 조선 측에서는 현재 조선은 외국의 어떤 배나 사람이 들어오는 것을 허락할 수 없다고 거절했다. 그럼에도 불구하고 제너럴셔먼호는 밀고 올라왔다. 몇 차례 충돌이 있었다. 그러나 제너럴셔먼호는 평양 쑥섬까지 왔다.

《조선왕조실록》은 제너럴셔먼호를 "평양에 정박하고 있던 이상한 서양 선박이 점점 더 미친 듯이 날뛰며 닥치는 대로 포를 발사하며 민간인들을 죽였다. 그 배를 무찌르기 위한 유일한 군사 작전은 불을 이용하는 것이었다. 군사들은 불이 타오르는 작은 거룻배들을 떠내려 보내 그 선박을 공격하여 완전히 불태웠다"라고 했다.

토머스 목사는 자신의 생일을 이틀 앞둔 1866년 9월 5일 평양 한사정이 바라다 보이는 대동강 쑥섬 모래사장에서 순교했다. 그러나 그가 꿈꾸었던 비전은 아직 사그라진 것이 아니었다. 여러 난관과 자기 약점을 부수고 뛰어넘으며 오로지 복음을 위해서 자신의 젊음을 헌신한 그는 조선 땅에 복음을 전하러 왔다가 순교한 첫 선교사가 되었다. 개신교 선교사로서는 조선에서 처음으로 예수 그리스도의 복음을 위해 피를 뿌린 순교자가 된 것이다.

어느 날엔가 토머스 목사의 아들인 토머스 선교사에게서 온 편지에, 토머스 목사가 조선이라는 미전도 종족에 대한 이야기를 듣고 그 나라에 다녀왔다는 이야기가 쓰여 있었다. 그리고 지금은 다시 조선으로 가기 위해서 조선말을 배우고 있는 중이라고 했다.

"아주 잔인하고 사악한 대학살이 최근 조선에서 일어났습니다. 그럼에도 누군가 조선에 들어가 선교의 문을 여는 것이 중요함을 깨달아 제가 조선에 들어가기로 결정하였습니다."

이것이 1866년 8월 1일자 편지였다. 편지의 내용은 여기까지였다. 아버지 토머스 목사와 하노버 교회 교인들은 토머스가 어찌 됐는지 몹시 궁금했다. 하지만 편지는 더 이상 오지 않고 연락은 끊어졌다. 그러던 중에 로버트 토머스 선교사가 제너럴셔먼호를 타고 조선에 도착하긴 했는데, 그곳에서 목 베임을 당했다는 청천벽력과 같은 소식을 들었다. 목이 잘려나간 아들의 소식을 듣고 부모님과 성도들은 조선을 위해 간절히 기도했다.

"하나님, 내 아들을 목 베어 죽인 민족이지만 아들의 죽음이 헛되지 않도록 조선이 주님 앞에 돌아오기를 바랍니다."

토머스 목사가 순교했다는 소문이 북경에 알려진 것은 1866년 10월 중순경이었다. 하지만 이 소문은 오래 가지 못하고 사라졌다. 1905년 이전에 한국이나 중국에서 토머스 목사의 죽음을 순교로 본 선교사는 없었다. 옥성득이 쓴 《다시 쓰는 초대 한국교회사》(p.55)에서 한국에서 선교사로 교회사를 가르친 존스(G.H. Jones) 목사가 1915-16년 보스턴 대학교 신학대학원에서 강의한 내용으로 "토머스 선교사는 순교자였다"라고 정의하였다. 1910년대에 한국에서 선교사로 목회하던 이들에게 토머스 목사가 순교자로 인식되기 시작한 견해를 반영하고 있다.

이러한 바탕에서 평양에서 1893년 선교를 시작한 모펫 선교사와 한석진 조사가 얻은 내용이 또한 토머스 목사가 순교자임을 증명하고 있다. 그것은 모펫 선교사와 한석진 조사가 평양의 대동문 안에 있는 물산객주의 주인 최치량의 집에 숙소를 정하고 평양에서 전도하는 중 그의 집에서 예배를 드리기 시작했는데, 그 여관 벽에 붙인 벽지가 한문 성경이라는 것을 알게 되었고 두 사람은 깜짝 놀랐다. 그 연유를 최치량에게 물으니, 그 집의 전 주인 박영식은 전 영문주사였는데 27년 전 대동강 연안 만경대에서 토머스 목사에게 성경을 받은 사람들이 위험하다고 버린 것을 갖고 와서 얼마 동안 감추어 두었다가 후에 벽지 대신 붙였다는 것이다. 최치량은 모펫 선교사와 한석진 조사를 자기 집에 유하게 한 데서 인연을 맺었다.

최치량의 집은 나중에 널다리교회가 되었다. 모펫의 말에 의하면 평양 대동문 안에서 교회를 설립했을 때 토머스 목사에게 얻은 성경을 가지고 온 사람들이 여럿 있었다고 했다.

그 후 한국 선교사회에서 토머스 목사 기념교회를 설립하기로 결의하였고 또한 《도마스 목사전》을 쓰기로 결정했다. 토머스 목사 기념교회 설립위원회의 총무인 오문환 장로에게 《도마스 목사전》 기록을 맡겼다. 오문환 장로는 현지인 대담과 구전 연구 및 전기 출판으로 인해 토머스 목사의 순교를 해석하는 새로운 국면을 맞았다.

토머스 목사가 웨일즈에서 태어나고 성장하여 공부하고 선교사로 파송된 후 중국에서의 활동을 파악한 후 조선에 선교하러 왔던 역사적인 자료들을 구했다. 그러나 토머스 목사의 순교 사실을 조선 역사에서는 찾을 수 없었다. 이에 토머스 목사가 순교한 증거를 얻기 위하여 그가 평양으로 들어온 과정을 역추적하였다. 선교지 현장을 답사하고, 그 당시 토머스 목사에게 전도를 받은 이들과 성경책과 기독교 서적을 받은 200여 명을 만나서 증언을 들었다.

오문환 장로는 《도마스 목사전》 말미에 "토머스 목사의 백골이 묻혀 있는 봉내도에는 주일이 되면 사방에서 울려 퍼지는 교회 종소리가 여울물 소리와 함께 어울려 대기를 흔들고 있으니, 그 백골일 망정 감각이 있다면 기뻐 날뛰지 않을 수 없을 것이며, 쌍수를 들어 여호와의 위대하신 능력을 찬양해 마지않을 것이다"라고 했다.

《도마스 목사전》에서 나온 몇 가지 증언 중 제너럴셔먼호가 불길에 휩싸였을 때, 선원들은 물로 몸을 던지기도 하고 불쏘시개 역할을 했던 거룻배로 뛰어내리기도 하였다. 그러나 필사적으로 헤엄쳐 나온 선원들은 결국 강변에 정렬해 있던 군인들의 곤봉에 맞아 죽거나 창에 찔려 죽었다. "토머스 목사는 죽기 전에 뱃머리에서 용감하게도 홀로 '야소! 야소!'를 외치고 남은 성경을 뿌렸다"라고 증언했다.

마지막으로 남은 성경 한 권을 가슴에 품고 토머스 목사도 배에서 뛰어내렸다. 거칠게 물가로 끌려나온 그는 대동강 백사장에 무릎을 꿇고 머리를 숙여 기도드리기 시작했다. 모래투성이의 흠뻑 젖은 머리를 든 청년 토머스 목사는 희미하게 미소를 짓고 있었다.

그는 가슴을 더듬어 품안에 있던 성경을 꺼내어 바로 앞에 선 관군에게 건네었다. 담담히 가라앉아 있는 그 병사의 처지를 이해하는 마음으로 마지막 호의를 다하는 말없는 미소가 그 역시 절박한 순간이었을 병사에게 어떻게 이해되었을까? 시간의 흐름이 멈춘 것 같은 순간 주춤했으나 이내 그의 칼은 무릎을 꿇고 있어도 껑충한 젊은 선교사 토머스의 가슴을 꿰뚫었다. 그는 그 자리에 꺼꾸러져 죽었다. 이것이 토머스 목사의 순교 장면이다. 이것은 목격자에 의해서 증명된 역사적 사건이다.

그때 세상의 눈으로 보았을 때는 가련하기 이를 데 없는 청년의 주검 옆에 떨어져 있는 책을 병사는 주워들었다. 그것이 성경인 줄도 모르고 품에 갈무리한 채 집으로 돌아간 그는 가족들에게 "내가 오늘 서양 사람을 죽였는데 아무리 생각해도 이상한 점이 있다. 내가 그를 찌르려고 할 때에 그는 두 손을 마주잡고 무슨 말을 한 후에 웃으면서 책 한 권을 내밀며 받으라고 권하였다. 그를 죽이기는 했지만 그가 내민 책을 거절하지 못하고 가지고 왔다"라고 했다.

당시 20대 청년이었던 황명대는 친히 목격하였던 이 광경을 오문환에게 증언하여 그가 토머스 전기를 쓰는 데 구전 사료가 되었다. 증언할 때 80세의 고령이었던 그는 평양 부근 장로교회의 신자였다. 대동군 대동강면 조왕리교회는 1932년 토머스 목사 기념교회로 선정되었다. 평남 강서 군수였던 김상필의 증언에 의하면, 고향인 정주의 백몽운도 그때 군인으로 제너럴셔먼호 사건에 참전하였는데 몇 해 후에 "그들이 전한 책자를 보니 그들은 선교를 하러 왔었다"라고 말하였다.

순교자란 헬라어 'marturia'는 '증언'이란 뜻이다. 이것이 기독교 역사에서 '순교자'로 그 의미가 바뀌었다. 영어에서는 'martyr'(순교자)이다. 토머스 선교사는 순교자이다. 그는 성경을 주며 외치다가 죽었다. 그러므로 순교자이다. 순교자는 천국에서 가장 영광스러운 상을 받는다. 인간의 노력으로 되는 것이 아니라 성령의 역사에 의해 순교자로 태어난다. 성령의 역사 없이 순교자가 될 사람은 아무도 없다. 그러므로 역사적 사료만으로 순교자다 아니다라는 판단은 잘못이다. 결국 순교자라는 판단은 하나님의 몫이다. 거기에 인간이 판단하는 것은 성령의 역사가 있었느냐 하는 것이다.

초대교회에서 스데반은 순교자이다. 그는 설교하다가 돌에 맞아 순교했다. 그 장면이 성령에 의해 이루어졌다는 것을 성경은 증거하고 있다. 토머스 선교사의 순교는 그의 선교사 의식과 희생적 결단이 순교자적 자세였다는 것을 알 수 있다. 그것만으로도 부족하다. 그가 평양 쑥섬에서 죽임을 당할 때의 장면이 매우 중요하다. 목격자들의 증언에 의하면 성경을 들고 칼로 자기를 죽이려는 군졸에게 주면서 미소를 지었다는 것이다. 성경책을 내주면서 받으라고 말하면서 죽었다. 이 장면이 증명된다면 토머스는 순교자로 모두가 인정할 것이다. 그것이 오문환의 증인들을 통해서 증명되었다. 그것을 진실로 믿는 사람과 미담으로 만들었다고 믿는 사람과의 차이가 있다.

누가 순교자인가? 김은국이 쓴 소설 《순교자》에서 평생 목사로 살다가 6·25 때 북한에서 공산군에게 함께 굴속으로 끌려간 14명이 있었다. 그중 12명이 공산군에게 죽임을 당했다. 정신이상자가 된 20대 후반의 젊은 목사가 살았고, 이유를 알 수 없는 신 목사가 살았다. 누가 순교자인가? 인민군에게 총 맞아 죽은 12명은 배교했다. 그러면 살아난 목사는 어떻게 살았는지 그것이 분명하게 나타나 있지 않다.

정신 이상이 된 젊은 목사는 마지막 순간 가장 존경하고 따르던 노인 목사가 배교하는 것을 보고 정신이상자가 되어서 죽지 않았다는 것이다. 목사로 죽었다고 순교자인가? 그렇지 않다. 마지막 죽는 순간 진정 신앙 고백적 죽음이어야 한다. 이것은 성령의 역사 없이는 불가능하다. 내가 순교자가 되어야 한다는 각오만으로 결코 순교자가 될 수 없다. 예수 그리스도의 영이 그 속에 있으며 성령께서 역사하실 때에만 순교자가 될 수 있다.

이런 면에서 토머스 목사는 분명히 순교자이다. 그 증거가 여러 곳에서 나타났다. 홍신길은 12살 때 포리에서 토머스 목사에게 전도지를 받고 그리스도인이 되어 칠동교회를 설립했다. 포리에서 토머스 목사에게 성경을 받은 사람이 많았다고 한다. 대동문 안 남천면 원암리에 살던 김영섭은 토머스 목사가 건네준 성경책과 전도지를 받고, 그 교훈과 가르침에 감복하여 주위 사람들은 물론 가족들에게 새로운 진리를 믿도록 권유했다고 한다.

모펫 선교사의 보고서에 의하면 "1899년 9월 성찬식 예배 때 59명의 남녀가 세례를 받았는데 이들 중 10명이 70세 이상이었다. 그중 한 명이 77세의 노인으로 박춘권이었다. 그는 30년 전 평양에서 미국 상선 제너럴셔먼호가 불타고 모든 선원이 죽임을 당했을 때, 그 배에 올라가서 포로로 잡혀 있던 도시의 관리 중군 이현익을 구출했으며, 그 범선을 불태우는 데 참여했고, 평양에 처음 성경을 전한 토머스 목사를 포함한 선원들이 처형되는 것을 목격했다"라고 했다.

누가 토머스 목사를 순교자가 아니라고 할 수 있는가? 사료가 부족하다고 한다. 토머스 목사의 마지막 죽음의 사료는 《조선왕조실록》에 있는 것으로 평가하기 때문이다. 그리고 오문환 장로가 역추적한 사료는 객관성이 없다고 한다. 그러나 역사가들의 연구에 의하면 기록이 없어도 역사적 현장을 답사하고, 당시 혹은 후의 인물들을 만나서 증언을 들은 자료가 더욱 중요한 사료라고 말한다. 그것을 믿는 것이 중요하다. 역사가들의 의견에 의하면 기록된 역사 사료와 다름없이 신빙성 있는 사료라고 한다.

그런 면에서 토머스 목사의 순교는 확실하며, 그 역사적 사건 때문에 한국교회에 큰 부흥을 가져왔다. 그 증거가 평양에 선교함으로 크게 부흥되어 '한국의 예루살렘'이라는 이름이 되었고, 1907년 평양에서 '성령운동'이 일어난 것도 토머스 목사가 순교한 씨앗의 열매라고 평가할 수 있다.

순교자 터툴리안은 "교회라는 나무는 세 가지 액체를 먹고 자란다. 수고의 땀, 기도의 눈물, 순교의 피다. 또한 교회는 언제나 순교자들의 헌신과 희생 위에 세워져 왔다"라고 했다. 주의 몸 된 교회를 위해서 자신의 땀과 눈물, 그리고 피를 아끼지 않았던 순교자의 영성이 있었기에 오늘까지 교회가 존재할 수 있었던 것이다. 순교의 영성을 이어가기 위하여 날마다 내가 죽고 내 안에 사시는 그리스도와 함께 무엇에든지 참되게, 누구에게든지 겸손하게, 어떤 상황에서든지 기도하며 십자가 사랑을 실천하는 것이다.

한국교회는 토머스 목사의 순교의 터 위에 세워졌고, 발전 부흥했으며, 많은 열매를 맺었다. 토머스 목사가 한국교회의 최초 순교자라고 주장하는 이들이 인용하는 성경 구절은 요한복음 12장 24절이다.

"한 알의 밀이 땅에 떨어져 죽지 아니하면 한 알 그대로 있고 죽으면 많은 열매를 맺느니라."

6부

신앙인

01 사도 요한
예수의 제자 '사랑의 사도'

02 이수정
일본에서 성경을 번역한 사람

03 고찬익 장로
갖바치로 서울 최초의 장로

01 사도 요한
(John the Apostle, 6?-100?)

예수의 제자 '사랑의 사도'

　레오나르도 다빈치(Leonardo da Vinci)는 '최후의 만찬'에서 소녀처럼 미소 지으며 부드럽게 손을 겹치고 있는 요한의 얼굴을 그렸다. 십대 후반에 주 예수를 만났을 때에는 사도들 가운데서 나이가 가장 어리며 나약한 사람에 지나지 않았으나 요한은 예수님의 계명인 "서로 사랑하라"를 가장 뜨겁게 배웠고, 실천했고, 가르쳤다. 화가 타치아노의 천장화 '밧모 섬의 복음 전도사 성 요한'에는 요한이 하늘로부터 계시록을 받는 장면이 그려져 있다. 사도 요한은 모진 핍박을 견디고 하나님의 계시를 받아 '요한계시록'을 기록한 경건한 사도였다.

　요한은 주후 6년경 세베대와 살로메의 둘째 아들로 갈릴리 바다 남해안에 있는 벳새다에서 태어났다. 그의 아버지는 대대로 이어온 어부였기 때문에 야고보와 요한 형제도 아버지를 따라 어부가 되었다. 그의 아버지 세베대는 많은 삯군들을 거느린 사람으로 알려진 부자였으며, 제사장들과 유대 신학자들과도 친분이 있었다고 여겨진다. 어머니 살로메는 예수의 어머니 마리아의 자매로 알려져 있다.

　사도 요한에 대해서는 신약성경과 외경과 전설 등에 많은 기록이 남아 있다. 사도 요한의 생애는 4기로 나눌 수 있다. 가정에서의 성장, 제자 시대, 예루살렘 교회 지도자 시대 및 에베소에서의 말년이다. 사도 바울은 요한을 "교회의 기둥"(갈 2:9)이라고 했다.

요한은 형 야고보와 함께 세례 요한의 제자였다. 바닷가 배에서 그물을 깁고 있을 때 예수님이 부르시자 그의 아버지 세베대와 품꾼들을 배에 두고 예수님을 따라갔다(막 1:19-20). 세베대는 두 아들이 예수님의 제자가 되었을 때 상당히 큰 기대를 가지고 있었다. 예수님이 정권을 잡으면 두 아들을 예수님 양편에 앉히고 싶은 야심을 가지고 있었던 것이다.

베드로와 세베대의 두 아들은 예수님께서 야이로의 딸을 살렸을 때(막 5:37; 눅 8:51), 예수님이 변화하셨을 때(마 17:1; 막 9:2; 눅 9:28), 그리고 예수께서 기도하시려고 겟세마네에 가셨을 때(마 26:37; 막 14:33) 예수님 곁에 있었다. 예수님과 제자들이 예루살렘으로 갈 때 한 사마리아인 마을 사람들이 그들을 환영하지 않자 야고보와 요한이 "하늘에서 불을 내리게 하여 그들을 불살라 버리기"(눅 9:54)를 원했으나 예수님은 그들을 책망하셨다.

또 요한은 모르는 사람이 예수님의 이름으로 귀신을 쫓아냈을 때 그를 책망했다는 말을 예수님께 했으나(막 9:38; 눅 9:49), 예수님은 요한의 편협함을 꾸짖으셨다. 그들의 어머니 살로메가 예수님에게 "나의 이 두 아들을 주의 나라에서 하나는 주의 우편에, 하나는 주의 좌편에 앉게 명하소서"라고 했을 때, 예수님은 그들에게 "너희가 과연 내 잔을 마시려니와 내 좌우편에 앉는 것은 내가 주는 것이 아니라 내 아버지께서 누구를 위하여 예비하셨든지 그들이 얻을 것이니라"(마 20:23)고 하셨다. 이때 그들의 순교를 예언하셨다. 예수님은 세베대의 아들들에게 '우레의 아들들', 즉 '보아너게'라는 별명을 주셨다(막 3:17). 이들은 지나치게 공격적이었다.

예수님은 요한을 베드로와 함께 유월절 준비를 위하여 보내셨다(눅 22:8). 주님과 함께 식사할 때는 주님의 가슴에 비스듬히 기대어 음식을 먹었고(요 12:23), 예수님의 마음을 가장 가까이서 감지한 제자였다. 요한은 예수님의 사랑하시는 제자였다. 성만찬 때에 그가 예수님의 품에 의지하였다는 것도 그러한 관계를 보여준다(요 13:23). 예수님은 십자가에 달렸을 때 요한에게 자기의 어머니를 부탁하셨다(요 19:26-27). 이러한 일들이 요한을 중요한 인물로 만들었다. 또한 요한이 요한복음을 기록한 위대한 영적 통찰력을 가진 인물이었다는 것은 명백하다.

요한복음에는 "예수께서 사랑하신 그 제자"(13:23, 19:26, 20:2, 21:7,20)라는 문구가 몇 차례 나온다. 그의 이름이 구체적으로 나오지는 않았지만 그 사람이 바로 요한임을 뒷받침하는 증거는 많이 있다. 그 이유는 예수님의 외사촌이요, 가장 젊은 사람이요, 귀여움 받을 만한 성격의 소유자요, 주님의 말씀에 잘 순종했으며, 주님의 정신을 누구보다 잘 받들었기 때문으로 여길 수 있으나 여하튼 예수님의 사랑을 많이 받았다. 신학자 스토커(J. Stalker)는 "요한은 사랑받을 만한 귀여운 성질을 가진 사람이었다"라고 했다. 중요한 것은 요한은 일생 동안 변하지 않았다는 사실이다. 사랑이란 서로 주고받는 보완관계이다. 요한은 예수님의 가장 사랑받는 사람이었다.

요한은 예수님의 공생애의 마지막 한 주간의 기사를 보다 명확히 기술하였다. 요한은 겟세마네 동산에서 도망쳤다가 다른 제자들보다 먼저 예수님에게로 돌아왔다. 베드로가 멀리 떨어져서 뒤따르고 있을 때 요한은 예수님을 심문하는 재판장에게로 곧장 들어갔다(요 18:15-16). 아마 대제사장은 요한의 아버지 세베대의 사업과 관련을 가지고 있었기 때문에 요한과는 서로 아는 사이라 추측된다. 대제사장을 알고 있었으므로 요한은 베드로도 뜰 안으로 데리고 들어갔다.

예수님은 십자가 밑에 서 있는 어머니에게 "여자여, 보소서 아들이니이다"(요 19:26)라고 하시고, 요한에게는 "보라, 네 어머니라"(요 19:27)라고 하셨다. 요한은 그 십자가 밑에 있었다(요 19:26). 예수님이 마지막으로 하신 말씀을 들은 제자도 요한이었다. 오직 요한만이 "내가 목마르다"(요 19:28), "다 이루었다"(요 19:30)는 최후의 말씀을 기록했다. 그리고 예수님이 머리를 숙이고 영혼이 떠나가시는 것을 지켜보았다(요 19:30). 군병들이 예수님의 옆구리를 찌를 때 피와 물이 나온 것과 요셉과 니고데모가 장사한 사실을 기록한 것도 요한이었다(요 19:38-42). 요한은 주님이 부활하셨다는 소식을 듣고 제일 먼저 무덤에 갔으며(요 20:5), 부활의 신앙을 가진 점으로도 최초의 사람이었다. 요한은 용감하였으며 마지막까지 예수님에게 헌신하였다. 예수님이 십자가에서 죽으신 이후 다시 고기잡이에 나섰던 제자들 가운데는 그 사랑하시는 제자도 끼어 있었다(요 21:7).

마태, 마가, 누가복음은 이미 30여 년간 배포되었으며, 성령의 감동을 받은 사람들의 기록으로 1세기 그리스도인들에 의해 소중히 여겨지고 있었다. 이제 1세기의 끝이 다가오고 있었고, 예수님과 함께 지냈던 사람들의 수가 감소했으므로 이러한 질문이 생겼을 법하다. '아직도 들을 만한 무엇인가가 남아 있는가?' '아직도 자신의 기억으로 예수님과 함께 한 귀중한 일들을 설명해 줄 만한 누군가가 있는가?' 그렇다. 과연 있었다. 연로한 사도 요한은 예수님의 제자로서 유난히 축복받은 사람이었다. 요한은 예수님과 친밀한 교제를 하였으며, 마지막 유월절 때 예수의 품에 기대어 누웠던 '그의 사랑하시는 제자'였다.

요한복음과 요한이 기록한 세 서신을 보면, 요한이 얼마나 단순하고 순진하며 솔직하면서도 확신을 가진 신비스러운 깊이를 지닌 인물이었는가를 알 수 있다. 스토커 박사는 요한에 대하여 "그는 외부적인 사건에 대해서는 별로 말하지 않고 아주 어린아이와 같이 단순한 말을 하였다. 그러나 그 단순한 말에는 영원히 남을 깊은 신앙이 들어 있었다. 이처럼 주님의 뜻의 오묘함을 알고, 또한 주님의 감정의 섬세함까지 파악하고 있는 요한을 보실 때에 주님께서는 만족감을 느끼셨을 것이다"라고 하였다.

로버트슨(A.T. Robertson)은 "요한복음에는 요한 자신은 나타나지 않고, 예수는 나타나지 않은 곳이 없다"라고 하였으며, 또 "요한 자신이 곧 그가 말한 사랑의 고상한 표본이다"라고 하였다. 그리고 핀들리(G.G. Findley)는 "신약성경에서 두 중심인물은 바울과 요한이다. 인류 역사에서 예수 그리스도를 가장 잘 이해한 사람은 바울과 요한이다"라고 하였다. 요한이 사랑을 믿고 가르치고 또한 그의 생활에서 사랑을 실천한 사실을 알려면 요한복음과 서신들을 연구하며 명상해야 한다. 또 요한의 특성은 말이 많지 않고 겸손함이었다.

요한은 조용하고 얌전하여 사람들에게 호감을 주는 사람이었다. 그러나 그는 조용하고 말이 없고 겸손하였지만 기질이 약하거나 우유부단하지는 않았다. 그는 예민한 감정으로 뜻밖의 놀라운 일을 해서 주위를 놀라게 하였다.

사도행전에는 요한이 항상 베드로와 함께 등장한다(1:13, 3:1,3,4,11, 4:13,19, 8:14). 그들은 공회 앞에 섰을 때 배우지 못한 범인들로 간주되었다(행 4:13). 그러나 예수님이 말씀하시고 행하신 놀라운 것들에 대해 자신들이 전하지 아니할 수 없노라고 역설했다(행 4:19-20).

요한복음은 공관복음서와 차이가 있다. 요한복음은 예수님의 탄생이나 세례의 이야기로 시작하지 않고 예수님을 영원히 존재하는 '하나님의 말씀'(요 1:14)으로 시작한다. 요한복음에는 다른 복음서에 있는 예수님의 비유나 기적이 없다. 그대신 가나의 결혼잔치에서 물을 포도주로 변하게 한 이야기(요 2:1-12), 니고데모가 은밀히 예수를 찾아와 '다시 태어나리라'는 이야기(요 3:1-15), 죽은 나사로를 되살린 이야기가 나온다(요 11:1-16).

요한복음에서는 예수님이 "ego eimi, 나는…이다, I am"이라는 말을 일곱 번 사용했다. "나는 생명의 떡이다"(요 6:35), "나는 세상의 빛이다"(요 8:12), "나는 양의 문이다"(요 10:7), "나는 선한 목자다"(요 10:14), "나는 부활이요 생명이다"(요 11:25), "나는 길이요, 진리요, 생명이다"(요 14:6), "나는 참 포도나무다"(요 15:1).

요한복음을 기록한 곳은 에베소이며, 대략 주후 90년에서 밧모 섬으로 유배되기 전으로 본다. 요한복음은 신약성경에서 단순한 문체로 되어 있는 역사서이면서 교리적 목적을 가진 책이다. 즉 그리스도의 전기이면서도 형식을 갖추려 하지 않았다. 이런 독특한 구조를 가진 요한복음은 동적인 복음서이다. 인물들의 활약을 그리고 있다. 믿음을 강조하면서도 '신앙'이란 명사는 보이지 않고, '믿는다'는 동사는 약 98회 나온다. 요한복음은 영적 복음서이다. 창세기가 가현적 역사임에 반하여 요한복음은 그리스도는 빛이요, 사랑으로 표시되었다.

본서는 대화 또는 변론으로 풍성하다. 요한복음은 증거의 책이다. 먼저 그리스도의 자증(自證, 5:13), 하신 일을 증거, 성령의 증거(15:26), 구약성경의 증거(5:39), 세례 요한(1:7, 3:27, 5:33), 사마리아 여자(4:39), 눈 뜬 사람(9:15), 나사로의 부활(12:17), 열두 제자(3:11, 15:27)들이 이 복음의 초점인 하나님의 아들에 대하여 증거하고 있다.

용어의 표현도 특수하다. 가장 현저한 예는 '나는…이다'라는 용법이다. 또한 "내가 진실로 진실로 너희에게 이르노니", "내가 진실로 너희에게 이르노니"로 되어 있다. 요한복음의 특징은 공관복음서와의 비교에서 더욱 뚜렷해진다. 첫째, 기록한 연대로 보아 공관복음서는 예루살렘이 함락되기(AD 70년) 전후로 보나, 요한복음은 일러도 90년 이후, 즉

약 30년의 차이가 있다. 둘째, 전자는 북방 갈릴리 지방의 행적을 취급했으나 후자는 유대 지방 전도를 취급하고 있다. 셋째, 예수님이 유월절을 지킨 것이 전자에는 한 번이나 후자에는 세 번이다. 넷째, 전자는 예수님의 외적 행적을 그대로 기록하였으나 후자는 그 행적의 내적이며 신령한 뜻을 변론체로 강조하였다. 다섯째, 그리스도의 교훈에도 전자는 신자의 윤리면을 많이 강조했으나, 후자는 근본적이며 신학적 문제에 치중한다. 여섯째, 전자에서 표현한 '천국'이란 말은 후자에서는 '내 아버지의 집'(14:2)이란 더 친밀한 말로 표시하였다. 실로 요한의 관심은 '메시아의 왕국'보다 그 '메시아' 자체에 있었다. 요한복음은 어떤 비평학자들의 주장처럼 서로 대립하거나 시정하는 것이 아니라 서로 보충하고 있다.

요한복음에서 가장 유명한 구절은 3장 16절이다.
"하나님이 세상을 이처럼 사랑하사 독생자를 주셨으니 이는 그를 믿는 자마다 멸망하지 않고 영생을 얻게 하려 하심이라."

신약성경 전체 내용을 요약한 구절이다. 영역 성경에는 '독생자'를 '아들'(son)로 번역하지만, 그리스어는 '모노게네'(monogene), 즉 '유일한', '하나밖에 없는', '자식'이라는 뜻이므로 독생자가 정확한 번역이라 할 수 있다. 요한이 말하고자 하는 것은, 예수는 하나님과 특수한 연관을 맺은 하나님의 아들이고 기독교인들은 하나님이 '선택'한 아들과 딸이라는 점이다. 요한은 예수님이 부활 승천하신 후 마가의 다락방에서 성령체험을 했고, 스데반이 설교하던 중 유대인들의 돌에 맞아 순교한 후 그리스도인들이 예루살렘을 떠날 때에도 예루살렘에 남아 있었다. 그리고 사도 바울이 주후 50년에 예루살렘에 갔을 때 사도 요한을 만났다.

사도 요한이 왜 예루살렘을 떠났는지는 잘 알 수 없으나 예수님의 어머니 마리아를 모시고 간 곳이 에베소였다. 이때는 사도 바울의 마지막

에베소 방문 후였다(행 19:21-). 에베소 교회는 사도 바울이 세웠고, 에베소 교회 목회자는 디모데였다. 사도 바울은 로마 성 밖에서 참수형으로 순교했다. 디모데도 에베소의 우상 아데미 신을 섬기는 이들에 의해 순교했다. 그 후 사도 요한이 에베소 교회를 목회하였다. 에베소뿐 아니라 소아시아 교회들을 다니며 돌보았다. 에베소는 소아시아 지역의 중심지였다. 이에 사도 요한은 이곳에서 여러 지방을 다니며 어렵고 박해당하는 교회들을 보살피고 함께 박해를 극복하는 신앙적 삶을 살았다. 사도 요한은 에베소에서 많은 전설을 남겼다.

사도 요한은 한편으로는 예수님과 그의 첫 제자들, 그리고 한편으로는 예수님과 실질적인 접촉이 없이 로마 제국의 대도시들에 열정적으로 기독교 신앙을 전파한 초대교회 성도들, 이 양자 사이에서 연결고리 역할을 했다는 점에서 매우 중요한 역사적 인물이었다.

사도 바울이 순교한 후에 사도 요한은 더 큰 책임감을 갖게 되었다. 곧 아시아의 일곱 교회들을 감독하게 되었다. 기원후 30년부터 44년까지 예루살렘 교회가 모교회로서 그리스도교의 중심적 위치에서 번성하고 있을 때는 베드로가 그 지도자였고, 기원후 44년부터 68년 사이 아시아와 유럽에 여러 교회가 설립되고 안디옥이 교회의 중심이었을 때는 사도 바울과 그 동역자들이 지도자들이었다. 이때 기독교가 널리 전파되었다.

기독교는 심한 박해 속에서도 70년 동안 크게 확장되었다. 이때의 교인 수를 정확하게 알 수는 없으나, 글로버 박사(Dr. Glover)는 "우리가 구할 수 있는 모든 자료를 근거로 볼 때 사도 시대 말기의 교인 총수는 약 50만 명은 되었으리라고 추측한다"라고 했다. 교회에는 각계각층의 사람들이 있었으며, 상류계급부터 노예들까지 있었다. 초기부터 로마 전역에 걸쳐서 전파되었다. 그리스도교는 모든 국경을 타파하고 국가들의 교회, 공동의 교회 나아가서는 세계적인 교회가 되었다. 다음 약 30년,

곧 1세기 말기에 에베소 교회가 중심적인 위치에 있을 때는 사도 요한이 저명한 지도자로서 활동하였다.

사도 요한은 요한복음, 요한일·이·삼서, 요한계시록을 썼다. 첫째로, 요한복음은 전통적으로 사도 요한이 기록한 것으로 되어 있다. 사도 요한은 요한복음 어디에도 자기 이름을 기록하지 않았으며, 자신을 말할 때는 "예수께서 사랑하시는 그 제자"라고 했다. 요한복음 끝에서 그는 "이 일들을 증언하고 이 일들을 기록한 제자가 이 사람이라"(21:24), "예수께서 사랑하시는 그 제자"라고 하였다.

사도 요한의 세 서신도 요한복음 못지않게 많이 읽힌다. 특히 요한일서는 그의 복음서에 자주 나오는 '사랑'이라는 어휘를 강조한 책이다. 개역개정판 한글성경 요한일서에는 '사랑'이란 단어가 42회 나온다. 요한이서와 삼서는 성경에서 가장 짧은 책이다. 그중에서 성도들이 가장 좋아하는 글은 "사랑하는 자여 네 영혼이 잘됨같이 네가 범사에 잘되고 강건하기를 내가 간구하노라"(요삼 1:2)이다. 이것은 사도 요한의 사랑이 가득 담긴 축복의 메시지이다. 사도 요한의 기록들은 기독교 발전에 막대한 영향을 미쳤다. 사도 요한이 남긴 글들은 지금까지도 가장 큰 복음의 영향을 미치고 있다.

사도 요한이 에베소에 있을 때 여러 문제들 중에서 중요한 것은 교회 안에서 일어나는 이단이었다. 성도들이 이단에 유혹되어 넘어가고 있었다.

먼저, 영지주의(靈智主義)라는 노스틱주의(Gnosticism)였다. 영지주의는, 예수님은 영으로 오신 분으로 믿으며 육신을 입고 오지 않았다고 주장했다. 그래서 예수님이 육신을 입고 세상에 와서 사신 것을 부인한다. 진정한 지식은 오직 계몽된 중개자들을 통하여 얻어질 수 있다고 가르쳤다. 이러한 이단에 대하여 요한은 적절한 복음을 제시하였다. 그래서 하나님으로 오신 예수 그리스도에 대한 복음서, 곧 요한복음을 기록하였다.

초기 교회 역사에서 영과 육체, 정신과 물질을 구분하는 영지주의자들이 가장 선호한 복음서가 요한복음이다. 그러나 세상을 사랑하시는 하나님과 육신을 입고 이 세상에 오신 예수님을 강조하는 요한의 신학 세계는 영지주의자들의 극단적인 이원론과는 조화될 수 없었을 뿐더러 그들의 그릇된 신학과는 분명한 선을 그었다.

사도 요한이 복음서를 기록한 목적은 "오직 이것을 기록함은 너희로 예수께서 하나님의 아들 그리스도이심을 믿게 하려 함이요 또 너희로 믿고 그 이름을 힘입어 생명을 얻게 하려 함이니라"(요 20:31)고 했다. 예수님은 하나님이셨으며, 하나님이 육신이 되어 오신 분으로 기록하였다. 노스틱주의(Gnosticism)라는 말은 지식을 뜻하는 헬라어 그노시스(gnosis)라는 말에서 왔다.

또 다른 이단은, 유대주의(Judaism)였다. 영지주의와 아울러 초기 기독교에 대하여 이교적인 운동을 하던 유대주의는 초대 기독교에 큰 방해가 되었다. 그들은 초기 예루살렘에서 교회에 대하여 음흉한 행동을 취하였다. 예루살렘 회의가 유대주의를 진정시켰다고 하지만 실상은 그렇지 못했다. 그 후에도 여러 해를 두고 유대주의적인 경향이 있었다. 주후 70년에 예루살렘이 함락된 후에도 이들은 유대 기독교인들로서 유대인의 전통은 그대로 계승하며 기독교인이 되려고 하는 사람들이었다.

마지막으로, 교회를 허물려고 한 것은 정치적 또는 이교적인 박해였다. 사도 요한은 에베소 주변에 있는 여러 도시의 교회들을 지도하였다. 에베소는 소아시아의 수도였다. 오랫동안 이방인들의 삶을 이어온 곳이었다. 그곳에 역사적으로 내려온 여신은 아데미 신이었다. 이 신을 믿는 사람들 때문에 사도 바울이 에베소에 왔을 때 아데미 신상을 만드는 사람들에 의한 폭동이 일어났다. 이때 에베소 교회를 목회하던 디모데는 이 아데미 신을 믿는 사람들에게 폭행당하여 순교했다. 디모데 감독은 요한에게 에베소 교회를 파괴하는 이단들의 사상을 논박할 수 있는 글을 써 달라고 부탁하였다. 이런 현실 속에서 요한은 성령에 감동되어 이단 사상들의 속임수를 분별하고, 교회 안에서 성도들을 분열시키는 아픔을 치유하기 위하여 요한일서를 기록했다. 그 서신에서 예수 그리스도가 육체로 오심을 부인하는 영지주의자들을 적그리스도로 선언하였다. 그리고 분열된 교회를 회복하기 위하여 하나님의 사랑을 강조하였다.

사도 요한은 죽을 때까지 사랑을 전하였지만 교회의 상처는 쉽게 가라앉지 않았다. 그리고 사도 요한은 아데미 신에 대한 기독교적 해석으로, 그 박해로부터 헤어나려고 노력했다. 사도 요한은 어떤 환경에서도 하나님에 대한 사랑과 성도 간의 사랑을 잃지 않는 사람에게 주님은 하나님의 나라에 들어가 생명나무 과실을 먹게 하리라는 약속을 주셨다.

가장 강력한 반대 세력은 로마 황제 도미티아누스였다. 그는 황제의 위에 오르면서 자신을 '주(主)'와 '신(神)'으로 선포했다. 그리하여 로마에 속한 모든 사람들에게 도미티아누스 황제를 신으로 섬길 것을 서약 받았다. 사도 요한은 로마 제국이 결국은 멸망한다는 하나님의 섭리를 말했으며, 황제도 인간이요 하나님께서 허락하시는 때만큼 그 위에 있을 것이라고 했다. 이 고발이 황제에게 올라갔다. 그것도 아데미 신을 섬기는 이들에 의해 고발되었다. 사도 요한은 결국 에베소에서 황제 도미티아누스가 보낸 사람들에게 체포되어 로마로 호송되었다.

사도 요한은 도미티아누스 황제 앞에 섰으나 태연했다. 도미티아누스 황제가 물었다.

"당신이 내 제국은 멸망하고 나 대신 예수가 와서 지배한다는 말을 했는가?"

사도 요한은 "당신도 하나님께서 허락하신 동안 로마 제국을 다스릴 것입니다. 그러나 지상에서 때가 차면 하늘에서 영원하고 진실하신 영,

산 자와 죽은 자를 심판하시는 분이 오십니다. 그분은 영과 육의 왕이시며, 살아 계신 하나님의 말씀이자 아들이신 예수 그리스도입니다"라고 했다. 황제는 "그 예수가 하나님의 아들이고, 다시 올 왕이라는 것을 어떻게 증명할 수 있느냐?"라고 물었다.

그러자 사도 요한은 이렇게 대답했다.

"내가 독약을 마셔도 죽지 않게 하실 것입니다."

무서운 도전이었다. 황제는 강한 독약을 요한에게 주라고 명령했다. 독약을 들고 요한은 "하나님의 아들 예수 그리스도여! 당신의 이름으로 저는 이 잔을 마십니다. 이 안의 독을 당신의 성령으로 부드럽게 하여, 그것을 생명과 구원의 음식으로 변하게 하시고 나의 장을 상하지 않게 하사 성찬의 잔과 같이 당신의 죽음과 부활을 증명하게 하여 주소서" 하고 독약을 마셨다. 요한이 비실거리며 쓰러질 것으로 알았는데 아무 일도 일어나지 않았다. 황제가 화를 내자 그들은 그 이상 더 강한 독약은 없다고 말했다. 죄수 한 사람을 데려다 요한이 마신 그 그릇에 물을 부어 마시게 했다. 그는 곧 숨이 끊어졌다. 이 나타난 표적으로 인하여 모든 사람들이 놀라고 황제도 공포에 사로잡혔다.

도미티아누스 황제는 포기하지 않았다. 끓는 기름 가마를 준비하게 했다. 로마 광장에서 공개적으로 처형하기로 했다. 그러나 사도 요한은 "나사렛 예수는 결코 이 세상 권세를 부인하거나 거역하지 않았습니다. 단지 그는 하나님 나라의 진리를 가르쳤을 뿐입니다"라고 말했다. 도미티아누스는 "하나님 나라의 진리가 무엇이냐?"라고 물었다. 그러자 요한은 "하나님 나라의 진리는 바로 예수 그리스도 그분 자신입니다"라고 했다. 황제는 "어째서 그가 진리냐? 예수는 피 흘려 죽지 않았느냐?" 하고 물었고, 요한은 "내가 그를 믿는 까닭은 그가 죽었다가 3일 만에 다시 부활했기 때문입니다"라고 답했다. 황제는 "너 요한은 로마 제국의 선량한 백성을 선동하여 현실에 불만을 갖게 하고, 로마 제국으로부터

이간하여 로마 제국을 전복시키려는 것이 아니냐? 나 폴라비우스 도미티아누스 가이사르는 로마 제국의 법률과 원로원의 판결 앞에서 로마 제국을 어둠의 나라라고 칭한 반역자 요한을 사형에 처할 것을 선고한다"라고 했다.

근위병들이 삼각대의 사슬을 당기자 결박된 채 고리에 걸린 요한의 몸이 공중으로 올라가더니 그 발부터 끓는 기름 가마 속으로 들어가기 시작했다. 그런데 뜨거운 기름 속에서 몸부림치며 고통당할 줄 알았던 요한이 끓는 기름 가마 속에서도 죽지 않을 뿐 아니라 아무 해도 받지 않았다. 이 장면을 보고 있던 도미티아누스 황제와 원로원 주변의 많은 구경꾼들이 크게 놀랐다.

도미티아누스 황제는 요한을 죽이지 못하자 밧모 섬으로 유배시켜 중노동을 시킬 것을 명령했다. 성경학자들은 이때를 주후 95년경으로 보고 있다. 밧모 섬은 '송진'이란 뜻이다. 밀레도에서 56킬로미터 떨어진 에게 해의 작은 섬이다. 밧모 섬은 전체가 화산암으로 되어 있어 포도나 밀만이 다소 재배될 뿐이었다. 남북으로 뻗은 길이가 16킬로미터이고, 동서의 폭은 들쭉날쭉했다. 섬 가운데 스칼라 항구의 폭은 1킬로미터 정도로 잘록하게 생긴 섬이었다. 메마르고 불그스레하게 황폐한 땅은 면적이 약 40킬로미터 정도였다. 한 번 들어가면 살아나오기 힘든 죽음의 섬이요 생지옥이었다.

지금도 그렇지만 섬에는 물이 나오지 않고 섬 전체가 돌산이므로 죄인들이 바위를 깨는 채석장이었다. 땔감도 없는 밧모 섬의 겨울 추위는 지독했다. 로마 제국에서 환영받지 못한 관리들의 말과 행동은 무자비하고 냉혹하며 사나웠다. 죄수들의 동굴은 1년 내내 목욕도 못하고 옷도 빨아 입지 못한 죄수들이 사는 곳이라 악취로 진동했다. 작업으로 손발이 다 터지고, 몸에 아무것도 걸치지 못한 채 채찍에 맞은 상처들이 곪고 손발이 아물다가 다시 터진 자국들이 얼룩져 있었다.

사도 요한은 그렇게 늙은 노인인데도 무서운 강제노동 수용소인 채석장에 던져지고 말았다. 도미티아누스 황제는 예수를 믿는다는 이유로 자기의 친 질녀인 플라비아 도미틸라를 폰티아라는 섬으로 유배시켰고, 그녀의 남편 클라멘트 역시 사형시킬 정도로 기독교인들을 박해했다. 요한이 밧모 섬으로 올 때 황제는 "그를 철저히 박해하라!"고 명령했다. 그러나 요한은 주님과 함께 있다는 안도감에 평안한 마음으로 그 노동에 임했다. 자기에게 폭력을 가하는 감시인에게 "친구여! 내 몸은 어느 날 죽을 걸세. 내 발은 쇠사슬에 매어 있으나 내 가슴은 평화롭네. 어떠한 황제의 명령으로도 내 가슴까지 쇠사슬로 맬 수는 없네"라고 말했다.

사도 요한은 노동을 마치고 밤에 돌 틈에서 기도하며 밤을 새웠다.

"주님, 저 도미티아누스를 죽여 주십시오. 그는 주님의 원수입니다. 나에게 독약을 마시게 하고, 끓는 기름 가마 속에서 죽이려 했고, 그것도 안 되니까 이제 나를 이 무서운 강제노동 수용소에서 죽을 때까지 채찍으로 다스리고 있습니다. 이 원수를 어떻게 그냥 두십니까?"

그때 뒤에서 주님의 음성이 들려왔다.

"원수를 사랑하라."

"아닙니다. 이 원수는 갚아야 합니다. 도미티아누스를 죽여야 합니다."

그러자 다시 "원수를 사랑하라"는 주님의 음성이 들려왔다. 이때 요한은 이마를 돌벽에 부딪히며 "예, 도미티아누스를 사랑하겠습니다. 주님의 말씀에 순종하겠습니다"라고 응답했다. 그 후 사도 요한은 다시는 도미티아누스를 저주하지 않았고, 주님께 원수를 갚아 달라고 기도하지 않았다.

사도 요한은 찬송을 부르고 기도함으로 그 고통스런 시간들을 극복해 나갔다. 또한 웃음으로 주위의 고생하는 이들을 위로했고 그들로부터 존경받게 되었다. 밧모 섬에 있는 요한에게 기도와 찬송이 날마다 계속되었다. 죄수들은 요한의 찬송과 기도 소리를 들으며 새로운 희망을 갖게 되었다. 사도 요한의 능력은 예수님과의 만남에서 나왔다. 또 사도 요한이 감시대장의 처남이 귀신 들린 것을 쫓아내 주자 그의 배려로 좀 편히 지낼 수 있었다.

에베소 교회는 사도 요한에게 도움이 되도록 브로고로를 보냈다. 그는 예루살렘에서 헬라파 과부들을 돕기 위해 선택된 일곱 집사 중 한 사람이었다(행 6:5). 사도 요한이 깊은 밤 돌바닥에 엎드려 기도하고 있었다. 그때 주님의 음성이 들려왔다.

"예수 그리스도의 계시라 이는 하나님이 그에게 주사 반드시 속히 일어날 일들을 그 종들에게 보이시려고 그의 천사를 그 종 요한에게 보내어 알게 하신 것이라"(계 1:1).

성령으로 감동되었을 때 나팔소리 같은 큰 음성이 들려왔다. 그는 기도하는 중에 많은 환상을 보았다. 그 환상들 중에는 예수님이 하나님 우편에 앉아 계시는 천국의 환상이 있었다. 그러던 중에 예수님으로부터 그 환상을 기록하라는 명령을 받게 되었다. "요한은 하나님의 말씀과 예수 그리스도의 증거 곧 자기가 본 것을 다 증언하였느니라"(계 1:2)고 하였다. "이르되 네가 보는 것을 두루마리에 써서 에베소, 서머나, 버가모, 두아디라, 사데, 빌라델비아, 라오디게아 등 일곱 교회에 보내라"(계 1:11)고 하셨다. 이것은 계시록 서두의 내용을 말한 것이다.

사도 요한은 눈이 잘 보이지 않았으므로 브로고로에게 먹과 파피루스를 가져오라고 명했다. 요한의 머리는 천장을 향해 있었고, 그의 오른손은 무릎에 얹혀 있었으며, 왼손은 옆에 앉아 있는 제자 브로고로에게 향하였다. 요한은 주님이 들려주시는 대로 말했다. 브로고로는 열심히 받아 적었다. 예수님은 다시 오실 것을 말씀하셨고, 온 세계를 심판하시며 영원한 하나님 나라에 들어갈 사람들을 통해서 여호와 하나님이 영광 받으실 것을 보여주셨다.

요한이 계시를 받은 곳은 계시동굴로 알려지고 있다. 동굴의 천장이 크게 삼등분으로 갈라져 있었는데, 육중한 바위에 갈라진 세 갈래의 바위틈에서 나팔소리가 울려 나왔다. 입구에는 그의 충실한 제자 브로고로를 그린 성화가 있다. 요한이 머리를 두고 잔 바위 전면 하단에 움푹 팬 공간과, 그 우측 벽면 1미터 높이에 요한이 기도하고 일어설 때마다 힘이 없어 잡고 일어나 손자국으로 깊게 파였다는 홈은, 인류의 미래를 위해 간절히 기도하는 노종의 숨결이었다.

헬라어 성경에는 계시록을 '아포칼립시스 이오안누'(Apocalips Ioanu)라 했는데, '요한계시록'이란 뜻이다. 영어성경 흠정역(欽定譯, King James Version)에서는 'The Revelation of St. John The Divine'(신령한 사도 요한의 계시)라 했다. 이 제목은 저자 요한과 "예수 그리스도의 계시"라는 1장 1절의 말씀에서 유래되었다. 요한계시록은 도미티아누스 황제 말년(AD 95-96)에 기록되었다.

김성일의 역사소설《제국과 천국》에는 도미티아누스 황제의 최후가 기록되어 있다. 황제 궁에서 도미티아누스의 살찐 몸에 단검을 찌른 것은 황제의 아내 도미틸라의 집사 장 스테파누스였고, 황제는 대리석 바닥에 피투성이가 되어 쓰러졌다. 의심의 신이며 혐오의 신 도미티아누스는 죽었다. 시오노 나나미의《로마인 이야기》에서도 도미티아누스 황제는 암살된 것으로 기록되었다. 이때가 주후 96년이었다.

사도 요한이 원수를 갚아 달라고 기도했으나 주님께서는 "원수를 사랑하라"고 명령하셨고, "원수 갚는 것이 내게 있으니 내가 갚으리라"(롬 12:19)고 말씀하심으로 하나님께서 친히 갚아 주셨다. 그리하여 사도 요한은 밧모 섬에 유배된 지 1년 6개월 만에 석방되어 에베소로 돌아왔다. 요한계시록은, 세상의 주권자는 로마의 황제가 아니라 우주 만물을 창조하신 하나님이라고 기록하고 있다. 더욱이 전능하신 하나님께서 당신이 택하신 백성들을 돕고 보살펴 주신다. 요한계시록은 예수 그리스도께서 재림하실 때에 발생할 인류 미래의 사건들을 보여주는 신약성경 유일의 예언서이다. 이런 위로와 격려, 넘치는 은혜와 소망이 본 서신의 주제이다.

예수님은 에베소 교회에 보낸 편지에서 '처음 사랑을 버렸다'(계 2:4)라고 하셨다. 사랑의 사도인 요한이 이렇게 쓴 데는 역사적인 두 가지 이유가 있었다. 하나는 박해 때에 그들이 신앙을 버린 사람들인 관계요, 다른 하나는 교회 안에서 이단 때문에 싸우다가 성도 간의 사랑과 하나님에 대한 사랑을 잃은 것이었다.

네로 황제의 박해 때에 에베소 성도들은 사도 바울을 저버렸다(딤후 1:15-18). 그리고 교리적인 싸움은 니골라당이 만들어낸 영지주의 사상이 에베소 교회에 침입, 교회의 기본 신앙에 혼란을 가져온 것이었다. 에베소 교회 성도들은 니골라당의 행위를 싫어했다. 니골라는 초대교회 예루살렘에서 선택된 일곱 집사 중 마지막 사람이었다(행 6:5-6). 유대교에 입교한 안디옥 사람 니골라는 성령을 받고 초기에는 대단한 열심과 엄격한 경건 생활로 이름난 사람이었다. 그러다가 갑자기 타락하여 교회를 어지럽게 하는 니골라당의 괴수가 되었다. 그는 "영은 선하고 육은 본래 악하다는 전제 아래 악한 육체가 저지르는 모든 행위는 죄일 수가 없다"라고 주장함으로써 교회의 거룩함과 순수성을 상실하게 했다.

하나님께서 일곱 교회에 부탁하시는 말씀은 두 가지였다. '진실'과 '충성'이었다. 구원의 진리를 진실하고 충성되게 믿고 살 때, 하나님이 그에게 영광스러운 나라와 영생을 주신다는 것이다. 그러나 이 진리를 가볍게 여기는 자들은 무서운 심판을 받게 된다고 경고했다. 계시록 6장에서 18장까지는 이 구원의 진리를 경하게 여긴 자들이 심판을 받을 것을 설명하고 있다. 19장 이후에는 구원의 진리를 믿고 그 진리에 죽도록 충성한 자들이 받을 상급에 대해 기록하고 있다. 진리를 굳게 잡은 성도들을 위로하고 축복하기 위해서 예수님은 백마를 타시고 수천 수백만의 천사들과 함께 이 땅에 오신다. 구원받은 자들을 질병도 저주도 고통도 눈물도 없는 낙원으로 인도하시기 위함이다(계 7:17, 21:4). 사도 요한은 이 경이적인 기쁨과 소망을 환상 가운데 보았다. 주님께서 곧 오시리라고 약속하자, "아멘 주 예수여 오시옵소서!"(계 22:20)라고 요한이 말하면서 계시록은 마치게 된다. 주님이 오시면 예수님을 영접하고, 예수님에게서 착하고 충성된 종으로 칭찬을 받으면 영원한 나라에서 예수님을 모시고 함께 살게 된다.

소아시아 일곱 교회에 대한 하나님의 말씀을 깊이 연구하면 전 인류가 가야 할 방향과 목적, 그리고 인간이 하나님의 축복을 받으며 행복하게 살 수 있는 비결이 제시되었음을 발견할 수 있다.

사도 요한은 주후 96년에 에베소로 돌아왔다. 그는 이제 노쇠하여 부축해 주어야 걸을 수 있었다. 성도들은 사도 요한을 보고 싶었다. 그리고 그의 깊은 신앙의 말씀을 듣고 싶은 사람들이 에베소에는 많았다. 에베소의 원형극장에는 아이로부터 노인까지 자리가 가득 찼다.

에베소 대원형극장은 66층의 계단식 좌석에 24,000명 이상을 수용할 수 있게 설계된 대규모 노천극장이었다. 이 극장은 작은 발자국 소리도 멀리까지 잘 들리도록 설계된 대규모의 극장이었다. 여기서 사도 바울은 아데미를 조각해 팔던 데메드리오와 은세공업자들의 폭동으로 마게도냐로 갔다(행 19:23-20:1). 복음을 전하던 사도 바울이 쫓겨났던 이곳에 사도 요한의 음성을 들으러 사람들이 모여들었다. 남루한 거지, 병든 노인, 많은 환자들…옛날엔 연극을 보러 여길 찾았던 에베소의 부자 환자들이었다.

'로고스'란 말을 제일 먼저 쓴 사람은 에베소 시민인 헤라클레이토스였다. 요한은 로고스야말로 우주 만물을 다스리는 모든 법칙의 근원이며 영원한 진리, 곧 하나님의 말씀을 뜻한다고 생각했다. 그가 "태초에 말씀(로고스)이 계시니라"(요 1:1)라고 서두를 떼자 소란하던 군중들이 일시에 조용해졌다. 그들은 에베소 철학의 자랑인 로고스를 알고 있었다.

사도 요한은 거동이 불편했으므로 부축을 받으며 강단에 올라가서, 의자에 앉아 성도들에게 설교했다. 그리고는 "주님의 어린 형제들이여! 서로 사랑하시오"라는 말만 되풀이하다가 내려왔다. 사람들이 그 이유를 물으니, 사도는 "당신들이 서로 사랑할 수만 있다면 다른 것은 더 필요 없을 것이기 때문이오"라고 했다.

사도 요한을 '사랑의 사도'라고 한다. 그는 예수님에게서 사랑을 배웠다. 그래서 예수님은 제자들에게 "새 계명을 너희에게 주노니 서로 사랑하라 내가 너희를 사랑한 것같이 너희도 서로 사랑하라 너희가 서로 사랑하면 이로써 모든 사람이 너희가 내 제자인 줄 알리라"(요 13:34-35)고 말씀하셨다. 요한은 예수님의 새 계명을 소개하면서 그 역시 새 계명을 실천했으며, 모든 성도들에게 가르쳤다. 그가 쓴 성경 5권에서 '사랑'이란 단어를 찾아보면, 요한복음에 56회, 요한일서에 44회, 요한이서에 4회, 요한삼서에 6회, 요한계시록에 3회로서 총 114회 나오는데, '아가페'가 102회, '필로스'가 12회이다. 성경 안에 '에로스'란 단어는 없다. 이렇게 많은 사랑이란 단어를 사용하면서 그는 사랑했으며 사랑을 위해 살았다. 사도 요한이 실천한 사랑은 예수님의 사랑이다. "하나님이 세상을 이처럼 사랑하사"였다.

사도 요한은 사랑의 사도로서 또한 사랑하는 제자들을 양육했다. 계시를 받아 쓴 브로고로를 비롯하여 서머나 교회 순교자 폴리갑, 에베소 교회 목회자 디모데, 히에라폴리스의 감독 파피아스, 푸로코로스 등과 병을 고쳐 준 클레오파트라와 그의 남편 에베소 총독 류코메데스, 그리고 많은 사람들이 그의 주변에서 사랑을 배우며 사도 요한을 사랑했다. 그들은 진정 예수님을 사랑하는 사람들이었다.

　요한의 음성은 크지 않았으나 사람들을 압도했고, 어떤 웅변보다 힘이 있었다. 그것은 자기 체험에서 나온 간증이기 때문이었다. 요한의 차분한 음성이 대극장에 앉아 있는 사람들의 심령 속으로 스며들었다. 인류를 죄에서 구원하시고 손수 자기 백성을 다스리러 오실 것이라고 구약에서 예언되었던 그 메시아가 육신이 되어 오신 예수님이고, 모든 사람이 기다리던 그 메시아임을 믿는 사람만이 구원받고 하나님의 자녀가 된다고 담대히 선포하였다.

　요한은 하나님의 사랑이라는 그 따뜻한 말을 굶주린 영혼들에게 들려주었다. 설교를 끝낸 요한은 하나님의 능력으로 모든 병든 사람들을 낫게 하였다. 그리고는 큰 대야를 준비하게 하여 예수께서 제자들의 발을 씻었던 이야기를 하며 거지와 노인들의 발을 씻어 주었다.

　전설에 의하면, 길을 가던 요한이 한 제자에게 땅을 파라고 하였다. 젊은이들이 땅을 파는 동안 하나님의 말씀을 전하고 하나님의 위대함 속에서 완전해지라고 말한 뒤, 그곳에서 옷을 벗어 구덩이 바닥에 깔고 속옷 하나만 입고 두 손 들고 기도한 후 그 자리에 누워 조용히 숨을 거두었다고 한다.

　사도 요한은 서신에 나타난 것과 같이, 주님의 사랑의 모범으로서 십자가의 구속이라는 아가페 사랑의 오묘하고 깊은 도를 깨닫고, 어린아이처럼 단순한 말에 심오한 사상을 전하고, 한편으로는 신비스러운 깊이를 겸유한 인물이었다.

　사도 요한은 회화와 조각, 그리고 음악의 소재가 되었다. 이탈리아의 화가 타치아노가 그린 천장화 '밧모 섬의 복음 전도자 성 요한'에는 요한이 하늘로부터 계시록을 받는 장면이 그려져 있다. 구름 위에 앉은 아버지 하나님의 주변에는 천사들이 있다. 프랑스 화가 니콜라 푸생도 '밧모 섬의 성 요한'을 그렸는데, 섬의 풍경이 실제처럼 황량하지 않고 매력적으로 묘사되어 있다. 레오나르도 다빈치의 '최후의 만찬'을 묘사한 그림에서도 요한은 언제나 예수님의 곁에 있으며, 주님에게 기댄 모습으로 나온다. 독일의 유명한 종교음악가 요한 세바스찬 바흐는 요한복음의 구절을 가사로 하여 '성 요한 수난곡'이라는 합창곡을 썼다.

밧모 섬은 '에게 해의 예루살렘'으로 불린다. 그리스에 속해 있지만 터키 본토 해안에서 6킬로미터 떨어져 있고, 아테네에서는 250킬로미터나 떨어져 있다. 피서철이면 헐리우드의 스타를 비롯하여 전 세계인이 찾는 세계적인 관광명소이기도 하다.

밧모 섬에는 사도 요한이 계시를 받았다고 하는 '계시동굴'(The Holy Cave of the Apocalypse)이 있다. 전승에 의하면 요한은 낮에는 채석공으로 돌을 깨는 일에 동원되었으며, 이 동굴에서 기도 중에 계시를 받아 요한계시록을 기록했다.

"나를 사랑하신 예수님, 나는 주님을 진정 사랑합니다."

이것이 사도 요한의 신앙고백이었다.

제2세기의 그리스도인들은 요한을 이 책의 필자로 인정하였으며, 밧모 섬에 유배되어 있으면서 환상을 보았다고 믿었다. 알렉산드리아의 클레멘스, 이레나이우스, 테르툴리아누스 및 오리게네스 등 2세기 후기와 3세기 초의 모든 사람은 요한이 필자임을 증거했다. 더욱이 요한이 필자라는 내부적 증거도 책 자체에 많이 들어 있다. 필자는 유대인으로서 유대인의 풍속과 그들의 땅에 관하여 잘 알고 있었음이 분명하다(2:6, 4:5, 5:2, 10:22, 23). 기록에 나타나 있는 예수님과의 친밀함은 그 필자가 사도일 뿐 아니라, 특별한 경우에 예수님과 함께한 예수님의 측근자 세 명-베드로, 야고보, 요한-중 한 사람이었음을 시사한다(마 17:1; 막 5:37,

14:33). 이 중 야고보는 이 책이 기록되기 오래 전인 기원후 44년경에 헤롯 아그립바 1세의 손에 순교하였기 때문에 제외된다.

사도 요한은 오늘날에도 많은 교훈을 우리에게 주고 있다. 그것은 "서로 사랑하라"고 하신 예수님의 계명을 가르치고 실천한 사도이기 때문이다. 오늘의 그리스도인들은 예수님의 계명을 기억할 뿐 아니라 반드시 실천해야 한다. 이것이 예수님을 구원의 주로 믿은 다음에 실천해야 하는 계명이기 때문이다.

02 이수정
(李樹廷, 1842-1886?)

일본에서 성경을 번역한 사람

이수정을 길게 소개한 사람은 오윤태 목사였다. 그는 《한국기독교회사》 4권 중 마지막에 《선구자 이수정》을 이렇게 썼다.

> 이수정은 개화파의 일원으로 일본에 가서 기독교인이 되어 성경을 한글로 번역하였고, 도쿄에 한국인 교회를 설립하였다. 또 미국에 호소해서 선교사를 초청하였고, 일본인들에게 한국인의 신앙을 최초로 고백하였으며, 한국에 기독교를 수용하는 데도 큰 역할을 했다.

이수정은 전라남도 곡성군 옥과면에서 1842년 이병규의 아들로 태어났다. 호(號)는 전제(荃齊)이다. 김요나는 《순교자 전기》 1권에서 이수정은 "학문을 숭상하는 아버지 이병규의 영향으로 어려서부터 소질을 나타냈다. 서당에서 배우는 천자문을 줄줄 외웠고, 다음에는 계몽편(啓蒙篇), 동몽선습(童蒙先習), 격몽요결(擊蒙要訣), 명심보감(明心寶鑑) 등을 잘 익혀 나갔다"라고 하였다.

1876년 2월 27일, 즉 고종 13년 2월 3일(음)에 한일수호조약을 맺었다.

이는 통상조약이었다. 그 계기로 수신사를 일본에 보냈다. 1876년 2월 22일에 김기수 일행이 일본에 파견되었다. 2차는 1880년 김홍집 일행을 일본에 수신사로 보냈다.

　1881년 국왕은 일본의 물정을 조사하려고 신사유람단을 일본에 파견하였다. 거기서 농학 부문 담당자였던 안종수가 츠다 센(律田仙)을 방문하였는데, 안종수는 그 집 방안에 걸려 있는 한문 족자를 보고 관심을 가졌다. 그 족자는 츠다 센이 고안하여 만든 것인데, 내용은 한문으로 된 산상수훈이었다. 츠다 센은 이 족자를 그에게 선물하려고 했으나 기독교는 조선에서 금지된 종교이므로 만일 발각되면 처형당할 것이라며 안종수가 사양했다. 그러나 그 문장에서 깊은 인상을 받았으므로 돌아와서 친구인 이수정에게 설명해 주었다.

　이수정은 임오군란이 일어난 때 명성황후의 생명을 구출하여 충주까지 피신해 가게 함으로 왕실의 총애가 깊었다. 이수정은 먼저 개화사상을 가진 불승(佛僧) 이동인을 통하여 일본의 개화에 관심을 가졌다. 개화파들은 기독교 전파의 필요성을 교육과 의료라고 생각했다. 결국 기독교를 통하여 문화적 욕구를 충족시키겠다는 개화파의 의지는 정치, 경제, 외교적 차원으로 인식하고 기독교를 통하여 민부국강(民富國强)한 사회로 이룩하자는 목표를 갖게 되었고, 기독교 측에서는 이 땅의 문화 전파자로 자리 매김하며 복음을 선포하였다. 결국 정치적 동기에 의하여 기독교가 조선의 지배층에게 유입되었다.

　1882년 일본에 파견된 박영효의 사절단 일행과 함께 이수정은 메이지 마루(明治丸)를 타고 9월 26일 요코하마에 도착하였다. 그 후 도쿄에 도착한 이수정은 짐을 풀은 후 곧 츠다 센을 방문하였다. 츠다 센은 당시 일본의 개화주의 대표자로서 1867년 후쿠자와(福澤諭吉) 등과 함께 미국에 건너가 농학을 연구하고 돌아와 농사 개량에 크게 힘써 공을 세운 인물이며 독실한 기독교 신자였다.

이수정은 신사유람단원의 한 사람으로 일본의 농업, 법률, 우편, 수운 등을 연구할 목적이었다. 이수정은 국내에서 이미 천주교와 기독교에 대해 상당한 지식을 갖고 있었다.

이수정에게 깊은 인상을 준 것은 안종수가 말했던 츠다 센의 거실에 걸려 있는 한문 족자였다. 산상수훈의 구절이 충격적으로 다가왔다. 이수정은 지금까지 보아 왔던 동양의 고전 글귀와 다른 신선함을 느꼈다. 그들의 대화는 자연히 족자의 글 풀이로 옮겨졌고, 츠다 센은 이 호기심 많은 조선인에게 족자 글귀의 원전인 한문 성경을 선물로 주었다. 숙소로 돌아온 이수정은 '낯선 책'을 읽기 시작하였다. 성경 읽기에 몰두하던 어느 날 꿈을 꾸었다. "당신 나라 조선에 가장 귀한 책이오." "무슨 책이오?" "성경이오." '조선에 가장 귀한 책?' 성경에 대한 외경스런 탐구가 계속되었다. 읽을수록 그 책에 빠져들었다.

이수정은 산상수훈 족자를 보고 즉시 붓을 들어 시 한 수를 써 츠다 센에게 내놓았다.

'種德門 中見吉光 耕田自 在福田長 欣欣虛己 迎入處 更帳明朝各二方'

이를 해석하면 다음과 같다.

'종덕문(농학교) 안에서 생명의 빛을 찾았으니 마음대로 경작할 복된 밭이 끝없이 전개되도다. 기쁨으로 몸을 비어 맞아 주던 그 일을 밝은 날 아침 다시 생각한다면 그 슬픔이 오죽할 것인가.'

이 시는 11월 25일, 〈칠일잡보〉(七一雜報)에 실려 일본 교계에 소개되어 일대 센세이션을 일으켰다. 그리하여 일본 학계나 교계에서 얻은 영예와 지위는 대단하였다. 이수정은 츠다 센과의 만남으로 새로운 개화의 방안을 얻었다. 이수정이 츠다 센에게서 받은 영향은 그의 학자적인 인품과 신앙적 영향력이었다.

츠다 센(律田仙)은 1837년 7월 6일 사쿠라 성(佐倉城) 내에서 출생하였다. 그는 번교(藩校)에서 배웠다. 에도(江戶)의 手塚律藏 문하에서 네덜란드어와 영어를 배웠다. 1867년, 25세 때 막부(幕府)의 군함 구입으로 미국에 가는 소야반오랑(小野反五郞)의 수행원으로 워싱턴에 갔다. 재미 기간은 6개월이었다. 이 기간의 견문은 츠다 센에게 큰 전환점이 되었다.

츠다 센은 "미국에서는 상투를 틀기가 여간 어렵지 않기에 여기 상투를 잘라 보냅니다"라는 편지와 함께 고국에 우송했다. 가족들은 실신할 정도였으나, 그 후 4년이 못 되어 단발령이 내리고 영어를 습득하는 세대로 바뀌고 말았으니 선견지명이 있었다.

6개월간의 미국 여행 중 츠다 센 박사는 무엇보다 농업이 합리적으로 시행되고 있다는 것과 국민의 평등의식에 큰 인상을 받은 바 있었다. 귀국 후 그는 유신동란 때 관직을 사임하고 외국 여행객을 접대하는 호텔에서 일한 적도 있었다. 명치 6년에는 빈의 만국박람회에 갔다 온 이후 《농업삼사》라는 저서를 내놓았다. 그리고 명치 8년에는 일본에서 최초의 농학사 농학교를 창설하고 9년에는 〈농업잡지〉를 출간하였다.

츠다 센이 기독교인이 된 것은 둘째 딸 律田梅子가 미국에 유학하면서 세례를 받았다는 사실 때문이다. 이때 츠다 센 박사는 마침 빈의 만국박람회에 참석하고 있었다. 그 후에 둘째 딸이 미국에서 세례 받은 사실을 일본을 방문한 감리교 목사 줄리우스 소퍼(Julius Soper)에게서 들었다. 줄리우스 소퍼 목사 부부는 둘째 딸 梅子의 선물까지 전달해 주었다.

또 다른 이유로는, 빈의 만국박람회에서 세계 각국어로 성경이 번역되어 있는 것을 보고 놀랐기 때문이다. 최저 250개 방언으로 번역되었다고 믿었다. 그래서 그 종교는 위대한 종교라고 확신하였다. 그렇게 기독교에 관심을 갖고 돌아왔는데, 소퍼 목사 부부의 방문과 둘째 딸의 세례 이야기를 들은 후 결심하고 소퍼 목사에게 세례를 받았다. 그는 모범적인 그리스도인으로 일생을 살았다. 이수정은 츠다 센 박사와의 만남으로 기독교인이 되었다.

츠다 센은 1908년 4월 24일 72세로 세상을 떠났다. 4월 28일의 장례식 때 일본 감리교회 감독이며 아오야마 학원 원장을 지낸 혼다 요우이치(本多庸) 목사는 장례식에서 "츠다 센 씨는 위대한 평민이다. 벌거벗겨 보아도 훌륭한 국민이다. 죄 있는 사람, 부도덕한 사람에게 동정심을 품고 있는 평민, 기독교적 평민, 천하 만민을 위하여 몸을 희생한 그리스도 안에 있는 평민이었다. 또 츠다 센의 종교는, 그의 사업 그대로이다. 그는 농학 전문가이며, 그의 종교는 농업과 비슷하였으며, 확실하게 밭을 갈고, 풀을 뽑고, 비료를 주어 열매를 거두었다"라고 말했다. 그 설교대로 츠다 센의 신앙은 많은 열매를 맺었다. 일본만 아니라 한국인에게도 그는 신앙의 감화를 주어서 이수정을 기독교인이 되게 했다.

이렇듯 이수정은 츠다 센을 만남으로 기독교 신앙인이 되었고, 그의 친구요 일본 기독교의 지도급 인물인 사또(佐藤善峰)에게 알려졌다. 그때 사또는 다음과 같은 글을 썼다. "한사(韓使) 이수정은 처음 복음을 듣고 놀랐으나, 이제는 그의 완고함이 깨져서 천여 년 쇄국이었던 조국에 돌아가 성경을 전하고 싶어한다"라는 대의였다.

농학을 논하고자 했던 데서 기독교를 토론했고, 츠다 센에게 받은 한문 성경을 읽기 시작한 이수정은 그 혜안이 열렸다. 그는 천주교를 통해 기독교 교리를 이해함으로 개인적인 관심도 높았다. 짧은 시간에 복음에 심취한 이수정은, 1882년 성탄절 도쿄 제일장로교회 예배에서 큰 감동을 받았다. 이듬해 초부터 이수정은 츠다 센이 소개해 준 나가다(長田時行)와 함께 체계적인 성경 공부를 했다. 몇 개월간의 성경 공부를 통해 그는 예수를 그리스도로 영접하게 되었다. 그리고 축지교회가 세운 노게스초(露月町)교회의 야스가와 목사로부터 불교와 기독교의 차이점에 대한 의문을 해결한 후 세례를 받기로 결심했다.

개종을 결심한 이수정은 녹스 선교사에 의해 2시간 동안 세례 문답이 진행되었으며, 모든 점에서 만족하게 통과한 이수정은 1883년 4월 29일 일본 노게스초(露月町) 교회에서 야스가와(安川亭) 목사에게 세례를 받았다. 그는 계속 한문 성경을 읽었다. 본래 학식이 깊고 인격자인 이수정은 진리 탐구에 열중했다. 그의 글씨는 명필이어서 일본 사람들은 그가 쓴 문장을 얻으려고 노력하였다.

이수정은 1884년 8월에 《조선일본선린호화》라는 한국어 학습서를 저술하였고, 또한 1887년도 간행인 '메이지 자전의 한글 음훈(音訓)' 표기를 맡아서 정리하였다. 이는 그가 도쿄 제국대학 교수로 있으면서 이룩한 업적 중의 하나이다. 그는 그 외에도 한국의 풍속과 제도에 관한 글을 발표하여, 당시 일본 사회에서 한국에 대한 잘못된 인식을 올바르게 인도하는 데 무척이나 애썼다.

동경에서 '제3회 전 일본 기독교도 친목회'가 5월 11일 오전 8시에 신에이 교회당(新榮敎會堂)에서 열렸다. 일본 기독교는 부흥하고 있었다. 1890년에 300교회에 약 42,000명의 개신교 신자를 확보했다. 이러한 때 이 대회가 한국인 이수정을 귀빈으로 초청했다. 츠다 센의 소개로 400여 명이 참석한 데서 사회자 요쿠노 마사즈나(奧野正綱) 목사의 발의로 이수정이 등단하여 한국어로 공중기도를 하였다. 통관을 쓰고 두루마기를 입고 올피를 띤 한국인 특유의 이수정의 의장과 온유하고 겸손하고 천사같이 빛나는 얼굴은 일본 교계의 지도자들과 어깨를 나란히 해서 조금도 손색이 없었다.

다음날 구단사까(九段板)의 스즈끼(鈴木眞一) 목사의 집 뜰에서 대표 40명이 기념 촬영을 할 때, 이수정은 맨 앞줄의 중앙에 츠다 센과 나란히 앉아 귀빈의 대우를 받아 이채를 띠었다. 이때의 연사들은 우치무라 간조(內村鑑三), 니이지마(新島襄), 가나모리(金森通倫), 우에무라(植村正久), 미야가와(宮川經輝), 고자끼(小崎弘道) 등 당대의 쟁쟁한 명사들이었다.

일본 기독교의 거장 우치무라 간조(內村鑑三)가 그의 책 《나는 어떻게 그리스도인이 되었는가?》에서 "그런데 이런 일도 있었다. 참석자 중에는 한 사람의 한국인이 있었는데, 그는 이 은둔국의 국민을 대표하는 명문의 사람으로, 일주일 전에 세례를 받고 자기 나라 의복을 항상 입고 다니는 기품이 당당한 사람으로서 우리 중에 참가하고 있었다. 그는 자기 나라 말로 기도했는데, 우리들은 그 마지막에 '아멘' 하는 소리밖에 알아듣지 못했다. 그러나 그 기도는 무한한 능력의 기도였다. 그가 출석하고 있다는 사실과 또 그의 말을 알아듣지 못했다"라고 했다. 가장 큰 영향은 그의 고상한 인품이요, 인격이었다. 우치무라 간조는 그를 가리켜 온유하고 겸손한 사람이라고 했다.

이수정은 자신의 신앙고백을 한문으로 발표하였다. 번역하면 다음과 같은 내용이다.

> 본인은 오늘의 개화된 문명을 알지 못했다가 비로소 이번에 알게 되었습니다. 특히 일본에서 성령의 인도로 세례를 받아, 겨우 기독교의 대도를 전망할 수 있게 된 것입니다. 이제 성경을 떠나서는 내 의견을 조금이라도 말할 수 없게 되었습니다. 예수님께서 나는 아버지 안에 있고 아버지는 내 안에 계시다(요 14:10)고 하였습니다. 또 나는 너희 안에 있고 너희는 내 안에 있다고 말씀하셨습니다. 이 뜻은 실로 오묘한 진리입니다. 이것은 믿음에 이르는 관건이라고 봅니다. 그러므로 주님께서도 이 뜻을 크게 생각하여 말씀하신 것입니다. 저는 이 뜻을 열심히 연구하는 중입니다. 이것은 바로 하나님과 사람 사이에

있는 영감의 이치를 말씀한 것이며, 믿으면 모든 것이 이루어진다는 확증이기도 합니다.

예수께서는 비유로 아버지는 포도원의 주인이요, 자신은 포도나무요 우리는 그 가지라고 말씀하셨습니다. 이 포도나무 비유는 그리스도와 우리가 한 몸 되는 것을 말씀한 것입니다. 하나님과 사람 사이의 영감 관계도, 마치 등불의 심지가 불타지 아니하면 빛이 없는 것에 비유할 수 있습니다. 그러기에 영감을 받는 것은 믿음이 아니고서는 이루어지지 않습니다. 비록 형식상의 세례를 받았다 하더라도 마음에 신앙이 없으면 성도가 되지 못하는 것입니다.

그리고 하나님께서 하늘에 계시다는 것은 종을 칠 때 울리는 소리와 같습니다. 그러나 종과 망치가 있더라도 그저 늘어놓아서는 소리가 나질 않습니다. 망치로 종을 쳐야 소리가 납니다. 이제 크게 구하면 크게 얻을 것이며, 적게 구하면 적게 얻을 것입니다. 그리고 구해서 이루지 못할 것은 없습니다. 만약 우리가 삼위일체를 믿으면 우리 몸도 삼위 하나님과 합하여 일체가 됨을 믿게 될 것입니다. 이렇게 하나님께서 내 몸 안에 임재해 계시면, 나도 하나님의 몸 가운데 있게 된다는 것을 알 수 있습니다. 이것은 하나님께서 나의 일거일동과 나의 언어와 침묵 속에 임재해 계신 것을 의미합니다.

그러므로 누구나 자기 구원의 확실성은 자신이 그런 상태 속에 있는지 살펴보는 데서 알 수 있을 것입니다. 이런 사람이야말로 하나님의 영감을 받은 사람임을 증거하는 것이 됩니다. 설혹 이 사실을 알지 못하는 자라도 하나님께서 계시고 그리스도나 성령이 계심을 믿으면 사죄함을 얻고 하늘나라에 들어갈 사람이라고 봅니다. 또한 성령의 힘으로 마귀의 유혹과 구

> 덩이에 빠지지 않는 것을 은총이라 하는데, 하나님의 이 은총이 없으면 불교보다 나은 것이 없습니다. 불교는 하늘까지 사닥다리를 놓고 이것을 기어올라 그곳까지 가라고 합니다. 여기에서 우리는 기독교가 참되다는 것을 알 수 있습니다.
>
> 《한국 기독교 전래사》, 279-283쪽).

이처럼 성경을 토대로 전개시킨 그의 순수한 신앙고백은 읽는 이들에게 큰 영향을 주었다. 이것이 기독교 잡지 〈로쿠고 잡지〉(六合雜誌) 제34호(1883년 5월호)에 실렸다. 내용은 첫째, 그의 신앙 유형은 체험적 신비주의적 경건이라고 했다. 둘째, 천주교가 '불씨 지별파'로 이해되었으나 불교와 기독교의 차이를 파악함으로 불교를 극복했다. 셋째, 그에게서 복음의 토착화가 이루어지고 있었다. 넷째, 그의 신앙고백의 한계점은 당대의 개화파들에게서 드러나는 기독교를 개화의 수단으로 인식하고, 성경을 학문적 새로운 지식의 원천으로 대하는 측면을 가졌을 뿐 아니라 동시에 동양적 사고의 틀을 초월하지 못하고 있었다.

그의 신앙고백은 문서로 남아 있고, 한국 최초의 신앙고백으로서 신앙이 한국인의 심성에 어떻게 수용되고 있는지를 보여주는 첫 사례이다. 그의 신앙고백은 당시 개화파 지식인이 가졌던 동양적인 토양에 기독교의 복음이 어떻게 뿌리 내리고 있는지를 잘 보여준다.

이수정의 개종은 일본에 온 다른 한국인들을 향한 직접 전도와 미국에 대한 한국 선교 호소, 무엇보다도 중요한 1인 성경의 번역으로 전개되었다. 그는 구원받은 감격으로 한국 유학생들에게 복음을 전했는데, 첫 사람이 손봉구였다. 그에게 성경을 가르치니 "이수정이 그의 신앙 때문에 사형 당한다면 나도 죽을 각오이다"라고 했다. 그의 숙부는 40년 전 천주교 박해 시(병인교난) 순교했다. 두 사람은 6월 24일 한문 요리문답서를 교재로 주일학교를 시작하였다. 이것이 발전하여 선교사들이 성경을 가르치는 성경연구회로 확대되어 주일마다 설교자를 초청하여 정기적으로 예배를 드렸다. 이것으로 1883년 가을에 이수정이 주재하는 한국인 주일학교가 발족되었고, 1884년 동경에 최초의 한국인 교회가 설립되었다.

유학생 중에는 세례받고 신학교에 입학한 김익승과 박명화가 있었고, 그 외에도 일본에 체류 중이던 개화파의 이동인(李東仁), 김옥균(金玉均), 홍영식(洪英植), 서광범(徐光範), 서재필(徐載弼) 등을 미국인 선교사 낙스와 맥클레이에게 소개하여 서구 지식을 배우게 했다. 또한 윤치호(尹致昊) 등이 전도 받고 교회에 나왔다.

1883년 11월 25일 이수정은 일본의 대표적인 기독교 잡지 〈칠일잡보〉에 '미국 잡지들에 한국 선교를 요청하는 글들을 게재'하였다. 그는 낙스 선교사에게 한국에 선교사를 파송해 줄 것을 요청했다. 또한 한국에 선교사를 파송하면 "저는 비록 영향력이 없는 사람이지만, 여러분이 선교사들을 파송만 해준다면 최선을 다해 돕겠습니다. 간곡하게 바라는 바는, 지금 당장이라도 몇 명을 이곳 일본에 보내 여기서 일하고 있는 이들과 협의하면서 사업 준비를 하도록 해주십사 하는 것입니다. 제 생각에는 이것이야말로 가장 안전하고도 적절한 방법입니다. 그렇게만 된다면 제 기쁨은 한이 없겠습니다. 그리스도의 종, 이수정 드림"이라고 했다.

"만일에 미국 교회가 이 호소를 들어주지 않으면 하나님께서는 다른 길을 통하여 한국에 선교사를 보내 주실 것이다."(세계 선교 평론)

당시 일본 교회에서는 한국 선교론이 대두되어 한국 선교사를 지원하는 이들까지 나오는 분위기였는데, 이수정은 강력히 반대했다. 한일 간의 감정도 있었지만 서구문명을 직접 받고자 했기 때문이다. 그가 예수를 믿게 된 것을 기뻐한 사람은 미국 선교사들이었다. 일본에 있는 선교사들이 조선에도 선교할 마음을 가졌으나 천주교 박해와 쇄국정책 때문에 못했다. 그런데 이수정이 회개하고 세례를 받았으니 조선에 선교의 기회를 모색하려 했다. 그런데 그가 학자란 것을 알고 일본 주재 미국 성서공회 총무 루미스(H. Loomis) 목사가 기뻐했다. 루미스 목사는 이수정에게 성경 번역을 제의했다. 루미스 목사는 선교가 금지된 나라에 복음을 전하는 최적의 방법이 그 나라 말로 '말씀'을 담는 일이라고 판단했다.

루미스 목사는 이수정에게 번역 방법과 요령을 알려 주었는데, 우선 한문 성경을 정독하라고 하였다. 한문과 한글만 아는 이수정이었지만 번역하는 가운데 자연히 일본 성경이며, 영어 성경, 그리고 루미스의 지도로 희랍어까지 배우게 되었다.

이수정은 1883년 여름부터 번역을 시작했다. 한문으로 된 마가복음을 대본으로 하되 일본어, 영어와 헬라어 원문을 대조하면서 번역하였다. 이 번역에는 만주에서 번역된 《예수셩교젼셔》와는 달리 국·한문 혼용체를 사용하였고, 고유명사 표기는 원어에 가깝고 한문 투의 용어가 많았다. 하나님을 '천주(天主)'로 번역하였다. 천주는 천주교도들에게 사용되고 있었기 때문에 그대로 사용했다. 그 밖에 세례는 '밥테슈마'로, 그리스도는 '크리슈도스'로 음역하여 헬라어 원문에 충실하였다. 먼저 한국의 양반 식자층을 의식했다. 그래서 마가복음서를 《신약 마가젼복음셔 언ᄒᆡ》라고 한 것은, 유교와 불교 계통 서적의 한글역을 '언ᄒᆡ'라고 했기 때문으로 여겨진다. 특히 이수정의 동료 중 이동인(李東仁)이 불교에서 기독교로 개종함으로 그는 이수정의 성경 번역에 큰 도움이 되었다.

그들이 한문 서적을 읽을 때 한문 문장에 '이두식 '토'(吐)를 달아 한글 어법에 맞게 읽는다. 이 방식을 적용하면 한국인에게 한문 성경을 읽히는 가장 적절한 방법이 되리라는 데 착안하여 만들어진 성경이 《현토 한한 신약성서》(懸吐 韓漢 新約聖書)이다. 이는 일본의 훈독(訓讀) 성서를 참고했는데, 번역은 다 되었으나 출판은 사복음서와 사도행전만이 1883년 11월부터 1884년 8월에 간행되었다. 한글 성경 《마가의 전한 복음서 언히》은 1885년 초 요코하마에서 1천 부가 간행되었는데, 이것이 일본에서 번역된 최초의 한글 성경이었다. 이것을 언더우드와 아펜젤러가 들고 내한하였다.

"神의 子 耶蘇 基督의 福音이니 그 처음이라"로 시작되는 마가복음서는 그 역사적 의의 하나만으로도 천고에 두고 읽힐 성경이다. 이수정의 성경 번역은 유식자들과 일반인들을 염두에 둔 합리적 사고였고, 또한 그만큼 그의 조국에 대한 선교 열망이 간절했음을 보여준다. 결국 이수정의 활약은 미국 선교사들의 한국 선교 착수와 그 열정을 고조시키는 촉매 역할을 하였고, 성경 번역 같은 구체적인 활동은 초기 한국 기독교 수용사에 중요한 일이었다.

그는 경제적으로 어려웠다. 가족들이 이 소식을 듣고 동생이 돈을 들고 와보니 농업과 상업 연구가 아니라 성경번역을 하고 있었다. 성경은 나라의 금서로 발각되면 본인은 물론 가문이 몰살할 수도 있었다. 모든 것을 포기하고 귀국하자고 했다. 그러나 이수정은 "내게는 돈이 필요한 것이 아니며 또 고국으로 돌아갈 처지도 못 된다. 나는 고국의 내 동포에게 가장 좋은 선물을 발견했다. 그것이 기독교이고 내가 번역하는 성경이다"라고 했다.

그리고 성경 번역과 《교리문답》, 《초신자를 위한 탕자 회심》, 《조선 천주교 소사》를 저술하였다. 이수정이 성경을 번역하고 있을 때 일본에 있는 한국 유학생들을 모아 성경 공부를 시작했다. 그것이 매주일 모이면서 일본의 한국인 교회가 시작되었다. 그리고 본국에 선교를 위해서 1884년 3월에 루미스(Henry Loomis) 목사의 이름으로 당시 요코하마에서 간행된 〈세계선교평론지〉(Missionary Review of the World)에, 9월에는 〈외국선교사 잡지〉(The Foreign Missionary)에 낙스(George W. Knox) 목사의 이름으로 '한국의 사정'이라는 제목으로 한국 선교의 긴박성을 주장했다. 이수정은 12월 13일부로 발간된 〈세계선교평론지〉에 자기 이름으로 한국 전도의 중대성과 긴박성을 강조했다.

그 결과 1884년 2월, 뉴욕시 브루클린에 있는 라피엣 교회(Lafayette Presbyterian Church) 교인이며 미국 북장로교회 해외선교부 위원 중 한 명이던 맥윌리엄스(D.W. McWilliams)가 한국 선교를 위해 5,000달러를 희사한다는 편지가 미국 북장로회 해외선교부에 전달되었다. 이는 미국 장로교 측이 한국 선교를 시작하는 데 결정적인 계기를 제공했다는 점에서 대단히 주목할 만하다.

이러한 맥윌리엄스의 제의는 선교부에 의해 곧바로 받아들여졌고, 그해 5월에 맥윌리엄스는 약속한 선교기금 1차분 1,250달러를 선교 본부에 보내왔다. 이 '프레디릭 마킨드 기금'은 미국 북장로회 한국 선교의 기초가 되었다. 선교부는 마침 상해에 있던 알렌이 한국 선교사로 자원함으로 그를 1884년 7월 한국 의료선교사로 임명했다. 한편 교육 사업을 겸할 선교사를 언더우드가 자원하자, 그를 교육 및 복음 선교사로 한국에 파송하였다. 이러한 점에서 새문안은 언더우드 목사의 한국행을 가능케 하는 데 결정적인 역할을 한 맥윌리엄스와 그가 속해 있던 라피엣 교회와의 남다른 인연을 결코 잊을 수 없을 것이다.

이수정이라는 인물은 한국교회를 위하여 하나님이 보내신 숨은 선교사였다. 외국에서 조국의 복음화를 위하여 그가 행한 일들은 타의 추종을 불허했다. 선교사들이 들어오기 전에 한국인이 외국에서 기독교를 수용함은 세계 선교사상 유례가 없는 일로 한국 선교의 특징이며 자랑이다. 이미 한국 선교를 연구하던 미국의 장로교와 감리교 선교부에서는 이수정의 청이 있자 즉각 호응했다. 1882년 5월, 한미수호 통상

조약이 체결되고 전년 봄에는 푸트(Lucius H. Foote)가 공사로 부임하였다. 이제는 신변의 위험이 없으므로 일본에 있는 선교사로 현지를 답사하게 하였다.

장로교는 낙스(George W. Knox) 목사를, 감리교는 맥클레이(Robert S. Maclay) 목사를 한국에 보내기로 했다. 낙스 목사는 한국에 가지 못했으나 맥클레이 목사는 1884년 6월 서울에 와서 의료 사업과 육영 사업을 개설하는 선교 사업을 시작할 터전을 마련하였다. 한편 9월에는 장로교의 의사요 선교사인 알렌(Horace N. Allen)을 서울의 공사관 의사로 보내고 사태를 관망케 하였다. 미국의 선교 본부에서는 이수정의 호소문이 나오기 전까지는 한국 선교에 대한 긴박성을 인식하지 못했다. 이수정의 글을 읽고서야 선교사를 지원하는 사람도 나타났고, 한국 선교 사업을 위한 후원금도 들어오게 되었다.

1885년 4월, 장로교의 언더우드(Horace G. Underwood) 목사와 감리교의 아펜젤러(Henry G. Appenzeller) 목사를 파송케 되었다. 언더우드 목사는 일본에서 이수정을 만났으며, 2개월간 한국어를 배웠고, 그가 번역한 〈마가복음〉을 들고 한국에 오게 되었으며 1894년 수정하여 서울에서 출판했다. 이수정은 한 개인으로 세계에 한국 선교를 호소한 인물이 되었고, 한국에 오는 선교사들을 위한 모든 협력을 다했다. 그는 한국 선교를 호소할 때 선교사가 한국에 온다면 자신이 선교사를 동행하겠다는 말도 했다.

이수정이 성경을 번역하던 1884년 12월, 서울에서는 김옥균, 박영효 등 급진적 개화파가 갑신정변을 일으켰다. 그러나 삼일천하로 무너지고 일본으로 망명했다. 당시 동경에는 유학생이 20여 명 있었다. 관비생만 아니라 사비생도 있었다. 유학생들은 개화운동에 앞장선 김옥균의 알선이 있었다. 그들이 정변에 실패하여 망명한 김옥균과 접촉했다. 본국에서 이 유학생들을 소환하라고 명령했다. 3명만 소환에 응하고 17명은 거부하고 도피했다. 정부도 강경한 태도로만 임할 수 없어 학생들을 회유하여 귀국시키는 방법을 택했다. 안종수 등을 1885년 4월에 파견하여 학생들과 접촉하게 했으나 실패하고, 1886년 통리교섭통상사무아문 주사인 박준우를 보냄으로 대부분의 유학생을 귀국시켰다.

이수정은 유학생이 아니라 일본 문부성 초빙으로 동경 외국어학교의 교사였다. 그러나 기독교 신자가 되어 공공연하게 활동한다는 실정을 알고 정부에서는 유학생과 함께 소환령을 내렸다. 이수정은 한국의 개화를 진정 원했지만, 민영익이 김옥균 파에게 공격을 받음으로 김옥균과 좋은 사이는 아니었다.

오윤태의 《선구자 이수정 편》을 보면 이수정은 자객에 의해 두 차례나 심한 부상을 당했다. 먼저는 김정식이 살해하려다 실패했고, 김의순이 말다툼을 하다가 그의 복부를 차고 얼굴을 때려 큰 상처를 입혔다. 그는 일본 형법에 의해 유죄금고형을 받았다. 이수정은 1886년 5월 귀국해서 행방이 묘연해졌다. 이에 그의 행적은 1882년부터 1886년까지 4년도 못 되는 기록으로 끝났다. 그러나 이수정의 행적은 한국 기독교 선교에 큰 역할을 했다.

이수정에 대한 몇 가지 점에 일치하지 않는 기록들이 있다. 그의 이름을 쓰는 데도 조정 정(廷)과 뜰 정(庭)을 씀으로 일치하지 않는다. 또 그의 출신 문제이다. 그가 전주 이씨라면 정치인으로 출세할 수 있으므로 큰 역량을 발휘했을 것이다. 그러나 《한국개화사 연구》의 저자는 "그가 울산 이씨인 듯하고 서울 출생인 듯하다"라고 했다. 또한 그가 평창 이씨였다면, 그 가문에는 천주교인이 많았을 것이다. 이승훈이 순교자였으며, 그의 숙부가 순교했다는 것도 합리화된다. 그런데 그의 족보가 확실치 않다. 이광린은 그가 양반이 아니라 관직은 없었으며, 양반이 아니므로 예수를 믿었고, 그는 상인이었다고 주장한다. 그를 평창 이씨로 보았기 때문이다. 천주교인으로 박해를 받고 순교자가 있는 가문이었으므로 관직이 없었을 것이다. 그래서 그를 상인으로 보았다. 이수정은 인삼을 거래하면서 민영익의 수하에서 살았다. 그래서 민영익이 일본에 파견하는 신사유람단에 그를 포함시켰다.

그러나 만일 이수정이 양반이 아니고 인삼상인이었다면 어떻게 동경대학교 한국어 교수가 되었으며, 그의 신앙고백이 훌륭한 문장으로 사방에서 글을 써 달라고 청탁이 되었을까? 이수정이 인삼 상인이었다는 데는 오윤태도 동의한다. 그러나 오윤태는 이수정이 높은 수준의 사람이요, 학자이며 왕족이라고까지 주장했다. 그렇다면 전주 이씨로 여겨진다.

다른 의문은 관직이다. 민경배는 그를 '통리 외무아문의 협판'으로, 김양선은 '홍문관 교리'로, 백낙준은 '승무원 검교'로, 오윤태는 왕족이자 '선략장군'(宣略將軍)을 지낸 종5품으로 보았고, 장병일은 왕궁에서 연력기자(年曆記者)인 도승지라고 했다. 이광린은 홍삼 무역을 하는 상인으로 보았다. 이 증거들로는 상인으로 또는 민비를 구출한 장군이라는 점에서이다. 그렇다면 문인은 아닐 것이다.

둘째로 그가 낙스에게 세례를 받았다는 것과 야스가와(安川亨) 목사에게 세례를 받았다는 설도 있다. 낙스에게 받았다는 설은 일본 목사에게 세례 받지 않았다는 것으로 합리화될 수 있을 것이다. 선교 초기에 개종자들은 선교사에게 세례를 받았다. 그러나 세례는 본 교회 당회장에게 받는 것이 장로교법으로 타당하다. 그러므로 야스가와 목사에게 세례를 받았다는 것이 합당하다.

셋째로 중요한 사실은 귀국 후 행방이다. 백낙준은 그의 저서 《한국개신교사》에서 최초로 그의 '배교설'을 주장했다.

"이수정은 귀국을 앞두고 기독교 신앙에서 이탈하였다."

이것은 미국 북장로교 해외선교부의 엘렌 C. 파슨(Ellen C. Parson)이 저술한 《한국 선교 15년사》의 '잃어버린 지도자'란 글에 나온다. 파슨은 "가련한 이수정은 미국인에게 한국에 대한 관심을 적지 않게 불러일으켰지만 좋지 못한 영향에 빠져 그는 열려 있는 문을 박차 버렸다"라고 했다.

일본 주재 미국 장로교 성서공회 총무 루미스가 성경 번역을 요청해서 신약성경을 번역하기로 약속한 후 관심을 성경 번역에 쏟지 못하는 데 대한 배신감을 느꼈을 것이다. 파슨이 루미스의 선교 보고서를 보고 기록한 것으로 여겨진다. 김인수도 이수정이 "신앙을 버렸다면 불행한 일이 아닐 수 없다"라고 했다. 루미스는 "Friend of the East. Things Korea"에서 "그리하여 마침내 1886년 5월에 귀국했는데, 귀국하자마자 곧 보수당에 붙잡혀 온몸을 토막토막 잘리는 형벌로 처형되고 말았다"라고 했다. 이것이 '배교설'의 배경이다. 《한국 기독교 인물사》에서 김광수는 "이수정은 귀국하자마자 보수당에 의하여 체포되었고 비밀리에 무참히 처형되었다"라고 했다. 이수정의 친구 안종수가 '갑신 잔당'으로 몰려 충청도 해미로 귀양간 것도 이 무렵이었.

다음은 처형을 당한 것을 사실로 인정한다면, '순교인가? 정치적 처형인가?' 하는 점이다. 대부분 정치적 처형으로 결론을 내린다. 왜냐하면 루미스의 판단도 성경 번역을 게을리 한 이유로, 그가 국내 정치에 골몰한 나머지 성경 번역을 포기했다고 믿었기 때문이다.

이 설도 일리가 있다.

"이수정이 귀국 2개월 전 이수정 암살 미수 사건이 있었다. 갑신정변 실패 후 일본에 망명한 이들과 민영익 계인 이수정 간에 반목이 있었다. 이수정은 그간 망명인사들이 일본에서의 활동을, 특히 1885년 11월에 김옥균이 일본 정객과 결탁하여 정부를 전복하려고 한다는 소문을 본국에 보고하였다. 이 같은 친정부인인 이수정이 귀국한다고 하자 김옥균계에서 이수정을 암살하려는 음모가 계획되었다"라고 오윤태는 생각했다.

오윤태는 이수정이 고종의 총애를 받았기에 처형은 사실이 아닌 추측이라는 주장이다. 이수정과 같이 조선에 왔던 정상각오랑(井上角五郎)은 1886년 7월 14일자 조선에서 동경으로 보낸 통신에 "오랫동안 일본에 체재하고 있던 이수정 씨는 귀국 후 일본에 있을 때 얻었던 지병도 근일에는 점점 쾌차가 있어 건강이 회복되어 가며, 국왕은 특별히 그를 사랑하고 우대하며 소중하게 여겨 근일에는 특별히 쌀과 돈을 하사하였다고 한다"는 보고를 했다. 이수정이 보수파의 손에 죽임을 당할 까닭이 없고, 동경에서 자객 김의순에게 받은 상처로 별세했거나 혹은 김옥균 파에게 암살당할 여지가 있었을 것이라고 했다.

이수정의 귀국 후 행적이 없으므로 처형이라는 말이 나왔다. 그것도 사실에 근접한 일이 될 수 있다. 장병일은 정치적 정적들에게 죽임을 당했다고 하였다. 보수파에서 이수정을 살해했거나 처형했다고 믿기 때문이다. 이대인도 《숨겨진 한국교회사》에서 "1886년 5월, 4년간의 일본 생활을 청산하고 귀국하였는데 귀국 후 곧 처형된 것으로 전해진다"라고 했다. 민경배도 《한국기독교회사》에서 "이수정이 민영익과 같은 보수계 인사와 친숙한 것이 사실이었지만, 일본에서 너무 공공연히 활동한 것이 친일의 혐의를 낳고 그래서 귀국하자 곧 관헌에 의해 처형되었기 때문이다"라고 했다.

이광린은 윤치호의 1887년 2월 22일 일기를 소개했다.

"장은규, 박영빈 등 6인이 모두 비밀리에 살해되었다고 한다. 야만 정부의 하는 일이 그처럼 잔인하니 우리나라가 발전하지 못함을 어찌 괴이하다고 하겠는가!"

나머지 4명의 이름은 알려지지 않았으나, 유학생들이 처형되었다면 이수정도 처형되었다고 추측한 것이다. 그가 처형당했다고 할 때 신앙을 버리고 처형을 당했다는 것이다. 김해연도 "이수정은 일본에 머물면서 계속 성경을 번역하지 않고 정치에 관심을 두다가 1886년 4월에 귀국했을 때 관헌에게 체포되어 처형당했다. 일설에는 배교했다고 하는데 이는 권력을 장악한 보수당의 정치적 보복인 것이며, 이수정이 일본에서의 성경 번역과 조선 선교 호소는 마치 '마게도냐의 손짓'과 같은 것이다"라고 했다.

이수정이 처형당한 이유도 다르다. 김옥균과 교류한 까닭에 개화파로 몰려 죽었다고 하며, 또 다른 설은 국가에서 금하는 기독교를 믿고 성경을 번역하고 전도한 까닭에 처형당했다고 한다. 이수정이 배교하고 처형당했다면 개화사상에 치우쳤다고 볼 것이다. 하지만 기독교에 입신하고 세례를 받을 때의 감격, 일본 전국신앙대회에서의 신앙고백, 미국을 향한 선교사 파송의 요청으로 '한국의 마게도냐인'이라는 별명을 갖게 되었고, 성경 번역을 한 경력에 대한 큰 흔적이 있다.

이수정은 김옥균의 일파로 일본에 유학 온 사람들을 전도해서 성경을 가르치고 일본에 최초의 한인교회를 설립한 사람이다. 그가 불교의 승려인 손봉구를 전도해서 성경을 가르치고 있을 때 그는 "이수정이 순교한다면 자신도 순교할 수 있다"라고 고백했었다. 이수정은 숙부가 천주교인으로 순교한 사실을 알고 있었으며, 예수 그리스도로 말미암아 구원받은 감격을 지니고 있었다.

그는 애국자였으므로 개화사상이 투철했다. 성경 번역을 한 이유도 조국에 하나님의 말씀을 전파하기 위함이었다. 개화사상가란 서구의 문물을 수용함으로 국가가 발전할 수 있다고 믿는 사람이다. 그렇다면 조국과 신앙 중 어느 편이 우선이었을까? 자신이 구원받은 영혼으로 조국을 발전시키고 강대하게 하자는 것이 바른 신앙인의 자세라고 한다면 이수정이 그렇게 했으리라고 믿고 싶다. 그러므로 이수정은 순교자로 인정해야 한다. 이수정이 순교했다면 그는 하나님 앞에서 가장 큰 상을 받을 것이다. 그의 행적으로 보아 당연히 상을 받았으리라고 상상할 수 있다.

한반도가 암흑에서 벗어나 여명이 비쳐올 때, 하나님은 이 땅에 복음을 전해 주시고자 이수정을 일본으로 보내셨다. 이수정은 한글 성경을 번역하여 언더우드를 통해 고국에 전하고, 세례 요한처럼 조용히 뒤로 물러났다. 그리스도의 복음 전파는 성경 위에서 이루어진다.

이수정을 순교자로 인정하는 이들이 있다. 그가 세례받은 교회에서 오랫동안 목회한 이나가끼(稻桓德子) 여 목사는 이수정이 순교자라고 주장한다. 김수진도 이수정이 순교했다고 믿는 사람 중 하나이다. 그러나 분명한 사료가 없다.

마지막으로 이만열은 "이수정의 개종과 활동"(빛과 소금, 1988. 5. pp. 210-211)에서 "이수정은 1886년 5월 12일 귀국하여 국내에서 은거하다가 병사했다"라고 서술했다. 허순길도 《한국장로교회사》에서 "1886년 5월, 그는 귀국하여 은거하던 중 병사하게 되었다"라고 기록했다. 김해연도 《한국교회사》에서 "1886년 이수정은 귀국 후 다소간 고종의 환대를 받았으나, 곧 일본에서 자객에게 얻은 상처로 득병하여 사망한 것으로 보인다"라고 했다. 이에 대해 강력한 주장은 오윤태이다. 그는 《한국기독교사: 선구자 이수정》편에서 처형설은 오보라고 했다. "귀국한 이수정은 고종의 특별한 총애를 받아 왔는데, 교계 및 관계에 그에 관한 기록이 없다"라고 했다.

이수정의 기록을 읽으면서 가장 큰 의문이 하나 있다. 그의 이름이 여러 곳에서 가려져 있다는 것이다. 먼저 그의 본이 확실치 않으며, 임오군란 시 민비를 살린 공로자 중 한 사람으로 선략장군 칭호까지 받았다고 하나 정식 역사에는 그의 이름이 없다. 또 일본에 파견되는 신사유람단원의 명단에도 그의 이름은 없다. 그 이유로 민비를 구출한 사람으로 대원군파에게 경계 받는 사람이기 때문이라는 것이다. 여하튼 그의 이름이 빠진 곳들이 있다. 그가 귀국했을 때 함께 온 사람들이 처형당했다. 그런데 두 사람의 이름이 밝혀지지 않았는데, 그것이 이수정이라는 추측을 하고 있다.

밝혀져야 할 이수정의 이름이 나오지 않는 이유를 알 수 없다. 그는 가려진 사람이었다. 그의 관직, 일본에 잔류한 것도 어떤 임무가 있었던 것이 아닌가 한다. 그렇지만 일본에서의 4년간의 행적은 뚜렷하다. 그의 관직이나 인삼 장사치로서의 행적이 아니다. 변화된 기독교인으로서의 행적이다. 그는 한국교회에 초석을 놓았다. 그리고 귀국함으로 그의 삶은 끝났다. 그는 미스테리의 기독교인이었다.

이수정을 순교자라고 인정하는 이들이 많다. 그러나 현재는 그의 무덤도 알 수 없고, 그를 위한 기념비조차 없다. 그리하여 그의 성서 번역의 공로와 선교사 유치를 위한 호소에 대한 업적을 기리는 일이 없다. 이에 그의 선구자적인 업적이 그냥 묻혀서는 안 된다는 한국 기독교 성지순례 선교회장 박경진 장로의 주장에 의하여 이수정이 재조명되고 있다. 바라기는 역사적 사료가 발굴되어 확실한 증거를 갖고 진행되었으면 한다.

한 사람의 삶은 그 한 사람으로 끝나지 않는다. 이수정은 19세기 말 한국인으로 일본에서 그의 삶을 꽃피웠다. "한 알의 밀이 땅에 떨어져 죽지 아니하면 한 알 그대로 있고 죽으면 많은 열매를 맺느니라"(요 12:24)고 하신 주님의 말씀처럼 그의 죽음은 여기에 뜻을 두고 있었다. 그는 전혀 한국인에게 소개되지 않았다. 역사가들에 의해서 발견된 사람이었다. 만일 그가 없었다면 어떤 결과가 나왔을까? 이것은 상상하기도 싫은 것이다. 하나님께서는 이렇게 그의 일꾼들을 숨겨 두고 개발하셔서 쓰셨다.

　이수정은 한국교회 역사에서 지울 수 없는 존재이며, 그로 인해서 하나님의 역사가 크게 나타난 것이 확실하다. 여러 면에서 의문이 많은 것은 그의 사료가 아직 발견되지 않았기 때문이다. 여러 학자들이 여러 가지 사료에 의해서 그를 해석하고 있다. 역사가들의 상상이 동원된다. 이에 사료에 대한 해석을 바로 해야 한다. 어떤 역사가는 픽션을 쓰기도 한다. 아니면 너무 편협된 해석을 하는 경우도 있다. 객관적이고 중립적, 이성적, 역사적 해석을 할 수 있는 분이 훌륭한 역사학자라고 여겨진다.

03 고찬익 장로
(高燦益 長老, 1857-1908)

갓바치로 서울 최초의 장로

　김인서 목사는 고찬익 장로에 대해서 쓰기 위해서 게일 목사의 영문으로 된 《조선》이라는 책에 고 장로에 대한 기록이 있다고 해서 구하려 했으나 실패했고, 연동교회에서 그 기록을 구하려고 했으나 실패했다고 했다. 그래서 선배들의 구전에 의하여 불완전한 기록을 남길 수밖에 없었다고 〈신앙생활〉(1933년 2권 10호)에 밝혔다. 그 선배란 길선주 목사였다. 길선주 목사와 고찬익 장로는 총회에서 만나 여러 가지 일을 함께했던 사람이었다. 그리고 평양 성령운동에 적극 동참한 사람이었다.

　고찬익이 1861년 평안남도 안주에서 천민 출신으로 태어났다고 하나, 김인서 목사는 "1875년 5월 10일, 그 부모가 경성에 우거할 때 경성에서 출생하여 평양에서 성장한 평양 사람이다"라고 했다. 그 부친은 상업으로 생활하였는데, 고찬익은 겨우 글을 읽고 쓸 만큼 교육을 받았다. 그는 강직하고 유순하여 타인의 인격을 극히 경애하고 자기의 지조는 굳게 지키는 성격이었다.

　1888년 6월, 캐나다 토론토 대학교 기독교청년회에서 파송받은 게일(J.S. Gale) 선교사는 1891년 8월 미국 북장로교 선교사로 소속을 바꾸고 1892년 6월 원산에서 같은 소속의 소안론(W.L. Swallen) 선교사와 함께 봉수대에 선교구(예수 집)를 개설하고 선교를 시작했다.

1891년 모펫과 게일 선교사는 선교지를 물색하던 중 원산을 선교지로 정하였다. 그리하여 1892년 7월에 캐나다 장로교 선교사 게일이 원산에서 선교를 시작했다. 함경도에서 장로교의 역사가 전개되기 시작한 것이다.

1894년 북장로교 선교사 소안론(W.L. Swallen)이 원산에 도착함으로 선교 사업이 활발히 진행되었다. 게일의 집을 '예수 집'이라 불렀다. 이때 기독교를 반대하는 원산 사람들은 '예수 집'에 돌을 던져 문을 부수고 "예수 도깨비 나와라!"고 소리를 질렀다. 그래서 전도하려고 밖으로 나오면 큰 구경거리나 되는 듯 모여서 웃고 놀리며 야단법석을 떨었다.

원산은 일찍이 외국 사람들이 수시로 드나드는 자유항 같았으므로 원산 토박이들은 비교적 대인관계가 부드럽고 친절하였다. 원산은 부산 다음으로 개항한 항구로서 그곳에는 세관 사무를 보는 두 영국인이 있었고, 중국인과 일본인들이 있었다. 특히 일본인들은 전보국까지 두어 무역에 종사하였고, 부산과 블라디보스토크 사이를 한 달에 한두 번씩 정기적으로 운항하는 일본인 상선 도오꼬 마루와 사츠마 마루가 있었다. 그때 원산 인구는 기록에 의하면 약 3,000호 가량 되었다고 하니까 아마 15,000명쯤 되었다고 볼 수 있다.

게일 선교사는 원산 봉수대에 조그마한 집을 마련하였다. 봉수대란 옛날부터 봉화를 올리던 곳으로, 원산 봉수대는 북쪽으로 약 40리쯤에 있는 문천 옥녀봉에서 올린 봉화를 받아 문평 망덕산에서 전해 주면, 그것을 봉수대에서 다시 받아 남쪽 안변과 고산과 삼방 고개를 넘어 중앙정부에 전해 주던 전령의 요지였다.

원산 봉수대는 송도원과 원산 번화가 사이에 있는 높은 언덕이다. 거기에는 또 한국 정부의 감령이 있고 경치가 매우 좋은 곳이다. 이 근처에 올라서면 눈 아래로 새로 열린 항구와 송전만이 내려다보이고 멀리

반도를 넘어 동해 바다가 열린다.

　게일 선교사는 1893년 성탄절에 처음으로 한국 사람들을 집으로 초대해서 성탄 선물로 서양 과자, 손수건, 서양 접시 같은 것을 주었는데, 이때부터 게일 선교사의 집은 '예수 집'으로 통하게 되었다.

　이 '예수 집'에는 토박이만 아니라 타관 사람들도 드나들었다. 1893년 원산 최초 교회인 광석교회가 설립되었는데, 이 교회를 '창 앞 교회'라고도 불렀다. 차재명 목사의 《조선예수교장로회 사기》는 광석동 교회의 시작을 "선년에 선교사 게일과 소안론이 시처에 내주함으로 교무에 전력할새, 게일은 어학 준비와 성경 번역을 담당하여 후래에 《한영자전》과 《누가복음》이 발행되었고, 소안론은 선복을 환착하고 조사(助事) 전군보, 이기풍 등과 병력하여 수륙 각지에 열심히 전도함으로 원산부 내 김용보, 송창운, 김수억, 유태연, 이근식 등이 전후 신종하여 교회가 성립되고 김수억, 오승초, 강경조 등은 합동 연보하여 구화 800냥으로 동내노전을 매입하였다가 후대에 역장 기지로 척매하여 교회의 기본금을 설치하니라"라고 했다.

　날로 교회가 발전하여 많은 사람이 교회로 몰려왔다. 특히 모학수라는 원산의 유력자가 교회에 나와 봉사하니 광석교회에 큰 힘이 되었다. 뿐만 아니라 갓바치 출신의 고찬익은 게일 선교사와 서울에 가서 연동교회를 부흥시킨 사람으로 광석교회에서는 밤낮으로 전도하며 교회 일에 전념하였다.

　또 게일 목사가 존 번연의 《천로역정》을 번역했을 때 그림을 그린 김준근은 승려였다가 회개하고, 예수를 믿은 이호재, 김수억, 차을경, 후에 목사가 된 전계은도 광석교회의 최초 교인으로 그 열심과 전도에 전념한 바는 이루 말할 수 없을 정도였다. 이들이 게일과 소안론 선교사에게 세례를 받은 후 함경남북도로 흩어져서 전도에 힘쓰니 광석교회로부터 여러 교회가 생겨났다고 할 수 있다.

고찬익은 평안남도 안주 사람으로 젊어서 방탕하여 고향을 떠나 유랑 생활을 하다가, 30세 전에 함경남도 원산에서 자리잡고 산 것으로 알려져 있다. 그는 갖바치 출신으로 원산에 도착하기 전까지 한국의 팔도강산을 떠돌아다니며 사람을 속이는 노름꾼, 사기꾼, 술꾼으로 이름을 날리던 부랑자였다. 젊어서 싸움 잘하고 난봉을 부리다가 관가에 붙잡혀 가서 매를 많이 맞아 몸에 상처가 많았다. 그러다가 폐인이 되어 아주 벙어리가 되었고, 그래서 무당을 찾아가 굿을 하고, 절간에 찾아가 불공을 드리기도 하였지만 벙어리 귀신은 나가지 않았다.

　1892년 7월, 원산에 온 게일 선교사가 전도하러 거리에 나갔다가 고찬익을 길에서 우연히 만나게 되었다. 게일 선교사는 벙어리 고찬익을 보자 불쌍한 생각이 나서 전도지를 주며 예수 믿고 하나님의 아들이 되라고 손을 내밀어 악수를 청하였다. 그런데 그날 저녁 꿈에 하늘에서 소리가 났는데 묻기를 "네 이름이 무엇이냐?"라고 하였다. 고찬익은 꿈에서도 말을 못하고 속으로 "고, 고, 고"라고만 대답하였다. 다시 두 번째로 "네 이름이 무엇이냐?"라고 물었다. 고찬익은 너무도 무섭고 떨려서 방바닥에 엎어져서 "내 이름은 고가올시다. 싸움꾼이고, 술꾼이고, 망나니올시다. 누구신지는 모르겠으나 저를 용서하여 주십시오"라고 울면서 대답하였다.

　그러자 흰 옷을 입은 사람이 앞에 나타나서 그의 몸을 만지면서 "이제부터 너는 내 아들이다" 하고 사라졌다. 하도 이상하여 어제 낮에 양도깨비 예수꾼 게일 선교사에게 받은 전도지와 쪽복음 성경을 읽었다. 그런데 갑자기 혀가 완전히 풀리고 말이 되기 시작하는 것이었다. 고찬익의 기쁨은 말로 다할 수 없었다.

　그가 밤중에 봉수대에 있는 '예수 집'의 게일 선교사를 찾아가 문을 두드리자 잠에서 깨어난 게일 선교사가 반갑게 "형님, 잘 오셨습니다" 하고 말하며 너무나 친절하게 맞았다. 그는 꿈에 일어난 일과, 자신이 벙어리인데 말을 하게 되었다고 고백하였다. 게일 선교사는 마가복음을 주면서 9장 1절부터 29절까지 읽으라고 하였다. 이 부분은 벙어리 귀신이 나가는 장면이었다.

　이렇게 해서 예수를 믿게 되었고, 게일 선교사의 집 문간방에서 살면서 물 긷고, 장작 패고, 불을 때는 일을 했다. 성경과 찬송과 기도를 열심히 배웠다. 한편 게일 선교사는 사랑이 많고 말 잘하는 고찬익이 소리(시나위)를 하고 장구 치는 데 넋을 잃고 한국 고유의 곡조로 찬송가를 만들기 원했다. 또한 장구, 북, 꽹과리 치는 법도 배웠다.

　이때 게일 선교사는 이름 없이 성(高)만 있는 그에게 "세상을 빛나게(燦) 하고 이롭게(益) 하라"는 뜻으로 찬익(燦益)이라 지어 주어 고찬익이라는 이름이 생겼다. 지난날에는 많은 사람들에게 해를 끼쳤고 나쁜 일만 하는 사람으로 이름이 널리 알려졌지만, 이제는 예수를 믿고 새사람이 되어 많은 사람에게 유익을 주고 칭찬을 받고 도움을 주는 사람이 되라고 지어 준 이름이다. 고찬익은 선교사들에 의해 조사가 되었으며, 동네마다 다니며 장구 치고 소리를 하면서 사람들을 모아 놓고 유창한 말솜씨로 전도하였는데 심지어 멀리 문천, 안변까지 갔다.

　원래 머슴이기도 한 고찬익을 알게 된 뒤, 게일 선교사는 그가 쓴 《한국인의 생활풍습》에서 한국인의 머슴에 대하여 다음과 같이 서술하였다. "한국의 머슴은 한국민의 순종(純種)이다. 머슴은 무식하지만 고요한 아침의 나라 한국민의 순박한 특성을 담뿍 지니고 있다. 머슴은 태연자약하고 용감하고 충직하고 지칠 줄 모르며 굳세다. 그래서 머슴에게는 서구문명을 받아들이기에 알맞은 그 어떤 힘이 있다." 게일 선교사는 예수님께서 무식한 베드로와 요한 등을 훌륭한 사도로 세운 것을 재현했다. 전통적인 천민으로서의 신분에서 벗어나 천부의 인권을 찾아 거듭난 고찬익은 새로운 삶을 살게 되었다.

1893년 게일과 소안론 선교사의 노력으로 원산 최초의 광석교회가 설립되었다. 함경남북도로 교회가 퍼진 근원지는 광석교회였다. 고찬익은 교회의 한국인 지도자로 부흥에 기여했다. 한 예로 원산 중창리의 김수억이라는 사람을 전도해 그의 가족 전체를 광석교회 핵심교인이 되게 했다. 게일 선교사가 번역한 《천로역정》의 삽화를 그린 김준근도 이 교회 교인이었다.

1894년, 고찬익은 광석교회에서 소안론 목사에게 세례를 받았다. 1899년 9월, 게일 선교사를 따라 상경해 연동교회에서 봉사했다. 이때부터 연동교회 초대 목사가 된 게일 목사의 조사로서 고찬익은 계속해서 전도자의 삶을 살았다.

한번은 예수를 믿기로 한 사람을 심방했다. 그는 가난하여 먹을 것이 없을 정도였다. 그러면 노동을 해서라도 먹고 살아야 한다고 했다. 그런데 그는 노동은 천한 사람이나 하는 것으로 여겼다. 그래서 다음날 고찬익은 노동복을 입고 그를 찾아가서 함께 노동하러 가자고 하자 할 수 없이 따라나섰다. 선교사의 건축공사장에서 일을 했다. 그러자 게일 목사가 이를 보고 왜 노동을 하느냐고 물었다. 그러나 고찬익은 아무 말 없이 함께 노동하여 저녁에 자기가 받은 노임까지 그에게 주었다. 다음날 또 함께 일을 했다. 그리하여 그는 노동을 하는 것이 가정에 유익이 될 뿐만 아니라, 노동은 천한 사람의 직업이 아니며 누구나 해야 하는 삶의 방편이라는 것을 깨달았다. 그리하여 그의 가정도 윤택한 삶을 살게 되었다.

장애인 서너 명이 모여 있는 빈민굴에 가서도 전도하였다. 저들은 교회에 가기를 원했으나 장애인이기 때문에 갈 수 없다고 했다. 고찬익은 한 명씩 업어서 교회에 데리고 왔다. 그리고 강단에서 설교했다. 고찬익의 전도는 가난한 사람에게 구제하고, 게으른 사람에게 노동을 가르치고, 병든 사람은 업어 데려옴으로 예수님의 마음을 보여주었다.

1901년 서울 새문안교회에서 서경조, 김종섭, 방기창 세 명의 장로와 양전백, 송순명, 최홍서, 천광실, 고찬익, 유태연 여섯 명의 조사, 그리고 25명의 선교사들이 제1회 조선야소교 장로회 공의회를 조직했다.

1902년 가을이었다. 고찬익은 평안북도 관찰사를 지낸 박승봉 대감을 전도하려고 접근했다. 순한문 복음서를 갖고 박 대감을 찾아갔다. 그리고 한문을 가르쳐 주기를 청했다. 매일 박 대감에게 마태복음을 배우면서 요절을 읽을 때는 그것을 해석하곤 했다. 그런 중에 성경에 감화되어 그것이 기독교의 성경임을 알게 되었다. 고찬익은 박 대감에게 예배당에 한번 구경 오시라고 청했더니 호기심으로 어느 주일 연동예배당에 나왔다.

자기에게 글을 배우던 시골 서생인 고찬익이 단상에서 설교하고, 단 하에는 이상재, 이원긍, 민준호 등 귀인, 명사들이 앉아서 그의 설교를 듣고 있었다. 그뿐 아니라 설교를 듣고 있는 교인이 1천여 명이나 되었다. 이런 장면을 본 박 대감은 그제야 고찬익은 자기 학도가 아니라 예수교의 대선생임을 알고 놀라움을 금치 못했다. 폐회한 뒤에 고찬익을 만나 예를 갖추었다. 이리하여 박승봉은 기독교인이 되었다. 그 후 북촌에 있는 안동교회에서 장로로 시무했다.

김인서 목사는 "선생에게 일찍 닦은 학문이 없고 미리 배운 웅변이 없었으나, 복음의 신앙과 사랑의 실행으로 그리스도의 증인이 되었습니다"라고 했다. "또 백 권의 목회학을 읽고, 천 종의 전도 방법을 배우고, 만 언의 사랑의 설교를 외칠지라도, 이 마음 이 실행이 없이는 모두 공문이요 공담에 불과한 것이다"라고 〈신앙생활〉 잡지에 기록했다.

길선주 목사는 "고 장로는 경성 교회의 기초 역사(基礎歷史)에 가장 유공한 전도자였습니다. 그리고 고 장로는 사랑과 겸비 등 신덕으로써 만인을 감화하였고, 또한 만인의 존경을 받을 만한 개척자였습니다"라고 하였다.

연동교회 성도에게 전해들은 말을 소개하면 "게일 목사도 고 장로의 인격에 감동하여 저를 심히 존경하므로 사람들은 게일 목사 다음에 고 장로가 아니라 고 장로 다음에 게일 목사라고 하였다"라고 한다. 게일 목사는 1903년 고찬익 조사에 대한 실명소설 《선봉자》(The Vanguard)를 집필했다.

고찬익은 게일 목사의 선교에 없어서는 안 될 사람이었다. 인간적으로도 너무 가까운 사이가 되었다. 예수를 믿게 될 때 고찬익을 '형님'이라고 불러 주었다. 진정 그들은 형제지간처럼 친했다. 그리고 원산에서 전도하는데 둘은 손발이 잘 맞았으며, 크게 교회를 일으키는 기적적인 협동관계가 되었다. 마치 예수님과 제자들 사이처럼 절친했다.

고찬익은 만나는 사람마다 게일 선교사를 소개하며 전도했다. 고찬익이 말을 얼마나 잘하는지 게일 선교사는 점점 더 고찬익을 사랑하게 되었다. 고찬익이 노래를 잘하고 춤도 잘 춰서 전도할 때도 노래와 춤으로 많은 사람을 모았으며, 그 후에 우렁찬 목소리로 청산유수같이 말을 하니 듣는 사람들이 그의 전도하는 말에 솔깃하여 감화 감동하였으며, 많은 사람들이 교회로 모여왔다. 그래서 게일 목사는 우리나라 고유의 곡조에 맞추어서 장구, 북, 꽹과리 등을 악기로 사용하는 찬송가를 만들어 예배 시간에 부르려고 하였다.

그리하여 시간만 나면 고찬익에게 우리나라의 민요, 소리 등을 배웠다. 또한 장구, 북, 꽹과리 치는 것도 배웠다. 그래서 다른 선교사들은 게일을 미쳤다고, 이단이라고, 신신학자라고 비판하며 조소하였다. 어떤 때는 친구도 없이 고독하게 지냈다. 하지만 게일 목사는 무슨 말을 해도 고찬익과 같이 지냈고 어떤 때는 한방에서 먹고 자며, 한국 전통의 춤과 소리에 깊은 관심을 가졌다.

　이처럼 원산 광석교회의 부흥에 고찬익이 끼친 공로는 결코 **빼놓을** 수 없다. 그는 시간만 있으면 밖에 나가 노동자들을 붙들고 전도하였는데, 어떤 때는 노동자들이 일하는 곳에 가서 며칠이고 같이 일하기도 했다. 또한 그 품삯을 받아 노동자들에게 주어 그들이 너무 감사해서 교회에 안 나오고는 못 견디게끔 사랑을 베풀었다. 또 어떤 때는 멀리 문천, 안변까지 가서 게일 목사와 같이 전도하였는데, 장구 치고 북 치며 사람을 모아 놓고 유창한 말씀씨로 전도하여, 그 지방 사람들이 게일 목사를 찾아 원산 '예수 집'에까지 오도록 만들었다. 그러니 어찌 게일 목사가 고찬익을 사랑하지 않을 수 있겠는가?

　1898년, 장로교 선교공의회에서 선교지를 분할할 때 함경남북도를 캐나다 선교부가 선교하도록 결정하였다. 따라서 미국 북장로교회 선교사인 게일과 소안론 선교사는 원산을 떠나야 했고, 게일 선교사는 서울 연동교회 담임목사로 부임하게 되었다.

　게일 목사가 처음 원산에 왔을 때는 캐나다 토론토 대학 학생회에서 파송한 선교사로서 목사의 신분이 아닌 대학을 졸업한 평신도였다. 그 후 북장로교회 선교사 모펫(마포삼열) 목사와 친하게 되고, 또한 한국 최초의 의료 선교사인 헤론이 세상을 떠나자 총각으로 그 미망인과 결혼했다. 이후 모펫이 자기가 파송받은 북장로교 선교부 산하 노회에 추천하여 목사가 되었고, 그때부터 북장로교 소속이 되었다.

　연동교회에 온 게일 목사는 역시 원산에서 데리고 온 고찬익과 마음이 맞아서 교회를 부흥시키기 시작하였다. 《연동교회 80년사》 30쪽을 보면 고찬익의 열성적인 전도로 교인 수가 급증하였다고 했다. 그런데 문제는 연동교회 교인들이 고찬익을 멀리하였다는 것이다. 연동교회의 교인들은 서울 양반들이 많았는데, 고찬익은 평안도 사람이며 또 원산에서 온 갖바치로 상놈이었기 때문이다.

　1904년, 연동교회 당회가 조직될 때, 연동교회 교인들은 고찬익을 장로로 세우는 것을 많이 반대했다. 양반 교회에서 상놈을 장로로 세워 당회를 조직할 수 있느냐는 것이다. 그러나 게일 목사는 고찬익을 적극 지지하여 연동교회 최초의 장로로 장립을 받게 했다.

　동년 9월 13일, 서울 동현예배당에서 회집한 제4회 조선예수교장로회 공의회에 경성소회 총대로 참석하고 여기서 추천을 받아 서경조와 함께 평양신학교에 입학했다. 1905년 제5회 공의회에서는 길선주, 심취명과 함께 전도위원회 초대위원으로 선출되었다.

　1907년 9월 17일, 평양 장대현 예배당에서 역사적인 조선예수교장로회 독노회가 조직되고, 한국 최초의 목사 7인을 안수하는 자리에서 36명의 장로 중 고찬익 장로는 신학생으로서 요한복음 9장 25절을 택해 예배를 인도했다. 그 성경 구절은 맹인이 예수의 기적으로 눈을 뜬 '분명한 사실'에 관한 말씀이었는데 자신의 변화를 간증한 것이었다.

　평양신학교 방학을 맞이해서는 열심 있는 전도자로서 가가호호를 방문 전도해 대부흥의 불을 붙였다. 이때 연동교회는 "한국인의 자금에 의한 한국인의 기술"로 303평 대지 위에 133평의 네 번째 교회당을 봉헌하였다.

　주색에 빠져 재산을 잃고 어떤 사건으로 도피중인 평북 박천 태생 차을경(車乙慶)을 전도했는데, 그 후 참 신앙인이 된 차을경은 이후 수많은 교회를 세우고 평양신학교에 입학했다. 이렇게 열정적이며 사랑이 넘친 헌신의 결과, 교인 수가 급격히 증가해 1907년 초 500명의 교인이 동년 9월에 이르러 1,200명이 되었다.

　1907년 이른 봄, 고찬익 장로는 청년 김종상에게 다음과 같은 불호령을 내렸다. 김종상의 가문은 전통적으로 우상을 섬기는 집안이었다.

"이 사람, 자네 예수를 헛 믿네 그려. 예수님께서 '내가 세상에 화평을 주러 온 줄로 생각지 말라 화평이 아니요 검을 주러 왔노라'(마 10:34-39)고 하신 말씀을 어떻게 읽었나? 믿지 않는 가정에 믿는 자가 있는데 그 가정이 평화롭게 지냈다면 그것은 믿음의 표가 아니네."

이 말을 듣고 그 성경 구절을 다시 탐독한 후 크게 깨달은 김종상은 기회를 살피다가 동년 초겨울 집에 있는 우상 뭉치를 아궁이에 넣어 태워 버렸다. 마침내 아들의 믿음에 탄복한 아버지(김찬배)는 신주(神主)를 동묘(東廟)로 옮기고 그 방을 기도실로 만들었으며, 김종상의 뒤를 따라 그의 조모, 부모, 아내와 두 누이까지 무리를 지어 교회에 나왔다.

고찬익 장로는 1907년 평양 대부흥운동 때 큰 역할을 하면서 평양신학교에 입학하여 공부하던 중, 1908년 4월 14일 누이동생의 집에서 소천하였다. 그의 부보(訃報)가 알려지자 전국적으로 애도의 물결이 넘쳤다. 그의 유해는 서울 교회들의 간청에 의해서 평양에서 발인하여 서울로 운구되었는데, 역전마다 애도하는 인파들로 넘쳐났다. 남대문 역에 도착했을 때 인산인해를 이룬 애도자들이 울음바다를 이루었다. 이것은 그가 조선교회에 끼친 감화를 말해주는 것이었다.

시신은 연동교회에 운구되어 전체 교인이 애도하는 가운데 장례식을 거행했다. 그가 시무한 후 "주의 사역에 온갖 정성과 충성을 다했으므로 신자가 날로 늘어 불과 수년 동안에 천 수백 명의 교인이 몰려들었을 뿐만 아니라, 교인 모두 그를 태산같이 믿고 따르다가 졸지에 상면을 당해 어른들은 두 손을 잃은 듯, 아이들은 부모를 여읜 듯 슬픔 가운데 장례식을 마쳤는데, 이 소식을 들은 불신자까지도 애석해 하였다"《조선예수교장로회 사기》(p.189)라고 기록하고 있다. 게일 목사는 고찬익 장로가 세상을 떠난 후 며칠 동안 식음을 폐하고 울었다고 한다.

1909년 게일 목사는 그의 저서 《Korean in Transition》(p.252)에서 고찬익

에 대해 "이 사람이야말로 노벨상을 받아도 좋은 사람이다"라고 하였다. 게일 목사는 고찬익 장로가 죽은 후, 그가 신학교를 졸업한 후 동교회 봉사 목사로 게일 목사와 같이 목회하려고 했다고 '선교 보고'에 기록했다.

고찬익 장로는 가난한 자, 힘없는 자를 특별히 돌보아 주었다. 그리고 신발을 만들면서도 성경을 펴놓고 읽고 또 읽었다. 이렇게 해서 신약성경을 모두 섭렵했다. 또한 그는 기억력이 비범해 선교사가 신약성경의 구절을 찾는 데 안내인이 되기도 했다. "믿는 자에게 능치 못할 일이 없느니라는 말씀은 어디에 있소?"라고 물으면 "마가복음 9장 23절에 있습니다"라고 대답했다. 선교사가 "내가 땅에서 들리면 그때 모든 사람을 내게로 이끌겠노라는 어디에 있소?" 그러자 고찬익은 "요한복음 12장 32절입니다"라고 했다.

하루에 만들 수 있는 신발 한 켤레 값은 7냥 정도로서 32냥 어치의 암소가죽, 사슴가죽, 말가죽과 못, 실 등으로 한 달에 29켤레를 만들어 냈다. 그래서 한 달 수익금은 100냥 이상으로 100냥은 교회에 헌금하고, 그 이상 되는 돈을 재료비와 생활비로 썼다. 하나님께서 가장 낮고 천했던 그를 택하셔서 연동교회의 한 알의 밀알이 되게 하셨다. 이렇게 연동교회 제1대 장로 고찬익은 모범된 장로로 기록되어 후세대들에게 귀한 교훈을 남겨 놓고 갔다.

연동교회는 1907년에 많은 일이 있었다. 고찬익 장로로 인해서 교회가 크게 부흥되었다. 그해 이명혁과 이원긍을 장로로 택했다. 그러나 천민 출신 이명혁은 장로 장립을 받았고, 양반 출신인 이원긍은 장로 장립을 받지 못했다. 1909년 게일 목사가 천민 출신인 고찬익, 이명혁 장로에 이어 광대 출신인 임공진까지 장로 장립을 서두르자 양반 교인들이 반발하였다.

특히 이 문제를 토론하러 모인 1909년 6월 25일 연동교회 제직회에는 언더우드, 아펜젤러, 헐버트 등 장로교, 감리교 양 교파의 선교사들도 참석했는데, 이 자리에서 행한 게일 목사의 발언에 대해 이원긍, 함우택, 오경선 등이 천민 출신의 장로 장립에 대해 심한 반발을 함으로 극한 대립이 이루어졌고, 마침내 100여 명의 교인을 데리고 분리해 나가 묘동 교회를 세웠으니 이것이 곧 양반 교회이다. 교회 소재지가 묘동이어서 '묘동교회'라 하였다.

연동교회 이명혁 장로의 소유대지 210평을 매입하여 예배당을 짓기 시작했고, 이원긍을 장로로, 함우택, 오경선을 영수로 해서 10월에 당회가 조직되었는데, 선교사 밀러(E.H. Miller, 密義斗) 목사가 전도목사로, 한석진 목사가 설립목사가 되었다.

당시 연동교회는 상류 계급인 양반 출신이 있었는가 하면, 상민 출신인 중류층이 대부분이었으며, 칠천역(七賤役)에 속하는 하류 계급의 천민도 있었다. 그래서 소아회(주일학교)에서 양반의 자제들을 소위 '상놈의 새끼들'과 함께 공부시키는 것은 불가하다는 여론이 대두되었고, 특히 교회의 최고 지도자인 장로 선택에 있어서 양반 아닌 상민을 세운다는 것은 수치로 생각했다.

제1대 고찬익 장로나 제2대 이명혁 장로는 과거 허랑방탕한 생활을 해왔던 노름꾼 출신이었으며, 특히 고찬익 장로가 전도한 임공진은 갖바치이며 광대 출신인지라 그들을 장로로 세우려는 데 양반들이 도저히 함께할 수 없었던 것이다.

교회의 분립이라는 위협과 비극에 직면하면서도 인간이 세운 제도나 유혹과 시험에 굴복하지 않았다. 게일 목사의 선교 방침은 '높고 귀한 데' 있지 않고 '낮고 천한 데' 있었다. 함우택의 아들 함태영은 아버지를 따라가지 않고 그대로 연동교회에 남아 열심히 봉사함으로 장로가 되고 목사가 되었다. 부자가 교회로 인해 갈라진 셈인데, 법관 출신으로서 사리 판단에 지혜를 발휘한 함태영은 이원긍의 자주 독립 정신에 공명하지만 교회를 분열까지 할 필요는 없다고 생각했다. 《묘동교회 80년사》에서는 이 문제를 노골적으로 비판 거론했다.

연동교회는 게일 목사가 천민인 고찬익을 초대 장로가 되는 데 찬성했으므로 연동교회 역사에 큰 획을 그은 것이 사실이다. 그래서 양반들이 반란을 일으켰고 분열되었다. 그러나 함태영이 아버지와 함께 묘동교회로 가지 않고 계속 연동교회에 남아 신앙생활을 함으로 연동교회는 천민의 교회가 아니라 양반들도 있었다는 기록을 남기게 되었다. 이것이 교회이다.

사도 바울은, 교회는 유대인의 전통적인 신앙으로만 아니라 헬라인이나 이방인들이 신앙으로 함께하는 공동체라고 주장하여 이방인의 사도가 되었다. 연동교회는 사도 바울의 교회관을 그대로 이어받은 훌륭한 교회임을 역사적으로 보여주었다.

1904년, 연동교회가 당회를 조직하면서 고찬익을 장로로 장립하고, 1907년에 천민 출신이며 노름꾼 출신이었던 이명혁과 양반 이원긍을 장로로 피택한 후 투표하였으나, 또다시 이명혁이 장로로 장립되었다. 1909년에는 3대 장로로 갓바치이며 광대 출신이었던 임공진이 선출되어 장립을 서두르자 법무협판(지금의 법무부 장관)이었던 이원긍 등이 반기를 들었다.

당시 교회의 오른쪽은 양반들이 앉았고, 중앙에는 평민이 앉았으며, 왼쪽과 뒤쪽에는 천민들이 앉아서 예배를 드렸다. 그러나 이원긍은 양반이 멍석에 앉아서 예배를 드릴 수 없다며 항상 강단 의자에 앉아서 예배를 드렸다고 한다. 이러한 상황에서 3대 장로까지 광대 출신이 되자 천민 출신과 함께할 수 없다며 이원긍과 함우택 등은 100여 명의 성도를 이끌고 나가 묘동교회를 세웠다.

연동교회는 1901년 부속건물에 예수교중학교(경신)를 세웠고, 교회가 예수교중학교와 연동여학교(정신)를 관장하면서 교육 사업에 힘썼다. 교회가 그 시대에 무엇을 해야 하는가를 깨닫고, 인간 영혼의 평등성을 중시하는 교회적 사명을 당시대에 실현시킨 획기적인 신앙의 승리를 얻어낸 것이다.

또한 1907년 6월, 네덜란드의 헤이그에서 열린 만국평화회의에서 고종 황제의 밀사로 파견되어 을사보호조약이 일본의 강제적인 것임을 폭로하려던 이준 열사도 연동교회 교인이었다. 1919년 거국적인 3·1운동 때에는 독립선언문 작성자 최남선, 낭독자인 정재용 외 함태영, 김지환, 이갑성, 김원벽, 이상재, 박용희 등이 민족 대표로서 만세운동의 획기적인 역할을 하기도 했고 김마리아, 신의경 등이 대한애국부인회를 세워 투쟁을 했던 움직이는 교회였다.

길선주 목사의 소개로 김인서 목사는 1933년 8월 31일에 고찬익 장로의 누이동생을 만날 수 있었다. 고 부인은 74세의 고령이나 단아하고 건강하여 그의 오라비인 고찬익 장로의 인품을 상상할 수 있었다고 한다. "우리 오라버니는 나보다 두 살이 많고 자녀는 모두 어려서 죽었기 때문에 후손은 없습니다. 전도하는 일은 길선주 목사님이 나보다 잘 알지요. 나도 오라버님의 전도로 지금까지 신앙생활을 하고 있습니다"라고 했다. 길선주 목사는 고찬익 장로보다 6년 연상이었다.

길선주 목사와 고찬익 장로는 서로 잘 알고 지내는 신앙의 동지였다. 길선주 목사의 말에 의하면 "고 장로는 경성 교회의 기초 역사에 가장 유공한 전도자였습니다. 그리고 고 장로는 사랑과 겸비 등 신덕으로써 만인을 감화하였고, 또한 만인의 존경을 받을 만한 개척자였습니다"(《신앙생활》 2권 10호, 1933년, p.22)라고 칭찬했다.

고찬익 장로 하면 연동교회를 연상하고, 연동교회 하면 고찬익 장로를 떠올리게 된다. 고찬익 장로가 예수를 믿고 전도한 16년 동안을 살펴보면, 원산 광석교회에서 8년, 서울 연동교회에서 8년을 지냈다. 이러한 그의 업적은 선교사 게일 목사와 함께 한국교회 초대 역사에서 빼놓을 수 없다.

고찬익 장로는 배운 것이 없고, 예수 믿기 전에는 전국을 돌아다니는 한량으로 노름이나 하고 술을 마시며 미신에 젖어 살았던 사람이다. 그러나 게일 선교사를 만나 예수를 믿고 벙어리였던 사람이 말을 하게 됐을 뿐 아니라, 예수를 증거하는 데 그를 따를 수 있는 사람이 없을 정도였고, 그의 기독교인으로서 실천적 삶은 성인에 미칠 수 있을 정도였다. 그리하여 가난하고 자기처럼 무식한 사람들, 병든 사람들을 영적으로 건져 내는 데 생명을 다했다.

고찬익 장로는 초대교회의 빌립과 같은 사람이었다. 평신도로서 유명인이나 가난하고 병든 사람들을 막론하고 그들을 찾아가서 전도했다. 그의 열정적 전도가 연동교회를 부흥케 했다. 그의 설교는 많은 사람들을 회개하게 했으며 훌륭한 일꾼이 되게 했다. 그는 갓바치 출신이나 열심히 성경을 읽었기 때문에 성경 컴퓨터였다. 평양신학교를 다니던 중 세상을 떠났다. 그가 만일 신학교를 졸업하고 게일 목사의 보고서대로 연동교회의 동사목사가 되었다면, 서울에서 한국인 최초 목사가 되었을 것이며 서울에서 평양의 성령운동을 일으켰을 것이다.

김인서 목사가 고찬익 장로 별세 후 여러 해 지나 연동교회를 방문했다. 그런데 천 명이 넘게 예배에 참석하던 교인 수가 절반이나 감소했다. 장로 한 사람이 교회 부흥에 얼마나 큰 영향을 미치는지를 증명하는 것이다. 고찬익 장로는 한국교회 역사에서 모범적인 장로상을 세웠다. 훌륭한 장로 한 사람이 교회에 미치는 영향력을 확실하게 증명했다.

그는 게일 목사와 최선의 협력으로 전도했으며, 장로로서 목회자와 합력했던 모범적 사례였다. 그래서 게일 목사는 연동교회 목회자로 홀륭한 장로 한 사람을 두기 위해서 서울의 양반들과 갈등을 빚으면서도 고찬익 장로를 피택했고, 장로로 장립했다. 고찬익 장로가 별세했을 때 그렇게 슬퍼한 것은, 가장 가까운 친구요 최선의 협력자를 잃었기 때문이었다. 한 사람의 장로가 세상을 떠났을 때 목회자는 이렇게 슬퍼하고 애석해 하여야 한다. 그 증거는 가장 큰 협력자였다는 것이다. 게일 목사와 고찬익 장로는 하나님이 맺어 주신 목사와 장로였다.

김인서 목사가 고찬익 장로를 위한 시를 남겼다.

빈자의 벗 가신 뒤에
앉은방이는 누가 업고
주의 충복 떠나시니
중생은 누가 건지오
옛 성도는 올라가고
새 사도는 오지 않음이여,
불붙던 우리 교회
어름같이 차가움이여,
가신 성복 충성하였거늘
우리 후인 불초하여
차고 넘든 옛 성당에
반 넘어 공석인 걸
성 밖에 버려진 후생
가신 선생 추억하노니
성당 뜰에 눈물짓고
산모통이에서 웁니다.

7부

사회사업가

01 존 D. 록펠러
가장 많이 베푼 사람

02 소다 가이치
일본인으로 한국 고아의 아버지

01 존 D. 록펠러
(John Davison Rockefeller, 1839-1937)

가장 많이 베푼 사람

존 데이비슨 록펠러는 미국의 사업가이며 대부호였다. 1870년 스탠더드 오일을 창립, 석유 사업으로 많은 재산을 모아 세계 최고의 부자가 되었다. 2010년 세계 최대 석유 기업인 엑슨 모빌도 그가 세운 스탠더드 오일에 그 기원을 두고 있다.

그는 1839년 뉴욕 주 리치퍼드에서 순회 약품판매원의 아들로 태어났고, 1853년 가족을 따라 오하이오 주로 이주했다. 가난해서 고등교육을 받지 못했다. 16세 때 클리블랜드 농산물 중개상에서 하루 50센트 받는 점원이 되었다. 얼마 후 자신의 중개 사업을 시작했다.

그는 첫 직장에서 헌신적으로 일하여 고용주가 놀라워하며 또 기뻐했다. 그 소년이 매일 밤 자기 방에서 하루의 일을 되새기고 자신에게 훈계한다는 사실을 알았다면 고용주는 더 큰 감동을 받았을 것이다. "기회가 왔을 때 조심해야 한다. 자만심에 빠지면 실패하기 쉽다. 서둘러서 잘되는 일은 없다. 내가 보내는 하루하루가 나의 미래를 결정하는 것이다"라고 일기에 썼다.

1859년 펜실베이니아에서 석유 광맥이 터졌다. 록펠러는 유전보다는 정유소의 전망이 더 밝다고 생각하여 1862년에 앤드류스, 클라크와 함께 정유회사를 설립했다.

  록펠러가 많은 돈을 축적한 데는 행운일 수도 있으나 그는 돈에 대한 욕망이 있었다. 록펠러가 활동하던 시기는 미국에서 막대한 부와 산업이 만들어지던 때로, 미국을 대표하는 소설가 마크 트웨인은《도금시대》(1873)에서 "부자들이 거들먹거리는 시대"라고 묘사하였다. 그 시기의 부자들로 벤더빌트, 굴드, 피스크를 들 수 있다. 1861년 4월에 시작된 남북전쟁은 수백만 명의 미국인들에게 사상 최악의 날벼락이었지만, 그런 혼란의 시기에도 한몫을 톡톡히 챙기는 사람들이 있었다. 록펠러는 동업자와 함께 세운 클라크 앤드 록펠러 사에 군수물자인 소금과 돼지고기 주문이 쇄도하면서 더 큰 미래를 준비할 수 있는 종잣돈을 모았다.

  그 무렵 미국은 곳곳에서 유전이 발견되면서 석유산업이 붐을 이루었다. 석유에서 '미래'를 발견한 록펠러는 정유소 운영 등의 경험을 거쳐 1863년에는 동업자 클라크 앤드류스와 함께 정유공장을 운영했다. 이 공장은 클리블랜드 최대의 정유공장으로 하루 500배럴의 정유 능력을 갖고 있었다.

  1870년 스탠더드 오일사를 세우고 뛰어난 경영으로 미국 최대의 정유회사로 키웠다. 스탠더드 오일 트러스트를 조직하여 석유업의 독점적 지배를 확립했으나 반 트러스트 법 위반으로 1899년 트러스트를 해산하였다. 후에 뉴저지 스탠더드 석유회사를 설립했으나 1911년 미국 대법원에 의해 해산을 명령받고 은퇴했다.

  확장 시대에 편승하여 록펠러는 자신의 모든 돈과 에너지로 사업을 키웠다. 바로 이 회사가 훗날 미국의 석유 생산에서 유통에 이르기까지 막강한 영향력을 행사한 스탠더드 오일사의 원조이다. 석유산업의 발전에는 철도의 힘이 컸다. 록펠러는 철도회사에 뇌물을 주어 경쟁사의 석유 운송을 방해하기도 했다. 이런 편법 때문에 록펠러는 대중과 언론으로부터 많은 지탄을 받았다.

1878년 미국의 정유 능력은 연간 360만 배럴 정도였는데, 록펠러의 스탠더드 오일이 차지하는 비중은 330만 배럴이었다. 그는 1880년 다른 회사를 합병하는 방법으로 경쟁사들을 물리치고 미국에서 생산되는 석유의 90-95%를 차지했는데, 역사상 이처럼 절대적인 독점권을 확보한 기업가는 없었다. 석유의 생산, 정유 판매를 담당하던 스탠더드 오일 및 계열사들은 1882년 스탠더드 오일 트러스트란 이름으로 통합되었다.

문어발식 확장으로 거듭하는 스탠더드 오일사를 두고 뉴욕 주 상원위원회는 "이 나라의 상거래 시스템에 번져 가고 있는 질병"이라고 비판하였다. 물론 록펠러가 사업을 확장하는 과정이 신사적이지만은 않았다. 경쟁사들을 압박해서 하나하나 무너뜨림으로 비열한 방법이라고 비판받았다. 하지만 돈을 버는 과정이 결코 천사와 같을 수는 없다고 여겼다.

1890년대 스탠더드 오일은 자타가 공인하는 미국 최강의 기업이자, 뻗어 가는 미국의 힘을 상징하는 기업이었다. 하지만 록펠러는 격렬한 지탄과 오명의 주인공이었다. 록펠러는 사업 초기부터 여론의 중요성을 인식했으므로 많은 돈을 들여서 이미지 개선을 위해 노력했다. 그러나 그가 노력하면 할수록 록펠러와 스탠더드 오일사에 대한 여론과 언론의 평가는 더욱 나빠졌다.

미국을 알리는 한 역사서는 록펠러에 대해 "1870년대 스탠더드 석유 회사를 창설해 입법부를 매수하고, 철도업자들과의 비밀 거래로 운임 할인을 받고, 뇌물과 사보타지 공세를 펴 경쟁사들을 무력화시킴으로 정유업 물동량의 90-95%를 차지하였다. 거대기업 독점은 결과적으로 가격의 인위적 상승, 경쟁의 차단, 임금 저하를 초래했다. 노동자들은 록펠러를 싫어했으며, 스탠더드 석유사는 미국인들이 가장 증오하는 기업이 되었다"라고 했다.

　석유 가격 횡포로 소비자와 중소업체들의 원성이 높아지자 1911년 미 연방 대법원이 나서서 스탠더드 석유회사를 34개의 소기업으로 강제 분할하게 되었다. 불법 독과점으로 경쟁을 무너뜨린 록펠러는 자기 회사의 노동운동을 철저히 탄압하기도 했다. 펜실베이니아 주정부는 록펠러와 8명의 회사 간부를 석유 사업의 독점 혐의로 고소했다. 록펠러의 소문은 나쁘게 퍼졌다. 뉴욕의 대중신문 〈월드〉에서는 스탠더드사를 '역사상 가장 잔인하고 뻔뻔하고, 탐욕스러운 독점 회사'로 보도했다. 당시 록펠러는 그가 가는 길에 폭탄을 설치하겠다는 등 수많은 협박을 받았다.

　그럼에도 불구하고 뉴욕 맨해튼 브로드웨이 26번지 뉴욕항이 내려다보이는 곳에 스탠더드 본사가 들어섰다. 10층 높이로 신축한 본사 건물은 후에 28층으로 증축되었다. 이처럼 스탠더드 오일사는 최고의 번성기를 맞이했다. 가족들은 5번가에 있는 침례교회에 출석했다. 록펠러는 교회 재정을 맡았고 아내와 알타, 아들인 록펠러 2세는 수년 동안 주일학교 교사로 봉사했다.

　1913년 미국 콜로라도 주 탄광에서 광원 9,000여 명이 형편없는 작업 환경 때문에 파업했다. 회사가 고용한 구사대와 광부들이 충돌했고, 이듬해 민병대가 광부들이 머물던 천막촌을 기습해 불을 지르고, 기관총을 쏘아댔다. 여자와 어린이를 포함해 50여 명이 죽었다. 미국 노동운동사에서 가장 참혹한 '러드로의 학살'로 기록된다. 이 탄광의 소유주가 존 데이비슨 록펠러였다.

　1905년 초 보스턴에 모인 교회 목사들 모임에 록펠러의 아내가 다니던 연합교회에서 해외선교회 사업을 위해서 10만 달러가 들어왔다. 하지만 얼마 지나지 않아 그 헌금이 록펠러의 헌금으로 밝혀지자 화가 난 한 목사는 장로들에게 '더러운 돈'을 당장 돌려보내라고 했다.

록펠러는 세계 최고 부자라는 수식어가 붙었다. 그의 순자산은 현존하는 미국 최고 부자, 빌 게이츠보다 3배나 많은 약 172조 원이었다. 록펠러가 죽기 직전 그가 가진 재산은 미국 전체 부의 1.53%에 달했다. 그 엄청난 부를 98세까지 소유했다.

록펠러에게 있어서 일이란 거의 종교여서 신성함마저 띠고 있었다. 그는 이리 스트리트 침례교회에서 주일학교 교사 일을 시작했는데, 그가 가장 좋아하는 성경 구절은 "네가 자기의 일에 능숙한 사람을 보았느냐 이러한 사람은 왕 앞에 설 것이요 천한 자 앞에 서지 아니하리라"(잠 22:29)였다.

그는 철저한 '호모 에코노미쿠스'였다. 끊임없이 자신을 단련하며 원칙에서 어긋나지 않게 살아온 록펠러의 생활방식은 곧 사업에서 많은 이윤을 남겼다. 교활한 업자들이 진을 치고 있는 클리블랜드에서도 가장 빈틈없는 석유 딜러로 유명했다. 그의 까다로운 성격은 한 푼이라도 더 받는 거래를 위한 최적의 조건이었다.

물론 그의 비범한 성실함도 큰 몫을 하였다. 스탠더드 오일의 신화는 대체로 그가 적시적소에 있었던 점, 즉 언제나 '잔을 제 위치에 두는' 재주가 있었음에 기인한다. 돈을 벌면서 그는 하루도 편하게 잠을 자지 못했다. 과로와 피곤이 그의 건강을 해쳤다. 쉼 없는 일, 끊임없는 걱정, 거듭되는 과로, 불면증, 운동과 휴식의 부족이 그를 괴롭혔다. 스탠더드사는 헨리 포드의 제1호 자동차와 라이트 형제가 첫 비행에 성공한 비행기에 연료를 대주었다. 거기다 세계 최초의 가스 펌프를 개발해 선보였다.

그는 사람을 잘 믿지 않았다. 록펠러는 그들이 회사 안의 일을 밖에 나가 '회사의 비밀을 누설'할까 봐 두려워했다. 한번은 독립적인 정유업자와 10년짜리 사업을 체결할 때 그에게 내용에 대해 누구에게도 심지어 아내에게도 이야기하지 않겠다는 약속을 받았다.

"입을 열지 말고 사업을 하라."

이것이 그의 좌우명이었다.

록펠러는 33세에 백만장자가 되었고, 43세에 미국에서 최대 부자가 되었다. 그러나 그는 행복하지 못했다. 그에게는 놀 시간도, 취미생활을 할 시간도 없었다. 돈을 버는 일과 주일학교에서 학생들을 가르치는 일 말고는 그 어떤 일도 할 시간이 없었다. 그때 그는 일주일에 100만 달러씩 벌어들이고 있었다.

그러나 그가 먹을 수 있는 음식을 사는 데 일주일에 2달러면 족했다. 그에게 먹을 수 있는 음식은 의사가 권하는 산성 물질이 첨가된 우유와 몇 조각의 크래커였다. 그의 피부는 탈색되어 뼈와 뼈 사이에 팽팽하게 늘여 걸쳐놓은 낡은 양피지처럼 보였다. 돈으로 살 수 있는 의학적 처치만이 53살의 그가 죽지 않고 살아 있게 했다. 그는 피골이 상접했다. 그의 전기작가인 존 K. 윙클러는 53세의 록펠러가 "미라처럼 보였다"라고 기록했다.

53세의 록펠러는 소화기 질환으로 머리카락과 속눈썹이 빠지는 탈모증을 앓았다. 윙클러는 "그는 의사의 지시로 사람의 젖을 먹고 지내야 할 만큼 심각한 상태였다"라고 썼다. 의사의 진단에 따르면 록펠러는, 흔치 않은 선천성 신경성 대머리 증세의 일종인 탈모증에 걸렸으며 그의 흉한 대머리를 감추기 위해 모자를 쓰다가 나중에는 개당 500달러의 가발 몇 개로 죽을 때까지 은색 가발을 썼다고 한다. 또한 그는 척추에 정골 요법을 받았다.

거래가 잘됐다는 소식 말고는 아무것도 록펠러의 표정을 밝게 하지 못했다. 큰 이익을 올리면 그는 모자를 벗어 바닥에 내던지고 이리저리 뛰면서 '승리의 춤'을 추었다. 그러나 돈을 잃으면 몸이 나빠졌다. 그는 원래 강철같이 단단한 몸을 타고났지만 한창때인 53세에 벌써 그는 어깨가 축 늘어지고 걸을 때 휘청거리는 사람이 되었다.

그의 전기를 쓴 작가 존 T. 플린은 "거울을 들여다보면 그의 눈에 노인이 보였다"라고 했다. 그는 기관지, 소화기관, 신경 계통에 병이 생겼고, 궤양도 앓고 있었다. 비거 박사는 "병이 조금만 더 심했다면 죽었을 것이다"라고 했다.

그는 병으로 1년밖에 살지 못한다고 했다. 사업가 록펠러는 유머도 없이 살았다. 세월이 지난 뒤에 "나는 내가 거둔 성공이 단지 일시적인 것으로 그칠 수도 있다는 점을 상기하지 않은 채로 베개에 머리를 뉘어 본 적이 없다"라고 했다. 마크 해너는 "그는 다른 모든 면에서는 제정신이었지만 돈에 대해서는 미친 사람이었다"라고 했다. J.P. 모건도 록펠러와 사업상의 거래를 하는 것을 주저한 적이 있다. 그는 빈정대기를 "나는 그를 좋아하지 않는다. 그와는 어떠한 거래도 하고 싶지 않다"라고 했다. 록펠러의 동생도 그를 싫어해서 가족묘지에 묻힌 자기 자식들을 다른 곳으로 이장했다.

의사는 그에게 충격적인 말을 했다. 한쪽에는 돈과 걱정, 다른 한쪽에는 목숨이 있는데 둘 중 하나를 선택해야 한다는 것이었다. 또 의사는 "죽든지 아니면 은퇴하라"고 했다. 록펠러가 은퇴할 경우 생활 규칙 세 가지를 제시했다.

"첫째, 근심하지 마라. 어떠한 상황에서도 어떠한 것에 대해서도 걱정하지 마라. 둘째, 긴장을 풀고 쉬어라. 옥외에서 가벼운 운동을 하라. 셋째, 음식을 먹을 때 조심하라. 배가 차기 전에 숟가락을 놓아라."

그는 의사의 지정된 식단에 따라 먹고 운동하고 마음의 평안을 얻으려고 노력했다. 록펠러는 이 규칙들을 잘 지켰다. 그리고 은퇴했다. 골프를 배웠고, 정원을 열심히 가꾸었다. 이웃사람들과 잡담을 나누었다. 카드 게임도 즐기고 노래도 불렀다. 그는 명상하는 시간을 가졌다. 다른 사람들에 대해 생각하기 시작했다. 번 돈을 어떻게 사용할까를 생각했다.

그는 어려서부터 청교도적인 어머니의 믿음을 따라 살았다. 어머니의 신앙적 유산은 세 가지였다. '첫째, 십일조를 해야 한다.' 그는 어려서부터 어머니를 따라서 교회에 다녔다. 용돈을 20센트씩 받았는데 그중 십일조를 내는 습관을 키워 주었다. '둘째, 교회에 가면 맨 앞자리에 앉아 예배한다.' 어머니와 함께 맨 앞자리에 앉아 예배드렸다. '셋째, 교회의 일에 순종하고 목사님의 마음을 아프게 하지 마라.' 이것을 어머니에게 배웠다. '하나님을 친아버지처럼 섬겨라', '매일 기도하라' 등 신앙적 삶을 강조했다.

그는 매주일 교회에서 주일학교 교사로 성실히 봉사했다. 그가 건강 진단을 위해 병원침대에 누워서 가는데 '주는 것이 받는 것보다 복이 있다'(행 20:35)는 성경 구절이 벽에 걸린 것을 보는 순간 전율이 생기고 눈물이 났다. 선한 기운이 온몸을 감싸는 가운데 그는 눈을 지그시 감고 생각에 잠겼다.

조금 후 시끄러워서 눈을 떴다. 의사는 "병원비가 없어 입원이 안 된다"고 하고, 환자의 어머니는 "입원시켜 달라"고 울면서 사정하고 있었다. 록펠러는 곧 비서를 시켜 병원비를 익명으로 지불하라고 했다. 얼마 후 그 소녀가 회복된 모습을 보고 기뻐했다. 그는 자서전에서 "나는 살면서 이렇게 행복한 삶이 있는지 몰랐다"라고 술회했다. 그는 나눔의 삶을 작정했다. 그와 동시에 신기하게 병도 나았다. 그 뒤 98세까지 살며 선한 일을 열심히 했다. 그는 회고하기를 "전반기 55년은 쫓기며 살았지만 후반기 43년은 행복하게 살았다"라고 했다.

록펠러는 자기 재산으로 자선사업을 하기로 결심했다. 그 후 자선사업에 몰두하여 시카고 대학교를 재건하고, 록펠러 재단을 세워 병원, 의학연구소, 학교 등 문화 사업에 전념하였고, 교회를 설립하는 데 최선을 다했으며, 1937년 98세로 별세했다. 그는 1남 4녀를 두었는데 아들

존 D. 록펠러 2세가 사업을 계승하였고 부통령을 지낸 손자 넬슨 록펠러 등 그의 많은 후손들이 정계, 재계에서 활동하여 미국의 유명한 록펠러 가문을 형성했다.

그는 "나는 남들에게 돈을 나누어주기 시작한 뒤로 오히려 재산이 더 불어나는 하나님의 축복을 받았다"라고 고백했다. 또한 "돈을 많이 번 것은 하나님의 선물이요, 이제 보람 있게 쓰는 것은 나의 사명이다"라고 했다.

1890-92년 시카고 대학 설립을 위해 6,000만 달러 이상을 기부하고, 그 후에도 발전을 위해 3억 5,000만 달러를 기부하였다. 1891년 시카고 대학교 후원 모임에서 프레드릭 게이츠 목사가 록펠러에게 "회장님의 재산은 눈덩이처럼 늘어나고 있습니다. 불어나는 것보다 더 빨리 나눠줘야 합니다. 그러지 않으면 회장님은 물론 자녀 모두가 그 눈덩이에 깔려 죽을 것입니다"라고 과격하게 한 말이 록펠러를 긍정적으로 방향을 돌리게 했다. 게이츠 목사는 록펠러가 석유 사업에서 스탠더드 회사가 성공했듯이 자선사업에서도 위대한 업적을 남길 수 있다고 믿었다. 자선사업은 시대를 지나 영원히 있어야 할 사업이라고 믿었다. 그리고 그는 록펠러에게 그의 천재적인 조직력을 자선사업에 적용해 보라고 권했다.

게이츠 목사는 "그저 돈을 나눠주는 즉흥적인 방식이 아니라 미국에 필요한 기관을 세웠으면 좋겠습니다"라고 록펠러를 설득했고, 그래서 맨 먼저 미국에도 파리의 '파스퇴르 연구소'와 같은 의학 연구기관을 제의하였다. 1909년 100만 달러 기금으로 록펠러 위생위원회가 발족되었다. 그는 많은 미국인 의사와 과학자들을 전염병 퇴치를 위해 포섭했다. 당시 미국인들은 장티푸스와 디프테리아, 폐렴, 결핵에 걸렸어도 치료 방법과 약이 없었다.

뉴욕에 있는 '록펠러 의학연구소'는 록펠러가 처음으로 세운 독립적인 자선기관이다. 그가 수년 동안 기도하며 준비해 온 이 연구소는 그의 첫 손자가 병으로 사망한 직후에 창설되었다. 그가 순차적으로 6,100만 달러를 기부한 이곳은 미국 최초의 순수 의학 연구만을 위해 세워진 의학연구소였다.

이곳에서 따뜻한 온도로 십이지장충을 박멸시키는 방법을 발견했다. 록펠러는 그 이외에 여러 분야에서 많은 록펠러 기금을 발족시켰다. 주 정부는 1913년, 뉴욕은 마침내 "전 세계 인류의 행복을 증진시키기 위해" 록펠러 재단을 인가했다. 새로운 록펠러 재단을 점진적으로 1억 8,300만 달러의 기부금을 모아 그 이익금으로 세계평화운동에서부터 애비 록펠러가 주관하는 협회인 뉴욕 현대예술박물관과 초기 영화, 도서관에 이르기까지 다양하고 혁신적인 프로그램을 지원했다. 특히 정신과와 분자생물학 부문에 투자했다.

실제로 이 연구소의 업적으로 창설 후 4년이 못 되어 초대 연구소장 시몬 프렉스너 박사가 뇌막염의 치료제인 혈청을 개발했다. 또 혈액형과 격리된 항생물질을 발견했으며, DNA가 유전적인 형질을 전달한다는 것과 바이러스가 암의 원인이라는 점도 밝혔다. 이 연구소의 의사들 중에서 19명이 노벨상을 받았다.

게이츠 목사와 록펠러 2세가 연구소 이사가 되었고, 후에는 록펠러 자선재단의 이사직을 맡았다. 록펠러는 이들이 연구소를 운영하는 데 자유를 주려고 이곳을 단 한 번도 찾아가지 않았다. 게이츠 목사는 "록펠러 회장은 연구소가 이뤄 낸 공적과 또 미래의 무한한 가능성을 생각하며 기쁨의 눈물을 흘리셨습니다"라고 했다.

의료사업에 많은 기부를 했기 때문에 여러 가지 약품들이 발명되었다. 무엇보다 록펠러는 미국의 골칫거리인 의료보험제도가 형성되는 데 직간접적인 영향을 미쳤다. 록펠러 재단의 돈이 그들의 원하는 방향으로 의학 기술 발전을 유도하고 의료 서비스 업계를 다른 상업계와 유사한 방식으로 재편하는 데 기여했다.

게이츠 목사는 30년 넘게 록펠러가의 자선사업 책임자로 일했다. 록펠러의 적성 구조가 진실한 자선사업가였다. 이것은 하나님이 그에게 주신 달란트였다. 게이츠 목사는 곱슬머리에 잘생긴 얼굴로 배우같이 화려한 외모를 지닌 사람이었다. 록펠러는 그를 교회에서 데려와 자선기금을 관리하게 했다. 그는 뉴욕 토박이였고 목사의 아들로서 자신도 침례교회 목사가 되었다. 단정한 외모에 간결하게 말하는 록펠러와 긴 머리에 감정이 풍부한 게이츠 목사 간에는 성격차로 긴장감이 있기도 했다. 그렇지만 두 사람 모두 신앙심과 재물에 대단한 열정이 있었다.

게이츠 목사는 자선기금을 관리하면서 많은 사기꾼들이 록펠러의 돈을 잘못 사용한다는 사실을 알았다. 그래서 그는 지원금을 원하는 사람들에게서 문서화된 지원서를 받고, 그중 가장 가능성이 있는 지원자와 면담한 후 록펠러에게 추천했다. 게이츠 목사는 당시 좀 산만하게 이루어져 있던 록펠러의 개인 투자 포트폴리오를 넘겨받았다.

록펠러는 교회 친구들이나 믿을 만한 사람들의 조언을 받아 자선 계획을 세웠지만, 회사 일로 인해 계획에 따라 실행할 수 있는 시간이 충분치 않았다. 게이츠 목사는 록펠러의 투자 계획과 함께 구호 요청 건도 하나씩 살피고 조사했다. 조사 후 간략하게 요점만 정리해서 현 상황과 자신의 추천 내용을 록펠러에게 보고했다. 그의 짧고도 핵심적인 보고 내용은 이후 수년 동안 록펠러 가문의 자선사업과 투자의 기준이 되었다.

게이츠 목사는 팔 수 있는 것을 팔고, 수십 개의 다른 사업을 인수하면서 상당한 이윤을 남겼다. 마음이 편해진 록펠러는 토요일에 회사 일을 쉬기 시작했다. 그와 친했던 스탠더드 사의 동료들은 이미 회사를 떠났거나 사망한 상태였다. 그러나 경제공황이 시작되자 록펠러는 다시 사업 전선에 뛰어들었다.

58세 때, 록펠러는 스탠더드사에서 실질적으로 물러났다. 하지만 그는 스탠더드 사의 주식 30%를 소유한 대주주였다. 록펠러는 임원회의에도 참석하지 않았고 월급도 받지 않았으나, 회사 임원들은 뉴저지 스탠더드 석유사의 회장은 록펠러라고 말했다.

록펠러는 은퇴하고도 많이 벌었다. 어느 해에는 투자만으로 5,800만 달러를 벌었다. 그의 관심사는 자선사업으로 재산을 효과적으로 쓰는 방법이었다. 그는 자선사업에 몰두했다. 그는 독점기업가의 위치에서 역사에 남는 자선사업가로 새롭게 자리매김했을 뿐만 아니라 고통 받는 사람들을 돕는 일에 최선을 다했다.

1910년 뉴욕의 〈아메리칸〉지는 지난 20년 동안 기부금 총액을 "앤드류 카네기 1억 7,930만 달러, 존 D. 록펠러 1억 3,427만 1,000달러"로 비교해서 보여주었다. 카네기의 자선에는 언제나 자기 과시적인 요소가 있었지만 록펠러의 자선은 화려하지 않았다. 그는 침례교회에 수백만 달러를 기부했으며 수천 개의 교회를 건축했다.

록펠러는 의학연구소 다음으로 교육에 눈을 돌렸다. 시카고 대학교를 재건하고 관리에도 힘을 썼다. 1910년까지 그가 시카고 대학에 추가로 기부한 돈은 4,500만 달러였다. 록펠러는 대학 이사와 학장을 선출할 때 18세에 예일 대학에서 박사 학위를 받은 윌리엄 하퍼 목사를 학장으로 추천했다. 1892년 시카고 대학이 개교하자 록펠러의 큰사위 찰스 스트롱은 교수가 되었다.

실제로 시카고 대학은 전국에서 제일 먼저 독립적인 학문을 추구한 대학으로 유명해졌다. 시카고 대학은 시작할 때부터 종교, 성, 인종의 구분 없이 신입생을 받았고 침례교와의 연관성도 끊었다. 록펠러는 시카고 대학 15주년 개교일에 처음으로 학교를 방문했다. 학생들은 "존 D. 록펠러 회장님, 멋진 사람, 시카고 대학의 발전을 위해 자신의 돈을 모두 기부한 사람"이라는 노래를 만들어 그를 환영했다. 이때 록펠러는

"그 돈은 하나님께서 주신 것입니다. 그러니 어떻게 시카고 대학에 기부하지 않을 수 있습니까?"라고 했다.

일반 교육재단을 설립하면서 우선 미국의 흑인 교육의 선구자라 할 수 있는 부커 워싱턴과 같은 전문가들의 조언을 구했다. 워싱턴은 수십 년 전 록펠러가 다니던 클리블랜드 교회에서 장학금을 받은 사람이었다. 의회는 1903년에 이 재단을 승인했는데 '인종, 성, 종교의 차별 없는' 교육을 이루라는 중요한 근대적인 사명을 부여했다. 이 재단은 전국적인 교육 사업을 펼쳤다. 약 1억 3,000만 달러에 달하는 록펠러의 기부금으로 수천 개의 고등학교, 농업학교, 의대를 지원했고, 그 외에 교육 재단이라는 설립 취지에 맞는 많은 교육 관련 자선사업을 추진했다.

록펠러의 가장 현저한 교육 사업은 미국의 의학 교육을 개혁하고 표준화한 것이었다. 특히 24개의 종합대학과 전문대학을 후원했는데 존스 홉킨스 대학, 예일 대학, 하버드 대학, 콜롬비아 대학, 시카고 대학 등이었다. 제3세계를 위한 자선사업에도 큰 공을 세웠다. 록펠러 센터가 있는 뉴욕에서 많은 사람들이 록펠러를 기억하는 이유는 그의 자선사업이었다.

그는 하나님을 믿는 사람으로서 자선사업을 시작한 후부터 건강은 좋아졌으며, 마음의 평안을 찾았으며, 더욱 신앙생활을 철저히 했다. 록펠러는 십일조를 계산하는 회계 직원 40명을 두고 기업을 경영했을 정도로 철저히 십일조를 드렸다. 부를 얻기 위해서는 하나님의 도움이 필요하며 그 핵심에 십일조가 있었다.

물질에 대한 욕심은 누구나 있다. 그 물질을 하나님 앞에 내려놓음으로써 하나님 앞에 나를 내려놓는 훈련을 하는 것이다. 십일조는 내 삶 전체를 다 드려야 하는, 은혜 받은 성도가 할 수 있는 것이다. 아주 작은 보리떡 다섯 개와 물고기 두 마리뿐이지만 능력의 하나님께서 그러한 보잘것없는 우리의 십일조를 30배, 60배, 100배로 키워 주실 것이다.

그는 청교도적 근검절약을 했다. 오락을 즐기지 않았으며 어려운 사람들을 위한 삶을 이어갈 때 그렇게 감사하며 기쁘게 살았다. 53세에 죽을 수밖에 없었던 그가 98세까지 산 것은 그로 하여금 행복한 삶을 살게 하기 위한 주님의 축복이었다.

그의 삶에는 놀랄 만한 일이 세 가지가 있다. 첫째로 세계 역사상 가장 큰 부자가 되었다. 둘째로 역사적으로 전례 없는 7억 5,000만 달러를 기부했다. 셋째로 98세까지 살았다. 이런 일을 이룩한 세 가지 원동력이 있다. 첫째로, 감사하는 마음이다. 그는 어떤 상황에서도 하나님께 감사하면서 살았다. 둘째로, 교회에서 가르치는 교훈대로 살았다. 그는 한 번도 술과 담배를 입에 대지 않았다. 그리고 평생 동안 73세까지 교회학교 교사로 봉사했다. 셋째로, 성경 묵상이다.

성공적인 삶은 하나님 안에서 사는 것이다. 말씀대로 살 때 이루어진다는 믿음이 평생 이어졌다. 90살이 넘어 시력이 약해졌을 때 옆에서 성경을 읽어 주는 사람을 고용했다. 귀로 성경을 들으며 하나님의 말씀을 묵상하며 사는 것이 유일한 습관이었다. 매일 말씀을 묵상하며 살았다. 성공적인 삶은 하나님 안에서 살 때, 즉 감사하며 말씀대로 살 때 이루어진다는 믿음이 평생 이어졌다.

그는 말을 많이 하지 않았다. 악덕 부자로 이름이 나서 청문회에 나가서도 결국 말을 많이 하지 않고 자신의 변명을 하지 않았다. 그의 록펠러 재단, 록펠러 의학연구소, 록펠러 센터를 보아도 그의 자선사업의 업적을 알 수 있다. 그는 예수님께서 불쌍한 사람을 위해 기적을 행하신 것처럼 철저히 예수님의 제자로서의 삶을 살았다. 세계에서 병으로 죽어가는 사람들을 살리는 의학 발전을 위해 자신의 재산을 아끼지 않고 내놓았다.

그의 노년은 안정적인 생활을 하였다. 아침 6시에 일어나서 신문을 읽은 뒤, 집안과 정원을 다니면서 일꾼들에게 잔돈을 건네주었다. 오전 8시엔 손님들과 함께 기도 시간을 가진 뒤, 성경을 읽고 아침 식사를 했다. 식사가 끝나면 소화가 될 때까지 식탁에 앉아서 혼자 하는 놀이인 누메리카를 하며 시간을 보냈다. 독실한 침례교인답게 그는 카드 놀이를 할 때의 일반 카드가 아닌 숫자가 적힌 타일을 이용하여 누메리카를 했다. 이기는 쪽에는 10센트짜리 동전을, 지는 쪽에는 5센트짜리 동전을 두었는데, 혼자서 할 때는 10센트짜리 동전은 오른쪽 주머니에, 5센트짜리 동전은 왼쪽 주머니에 넣으며 게임을 했다. 그리고 이야기를 잘하는 손님이나 늦게까지 남아서 허드렛일을 하는 하인들에게 10센트짜리 동전을 주곤 했다.

밤 9시, 생음악을 들으며 손님들과 담소를 하거나 의자에서 잠깐 졸다가 10시 30분에 설교집 한 권을 들고 잠자리에 들어간다. 점차 쉬는 시간을 늘리고 골프 시간이 줄어들었을 뿐 그는 수년 동안 이 스케줄에 따라 규칙적인 생활을 이어갔다. 록펠러는 갈수록 많아지는 손자, 손녀들을 모아놓고 동전을 주면서 교훈을 주었는데 특히 "낭비하지 말라"는 말은 빠뜨리지 않았다.

"얘들아, 돈을 쓸 때는 매우 조심해야 한다. 그리고 가난한 사람들을 도와줄 능력을 갖추어야 한다는 것을 항상 잊지 말아라."

록펠러의 회고가 〈더 월드스 워크〉(The World's Work) 지에 1908년부터 1909년까지 7회에 걸쳐 실렸다. 이 글이 《사람과 사건의 회고록》이라는 제목으로 출판되었다. 출판업자 프랭크 N. 더블테이는 록펠러와 만난 후 책의 대부분을 집필했다. 이 책은 록펠러의 이름으로 출판되었다. 그는 "마음만 아프게 하고 세상의 고통으로 내모는 불필요한 경쟁"을 비난했다. 자신을 비난한 사람들을 용서한다고 했다. "나는 비난을 받을 만큼 받았다. 하지만 나는 비난 때문에 괴롭지는 않았으며 그들에 대한 악감은 전혀 없다고 말하고 싶다"라고 했다.

이 책에 대한 평가는 다양했다. '인디애나폴리스'는 "옛날에 한 젊은 기독교인이 살았는데…공공의 유익을 위해서 사업을 할 때 경쟁자들을 모두 제거했다"라고 하였다. 그는 그의 의학연구소에 대해 출판업자들과 점심 식사를 한 자리에서는 좋은 평을 듣기도 했다. 출판인 겸 작가인 마크 트웨인은 "록펠러 회장은 자리에서 일어나 아주 부드럽고 건전하게 간단하면서도 인간미 넘치게 놀랄 만큼 효과적으로 이야기했고, 한 문장이 끝날 때마다 터져 나오는 박수 소리에 말이 끊겼습니다"라고 했다.

83세의 록펠러는 재산이 2,500만 달러 정도였고, 그의 딸들은 1,200만 달러의 신탁재산, 아들은 제약 없이 쓸 수 있는 가용재산이 5억 달러에 달했다. 그는 아들 록펠러 2세를 단순한 유산 수익자가 아닌 동료 자선가로 보았다. 록펠러는 자신의 상속자 아들에게 "나는 내 아들이 인류의 행복을 위해서 재산을 쓰기 원한다"라는 쪽지를 남겼고, 아들도 그러겠다고 약속했다.

"저는 아버지가 재산을 관리해 오신 것처럼 양심적으로 관리할 것이며, 현명하고 관대하게 재산을 사용할 수 있기를 기도합니다"라고 했다. 아들은 아버지의 선물을 여러 가지로 보답했다. 아들이 아버지에게 롤스로이스를 선물하려 하자 록펠러는 차 대신 현금으로 달라고 해서 자선사업에 기부했다. 막내딸 에드스도 아버지의 자선사업에 동참하고 싶었지만 록펠러가 거절했다. 록펠러는 거액이 오가는 자선사업은 남자들의 일이라고 여겼다.

록펠러는 25세에 결혼한 로라 셀리스티아 스펠만에 대해서 "인생에서 제게 가장 큰 행복을 안겨준 일, 제가 이룬 가장 큰 업적이라면 사랑하는 아내를 얻은 것입니다"라고 했다. 그의 아내는 1915년 3월 12일에 76세로 죽었다. 그는 울었다. 아버지의 울음소리를 아들은 처음 들었다. 록펠러는 아내를 기념해서 시카고 대학 안에 시카고 채플을 건축하여 하나님께 바쳤다. 그리고 '로라 스펠만 록펠러 기념비'라는 이름으로 7,400만 달러의 재단을 설립했다. 이 기금으로 교회와 선교사를 후원했고, 수년 동안은 초기 사회학 분야의 연구를 지원했으며, 나중에는 록펠러 재단에 합병되었다. 두 재단에 록펠러는 총 5억 3,000만 달러를 기부했는데, 그중 약 4억 7,000만 달러는 록펠러 개인이 기부한 금액이었다.

"내가 전 세계 인류에게 자유에 도움을 줄 수 있는 엄청난 재산을 모은 것은 하나님의 섭리입니다"라고 전기 작가에게 이야기했다. 그의 전기 작가는 〈뉴욕 월드〉 지의 편집장 윌리엄 인글리스로 록펠러의 자문위원 아이비 리와 친분이 있던 사람이었다. 1917년에 자서전 집필이 시작되었다. 인글리스는 2년이 넘도록 하루에 한 시간씩 록펠러와 면담했다. 그는 록펠러의 재미있던 시절, 분노했던 사건, 겸손했을 때와 자만했을 때를 480,000단어로 표현했다. 록펠러의 스탠더드 오일 사의 성공이 "미국의 기업 역사상 가장 놀라운 사건은 못 되더라도 가장 놀라운 사건 중의 하나는 됩니다"라고 말했다.

그의 초상화를 두 번이나 그린 유명한 화가 존 싱거 서전트는 "록펠러의 얼굴은 하나님이 함께하시는 평화로운 모습입니다"라고 했다. 록펠러는 더욱 높은 톤에 얇아진 목소리로 "예수는 내가 빛이 되길 원하시네"라고 가끔씩 찬송가를 흥얼흥얼거렸다. 예수님의 제자로서의 삶은 그에게 행복을 가져왔다.

존 T. 플린은 《하나님의 황금》에서 록펠러를 "오늘날 가장 더럽지 않은 세계적인 대부호"로 평가했다. 또 B.F. 윈켈만은 《존 D. 록펠러》라는 책에서 "록펠러가 이룬 업적은 좋은 정도가 아니라 위대한 것이다"라고 썼다. 콜롬비아 대학의 알렌 네빈스가 《존 D. 록펠러: 미국 기업의 영웅 시대》라는 책을 록펠러가 죽은 지 3년 후에 출판하였다. 1,430페이지로 방대한 이 책의 끝부분에서 네빈스는 록펠러에 대해 "천재적인 조직력에 목표를 이루고자 하는 끈기, 예지, 그리고 과단성 있는 성격으로 록펠러는 이 시대의 가장 위대한 인물 중 한 사람이 되었다"라고 썼다.

많은 작가들이 끊임없이 록펠러에 대해 글을 쓰고 있다. 데이빗 프리만 호크는 《존 D.》라는 책에서 "록펠러는 엄청난 재산을 벌기 위해 때로는 속이고 거짓말했다. 그러나 아직까지도 모든 미국 기업인 중에서 가장 훌륭한 인물이다"라고 평했다. 론 세르나우는 1998년 많은 갈채를 받은 《타이탄》에서 "록펠러는 누구도 할 수 없는 좋은 일을 너무 많이 했기 때문에 하나님께서는 록펠러의 선행을 기억하고 그를 기뻐하셨을 것이다"라고 기록했다. 유력한 정치인 제임스 A. 팔리는 록펠러를 "위대한 비전을 지닌 위대한 인물"이라 평했으며, 그의 주요 적수였던 법원의 사무엘 언터마이어는 "세계 제일의 시민"이라고 했다.

록펠러는 자신의 자서전을 읽지 않았다. 90세에 그의 몸무게는 40킬로도 못 되었다. 승마, 산책, 골프를 하는 시간도 줄였다. 이제는 간호사와 산소탱크가 필요했고, 항상 의료진들이 그 옆에 대기하고 있었다. 그러면서 그는 "나는 좋다는 건 다 해보고 있습니다. 정말 나는 100살까지 살고 싶어서요"라고 하며 손님들을 맞아 대화를 나누었고 손수 집안을 개조하는 지시를 했다. 5월 22일, 그의 98번째 생일이 며칠 앞으로 다가왔을 때 그는 유클리드 애비뉴 건너편에 있는 클리블랜드의 새 예배당 저당금을 갚았다.

그러나 잠시 후 그는 심장마비를 일으켰고 곧 사망했다. 그때가 1937년 5월 23일 새벽 4시 5분이었다. 그날은 록펠러가 어려서부터 좋아했던 주일이었다. 죽기 몇 년 전, 자동차의 천재 헨리 포드에게 "우리, 천국에서 만납시다"라고 했다. 그의 장례식에서 스탠더드 석유회사는 묵념하는 5분 동안 상업 거래를 중지하기로 결정했다. 그의 관은 레이크 뷰의 지하 콘크리트 돔에 안치되었다. 이리하여 아내 로라와 어머니 엘리자 옆에 잠들었다. 주위에는 수많은 그의 친구들과 경쟁자, 적수들이 묻혀 있었다.

　록펠러의 재산은 2,600만 달러 정도였다. 많은 액수를 큰딸 외손녀인 마가렛 스트롱에게 주었는데, 큰딸이 너무 빨리 세상을 떠난 탓에 유산을 받지 못했기 때문이다. 록펠러는 5명의 자녀와 15명의 손자 손녀, 11명의 증손자 증손녀가 있었다. 그의 아들 록펠러 2세는 1960년에 86세로 세상을 떠났다. 그는 살아생전 가끔씩 "존 D. 록펠러는 아버지 단 한 분뿐입니다"라고 말했다.

　록펠러는 예술은 무시했고, 정치는 혐오했다. 하지만 손자인 넬슨 알드리치 록펠러는 뉴욕 주지사와 부통령에까지 올랐다. 넬슨의 남동생 위드롭은 아칸소 주지사가 되었고, 사촌인 존 D. 록펠러 4세는 웨스트 버지니아 주지사와 상원의원이 되었다.

　록펠러는 재물이 하나님의 축복이라고 믿었다. 그러나 그것을 잘 사용하는 것은 그의 사명이었다. 록펠러가 자기에게 주신 달란트가 무엇인가를 안 것이다. 그는 어머니의 신앙을 이어받았다. 그에게 가장 큰 영향을 끼친 사람은 어머니였다. 하나님과의 약속은 어떠한 일이 있어도 지키는 사람이었다. 하나님께서 록펠러를 세상에 보내신 뜻은 그에게 주신 재물을 사용하는 데 있었다. 그는 자기 사업을 하면서 세속적이었다는 것을 인정한다. 그렇게 모은 재물로 하나님이 기뻐하시고 인류에게 덕을 쌓고 발전적인 일을 크게 했다는 데서 모든 일을 마쳤다. 세상에는 록펠러보다 큰 부자가 아직 없으며, 인류를 위해서 록펠러만큼 큰일을 해낸 사람도 아직 없다. 이런 면에서 록펠러는 하나님이 주신 달란트를 잘 발휘한 사람이다.

　그는 청교도로서 근검절약했고, 55세에 죽을 수밖에 없었던 건강으로 98세까지 산 것은 그로 하여금 행복한 삶을 살게 하기 위한 주님의 축복이었다.

영국의 철학자 버트란트 러셀은 록펠러에 대해 "오늘날의 세계를 이룩하는 데 결정적인 역할을 한 인물이 둘 있는데 록펠러와 비스마르크다. 한 명은 경제에서 또 한 명은 정치 분야에서다"라고 했다.

영국의 정치인 윈스턴 처칠은 "역사에서 존 D. 록펠러에게 최후의 평결을 한다면, 그것은 그가 의학 연구에 기부한 행위가 인류의 진보에 이정표 역할을 했다는 것이어야 한다"라고 하면서, 그가 죽었을 때 신문에 "록펠러만큼 막대한 돈을 현명하게 사용한 사람이 이제까지 있었을까!"라고 기록했다.

카네기는 《록펠러의 1% 성공 습관》에서 "평온하고 차분한 성격을 유지한다. 평생 흥분한 적이 없었고, 서두른 적도 없었다. 최상의 컨디션을 유지하기 위해 무슨 일이 있더라도 매일 정오에 30분의 낮잠을 잤다. 자신이 돈의 노예가 되지 않고, 돈이 자신의 노예가 되도록 했다는 결심을 했다"라고 썼다.

그는 하나님이 주신 것을 하나님께 되돌려 드렸다. 그는 베푸는 삶이 가장 행복했다. 그는 청교도적인 삶을 살았다. 그는 매우 구두쇠였다. 그러나 베풀 때는 돈을 아끼지 않았다. 베푸는 삶은 생명을 나누는 것이다. 자신의 돈을 내놓는 것은 자기 생명의 일부, 즉 피를 일부 쏟는 것이다. 이것은 교육으로 되는 것이 아니요, 훈련으로도 불가능하다. 오직 하나님을 향한 신앙으로만 가능하다. 하지만 거기에 교육과 훈련이 가해지면 더욱 큰 내려놓음이 이루어진다. 그것이 신앙 훈련이다. 록펠러는 하나님이 주신 물질로 하나님께 영광을 돌렸다. 그는 성실한 신앙인이었다.

02 소다 가이치
(曾田 嘉伊智, 1867-1962)

일본인으로 한국 고아의 아버지

소다 가이치는 일본인으로서는 처음으로 한국 정부의 문화훈장을 받았으며, 일본인이라면 적대시하던 일제강점기에도 한국 고아의 아버지로 존경받은 일본인, 41년간 한국의 고아들을 위해 헌신하며 양화진 선교사 묘지에 묻힌 유일한 일본인이다.

그의 묘비 옆에는 시인 주요한의 헌시가 있다.

"언 손 품어 주고, 쓰린 가슴 만져 주어, 일생을 길다 않고 거룩한 길 걸었어라. 고향이 따로 있던가 마음 둔 곳이어늘…."

그의 일생은 한 편의 드라마와도 같았다.

소다 가이치는 1867년 10월 20일, 일본 남서부 야마구치 현(山口縣) 소네무라미다(曾根村隅田)에서 태어났다. 어려서는 오카야마(岡山) 시에 있는 서당에서 한문을 배웠다. 훗날 한시를 지은 것을 보면 한학을 잘 공부했다. 21세 때 고향을 떠나 당시 서양문물의 창구이며 일찍 개항한 나가사키(長崎)로 가서 광부로 고학하여 초등학교 교사가 되었다.

1893년, 25세에 노르웨이 화물선의 선원이 되어 홍콩으로 가서 영어를 배웠다. 다시 28세 때 청일전쟁 후 일본의 식민지가 된 대만에서 독일인의 공장에서 사무원 겸 통역으로 일했다. 그때 독일어를 배워 훗날 독일어 서적도 볼 수 있게 되었다. 잠시 중국 본토에 가서는 해군으로 복무했고, 중국 혁명가 쑨원(孫文)을 만나 혁명운동에 가담하기도 했다. 다시 대만에서 방랑 생활을 했다. 대만 산악지대를 돌아다니다 죽을 고비를 여러 번 넘겼다. 그는 30대 초까지 기독교와는 전혀 관계없었고, 방랑하며 쾌락의 삶을 살았다.

소다는 1899년 31세 때 방황이 끝났다. 미혼의 청년이 외국에서 직업을 갖고 사는 것은 매우 고독하고 허무할 것이다. 친구도 없었다. 저녁에 방에 들어오면 피곤에 찌든 몸으로 쓰러져 잠이 들었다. 술집에 가는 것이 습관이 되었다. 방랑 생활은 쉽지 않았다. 이 '방랑자'에게 충격적인 일이 일어났다.

그날도 소다는 혼자 술을 마시며 자신의 마음을 달래고 있었다. 술은 머리까지 올라 정신없이 거리로 나섰다. 한참을 걸었으나 어딘지 알 수 없었고 사람을 알아볼 수 없었다. 밤은 깊었고 길은 한적했다. 이날 따라 술이 많이 취했다. 어느 공원을 지나가다 의식을 잃은 채 쓰러지고 말았다. 정신이 없어서 잠이 들었는지도 몰랐다. 만취한 상태로 쓰러졌다. 아무도 거들떠보지 않았다. 그런데 길을 지나가던 어떤 사람이 그를 흔들었다. 아무 기척이 없었다. 그를 들쳐 업고 뛰었다. 한 여관에 들어갔다. 침대에 뉘었다. 물수건을 가져다가 머리에 얹었다. 물을 입에 흘려 넣었다. 얼마 후 그가 움직이기 시작했다. 일어나 앉았다. 소다가 모르는 사람이 앞에 있었다.

그날 밤 두 사람은 함께 지냈다. 그 사람은 아침에 식사비와 여관비를 내주고 아무런 말도 없이 떠나 버렸다. 소다는 정신이 없어 이름도 물어 보지 못했다. 그러나 중국인이 아니요 일본 말을 하는 사람이었다. 고국을 떠난 사람이라면서 조선에서 왔다고 했다. 소다는 조선인이라는 말을 기억하였다. 그는 자기를 살려 준 사람이 조선인이라고 생각하고 이후 변화되었다. 이것이 그의 삶에 변화를 일으킨 계기가 되었다. 소다는 이 역사적인 사건으로 방랑의 길에서 자신을 찾았고, 어떻게 살아야 할지 삶의 자세를 바르게 정하게 되었다.

소다는 성경의 '선한 사마리아 사람' 같은 선한 조선 사람을 만난 것이다. 그 덕분에 소다는 죽음을 면했다. 소다는 방황에서 깨어났다. 그 후로는 술 취하지 않았으며 성실하게 일하며 살았다. 이것이 소다 가이치의 변화된 삶이었다. 그는 자기를 살려 준 사람을 항상 생각하게 되었다. 삶의 목표가 정해진 것이다.

6년 뒤 1905년, 소다 가이치는 자기 생명을 구해 준 은인의 나라에 가서 보답하기로 결심하고 조선으로 왔다. 당시는 러일전쟁이 끝난 후여서 YMCA에 일본어 선생이 필요했다. 그는 YMCA 전신인 황성기독교청년회 학관에서 일본어 선생이 되었다. 이 해에 한일 을사조약이 체결되었다. 을사조약은 조선이 일본에게 외교권을 박탈당한 조약이었다.

정식 명칭은 '일한신조약'(日韓新條約)이지만 을사년인 1905년에 11월 17일에 체결되었다고 하여 을사조약 또는 을사보호조약으로 불린다. 이토 히로부미(伊藤博文)는 일본 왕의 친서를 들고 온 특사였다. 서울 경운궁 수옥연(漱玉軒)에서 열린 대신회의에 이토 히로부미가 일본군 사령관과 함께 회의에 들어왔고, 회의장 밖에서는 일본 헌병이 무력시위를 벌이고 있었다. 회의는 이토가 대신들에게 조약에 대한 찬반 의견을 묻는 방식이었다.

이토는 대신들을 협박하여 8명의 내각대신 가운데 참정대신 강석 한규설(江石 韓圭卨, 1848-1930)과 탁지부대신(度支部大臣) 만암 민영기(滿庵 閔泳綺, 1858-1927), 법부대신 금산 이하영(琴山 李夏榮, 1858-1919) 등 3인은 반대하였으므로 일본 군인들에게 끌려 나갔다. 다음 학부대신(學部大

臣) 일당 이완용(一堂 李完用, 1858-1926), 군부대신(軍部大臣) 이근택(李根澤, 1865-1919), 내부대신(內部大臣) 향운 이지용(響雲 李址鎔), 외부대신(外部大臣) 평재 박제순(平齋 朴齊純, 1858-1916), 농상공부대신(農商工部大臣) 경농 권중현(經農 權重顯, 1854-1934) 등 5명은 찬성하여 조약 문서에 날인했다. 이 조약으로 인해 대한제국은 외교권을 일본에게 박탈당했다. 국권을 강도당했다.

　이 조약이 을사조약이다. 백성들은 조약에 찬성한 다섯 대신들을 을사오적(乙巳五賊)이라 불렀다. 을사조약은 국제법 상 성립되지 않는 조약이었다. 회의에 참석했던 대신들은 황제로부터 조약 체결을 위임받지 않았고, 회의 결과를 황제에게 재가받지도 않았다. 을사조약은 두 나라 사이의 조약이 아니라, 일제가 군사력으로 주권을 강탈한 것이다. 일제는 대한제국의 외교권을 빼앗고 통감부를 설치하여 내정에도 깊숙이 간섭하였다. 그 뒤 고종 황제를 강제로 퇴위시키고, 군대를 해산하였다. 을사조약이 체결되자 항일투쟁을 호소하며 납세 거부, 철도 이용 안 하기, 일본상품 불매운동 등 항일의병운동의 전개를 촉구하였다.

　일본군이 대한제국을 통치하려 든 것은 1904년부터였다. 그들은 러일전쟁을 일으킨 뒤 대한제국의 중립 선언을 무시하고 서울과 전국 주요도시를 점령하였다. 그 후 두 차례의 조약을 강요하여 일본군의 주둔을 합법화했으며, 대한제국의 외교와 재정을 장악했다. 을사조약은 보호국화 정책의 마지막 절차였다. 일제가 폭력을 앞세워 주권을 강탈한 대표적인 사례였다. 이로 인해서 결국 1910년 조선은 일본에 합방되고 말았다.

　소다는 이런 상황에서 조선에 왔다. 자기를 살려 준 무명의 청년에게 보답하기 위해서였다. 그런데 자기 조국이 조선을 압박하는 것을 보면서 분개했다. 그는 몹시 갈등하였다. 조국이 자기를 도와준 사람의 나라를 강탈하고 있다. 그는 조국 일본이냐, 일본이 강탈하는 조선이냐 하는 문제에 부딪쳤다.

독립협회는 1896년 설립된 한국 최초의 근대적인 사회정치 단체이다. 정부의 외세 의존정책에 반대하는 개화 지식층이 한국의 자주 독립과 내정 개혁을 표방했다. 〈독립신문〉을 발간하여 민중계몽에 나선 서재필을 중심으로 이상재, 이승만, 윤치호 등이 적극 참여했으며, 협회 발족 당시에는 이완용, 안경수 등 정부 요인들도 참가하였다. 1899년 독립협회 사건이 일어났다. 정부를 전복시킨다는 이유로 이상재 이하 간부들이 체포되었다. 이들은 사형 언도까지 받았으나 선교사들과 여러 중요한 인물들의 노력으로 석방되었다. 이들이 YMCA에 모였다. 이상재, 이승만, 김정식, 홍재기, 유성준 그리고 지방으로 좌천되었던 윤치호, 미국으로 유학 갔던 김규식 등이었다.

그 당시 조선은 민족적, 영적으로 대격변기였다. 1905년 을사조약 체결로 나라 잃은 슬픔에 울었고, 평양에서 일어난 대부흥운동으로 울며 회개하는 물결이 전국으로 퍼졌다. 조선은 나라 잃은 슬픔을 회개로 극복하고 있었다. 민족의 억울한 고통을 자기 죄에서 원인을 찾고 회개했다. 회개운동은 민족의 독립운동으로 승화되었다.

소다 가이치는 조선의 교회에서 큰 충격을 받았다. 일본을 원망하기 전 자기들의 잘못으로 알고 회개한다는 것이다. 그는 1906년 감옥에서 예수를 믿고 풀려난 월남 이상재 선생의 전도로 회개하고 기독교인이 되었다. 월남 이상재는 YMCA 총무로 "동포여, 경성하라"고 외치며 많은 사경회와 부흥회를 개최하여 백만인 구령운동을 할 때 소다는 성경을 배우고 집회에 참석하여 많은 은혜를 받았다.

소다는 1908년 독실한 기독교 신자인 우에노 다키와 결혼했다. 소다는 아내의 영향으로 새사람이 되었다. 그는 음주벽을 청산했고, 금주회

회장이 되었다. "나는 젊을 때 대주가(大酒家)였으며, 혈기왕성하여 난폭한 짓을 많이 한 불량배였다"라고 간증했다. 기독교에서 희망을 발견한 소다 가이치는 이상재 선생을 따라 전도운동에 나섰다.

서울 YMCA 교사 직을 사임하고, 일본인 경성감리교회 전도사가 되어 매서인을 겸하면서 복음을 전파했다. 소다가 전도사로 활약하던 1910년대는 암흑기였다. 데라우치(寺內正毅) 총독의 무단정치로 조선은 일본에 주권과 성씨와 언어와 토지를 빼앗겼다. 일본 헌병이 계엄을 실시하고 조선의 독립운동을 뿌리째 뽑아버리려 했다.

그 대표적인 사건이 105인 사건이다. 당시 한국교회는 독립운동의 근간이었다. 데라우치 총독이 압록강 철교 준공식 참석 차 신의주로 가는 중에 선천역에 내렸을 때, 한국 교인들이 암살을 음모했다는 구실로 600명을 체포했다. 윤치호와 양전모는 10년 징역형, 질레트 YMCA 총무는 추방당했고, 이승만, 김규식은 망명했다.

소다 선생은 한일합방 소식을 듣고 일제의 무단정치에 분노하였다. 그는 105인 사건을 조작했던 데라우치 총독과 일본인 경성기독교회(해방 후 덕수교회) 장로이자 서방에도 일본 기독교 장로로 알려진 대법원장 와다나베(渡邊暢)를 찾아가 "죄 없는 조선 사람을 즉시 석방하라"고 항의하였다. 이것이 일본 교계에 알려졌다. 그래서 서울 중구 회현동에 일본인 감리교회(현 강남 반포동 남산교회)가 설립되어 무보수 전도사로 사역하게 되었고 전국적으로 일본인을 상대로 교회들이 많이 설립되었다.

소다는 서울에서 강연 잘하기로 장안에 소문이 났으며 그 인기는 참으로 높았다. 그의 인기에 힘입어 교회의 초청도 받았으며, 강연할 때 자신의 방탕했던 생활부터 대만에서 조선인의 도움으로 살아난 이야기도 하면서 그의 신앙은 더욱 성장해 갔다.

1913년 러일전쟁 후 사회적 불안과 경제 불황으로 고아들이 많아졌다. 소다는 경성고아원을 세웠다. 버려진 아기들을 업어 오면 어디다 팔아먹으려는 게 아니냐고 돌을 던지며 욕을 퍼부었다. 소다는 그런 소리에 귀를 기울이지 않았다. 그리고 집집마다 다니며 젖을 구걸하고 밤을 새우며 아기를 안고 달랬다.

1921년 뜻하지 않은 책임이 일본으로부터 그에게 부여되었다. 고아 사업기관인 일본의 최고 가마쿠라(鎌倉) 보육원의 경성지부 책임자로 임명되었다. 가마구라 보육원은 1896년 일본인 사다케(佐竹音次郎)가 세운 것으로 1913년부터는 자기 고아원 출신 중에 제일 나이가 많은 이를 한국에 파송하여 경성지부를 설치한 것인데 이것을 소다가 인계받게 되었다.

서울 용산구 후암동에 있는 총독부가 대여한 1,200평 대지에 가마쿠라 보육원(현 영락 보린원)을 세우고, 이화학교와 숙명학교에서 영어를 가르치던 우에노가 1926년부터 사임하고 고아원의 전임 보모로 일하면서 세계적인 경제공황과 식민지 치하와 전쟁의 어려운 경제 여건 속에서도 꾸준히 고아들을 돌보았다. 이들은 해방이 되기까지 수천 명의 고아들을 길러냈다.

1919년 3·1운동으로 그가 존경하던 이상재 선생과 YMCA의 지도자들이 투옥되자 소다는 대법원장을 찾아가 일제의 만행을 규탄하며 석방을 호소하였다.

1919년 불어닥친 세계적인 대공황 속에서 조선의 거리는 기아에 허덕였다. 소다 내외는 거리에 버려진 아기들을 데려다가 키웠다. 젖이 없어 젖동냥을 하며 집집을 찾아다녔다. 이들은 가마쿠라 보육원(현 영락 보린원)에서 조선인 고아들과 함께 살았다. 소다는 '하늘의 할아버지', 우에노는 '하늘의 할머니'라고 불렸다.

고아원이 경제난으로 문을 닫게 될 지경에 이르렀을 때였다. 어느 날 아침 한 직원이 현관에서 큼직한 보따리 하나를 발견했다며 들고 왔다.

그 보따리에는 좋은 옷가지와 시계와 함께 현금 천 원이라는 거금과 이름 없는 편지도 들어 있었다.

"소다 선생님 내외분이 하시는 일은 정말 하나님의 거룩한 사업인 줄 압니다. 우리나라 동포를 대신하여 감사를 드립니다. 저는 사정이 있어서 국외로 망명합니다. 그러나 저는 도둑놈이 아닙니다. 안심하세요. 부디 이 돈을 받으시고 불쌍한 고아들을 위해 써 주세요."

소다 부부는 이 편지를 받고 깜짝 놀랐다. 그리고 하나님께 감격의 기도를 드렸다. 보육원은 무사히 지낼 수 있었다. 소다 가이치 부부는 조선을 사랑했다. 그 비밀 자금이 독립운동을 위하여 쓰여야 될 것인데 이 보육원에 왔다고 생각했다. 이에 소다 부부는 더욱 힘을 다하여 한국의 아이들을 한국의 독립을 위하여 키우는 사명감으로 임했다.

중일전쟁이 한창이던 어느 날 소다는 헌병대의 출두 명령을 받았다. 고아들에게 항일 독립정신을 교육했기 때문에 아이들이 청년이 되어 독립운동 지하조직의 일원이 되었다는 것이다. 소다는 자신이 키운 고아가 조국의 독립을 위한 애국투사가 된 것을 알고 자랑스러워했다. 소다 부부는 이렇게 한국을 사랑했으며, 한국의 독립군을 키우는 사명으로 고아들을 자랑스럽게 양육했다.

1943년 소다 가이치는 고아원 원장과 전도사 직을 병행하고 있었는데, 원산 일본인 감리교회에 목사가 없다는 소식을 듣고 77세의 노구였으나 무보수 전도사로 부임했다. 그는 이웃과 교회의 어려움을 외면하지 않았다. 소다는 고아원을 운영하는 부인과 떨어져 자취하며 목회했다. 원산에서 목회하던 중 8·15 해방을 맞았다. 소다는 너무 기뻤다. 마치 내 나라가 독립한 것처럼 기뻐 뛰었다. 자기의 조국은 망했다. 그 슬픔에 젖기 전에 한국이 독립국가가 된 것에 기쁨과 감사가 넘쳤다.

소련군이 온 시가를 휩쓸며 일본 사람을 약탈하고 부녀자들을 겁탈

했다. 겁에 질린 일본인들은 소다의 교회로 모여들었다. 소다 가이치는 그들을 방에 숨기고 현관을 지켰다. 소련군이 교회에 왔지만 시민에게 존경받는 소다 선생임을 알고는 그냥 돌아갔다.

1945년 해방이 왔지만 소다 부부는 일본으로 돌아가지 않고 한국에 남아 영락보린원을 운영했다. 일본인들이 마지막으로 귀국할 때까지 소다 선생의 원산감리교회는 일본인들의 피난처가 되었다. 1947년 5월 15일, 소다는 일본인들이 마지막으로 철수할 때 비장한 결단을 내린다. 전쟁에서 패망하여 조국이 고난에 처했기에 동포들과 함께하기로 결정한다. 소다 선생은 일본으로 귀국할 것을 결심했다. 일제가 조선에게 저지른 만행은 부끄러웠지만 소다 선생에게는 일본이 조국이었다. 전쟁에서 패망하여 조국이 고난에 처했기에 소다 선생은 동포들과 함께 그 고통에 함께하기로 한 것이다. 고난 속에서 희망이 되신 예수 그리스도를 전하기 위해 귀국한 것이다.

소다 가이치의 부인 우에노 다키는 서울에서 고아원을 계속 운영했다. 사랑하는 한국의 고아들을 그냥 두고 고국으로 갈 수 없었기 때문이다. 소다는 1947년 10월 13일 서울에서 부인을 잠깐 만났다. 그때 우에노 다키 여사는 건강 악화로 일본으로 귀환할 수 없었으며, 또한 고아들을 그대로 두고 갈 수 없다고 하였다. 소다는 "神恩主愛以何酬 歲月空過暎白頭一片壯心猶未滅秋風萬里試東遊"(하나님과 주님의 은혜 어찌 다 갚으리오. 세월만 허송하여 백발이 성성한데 사나이의 일편장심 아직도 남아 있거늘 어찌하여 나는 동쪽나라(일본)로 여행을 가야 하는가)라는 시 한 수를 남기고 아내 우에노 여사와 다음과 같은 세 가지를 서약했다.

"1. 우리 부부는 과거와 같이 하나님의 은혜를 확신한다. 2. 어떠한 재난이 닥쳐오더라도 십자가를 우러러보며 마음의 평화를 간직한다. 3. 하나님의 가호를 빌며 살다가 일후 천국에서 만난다."

부인과 헤어진 후 부산까지 걸어서 갔다. 미군 배를 얻어 타고 11월 일본 땅 시모노세키(下關)에 도착했다. 그것은 그리스도의 복음을 조국에 전하기 위함이었다. 부끄러운 자신의 조국이지만 고난에 처해 있는 모습을 외면할 수 없었기 때문에 희망 되신 예수 그리스도를 전하기 위해 일본으로 향하였다.

이때 소다의 심정은 사도 바울의 것과 같았다.

"내가 그리스도 안에서 참말을 하고 거짓말을 아니하노라 나에게 큰 근심이 있는 것과 마음에 그치지 않는 고통이 있는 것을 내 양심이 성령 안에서 나와 더불어 증언하노니 나의 형제 곧 골육의 친척을 위하여 내 자신이 저주를 받아 그리스도에게서 끊어질지라도 원하는 바로라"(롬 9:1-3).

그는 마지막 일본인들이 한국에서 철수할 때 민족과 함께 조국으로 갔다.

소다의 부인 우에노는 1878년 일본의 독실한 기독교 가정에서 출생했다. 나가사키(長岐) 기독교학교를 졸업하고, 1898년 내한하여 일신소학교 교사로 봉직했다. 1908년 30세에 41세의 소다와 결혼했다. 숙명여학교와 이화여학교의 영어 교사로 일하다가 1926년 퇴직하여 가마쿠라 보육원에서 남편을 도와 보모가 되었다. 1943년 소다가 원산에서 전도사로 사역할 때에는 서울에서 혼자 고아원을 운영하였다. 1945년 해방 후 귀국하지 않고 고아원을 지켰다. 우에노는 남편을 그리워하다가 1950년 1월 14일 74세로 별세하여 남편보다 먼저 양화진 제1묘역에 안장되었다.

일본에 도착한 소다는 한 손에 '세계평화'라는 표어를 들고 또 한 손에는 성경을 들고 전국을 다니며 조국 일본의 회개를 부르짖었다. "회개의 눈물로 다시 희망을 세워가자!"라고 외치며 전쟁과 원자탄이 없는 세계평화를 주장했다. 그는 조선의 그리스도인들이 나라가 패망할 때

'성령운동'이 일어난 것을 보며, 나라를 잃은 것은 우리의 죄라고 믿고 회개로 눈물을 흘리는 것을 보고 배웠기 때문이다. 일본이 망했을 때 회개의 눈물로 다시 희망으로 일어나자는 외침이었다.

신문기자들은 면담을 요청하고 "반생 동안 한국 고아의 아버지, 한국 영주권을 가진 소다 옹, 조국 전도를 위해 귀국"이란 제호로 기사를 썼다. 기자의 질문에 소다 옹은 "나의 신조는 빌립보서 1장 29절이다. 여러분은 그리스도를 믿을 특권뿐만 아니라 그분을 위해서 고난까지 당하는 특권, 곧 그리스도를 섬기는 특권을 받았다…지금 한국인들은 광복의 기쁨으로 가득 차 있다. 나는 일·한 친선이 반드시 이루어질 줄로 믿는다. 경성은 쌀 7작, 외미 1홉 3작, 그 밖의 분유의 배급이 보장되어 온 거리가 활기를 띠고 있다. 경성에는 한국인과 결혼한 일본 여성이 7-800명 있다. 나는 이승만 씨와 만났을 때 재일 한국인 60만 명에 관하여 일본인들이 조금 더 올바른 이해가 있기를 바란다는 말을 들었다. 나는 장차 한국인들과 같이 있기를 원한다"라고 대답하였다.

그는 일본 전국을 걸어서 전도했다. 원자탄의 폐허 히로시마(廣道)를 비롯하여 규슈(九州)로부터 홋카이도에 이르기까지 "오 하나님, 인류가 범한 죄를 용서하여 주소서"라고 기도하였다. 어떤 때는 폐렴으로 죽을 뻔하고, 어떤 때는 도적을 만나고, 어떤 때는 자동차에 치어 구사일생으로 살았다. 그는 전국으로 '세계평화행진'을 계속했다.

1950년 1월 14일, 서울 고아원에서 소다의 부인 우에노 다키 여사가 별세하여 한국사회사업연합회 주관으로 장례식을 거행했다. 부인의 부음을 듣자 그는 슬퍼하기보다 도리어 찬송과 감사로 하나님의 가호를 빌었다. 그리고 자기 부인을 세브란스 병원에 입원시켜 준 김명선 박사 등 신앙의 형제들에게 감사를 전했다. 소다 옹은 히브리서 11장 4절의 "그는 믿음으로 죽은 후에도 여전히 말을 하고 있습니다"를 가지고, "그녀는 훌륭한 신앙을 가지고 봉사의 생애를 마쳤습니다. 그녀는 하늘나라에서, 아니 그녀의 영혼은 늙은 남편과 같이 여행하면서 힘이 되어 줄 것이라 믿습니다. 그녀는 이 늙은이 대신 한국 땅에 묻혔습니다"라고 말했다.

그리고 10년이 지났다. 소다는 항상 아내가 묻혀 있는 한국 땅으로 돌아오기를 간절히 원한다고 여러 번 말했다. 1960년 1월 1일, 아사히신문(朝日新聞)은 "한국 대통령 이승만의 오랜 친구인 소다 가이치 옹이 한국 귀환을 열망한다"는 기사를 대서특필했다. 이 기사를 서울에 있는 AP통신이 한국 신문에 다시 보도했다. 당시는 한일 국교 정상화가 되기 전이라 소다 선생이 한국에 온다는 것은 불가능했다. 소다는 제2의 고향인 한국에서 여생을 보내고 싶어하였다. 그리하여 1961년 3월 11일, 가마쿠라 보육원의 후신인 영락보린원 원장 한경직 목사가 정부와 교섭 후 그를 초청하여, 그는 아사히 신문사의 특별기 편으로 오사카공항을 출발하여 김포공항에 도착했다.

1961년 5월 6일, 소다 옹이 김포공항에 도착했을 때 그의 오랜 신앙의 동지 한경직 목사, NCC 길진경 목사, 김우현 목사, YMCA의 옛 친구 이명원 선생, 이인영 선생, YMCA 협동총무 베이커(Baker), 전택부 등이 늙은 믿음의 영웅을 환영했다. 그때 나이 94세였다. 그는 영락보린원에서 어린 고아들과 조용히 함께 살았다. 한국에 온 지 1년도 채 되지 않은 1962년 3월 28일에 소다 가이치 선생은 영락 보린원에서 생을 마쳤다.

한국 정부는 1962년 4월 28일 일본인으로는 처음으로 문화훈장을 추서했다. 국민 문화 향상과 국가 발전에 기여한 공로가 뚜렷한 사람에게 수여하는 훈장이 문화훈장이다.

소다 가이치의 장례식은 사회장으로 거행되었다. 1962년 4월 2일 영락보린원, YMCA를 비롯한 NCC, 한국사회복지사업 전국연합회, 대한상공회의소 등 문화, 종교, 교육, 경제 19개 단체가 공동으로 주최하여 국민회당(국회의사당)에서 2천여 조객이 참석한 가운데 대광고등학교 밴드의 조악(弔樂)으로 시작되었다.

장례식은 한경직 목사가 사회하였고, 기도와 성경 봉독, 조사로는 재건운동 본부장 유달영, 보사부장관 정희섭, 서울시장 윤태일이 맡았다. 유달영은 "소다 옹의 생애는 어느 사회사업가보다 우리들에게 감격과 충격을 주었다. 소다의 생애처럼 깨끗한 인류애와 사랑만이 한국과 일본이 단합할 수 있다"라고 조사했다. 유족으로는 조카딸 마스다(曾田須美子)가 참석하였고, 박정희 의장과 일본외상 고사카(小坂)가 조화를 보냈다.

묘비 전면에는 "고아(孤兒)의 자부(慈父) 소다 가이치(曾田嘉伊智) 선생의 묘(廟)"라고 적혀 있다. 그리고 뒤에는 "소다 선생은 일본 사람으로 한국인에게 일생을 바쳤으니 그리스도의 사랑으로 나타냄이라. 1913년 가마쿠라 보육원을 창설하여 따뜻한 사랑에 자라난 고아 수천이리라. 1919년 독립운동 시에는 구금된 청년의 구호에 진력하고, 그 후 80세까지 전국을 다니며 복음을 전파하다. 종전 후 일본으로 건너가 한국에 대한 국민적 참회를 순회 연설하다. 95세인 5월 다시 한국에 돌아와 영락 보린원에서 1962년 3월 28일 장서하니 향년 96세라. 동년 4월 2일 한국 사회단체연합으로 비(碑)를 세우노라"라고 쓰여 있다. 그리고 묘비 옆면에는 주요한 선생이 지은 시가 새겨져 있다.

> 언 손 품어 주고
> 쓰린 마음 만져 주니
> 일생을 길다 않고
> 거룩한 길 걸었어라
> 고향이 따로 있든가
> 마음 둔 곳이어늘

소다 가이치를 아는 조선인들은 그를 진실한 기독교인으로 기억하고 복음을 몸으로 전해 주기 위해 일본에서 온 선교사로 받아들였기에, 일본인에 대한 구원(舊怨)도 거두고 소다 가이치와 우에노 다키의 묘비를 외국 선교사들의 묘지 양화진에 세워 기리고 있다.

소다 옹이 서거하자 추도식이 일본에서도 거행되었다. 서거 1개월 후인 4월 28일 동경 아오야마(靑山) 학원 대학 본부 예배당에서 거행되었는데, 이것은 일본 NCC, 가마쿠라 보육원, 감리교회, 재일 한국 YMCA 등 10여 개 단체 공동 주최로 거행되었다.

1964년 2주기 추모식은 서울 YMCA 강당에서 거행되었다. 이때는 한일간의 국교가 정상화되지 않았으므로 일본인을 정식 초대한다는 것은 어려운 일이었다. 거리에서는 항일 데모가 계속되었고, 언론에서는 한일 정상화 반대 전화가 오고, 협박장이 날아들었다. 그러나 YMCA는 "아무리 일본인이라도 우리 민족에게 은혜를 끼친 사람이라면 보답하는 것이 도리가 아니겠느냐?"라고 하였다.

일본의 유족 대표 소다(曾田) 옹의 생질과 일본 전 수상 기시 노부스케(岸信介)는 소다 옹의 고향 사람으로서 소다 옹을 매우 존경했을 뿐만 아니라 친한파 정치인이었기 때문에 처음에는 자기가 친히 추도식에 참석할 예정이었다. 그러나 피치 못할 사정으로 딸(安部 氏 婦人)과 安部晉太郎 부부를 특사로 파송했다.

당시 한일관계는 험악했는데, 한일 양국에서 함께 존경받았던 소다 옹이 다리가 되어 소통의 물꼬를 틀 수 있었다. 한 사람의 신앙적 위력이 소다 가이치 선생을 통해 나타났다.

추도식은 한경직 목사의 사회와 박주병 보건사회부 장관, 윤치영 서울특별시장의 추도사로 거행되었는데, 당시 한·일간의 험악한 분위기와는 대조적으로 따뜻하고 친밀하게 진행되었다.

그 뒤 고향 사람인 防長 신문사 布浦芳郎 사장은 소다(曾田) 옹 추모식 기사와 '한국 방문기'를 연재했는데 "한국인이 일본인을 증오하는 데에는 이유가 없는 것이 아니다. 무조건적으로 증오하는 것이 아님을 이번 소다 옹에 대한 존경심을 통해 알 수 있었다. 평화의 사도였던 소다 옹에 대해서 한국인은 최대의 존경과 성의를 아낌없이 나타내는 모습에 감명 받았다. 일본인은 과거의 죄과를 회개함과 동시에 올바른 한국관을 가지고 하루라도 빨리 한일 국교 정상화를 성공시키지 않으면 안 된다"라고 했다.

서울특별시 마포구 합정동에 있는 양화진(楊花津)과 그 주변은 역사적으로 많은 사적과 사연이 있다. 이곳이 외국인 묘지로 지정된 것은, 1890년 7월 26일 미국 북장로회 의료선교사로 고종의 시의(侍醫)였던 존 헤론(John W. Heron, 惠論, 1858-1890)이 급환으로 별세하자 묘지 문제가 생긴 데서 출발한다. 도성 안에 시신 매장은 엄격히 금지되었다. 유족과 선교사들은 조정에 묘지로 적당한 장소를 제공해 줄 것을 요청하였으나 조정에서 지정해 준 곳은 한강 건너편 야산 기슭의 모래밭이어서 묘지로 쓸 수 없는 땅이었다.

이와 같은 때에 미국공사관과 조정의 신임을 받던 알렌과 언더우드 등의 선교사들은 외교 경로를 통하여 미국공사를 비롯한 러시아, 영국, 프랑스, 독일 등 5개국 공사의 공동명의로 양화진을 외국인 공동묘지로 허락해 줄 것을 청원하여 마침내 경관이 아름다운 양화진을 사용하도록 허가받아(1893. 10. 24) 이곳에 헤론 선교사를 처음 안장함으로써 양화진 외국인 공원묘지가 되었다.

서울 한강변 양화진에 있는 외국인 선교사 묘원은 구한말과 일제강점기에 우리나라 교육, 의료, 언론 등 발전에 기여하다 제2의 조국인 한국에서 죽은 자들이 묻혀 있는 곳이다. 소다 옹은 미국, 영국, 캐나다, 호주 등지에서 온 서양 선교사들과는 달리 조선에 와서 조선의 초기 개신교 신자인 이상재 선생에게 복음을 받고, 힘없고 불쌍한 조선의 고아들을 위해 평생을 바쳐 음지에서 그리스도의 사랑을 몸으로 실천하며 살았다.

그는 친한파, 친일파 사이에서 오해와 미움도 받았지만 그를 아는 조선인들은 그를 진실한 기독교인으로 기억하고 복음을 몸으로 전해 주기 위해 일본에서 온 선교사로 받아들였기에 소다와 우에노의 묘비를 외국 선교사들의 묘지인 양화진에 세웠다.

소다와 우에노 부부는 일생을 한국을 위해 바친 외국인 선교사와 그 가족들과 함께 안장되어 있다. 선교사들은 당시 세계의 변방이던 한국에 복음의 빛을 나누기 위해 헌신하였다. 또 이들은 병원과 학교를 설립하여 사회 발전에 기여하였다. 소다 부부는 우리나라의 독립을 위해 위험을 기꺼이 감수하였다. 이때 한국인들에게 감사와 찬사도 받았지만 간사한 일제의 간첩이라는 비방도 감수해야만 했다. 이들은 41년 동안 한국의 불쌍한 고아들을 위해 사랑을 베풀었다.

소다 가이치 부부의 묘는 양화진 외국인 묘원 언덕 위 제1묘역 '자-8'에 자리 잡고 있다. 그 묘역 가까이 선교사 게일, 최초의 감리교 선교사 아펜젤러의 묘가 있다. 서양인들만 묘비를 세우는 양화진에 일본인으로 처음 묘비를 세우게 되었다. 소다 부부는 한국인을 위해 목숨을 걸었다. 한국인들은 일본은 싫어할지라도 소다 가이치 부부는 한국을 사랑한 사람으로 그들 부부의 시신을 일본으로 보내지 않고 한국 땅에 묻는 것을 기뻐하였다. 그의 묘 옆에는 우리나라의 국화인 무궁화가 함께 피어 있다.

선한 사마리아인 같은 이름 없는 한 한국인이 소다 가이치에게 내민 돌봄의 손길이 수백, 수천 배의 따스한 손길로 더해져 한국의 수많은 고아들을 살려냈다. 그는 한국 고아의 자부(慈父)였다. 사랑 자(慈), 아비

부(父), 자애로운 아버지, 핏줄로 이어진 자식에게 잘 대해 주는 것은 고금동서의 진리이다. 하지만 가족관계가 아닌데도 불구하고 자부라 불리는 일본인 소다 가이치 부부는 훌륭한 아버지요, 어머니였다.

소다 가이치의 사랑은 예수님의 사랑에서 왔다. 소다는 세 사람의 천사를 만났다. 무명의 한국인에게 도움을 받았을 때는 예수님의 사랑인 줄 몰랐다. 그러나 그때 그 한국인은 예수님이 보내 주신 무명의 천사였다. 두 번째는 이상재 선생이다. 그를 통해서 예수를 믿게 되었다. 그는 예수님의 음성을 들었다. 그분이 자기를 사랑하라고 보낸 천사였다고 믿었다. 이상재 선생은 예수를 믿게 했으며 예수를 본받게 했다. 이것은 참으로 하나님의 선택된 사람에게 보여주시는 계시이다. 마지막으로, 우에노 다키를 만나 결혼했고, 그를 통해서 예수님의 사랑을 실천하게 되었다. 이 세 사람을 통해 소다 가이치가 부활하게 한 계기가 되었다.

인간은 만남에서 개과천선(改過遷善)한다. 소다의 만남이 표면적으로는 세 사람이지만 내면적으로는 예수님을 만난 것이다. 예수님을 만났다고 해도 학문적인 만남이 아니요, 한 사람의 영웅을 만난 것도 아니다. 진실로 구원의 주님을 만났다. 아내와 마지막 헤어질 때 약속한 것이 "후일 천국에서 만나자"라는 것이었다. 이것은 진실한 믿음의 표현이었다. 소다 가이치는 예수님의 계명 "서로 사랑하라"(요 13:34)는 말씀을 그대로 실천했다.

그에게 그리스도인 아내를 맞이함은 하나님의 섭리였다. 우에노 여사는 독실한 기독교 가정에서 태어나서 신앙으로 성장했다. 그리고 예수님의 사랑을 실천하기 위하여 소다보다 먼저 한국에 왔다. 그는 이미 일본이 한국을 압박한다는 것을 알고 온 것이다. 이것은 예수님이 깨닫게 하셨다. 그는 항상 예수님을 위해 살고자 기도했다. 예수님에게 계시를 받은 것이다. 일본인들은 조선 사람들을 압박하여 침략하려고 오는데, 우에노는 나약한 여자의 몸으로 예수님의 사랑을 실천하러 왔다. 아펜젤러 선교사의 묘비를 보면 "나는 섬기러 왔다"라고 기록되어 있다. 우에노도 마찬가지 각오였다.

조국 일본은 조선을 침략하여 식민지로 만들려고 하는데, 우에노는 진실한 예수님의 사랑으로 조선을 찾아왔다. 조선 여학교에서 일본어와 영어를 가르쳤다. 이것은 그녀가 할 수 있는 최선의 방법이었다. 그러다가 소다를 만나 결혼했다. 이때 그에게 주어진 달란트가 무엇인가를 깨달았다. 그것은 조선의 고아들을 품는 것이었다. 이것을 남편 소다와 함께 실천했다. 그녀는 이 사명을 위하여 이화여학교와 숙명여학교를 사임했다. 과감한 결단이며, 손해 보는 결단이었다. 자기는 아기를 낳지 않고 조선의 고아들을 품어 키웠다.

사랑은 서로 교류하는 것이다. 무명의 한국인이 술에 취해 쓰러져 죽게 된 소다 가이치를 살리고, 또 반대로 많은 우리나라의 고아들은 그의 도움으로 새로운 삶을 살아가게 되었다. 일본인이지만 우리나라를 열정적으로 사랑했던 소다 가이치 부부….

예수님이 전한 '사랑'의 계명이 울려 퍼진 지 2천 년이 되었다. 그 2천 년의 역사 속에서 그 사랑은 계속해서 지구를 돌아왔다. 한국 땅에서 일본인이 무단정치를 시작할 때 같은 일본인이 한국에서 한국의 고아들을 사랑한 예수님의 제자가 있었다. 이러한 사랑의 행렬은 주님 오시는 날까지 계속될 것이다.

8부

정치가

01 에이브러햄 링컨 대통령
노예 해방을 이룬 자유인

02 우남 이승만 대통령
대한민국 건국 대통령

01 에이브러햄 링컨
(Abraham Lincoln, 1809-1865)

노예해방을 이룬 자유인

"1863년 1월 1일부터 미합중국에 대하여 반란 상태에 있는 주 또는 어떤 주의 특정 지역에서 노예로 예속되어 있는 모든 이들은 영원히 자유의 몸이 될 것이다. 육해군 당국을 포함한 미국 행정부는 그들의 자유를 인정하고 지킬 것이며, 그들의 진정한 자유를 얻고자 노력하는 데 어떠한 제한도 가하지 않을 것이다."

이것은 미합중국 대통령 에이브러햄 링컨이 선포한 '노예해방 선언서' 이다. 여기에 서명할 때 그의 손은 긴장으로 떨리고 있었다.

"내 평생 이 선언서에 서명하는 것보다 더 옳은 일을 한 적이 없습니다. 이 일로 내 이름과 영혼이 역사에 길이 새겨질 텐데, 서명할 때 손이 떨리면 앞으로 이 서류를 보는 사람들이 내가 주저했다고 생각할지도 모르겠지요."

에이브러햄 링컨은 1809년 2월 12일 켄터키 하딘 카운티에서 토머스 링컨과 낸시 행크스의 둘째 아들로 태어났다. 그의 집은 켄터키 주 하딘 컨트리에 있는 방이 한 칸뿐인 통나무 오두막이었다.

링컨의 조상에 대한 자료는 많지 않다. 역사가들은 그의 조상 새뮤얼 링컨을 찾아냈다. 새뮤얼은 1673년 영국 노퍽에서 미국 매사추세츠 주 로킹 햄에 온 섬유 노동자였다. 그러나 링컨은 조상에 대해서 자신의 할아버지 에이브러햄 링컨을 알았을 뿐이었다. 할아버지는 지역 민병대 대장이었으며, 버지니아 로킹햄에서 켄터키 주의 제퍼슨 마을로 이주했다.

켄터키로 옮긴 후 할아버지는 매복해 있던 원주민에게 습격 받고 1786년 아들 머디카이, 조시아, 토머스가 지켜보는 가운데 세상을 떠났다. 머디카이는 총으로 동생 토머스를 원주민으로부터 구했다. 법에 의해서 장남인 머디카이는 그의 아버지의 유산을 상속받았다.

토머스는 시골 켄터키의 시민이었다. 그는 농장들을 팔고 샀으며, 그 농장 중에는 '싱킹 스프링 팜(Sinking Spring Farm)'도 있었다. 그의 가족은 분리 침례교(Separate Baptists)에 소속되어 있었다. 그 종파는 도덕적 기준이 있어서 술을 마시거나 춤추지 않으며, 노예제도를 반대했다. 토머스는 켄터키에서 높은 위치에 있었으며, 그곳에서 배심원 역할을 맡았고, 토지의 가격을 측정하고 지역을 순찰하고 죄수들을 지켰다. 토머스는 600에이커의 농장과 여러 부동산과 가축들을 소유하고 있었다. 그는 부자였다. 하지만 1816년에 잘못된 토지 소유권 때문에 그의 땅을 잃었고 인디애나 주 페리에서 새롭게 시작해야 했다.

링컨의 아버지 토머스는 이름도 제대로 쓸 줄 모르는 문맹이었다. 그러나 그는 재치 있는 이야기꾼이었다. 남달리 흉내를 잘 냈고, 남이 들려준 이야기를 기막힐 정도로 잘 외웠으며, 손님이나 이웃들과 이야기하기를 좋아했다. 그는 목수와 농장의 일꾼으로 전전하였다.

어머니 낸시 행크스는 링컨에게 성경을 읽어 주고, 읽고 쓰는 법을 가르치고 진심어린 사랑으로 돌본 자애로운 어머니였다. 그러나 링컨이 9살 때 독초를 먹은 소의 우유를 마시고 세상을 떠났다. 링컨의 새 어머니 사라 부시 존스턴은 링컨을 친아들처럼 사랑하며 그의 재능을 알아보고 제대로 가르치며 최선의 노력을 다했다.

링컨은 책 읽기를 좋아했다. 새어머니는 그런 링컨을 방해하지 않기 위해 특별히 배려하고 스스로 그만둘 때까지 계속 책을 읽을 수 있는 분위기를 만들어 주었다. 링컨은 책 한 권을 빌리기 위해 수십 리 떨어진 이웃 마을까지 가야 하는 열악한 환경에서 자랐다. 그는 두 어머니에게서 자랐지만 두 어머니 모두 링컨이 훌륭한 사람이 될 수 있도록 도운 것으로 그는 회상했다. 낳아 준 어머니에게서는 성경 읽기를 배웠다. 길러 준 어머니에게서는 긍지를 잃지 않는 자기 성장을 배웠다.

그는 22살에 독립했다. 교육받지 못한 청년이 할 수 있는 일이란 가게 점원, 장사꾼, 우체국장, 측량기사였다. 한때는 선원으로 배를 타고 미시시피 강을 따라 뉴올리언스까지 가기도 했다. 그는 늘 책을 놓지 않고 열심히 주경야독했다. 블랙호크 전쟁이 일어나자 의용군 대장으로 뽑혔다. 첫 성공이었다. 그 후 주 의회에 출마했다가 낙선했다. 하지만 다음에 세 차례나 당선되었다. 법조인이 되기로 결심한 후 스프링필드로 옮겨 갔다.

링컨이 변호사가 된 후 사회적 약자와 가난한 사람들을 위해 변호했다. 아무리 많은 돈을 준다고 해도 옳지 않은 사건을 변호하지 않았다. 그래서 많은 사람들에게 신임을 얻었고 주의원이 되었다. 성공하겠다는 결심과 의욕, 그리고 엄청난 지식욕과 독서욕이 젊은 링컨이 지닌 두 가지 자산이었다.

책에 몰두하게 된 링컨은 그 밖의 것은 다 잊어버렸다. 낮에는 가게 옆 느릅나무 그늘에 등을 대고 맨발을 가지에 올린 채로 책을 읽었고, 때로는 책을 덮고 막 읽은 내용의 뜻을 적어 보고 어린아이들도 이해할 정도로 간단한 문장이 되도록 다듬었다. 링컨은 강을 따라 산책을 하든지 숲속을 거닐든지 들에 일하러 가든지 어디를 가든지 치타나 블랙스톤의 책을 끼고 다녔다. 한번은 어떤 농부가 땔감을 마련하기 위해 링컨을 고용했는데, 오후쯤 헛간에 갔다가 링컨이 맨발로 장작더미 위에 앉아 법률 공부를 하고 있는 걸 발견한 적도 있었다.

조언자 그레이엄은 링컨에게 정치가나 법률가가 되려면 문법을 알아야 한다고 조언했다.

"어디서 그런 책을 빌릴 수 있을까요?"

링컨의 물음에 그레이엄은 9.6킬로미터 떨어진 곳에 사는 존 반스라는 농부가 커크햄의 문법책 사본을 가지고 있다고 알려 주었다. 즉시 링컨은 모자를 쓰고 책을 빌리러 떠났다. 그는 커크햄의 문법책을 빠른 속도로 읽어나가서 그레이엄을 놀라게 했다. 30년 후 그 선생은 말하기를 5천 명 이상의 학생을 가르쳤지만 링컨처럼 "탐구적이며 근면한 자세로 매진해 나가는 젊은이"는 없었다고 말했다. 조언자 그레이엄은 또 덧붙였다.

"링컨은 한 가지 생각을 표현하기 위해 세 가지의 방법을 놓고 최상의 것이 무엇인지 결정하고자 몇 시간씩이나 고심하곤 했다."

커크햄의 문법책을 다 읽고 나자마자 링컨은 기번의 《로마 제국 쇠망사》, 롤린의 《고대사》, 미국 장군들의 생애를 다룬 서적, 제퍼슨, 오퍼트, 웹스터의 전기 그리고 톰 페인의 《이성의 시대》를 탐독했다. 그가 즐겨 읽은 책은 《조지 워싱턴 전기》, 《로빈슨 크루소》 그리고 《성경》이었다.

링컨이 국회의원으로 당선되었을 때 오하이오 주 국회의원으로 링컨을 경멸하던 제임스 가필드는 "일리노이의 이류 변화사가 신의 도구로 쓰인다니, 이는 세계 역사상 가장 뜻밖의 사건이네"라고 링컨을 빈정댔다. 지방에서는 별볼일 없는 변호사였다.

스프링필드로 옮겨온 지 몇 년 만에 링컨은 주지사나 순회 판사의 연봉보다 많은 돈을 벌었다. 링컨은 철도회사, 은행, 금융회사와 관련된 소송, 특허 신청, 형사 소송까지 다루었다. 20년 후 그는 정치적 사건을 변론하면서 치밀함과 상식, 소송의 핵심을 꿰뚫어 보는 날카로운 안목으로 일약 일리노이 주에서 가장 저명한 변호사 가운데 한 사람이 되었다.

링컨은 1855년 6월, 특허권 분쟁 소송에서 변호인단의 일원으로 참여하게 되었는데, 같은 측 에드윈 M. 스탠턴(Edwin M. Stanton) 변호사는 "발목까지 내려오지도 않는 바지를 입은 긴 팔 원숭이, 손잡이 끝이 동그란 공이 달린 파란색 목면 우산을 든 볼품없고 깡마른 꺽다리 촌놈을 왜 끌어들였느냐"라고 공공연히 링컨을 무시했다.

링컨은 자기의 신체에 대해 소개했다. 193센티미터의 키, 몸은 여위고 체중은 81킬로그램, 피부 빛은 캄캄한 편이고, 거친 흑발에 눈은 잿빛이었다고 했다. 체격은 좋았으나 잘생긴 용모는 아니었다. 하지만 그는 "40이 넘으면 사람은 자기의 얼굴에 대하여 책임을 져야 한다"라고 했다. 그래서 대통령에 출마했을 때 수염을 기르라고 편지한 소녀가 있었다. 이것도 그의 생김을 말하는 것이었다. 그러나 그는 평생 진실한 사람으로 살았다.

링컨은 1861년 대통령에 당선된 후 자신을 무시해온 정적 스탠턴을 전시 국방장관으로 임명했다. 링컨은 스탠턴이 정직하고 엄격하며 원칙을 밀고 나가는 스타일이라는 걸 알고 있었다. 기대대로 남북전쟁을 승리로 이끄는 데 큰 역할을 했다. 공화당 내 분파의 지도자를 내각에 참여시킴으로써 당의 분파가 협력하도록 잘 조정했다. 이는 링컨 특유의 포용과 통합의 리더십을 말해주는 좋은 사례가 되었다.

영국에서 독립한 미국은 영토나 인구, 경제 등 모든 면에서 장족의 발전을 했다. 독립할 당시 13개 주였으나 프랑스로부터 루이지애나 지방을 구입한 것을 필두로 플로리다, 텍사스, 오리건이 추가되어 대서양에서 태평양에 이르게 되었다. 서부의 수많은 미개척지가 이주민들의 노력으로 사람이 살 수 있는 영토로 편입되었다. 아울러 경제체제도 농업에서 공업 중심으로 변모해 나갔다. 그래서 모두 새롭게 변화했으며, 이런 급격한 사회 변화를 둘러싼 각종 이권 경쟁도 복잡해졌다.

당시 강력한 정치 세력은 남부의 대농장 지주들이었다. 노예를 부려 대농장을 경영하는 지주들은 미국의 정치계를 장악하고 있었다. 이들을 대항하는 신흥 세력들은 북부와 동부에서 형성된 산업 자본가들이었다. 이들의 표면적인 대립은 노예제도였다. 1619년 아프리카 흑인들이 버지니아에 처음 수입되면서 흑인 노예는 남부의 농장을 운영하는 데 필수 불가결의 노동력이 되었다. 특히 유럽의 산업혁명 이후 갈수록 수요가 증가하는 면(綿)을 생산하기 위해서는 많은 흑인 노동자가 필요했다.

링컨은 빈민 변호사였다. 많은 수모를 당했다. 미국도 귀족 계급이 출세하는 나라였다. 그런데 가난한 사람, 정규교육을 받지 못한 링컨이 대통령으로 선출된 것은 미국 역사에서도 드문 일이었다. 링컨을 공천한 공화당은 "그들의 지성이 점점 더 낮아지고 있다는 증거를 보여주었다"라고 조롱받았지만, 1860년 11월 6일 미국 국민은 링컨을 선택했다.

링컨 대통령이 노예해방에 성공하자 미합중국이 세계 강대국이 되었다. 미국은 링컨을 역대 대통령 중에 가장 위대한 사람으로 매년 1위에 올리고 있다. 링컨은 대통령이 되기까지 가난했으나 많은 책을 읽었으며, 자기와 다른 주장의 사람들과 수없이 토론했다. 그중에서도 스티븐 더글러스와의 대결은 치열했다. 남군 사령관 로버트 리 장군이 항복함으로 남북전쟁은 끝났다. 남북전쟁의 승리도 '하나님의 승리'로 인정했다.

링컨은 1632년 일리노이 주의회 선거에 출마했으나 낙선하여 첫 정치 경험을 했다. 1858년 상원의원 선거에서 노련한 정치가 스티븐 더글러스 상원의원과 경쟁했다. 이때 논쟁 주제는 노예제도였는데 당시 링컨은 "분열된 집은 살아남을 수 없다"는 연설로 노예제도로 대립하던 미국인들의 단결을 호소하였다. "노예제도는 악의 제도"라고 비판했다. 이때 더글러스와의 논쟁은 유명했다. 더글러스는 미국 각 주와 주 시민들이 노예제도를 바로 정해야 한다는 자치권을 강조했다.

링컨은 인간이 평등하므로 흑인을 노예화할 수 없다고 했다. 링컨은 낙선했지만 일곱 번에 걸친 공개 토론과 연설로 인해 많은 사람들을 매료시켰다. 그 후 2년 동안 링컨은 전국을 돌며 노예제도 폐지와 연방 탈퇴 등의 정치적 사안을 연설했다. 결국 1860년 대통령에 당선되었다. 민주당 계열 신문들은 "삼류 서부 변호사로 무식하게 연설하는 사류 웅변가를 공천한 공화당은 점점 낮아지고 있다는 증거를 보여주었다"라고 했다.

링컨의 아버지가 제화공이었던 때도 있었다. 귀족들은 신분이 낮은 제화공 아들이 대통령에 당선된 것이 못마땅했다. 그들은 약점 찾기에 혈안이 되었다. 링컨이 취임 연설을 하려고 의회에 도착했을 때 한 늙은 의원이 "링컨 씨! 당신의 아버지는 한때 내 구두를 만드는 사람이었소. 그런 형편없는 신분으로 대통령에 당선된 사람은 아마 없을 것이오"라고 했다. 링컨은 조금도 불쾌해 하지 않고 미소를 지으며 "취임 연설 전에 아버지를 상기시켜 주셔서 감사합니다. 제 아버지는 구두의 예술가였지요. 혹시 아버지가 만든 구두에 문제가 생기면 제게 즉시 말씀하십시오. 제가 잘 수선해 드리지요"라고 했다.

1861년 3월 4일 링컨의 대통령 취임 연설은 훌륭했다. 링컨 대통령은 미국 연방의 분열을 막으려는 단호한 의지를 천명했다. 링컨이 16대 대통령으로 취임하기 전 노예제도 폐지를 반대한 남부 7개 주가 분리 독립을 선언했다. 이런 때 취임한 링컨 대통령은 연방이 왜 영원히 보전되어야 하는지, 연방을 위해 왜 전쟁도 불사해야 하는지를 미국 역사와 정연한 논리로 국민들에게 설명했다. 분리는 또 다른 분리를 낳을 것이라고 하면서 "지금까지 위협만 받았던 연방의 분열이 이제 막강한 힘을 배경으로 시도되고 있다"라고 외쳤다. "보편적인 법칙과 헌법에 비추어

볼 때 연방은 영원하다고 믿는다"라고 외치면서 연방은 헌법 이전에 형성되었고, "독립선언서가 이를 유지, 발전시켰다"라고 했다.

그리고 "당시 13개 주의 신념이 명시적으로 선언되었습니다. 그리고 1787년 헌법을 제정하면서 천명한 목적 중 하나도 더욱 완전한 연방을 형성하기 위한 것이었다"라고 했으며, "어떤 주도 스스로의 동의만으로 연방에서 탈퇴할 수 없다"라고 못을 박았다. "분명히 분리주의의 핵심 개념은 순수 무정부주의"라고 하면서 "우리는 물리적으로 분리할 수 없다"라고 했다.

이러한 위기 촉발의 상황에서 노예제도 자체에 대한 논의보다는 미국민의 정체성과 애국심에 호소한 링컨의 지혜가 돋보인다. 링컨은 마지막 부분에서 "지성, 애국심, 기독교적 정신, 그리고 은총 받은 이 나라를 버리지 않는 하나님에 대한 확고한 믿음은 현재의 모든 어려움을 최선의 방법으로 극복할 수 있는 충분한 기반이 된다"라고 했다. 그는 "언젠가 우리 본성에 깃든 보다 선량한 천사의 손길이 반드시 다시 와닿을 것이며, 그때 연방의 합창은 울려 퍼질 것이다"라는 매우 문학적이며 음악적인 내용으로 맺었다.

이 연설은 또한 민주주의 철학의 발전에도 크게 기여했다. 국민에게서 권한을 위임 받은 대통령이 정부를 수호할 의무를 지니고 있다는 점, 제도는 오직 국민 다수의 뜻에 의해 세워지고 바꾸어져야 한다는 점, 헌법상의 견제와 균형 장치로 제약을 받는 다수가 진정한 주권자라는 점 등 링컨 대통령은 다수결 원칙과 대통령의 임무에 대한 자신의 정치 철학을 일목요연하게 설명했다. 국가 수호를 위해서는 전쟁까지 불사하겠다는 링컨 대통령의 막중한 책임 의식과 의지가 돋보였다.

링컨이 대통령이 되자 남부의 여러 주들은 잇달아 합중국에서 이탈하여 남부연합군을 결성했다. 한 달 후 찰스턴 항구의 포트섬터(Fort

Sumter) 요새에서 남부연합군의 발포로 전쟁이 발발했고, 북군은 수세에 몰렸으나 1862년 9월 노예해방 선언을 통해 국내의 여론을 유리하게 이끌면서 전세를 역전시켰다. 남북전쟁이 진행되던 1863년 11월 19일, 링컨은 전쟁의 전환점이 된 혈전지 게티즈버그에서 전몰자 국립묘지 봉헌식에 참석했다.

그 식전에서 한 불과 2분여의 짧은 연설이 그 유명한 '게티즈버그 연설'이다. 원문은 300단어도 안 되는 이 연설문이 다음날 게티즈버그 신문에 실리고, 미국사의 기념비적 텍스트가 되었다. 이 연설문은 많은 일화가 있다. 링컨보다 앞에 두 시간 연설한 에드워드 에버렛(Edward Everett)이 "나는 두 시간 연설했고, 당신은 3분간 연설했습니다. 그러나 나의 두 시간 연설이 묘지 봉헌식의 의미를 당신의 3분 연설처럼 그렇게 잘 포착할 수 있었다면 얼마나 좋았겠습니까?"라고 탄식했다.

링컨의 성격, 연설문이 지닌 고도의 짜임새, 어휘 선택과 수사적 구도 등을 보면 이 연설문은 한순간의 영감 어린 작품이 아니라 링컨이 상당한 시간을 바쳐 조심스레 작성한 문건이었다. 이 연설은 예수님의 산상수훈에 비교되는 그 간결성과 간명성, 그리고 감동적 효과 때문에 미국 역사를 지탱한 원칙과 비전의 원천이자 기준이 되었고, 정치뿐 아니라 문학사적으로도 고전적 텍스트가 되었다.

이 연설은 "지금으로부터 87년 전 우리의 선조들은 이 대륙에서 자유 속에 잉태되고 만인은 모두 평등하게 창조되었다는 명제에 봉헌된 한 새로운 나라를 탄생시켰습니다"로 시작되었다. 그리고 "여기 목숨 바쳐 싸웠던 그 용감한 사람들, 전사자 혹은 생존자들이 이미 이곳을 신성한 땅으로 만들었기 때문에 우리로서는 거기 더 보태고 뺄 것이 없습니다. …우리는 그 명예롭게 죽어 간 이들로부터 더 큰 헌신의 힘을 얻어 그들의 마지막 신명을 다 바쳐 지키고자 한 대의에 우리 자신을 봉헌하고, 그들이 헛되이 죽어가지 않았다는 것을 굳게굳게 다짐합니다. …

신의 가호 아래 이 나라는 새로운 자유의 탄생을 보게 될 것이며, 인민의, 인민에 의한, 인민을 위한 정부는 이 지상에서 결코 사라지지 않을 것입니다"라고 맺었다. 이 연설은 한 편의 시처럼 탄생, 죽음, 재생이라는 은유 구조를 갖고 있다.

게티즈버그 연설은 게티즈버그 전투가 끝난 후 링컨이 격전지에서 발표한 선언문으로, 3분짜리 짧은 문장 속에 민주주의 이념을 요약했다. 이는 미국의 전통인 자유주의 곧 자유, 평등, 민주주의에 대한 상징이었으며, 역사에서 가장 많이 인용되는 연설로 손꼽힌다.

링컨 대통령이 두 번째 취임 연설을 했다. 대통령 링컨의 재임 기간은 1864년까지이고 남북전쟁 기간과 일치한다. 첫 임기를 끝내고 대통령에 재선된 링컨은 전쟁 종식을 37일 앞둔 1865년 3월 4일 두 번째 임기에서 취임식을 갖는다. 재선에 이르기까지 링컨이 걸어야 했던 정치적 행로는 험난했다. 1864년 선거전에서도 그의 재선 전망은 불투명했다.

군대 경험이 거의 없었던 링컨은 특유의 통솔력으로 장군들을 지휘했다. 알코올 중독자로 알려진 율리시즈 그랜트가 연방군 새 사령관으로 임명되면서 전황이 호전되고, 윌리엄 셔먼 장군이 애틀랜타를 함락하지 못했다면, 링컨은 전쟁을 끝까지 수행한 대통령으로 남기 어려웠다. 그러나 링컨을 미국사의 한 정치적 영웅이 되게 한 것은 남북전쟁에서의 승리보다 자유와 민주주의에 대한 그의 고결한 비전과 확신, 인간에 대한 이해, 신앙적 사유의 깊이였다. 텍스트 해설에 언급되고 있지만 두 번째 취임사에서도 링컨의 면모가 잘 드러났다.

그의 재임 취임사는 "누구에게도 원한을 갖지 말고, 모든 이에 대한 사랑의 마음으로 하나님께서 우리에게 보게 하신 그 정의로움에 대한 굳은 확신을 가지고, 우리는 지금 우리에게 안겨진 일을 끝내기 위해 그리고 이 나라의 상처를 꿰매기 위해, 이 싸움의 부담을 짊어져야 하는 사람과 그들의 미망인과 고아가 된 그의 아이들을 돌보고, 우리들 사이 그리고 모든 나라들과의 정의롭고 영원한 평화를 이루는 데 도움이 될 모든 일을 다하기 위해 매진합시다"로 맺었다.

그의 사상은 성경이요, 그의 삶은 기도였으며, 그의 정치는 연방정부를 성취하는 것과 노예해방이었다. 단기전으로 끝날 줄 알았던 남북전쟁이 양측 모두에게 막대한 피해를 입힌 채 4년이 지난 1865년 링컨이 대통령에 재선된 직후 남북전쟁을 승리로 이끌었으며, 4월 9일 남부동맹 총사령관인 로버트 리 장군이 애퍼매톡스 코트하우스(Appomattox Courthouse)에서 항복문서를 건넸다.

그 후 6일 만에 링컨 대통령은 암살당했다. 연방정부는 전쟁에 승리했으나 링컨 자신은 다시 찾아온 평화를 보지 못하고 세상을 떠났다. 하나님이 그를 부르신 것은 그의 임무를 완수했기 때문일 것이다. 링컨이 북군 총사령관으로 율리시스 그랜트(Ulysses S. Grant)를 임명함으로 전세를 강화하였다. 그랜트는 "그가 좀더 오래 살았더라면 남부에게 최고의 친구가 되어 주었을 것이다"라고 했다.

한번은 링컨의 친구가 그에게 인물 한 사람을 추천하였다. 재주가 비상하니 한번 등용해 보라는 것이었다. 링컨은 그 사람을 만나 보았다. 얼굴이 도무지 마음에 들지 않았다. 믿을 수 없는 인물같이 느껴졌다. 링컨은 그 사람을 수용하지 않았다. 그를 추천한 친구는 링컨에게 왜 그 재주 있는 인물을 쓰지 않았느냐고 물었다.

그때 링컨은 "사람은 나이 40이 되면 자기 얼굴에 대해서 책임을 져야 한다"라고 했다. 인생을 성실하게 살아온 사람이라면 어딘가 얼굴에 성실한 표정이 빛난다. 감출 수 없는 것은 사람의 얼굴이다. 얼굴은 인품의 표현이요, 마음의 그림이다. 사람은 자기의 얼굴을 스스로 만들어 간다. 영국의 유명한 작가요 문명비평가인 H.G. 웰즈는 링컨을 가리켜

"문명의 6대 불멸의 인물 중 한 사람"이라고 했다. 그는 대학이나 고등학교에 학생으로 입학한 적이 없었다. 하지만 그는 항상 손에서 책을 놓지 않았다. 책이 그의 학교였다. "누가 성인인가? 모든 사람에게 겸손히 배우려는 사람이다"라고 했다.

"그는 마음이 선했고 자비로웠으며 온순했고, 모든 이들을 행복하게 만들고 싶어하는 사람이었다. 그리고 무엇보다도 미국 국민이 모두 동등한 권리를 가지고 시민의 권리를 누리길 바랐다"라고 회고했다. 링컨은 두 번째 대통령 취임 연설에서 "아무 사람에 대해서도 악의를 품지 않고 모든 사람에 대해서 자애를 가져야 한다"라고 했다. 북군 지도자들이 남군의 고급 장교들을 모든 공직에서 추방하자고 했지만 링컨은 막았다. 분풀이를 해서는 안 된다고 했다. 이것이 그의 신앙인으로서의 자세였다. 그는 성경에서 이것을 배웠다. 예수님을 본받는 삶을 살았다.

링컨은 1863년 노예해방을 선포했고, 수정헌법 13조의 통과를 주장하며 노예제도 폐지를 이끌었다. 그는 군사적, 정치적 양면으로 내전 승리에 집중했으며 미국 남부 11주의 분리 독립 선언 이후 그 주들과 통합 방안을 모색했다. 그는 전례 없는 군사 조치를 취했다. 분리 독립주의자로 의심되는 사람은 재판 없이 수감하거나 구금했다. 1864년 대통령 선거도 승리했다. 공화당의 중도파 수장인 링컨은 많은 비판을 받았다.

인간 링컨은 불행했다. 키는 남달리 컸고, 얼굴은 못생겼고, 가난한 가정에서 태어나 자랐으므로 공부도 제대로 하지 못했다. 친어머니의 죽음, 아이를 낳던 누나의 죽음, 우체국장 시절 사귀던 애인을 잃은 기억 때문에 오랫동안 우울증에 시달렸다. 여러 직업에서 겪은 고생이란 이루 형용할 수 없었다. 링컨은 부지런하고 호기심이 많았으며 스스로 노력했고, "모든 사람은 자유롭고 평등하게 태어났으며, 미국 땅 어디든지 그와 같은 자유가 있어야 한다"라고 외쳤다.

링컨은 농담을 잘하는 쾌활한 사람이었다. 링컨이 처음으로 관심을 보인 여성은 그가 1835년 뉴 살렘에서 만난 앤 루트리지였다. 그러나 약혼하지 못했고, 앤은 장티푸스로 죽었다. 링컨은 1840년 메리 토드와 약혼했는데, 그녀의 집안은 켄터키 주 렉싱턴에서 노예를 소유한 부잣집이었다. 그들은 1839년 12월에 스프링필드에서 만났고, 12월 말 약혼했다. 1841년 1월 1일에 결혼하려 했지만 결혼을 취소했다. 그 후 파티에서 다시 만났고, 결국 두 사람은 1842년 11월 4일에 메리의 시집간 언니가 사는 스프링필드 저택에서 결혼하였다.

1844년 링컨 부부는 변호사 사무실에서 가까운 스프링필드에서 살았다. 메리 토드 링컨은 집에서 부지런히 일했고, 남편이 변호사로 번 한정된 돈을 효율적으로 썼다. 로버트 토드 링컨이 1843년 태어났고, 에드워드 베이커 링컨이 1846년에 태어나면서 링컨은 가족 수가 늘었다. 가정부는 링컨이 "특별히 자녀들을 좋아했다"라고 했다. 그러나 에드워드는 폐결핵으로 죽었고, 그 후 1851년 12월 21일 셋째 아들인 윌리엄 월리스 링컨이 태어났다. 그러나 1862년 워싱턴에서 열병으로 죽었다. 링컨의 네 번째 아들인 토머스 링컨은 1853년 4월 4일에 태어났고, 그의 아버지의 죽음 이후에도 살았지만 18살에 시카고에서 죽었다. 로버트는 18살을 넘겼다.

링컨의 아내 토드는 명문가에서 자랐기 때문에 예의범절이 몸에 밴 사람인데, 소작인의 아들인 링컨은 자유분방하게 자랐기 때문에 벽에 발을 올려놓고 책을 읽는 등 제멋대로 행동했다. 그래서 그들은 갈등이 심했다. 자녀들의 죽음도 삶의 행복을 빼앗아갔다. 대통령이 되어서도 그는 동족상잔의 전쟁을 치러야만 했다. 반대파의 항의도 강했다. 그러나 이를 극복하고 오늘날 가장 존경받는 역사적 대통령이 되었다.

1862년 9월 22일, 노예해방 선언으로 해방된 노예가 300만 명이었다.

링컨의 노예해방을 두고 전쟁에서 승리하기 위한 전략이라고도 평가한다. 또 그가 노예해방 자체보다는 중앙집권적 연방주의를 관철시키기 위함이었다는 평가도 있다. 모두 일리 있는 말이다. 그러나 그런 평가를 인정하더라도 링컨 이후 미국 역사가 '미합중국'(The United States of America)의 역사로서 강대국으로 발전할 수 있었던 것, 그리고 노예해방 이후 굴곡과 투쟁 과정을 거치며 인권 신장의 역사를 이루어올 수 있었던 것은 링컨이라는 '거인의 어깨'가 있었기에 가능했다.

링컨은 정직했고, 지혜로웠고, 열정이 넘쳤다. 링컨은 항상 성실했다. 미국의 대통령으로서 노예해방을 선포해 흑인노예를 미합중국 시민으로 받아들였고, 남부와 북부 두 지역으로 갈라진 미국 사회의 갈등을 해결해 오늘날 발전된 미국 사회의 초석을 다졌다.

"우리는 역사에서 도피할 수 없다"라는 링컨의 말은 매우 중요한 교훈을 남긴다. "역사는 도전과 응전의 긴장된 역학"이라고 아놀드 토인비는 말했다. 역사는 우리가 해결해야 할 과제를 안겨준다. 역사는 우리가 풀지 않으면 안 된다. 이 세대가 풀지 못하면 다음 세대가 풀어야 한다. 다른 민족이 결코 대신해서 풀어 줄 수 없다. 링컨은 이 말의 뜻을 잘 이해했고, 그것을 푼 유명한 사람이 되었다.

"나는 어린 시절 어머니의 기도 소리를 기억한다. 그리고 어머니의 기도는 나를 항상 따라다닌다. 어머니의 기도는 내가 살아가는 동안 나의 수호천사가 되어 준다."

그는 기도의 사람이었다.

"나는 어려울 때마다 무릎을 꿇고 기도했다. 나는 특별한 지혜가 없지만 기도를 하고 나면 특별한 지혜가 머리에 떠오르곤 했다."

그는 남북전쟁 때에 "나는 몇 번이고 무릎 꿇고 기도하지 않을 수 없었다. 그것 외에 어떻게 할 수 없다는 점을 믿었기 때문이다. 나 자신의 지혜로, 또 주위의 모든 사람의 지혜로는 그러한 사태에 대처하는 것이 불충분하다고 생각했던 것이다"라고 했다.

링컨 대통령이 아침 집무실에 나오면, 전쟁터의 상황이나 장관들이 업무 보고를 하기 위해 밖에 서 있었다. 누가 먼저 보고할 것인가? 그때 비서는 말한다.

"지금 대통령께서는 기도하는 시간입니다. 잠시만 기다려 주십시오."

그들은 링컨이 기도를 마칠 때까지 기다렸다.

북군이 전쟁에서 패할 때 그들은 이렇게 기도했다.

"하나님이시여! 우리 편이 되어 주셔서 북군이 승리하게 해주옵소서."

그러면 링컨은 "하나님이 북군 편에 서서 승리하게 해 달라고 기도하지 말고, 북군이 하나님의 편에 서게 해 달라고 기도하라"고 했다.

링컨은 고향 일리노이에 있을 때나 워싱턴에서도 장로교회에 열심히 출석했다. 그는 율법과 복음의 핵심을 요약한 예수님의 말씀, 곧 "'네 마음을 다하고 성품을 다하고 뜻을 다하여 네 하나님을 사랑하고 네 이웃을 네 몸과 같이 사랑하라'(마 22:37-39)는 말씀이 제단에 기록되어 있는 교회라면 나는 어떤 교회든 전심으로 받들어 섬기겠다"라고 말했다. 그는 어려서부터 성경을 읽었으며, 성경은 인간이 복종해야 할 도덕적 원리를 가르치고 있다고 굳게 믿었다.

1865년 4월 14일, 금요일 저녁 8시가 조금 지나서 링컨 대통령 부부는 워싱턴 D.C.에 있는 포드 극장으로 '우리 미국인 사촌'(Our American Cousin)이라는 연극을 관람하러 마차에 올랐다. 그리고 10시 12분경, 포드 극장 2층 특별석에 자리를 정하고 앉아 연극을 관람하고 있을 때 경호원 존 파커는 잠시 극의 막간에 링컨의 마부들과 한잔 하기 위해 옆의 스타 살롱(star aloon)으로 나가 있었다. 대통령은 발코니의 관람석에 무방비 상태로 앉아 있었다. 기회를 노리던 부스는 뒤에서 기어 나와 오후 10시 13분 대통령의 뒤통수를 향해 방아쇠를 당겼다.

군의관 찰스 리얼(Charles Leale)은 링컨의 부상을 치명상으로 진단했으며, 링컨을 패터슨 하우스(Peterson House)로 옮겼다. 약 9시간 뒤인 4월 15일 아침 7시 22분 링컨의 사망이 발표되었다. 전쟁 서기관 스탠턴(Stanton)이 경례를 하고 "이분은 역사에 길이 남을 것입니다"라고 말한 후 장로교 목사 피니어스 덴스모어 걸리(Phineas Densmore Gurley)가 임종기도를 했다. 링컨이 암살 당한 날은 예수 그리스도가 십자가에 달리신 수난절이었다. 그래서 미국인들은 링컨에게서 조지 워싱턴과 예수 그리스도를 함께 느낀다고 했다.

비 내리는 동안 링컨의 시신은 장로교인의 예를 갖추어 백악관으로 옮겨졌으며, 교회들은 조종을 울렸다. 암살 다음날 부통령 존슨이 오전 10시 대통령 선서를 했으며, 링컨의 시신은 기차로 매장지인 스프링필드로 옮겼다. 그는 미국 역사에서 최초로 암살 당한 대통령이었다. 그는 생전에 암살을 예견했다. 피살되기 1년 전인 1864년에는 "만약 내가 암살자의 손에 죽어야 한다면 분명 그것을 받아들여야 한다. 그때까지는 나의 의무를 다하겠다"라고 말한 것으로 전해진다.

암살자 부스는 재판도 받기 전에 의문사했다고도 하고, 사건 후 10일간 추적을 당하다가 워싱턴 D.C.에서 30마일 남쪽에 있는 버지니아 가렛의 농장에서 발견되어 병사들에게 사살되었다고도 했다. 링컨의 시신은 4년 전 대통령이 워싱턴으로 달려왔던 기차에 실려 다시 그의 고향 스프링필드로 돌아갔다. 그의 나이 56세였다.

1861년 개회된 장로교회 총회는 "미합중국의 보전을 영구화하고 또 증진하며 우리의 숭고한 헌법 아래 모든 기능을 수행하는 데 있어서 연방정부를 권장하고"라는 결의문을 채택했다. 이러한 결의문은 뉴욕에 있는 브릭(Brick) 장로교회의 가드너(Gardiner) 박사에 의해 제기되었다.

감리교회는 하나님과 인도주의를 위하여 수천 명의 신도들과 목사들을 북군 부대에 파송했으며, 잔인하고 사악한 반란을 진압하기 위한 적절한 수단을 제공하겠다고 서약하였다.

전쟁이 시작될 때 명령이 발표되었는데, 각 연대마다 한 사람의 군목을 허락하고 특별히 목사는 정식으로 안수받은 목회자이어야 했다. 병원에도 목사가 필요하다는 것을 인식한 링컨 대통령은 이 일을 의회를 통해 결의하였다. 이때 감리교회에서는 500명의 군목을 보냈다.

보스턴 대학원에서 링컨 연구로 철학박사 학위를 받은 김동길 박사는 "링컨은 무한한 성장 가능성을 가지고 태어났던 사람인 것만은 확실하다. 그의 겸손은 점차 경건으로 승화되었다는 판단에도 상당한 근거가 있다"라고 했다. 데일 카네기는 그의 책 《데일 카네기의 링컨 이야기》에서 "링컨은 평생을 불운하게 보냈다. 지독하게 가난했던 어린 시절, 비록 변호사가 되었지만 여전히 가난에 허덕였던, 그리고 유일하게 사랑했던 여인을 떠나보냈던 청년 시절, 모두들 혀를 내두르는 악처와의 결혼, 불안하게 진행되었던 남부와의 전쟁까지…그는 늘 걱정과 불안 속에서 살았다"라고 했다.

링컨이 암살되었을 때 그의 어린 아들 테드가 "아빠는 천국에서 행복하게 지낼 거야. 이곳에서 그는 행복하지 않았어"라고 말한 것을 보면, 그가 얼마나 힘든 삶을 살았는지 짐작이 된다. "하지만 그는 이 모든 역경을 이겨내고 남북전쟁에서 승리하고 노예해방을 이끌어 냈다. 그 힘의 기반은 사람에 대한 인간 그 자체에 대한 사랑이었다"라고 했다.

아무도 미워하지 않고 모두를 사랑했던 그였기에 아무리 힘든 일이 있어도 다른 사람을 탓하지 않았다. 오히려 실수한 사람들을 격려하고 그들이 성공할 수 있도록 기회를 주었다. 또한 어릴 때부터 열심히 독서하고 사색하고 다른 사람과 토론했던 것이 그의 사고를 넓혀 주는 데 많은 도움이 되었다. 마지막으로 그는 유머 감각이 있었고 사람들에게 연설하기를 좋아했다. 이 세 가지를 뺀다면 사실 링컨은 보통사람 그 이하이었다.

링컨은 정직했다. 24세 때 일리노이 주의 뉴 살렘(New Salem)에서 우체국장으로 근무했던 때 주위 사람들은 그를 '정직한 에이브'라고 불렀다. 1836년 뉴 살렘 우체국이 문을 닫게 되자 정부관리가 와서 점검하였다. 그 관리는 그에게 17달러의 착오가 생겼으며 그 돈을 정부에 지불해야 한다고 통보했다. 링컨은 다른 방으로 들어가 오래된 트렁크 하나를 열어서 끈으로 묶은 누렇게 바랜 천 조각을 꺼냈다. 그리고 그 천을 펼쳐서 보여주었다. 거기에는 정확하게 17달러가 있었다.
"나는 내 것이 아니면 누구의 돈에도 손을 대지 않습니다."
또한 그는 장사를 하면서 거스름돈 1센트를 덜 준 사실을 나중에 알고 그 이튿날 시간을 내어 3마일을 걸어가서 돈을 돌려주면서 실수를 사과하기도 했다.
링컨이 주의회 의원으로 출마했을 때 당에서 200달러를 지원했다. 선거 결과 링컨이 당선되었다. 링컨은 곧바로 199달러 25센트를 편지와 동봉하여 당으로 돌려보냈는데, 그 내용은 "선거 기간 중에 말을 타고 다니면서 운동을 했으므로 선거 비용이 일체 들지 않았음. 길 가다가 노인을 만나 음료수를 대접한 돈 75센트를 제외한 나머지 돈을 다시 당에 반납함"이었다. 링컨의 정직성에 감동하여 당은 차기 대통령 후보에 링컨을 내세우기로 만장일치로 가결했다. 그리고 그는 대통령 선거에 나가서 당선되었다. 정직이 링컨의 최고 재산이었다.
그는 반드시 미국 연방을 지켜야 한다고 믿었으며, 그렇지 않으면 미국이 실현한 공화국의 이상이 지상에서 소멸될 것이라고 생각했다. 연설문 작성가가 없던 시절에 링컨은 감명 깊은 연설로 미국인들에게 전쟁을 이겨낼 힘을 불어넣었다. 전쟁 중인 1864년에 치른 대통령 선거에서 재선 전망이 불투명한 그가 종전을 약속한 후보를 누르고 재선에 성공한 것은 그에게 사람들을 감동시키는 힘이 있다는 사실을 입증했다.

1963년 8월 23일, 마틴 루터 킹 목사는 "한 세기 전, 한 위대한 미국인이 노예해방선언문에 서명했습니다. 우리는 오늘 의미심장하고 상징적인 그 자리에 서 있습니다. 그 역사적 선언은 불의의 불길에 고통받던 수백만 흑인노예들에게 희망의 등불로 다가왔습니다. 긴 예속의 밤을 끝내는 환희의 새 아침으로 다가왔습니다"라고 외쳤다.

링컨의 유명한 말이 많이 있다.

"나는 느리게 걸어간다. 그러나 결코 뒤로 물러서지 않는다."

"커다란 전함은 천천히 계속해서 전진한다. 작은 전함은 계속해서 앞서 달리려고만 하다가 이리저리 서두르고 가볍게 움직이다가 얕은 깊이에서 부서지고 만다. 인생이 100미터 달리기라면 속도가 중요하다 할 수 있겠다. 그러나 인생은 100미터 달리기보다는 마라톤에 가깝다. 그러므로 천천히 전진하지만 결코 뒤로 물러서지 않는다. 앞서 걸으려다가 지쳐서 또는 넘어지는 것보다 천천히 걷지만 결코 물러서지 않는 방식이 더 낫다. 신념이 깊다는 것은 강하다는 것을 의미한다. 강한 것은 천천히 가더라도 확실히 걸어간다. 천천히 걷지만 확실한 걸음을 걷기에 나중에 보면 더 앞으로 나아갈 수 있다. 강한 것은 깊고 천천히 걸어간다. 그러나 나는 결코 뒤로 물러서지 않는다."

미국 '독립선언문'에는 "모든 사람은 평등하게 창조되었다"라고 명시되어 있지만, 흑인들은 노예로서 인간의 평등과 자유를 누리지 못했다. 링컨은 인간이 평등하다고 외쳤다. 그러나 평등은 하향 평등이 아니라 상향 평등이 되어야 한다. 하향 평등이 되면 사람들은 보다 나은 사람들을 끌어내리고, 어떤 단체든 어떤 사람들이든 진보는 사람을 바르게 보지 못하게 된다. 이러한 사회는 공산주의 사회에서 흔히 볼 수 있다.

이러한 사고방식으로는 어떠한 국가도 어떠한 개인도 진보하지 못한다. 모두가 발전하는 것이 아니라 모두가 후퇴하게 된다. 이러한 사고방식은 평등이라고 부를 수 없다. 보다 나은 사람들을 존중하고 개인의 다양성이 살아있는 세상이 되어야 한다. 즉 모든 사람들이 다양한 개성과 다양한 성격을 가지고 살아가며, 그 모든 다양함들이 조화를 이루고 개인들이 존중받는 국가가 되어야 한다.

1922년 그를 기념하여 워싱턴 D.C.에 링컨 기념관이 세워졌다.

어느 책에서 읽은 것 같다.

"만일 링컨이 대통령이 되지 않았으면 목사가 되었을 것이다."

그가 이렇게 평가되는 것은 성직자처럼 항상 성경을 읽고, 쉬지 않고 기도했으며, 주일에는 빠짐없이 예배당에 출석하고, 예수님의 마음을 품고 살았기 때문이다.

02 우남 이승만 대통령
(雩南 李承晩, 1875-1965)

대한민국 건국 대통령

　이승만은 1875년 3월 26일 황해도 평산군 마산면에서 세종대왕의 형 양녕대군의 16대 후손으로 아버지 이경선과 김해 김씨의 6대 독자로 태어났다. 그러나 5대조 이후로는 벼슬길이 끊겨서 왕족이면서도 가난 속에서 자라났다.

　그의 아버지 이경선(李敬善)은 풍류객이었다. 그는 젊은 시절 과거에 낙방한 후 아름다운 경치와 풍수를 좇아 몇 달씩 전국을 방랑했다. 술과 친구를 좋아해서 재산을 탕진했던 인물이었다. 어머니 김 씨는 서당 훈장의 딸이었다. 당시의 여인으로서는 드물게 글자를 익혔고 학식도 있었다. 자식들을 잃고서 마흔이 넘어 낳은 6대 독자 이승만을 끔찍하게 아꼈다. 어머니는 삯바느질로 살림을 이어가며 아들의 교육에 전념하였다.

　세 살 때 부모를 따라 서울로 이사해 운수현 남쪽에서 살았다. 그의 호 우남은 바로 이런 의미다. 아버지는 풍수도참(風水圖讖) 사상에 심취했고, 그에게 영향을 준 어머니는 불교 신자였다. 가난한 선비의 아들로 다섯 살에 천자문, 열 살에 동문선습과 통감을 배웠고, 열세 살에 과거에 응시했으나 낙방했다. 1894년 청일전쟁에서 승리한 일본이 갑오개혁으로 과거제도를 폐지한 후 서당에 가지 않았다.

1894년 신긍우의 권유로 신교육을 결심하고 상투를 잘랐다. 1895년 배재학당(培材學堂)에 입학, 신학문과 기독교를 접했으나 신앙을 수용하지는 않았다. 그는 회고록에서 "나에게 가장 기이했던 것은 1900년 전에 죽은 사람이 나의 영혼을 구할 수 있다는 생각이었다"라고 했다. 이승만은 "우리에게 이러한 이야기를 해주는 이상한 사람들이 이와 같이 어리석은 신조를 믿는가?" 하고 물어 보았다.

"내가 기독교 학교에 간 것은 영어를 배우려는 욕심이었다. 나는 예배당에서 아침 예배도 드렸는데, 설교를 들을 때에 예수가 단지 구원만을 의미하고 상징하는 것 이상의 그 무엇이 있다는 것을 알았다. 예수는 또한 동포애와 희생의 제사를 가르쳐 주는 위대한 교사였다. 그리고 예수를 공자와 같은 사람으로 여기게 되었다."

이승만은 공부하면서 '제중원'에서 일하는 화이팅(Georgiana E. Whiting)에게 조선어를 가르치고 자신은 영어를 배웠다. 그는 1년도 안 되어 일취월장하여 초급 영어반 교사가 되었다. 이 무렵 미국에서 서재필(Philip Jaisohn)이 귀국했다. 이승만은 그에게서 1년 이상 세계 지리, 역사, 정치학을 배웠다. 서재필은 민중 계몽과 몰락하는 나라를 일으키고자 협성 회와 독립협회를 조직했다. 이승만은 이 단체의 간부로 활약했다. 〈협성회 회보〉가 창간될 때 주필로 논설을 썼다.

이승만은 〈매일신문〉과 〈제국신문〉 등을 창간하여 언론매체를 통해 극렬한 반정부 데모를 조직했다. 이승만은 1899년 정부 전복 혐의로 독립협회 간부들과 함께 투옥되었다. 하지만 직접적 계기는 1898년 11월 19일, 그가 중추원 의관(議官, 종9품)으로 임명된 다음 고종 황제를 퇴위시키고, 일본에 망명한 갑신정변의 주역 박영효를 영입하여 새로운 혁신 내각을 조직하려는 쿠데타 음모에 가담했기 때문이다. 탈옥을 시도하다 붙잡혀 사형을 선고받았지만 무기징역으로 감형된 이승만은 한성 감옥에서 복역했다.

한성감옥은 끔찍했다. 이승만을 면회하러 갔던 미국 선교사 에디(Eddy)의 기록에는 "그들의 감옥이란 이루 형언할 수 없다. 자백을 받아내거나 남을 연루시키기 위해 자주 고문을 가하고 죄수들을 축사에 가둔 소 떼처럼 이리저리 몰아붙였다. 죄수들은 위생 상태가 형편없고 해충이 우글거리는 흙바닥 위에서 숨 막히게 답답한 분위기를 참아가며 잠시도 방을 비우지 못한 채 생활한다. 정치범들은 흉악범, 무뢰한들과 함께 어울려 있다. 답답한 감방 안에는 사람이 너무 많기 때문에 재빨리 칼을 쓰고 준비하지 않으면 다른 사람과 겹쳐 앉지 않는 한 제대로 앉을 수조차 없다. 그들은 간수들과 동료 잡범들에 의해 잔인하게 취급받았다. 구역질나고 때로는 부패한 급식이지만 약한 자의 몫을 강한 자가 빼앗아 먹는다. 정치범들이 겪는 고문은 죽음의 고통이다. 김 모 씨는 고문을 받다가 다리가 부러졌다"라고 했다. 한성감옥의 실태는 한마디로 '생지옥'이었다.

감옥에서 이승만의 삶에 일대 변혁이 일어났다. 한성감옥에서 이승만의 목에는 무게 10킬로그램의 칼이 씌워졌다. 손에는 움직일 수 없도록 수갑이 채워졌다. 발에는 꼼짝 못하도록 족쇄가 물려졌다. 칼을 벗고 손발이 풀리는 시간은 하루 스물네 시간 가운데 단 5분뿐이었다.

인간의 곤경은 하나님의 기회이다. 떨치며 일어나 용감하게 자신의 길을 달려갔던 인간은 어쩔 수 없는 막다른 골목에서 신을 찾는다. 형틀을 쓰고 사형 선고를 기다리는 중에 이승만은 성경을 찾았다. 성경을 구하는 과정도 쉽지 않았다. 어느 날 배재학당에서 들었던 "네가 너의 죄를 회개하면 하나님께서는 지금이라도 너를 용서하실 것이다"라는 설교가 떠올랐다. 순간 이승만은 목을 감싼 나무칼에 머리를 얹고 "오 하나님! 내 나라와 내 영혼을 구해 주옵소서"라고 했다. 이 짧은 기도로 예수의 제자가 되었다.

이승만은 성경을 구하려고 했으나 쉽지 않았다. 그러나 비밀 방법을 통해 셔우드 에디 박사가 조그마한 신약성경을 보내왔다. 그것을 받았을 때 얼마나 기뻤는지 모른다. 기독교인이 된 이승만에게 활력이 솟아났다. 그는 감옥에서 전도, 교육, 저술 활동을 펼쳤다. 그는 신약성경으로 죄수들과 성경을 공부했다. 가끔 벙커(A. Bunker), 언더우드, 존스(George H. Jones) 등 선교사들이 성경 공부를 도왔다. 이 성경 연구를 통해 이승만은 감옥에서 한국 개신교 역사상 최초로 40여 명의 양반 출신 관료와 지식인들을 전도했다.

이능화는 "선고부군 이원긍(법무협판), 이상재(의정부 참판), 유성준(내부협판), 김정식(경무관), 이승인(부여 군수, 이상재의 아들), 홍재기(개성군수), 안국선(희경 군수) 등을 포함한 양반들이 회개함으로 열매를 맺었다"라고 했다. 이승만은 "옥중 경력의 두 가지 긴중한 것을 대략 말씀하고자 하오니, 첫째 깨달은 일이요, 둘째 감사할 일이라"고 했다. 그는 감옥에서 '깨달음'과 '감사'를 체험했다.

한국교회사가 서정민은 "이런 사회 선교의 결실은 곧 한국 기독교 지도자들의 창출이라는 귀중한 결실을 맺었던 것인데, 그들 한 사람 한 사람의 활동이 한국 기독교사에서 차지한 비중은 지대한 것이며, 그들의 회심과 개종을 불러일으켰던 당시 한성감옥의 역사는 큰 의미를 지닌 것이었다. 역사 속에서 일하시는 하나님의 섭리를 느낄 수가 있다"라고 했다.

> 혈육의 연약한 몸이 5-6년 역고에 큰 질병 없이 무고히 지내며, 내외국 사랑하는 교 중 형제자매들의 보호를 많이 받았거니와, 성령이 나와 함께 계신 줄을 믿고 마음이 점점 굳세어져서 영혼의 길을 확실히 찾았으며, 작년 가을에 괴질이 옥중에 먼저 들어와 4-5일 동안에 60여 명을 목전에서 쓸어낼 때, 심하게는 하루 열일곱 목숨이 앞에서 쓰러질 때에 죽은 자와 호

흡을 상통하며 그 수족과 몸을 만져 곧 시신과 함께 섞여 지내었으되, 홀로 무사히 넘기고 이런 기회를 당하여 복음을 가르치게 되매 기쁨을 이기지 못한지라. 작년 예수 탄일에 우리도 다행히 구속하심을 얻는 사람이 되어 기쁜 성정도 측량할 수 없거니와, 이 험한 괴질을 겪으며 무사히 부지하여 있는 것이 하나님의 특별히 보호하신 은혜가 아니면 인력으로 못하였을 바 오, 하나님이 사랑하시는 자녀들로 하여금 나를 감화시키는 힘을 주시지 아니하였으면 이 일에 도움이 되지 못하였을 것이오. 하나님의 거룩하신 뜻으로 세상 죄인들을 감화시키는 교가 아니면 불소한 재정으로 서적실을 설치하였을 수 없을지라. 이것이 나의 입은 바 하나님의 은혜를 감사함이니, 이 깨달음과 감사함으로 여일히 힘쓰면 오늘 심는 겨자씨에서 가지가 생겨 공중에 나는 새가 깃들이게 될 줄을 믿겠나이다.

— 광무 7년 3월 8일 교제 이승만 백 —

이승만은 옥중에서도 책을 손에서 떼지 않았다. 이승만은 선교사들에게 부탁하여 구할 수 있는 책을 다 구했다. 선교사들은 그의 부탁을 들어주는 데 열심이었다. 그들이 넣어 준 책은 중국어, 영어, 한국어로 쓰여 있었고 기독교, 역사, 법률, 외교 등 다양한 주제를 다룬 책들이었다. 그중에서도 종교와 역사에 대한 영문 서적이 주종이었다. 이승만이 가장 좋아했던 주제는 세계 역사였다. 감옥이란 고통스러운 환경에 있었지만 공부에 몰두할 수밖에 없는 상황, 타고난 천재성, 특유의 집중력으로 이승만은 탁월하게 성장했다.

이승만은 감옥에서 책도 많이 읽었고, 글도 많이 썼다. 한성감옥이야말로 청년 이승만에게는 그야말로 '개화의 대학'이었다. 이 안에서 영자 신문과 잡지들을 읽었을 뿐 아니라 상해에서 발간된 기독교 관련 서적과 서양 학자들이 쓴 세계 역사는 물론 그리피스의 《조선 사기》(Corea-The Hermit Kingdom)까지 읽었다.

이승만은 옥중에서 10여 권의 책을 번역하고 쓰기도 했다. 신문과 잡지에 기고한 논설은 80여 편이나 되었다. 《만국사략》(萬國史略)과 《만국공법》(萬國公法)을 한글로 번역하였다. 그가 학생 시절 감탄한 '독립정신'과 한국 역사의 전환점을 이룬 청일전쟁을 다룬 《청일전기》(淸日戰紀)는 감옥 속에서 탈고했다.

이승만은 옥중 학교를 열었다. 15명의 어린이를 가르쳤다. 1902년 12월, 선교사들이 차입해 준 책 523권으로 옥중 도서실을 열었다. 이승만은 감옥에서 영한사전을 집필하다가 《독립정신》을 썼다. 감옥 생활 마지막 해인 1904년 2월부터 6월 사이에 급히 썼다. 《독립정신》의 주제는 조선왕국의 '독립 보존'이었다. 아직은 나라가 망하지 않았으므로, 그의 처방은 부국강병과 문명개화였다. 탈고된 《독립정신》 원고는 박용만이 비밀리에 빼냈다. 이 글은 1910년 3월 로스앤젤레스에서 출간되었다.

1904년 8월, 이승만은 미국 선교사들과 민영환(閔泳煥)의 주선으로 석방된 후 상동교회 청년학교 교장이 되었으나, 민영환의 밀서를 휴대하고 미국 대통령을 만나기 위해 11월 4일 떠났다. 그러나 시어도어 루스벨트 대통령 접촉에 실패했다. 그 후 이승만은 공부를 시작했다. 그는 워싱턴에서 커버넌트 장로교회의 햄린(Lewis Hamlin) 목사에게 세례를 받았다. 선교사 언더우드는 그의 추천서에 "이승만은 그의 조국에서 위험한 발언을 했다는 이유로 투옥되어 수년간 정치범으로 복역했던 한국의 기독교인입니다. 그의 노력 덕분에 지난해 저도 감옥에서 수감자들과 예배를 볼 수 있도록 허가를 받았습니다"라고 했다.

이승만은 목사가 되기 위해 '목회 장학금'을 받고 1905년 2월 조지 워싱턴 대학 2학년에 편입했다. 2년 후 졸업하고, 9월 하버드 대학 석사 과정을 1년 만에 마쳤다. 그는 귀국을 원했으나 부친의 만류로 프린스턴 대학교에서 박사 과정을 시작했다. 1910년 봄, "미국의 영향을 받은 국제법상 중립"(Neutrality as Influenced by the United States)이라는 박사 학위 논문을 완성했다. 그는 미국 신문에 조선을 알리는 글을 썼다.

1910년 8월 29일 조선이 일제에 합병되었다. 이승만은 9월 3일 뉴욕을 출발, 리버풀, 런던, 파리, 베를린, 모스크바를 거쳐 일본인 감시를 피해 만주를 통해 귀국했다. 그는 YMCA에서 성경과 《만국공법》을 가르쳤고, 전국적으로 학생, 청년들에게 연설하다 체포되었으나 미국 선교사들의 도움으로 석방되었다. 그는 1912년 5월, 미네소타 주 미니애폴리스에서 열리는 세계 감리교 총회에 한국 대표로 참석했다. 1913년 2월 3일, 하와이에 도착했을 때 부친의 부음을 들었다. 그는 《한국교회 핍박》을 썼다. 이한우는 "《독립정신》이 잘 정리된 개화 지침서라면 《한국교회 핍박》은 이승만 박사의 학식과 정신, 그리고 체험이 농축되어 있다. 이 책의 양대 축은 애국정신과 기독교 신앙이다. 이 책은 이 두 가지 축을 식민지 한국이라는 조건 하에서 변증법적으로 종합한 역작이었다"라고 했다.

"이승만은 일본이 한국교회를 핍박한 것은 교회와 민족과의 깊은 관계 때문이라고 주장했다. 그는 105인 사건을 중심으로 일본의 탄압 사례와 동기, 기독교가 한국의 독립을 되찾는 데 도움을 줄 수밖에 없는 외교상의 이유와 내치상의 이유들을 조목조목 열거했다. 이승만은 '핍박'을 긍정적으로 해석했다. 이승만 특유의 고난 신학이요 십자가 신학이다."

1914년 박용만의 초청으로 하와이에서 잡지 〈한국 태평양〉(Korean Pacific Magazine)을 창간, 한국의 독립을 위해 미국 정부와 국민들의 지지를 얻는 외교를 펼치며 기독교 신앙으로 동포들에게 독립정신을 고취시켰다. 또 이승만은 1917년 안창호와 협의하여 뉴욕에서 열린 세계약소 민족대회에 대표를 파견하였다.

 1919년 1월 6일, 호놀룰루에서 미국 본토로 갔다. 2월 13일 필라델피아에서 서재필과 의논한 후 한인대회를 열어 한국인의 독립의지를 미국인들에게 보여주었다. 이승만은 윌슨 대통령을 면담하려 했으나 이루지 못했다. 3·1운동 이후 여러 곳에서 임시정부가 조직되었다. 이승만은 모든 임시정부에서 주요 지도자로 추대되었다. 최고 수준의 학력과 오랜 경력의 교육자였기 때문이다. 1919년 3월 21일, 러시아의 블라디보스토크에서 노령 임시정부는 이승만을 '국무 및 외무총장'(國務 及 外務總長)으로 추대했다. 뒤이어 4월 11일 상하이 임시정부에서는 이승만이 대통령과 부통령이 없는 국무총리 지명으로 수반이 되었다. 그리고 4월 23일 서울에서 선포된 한성 임시정부는 최고의 자리인 집정관 총재로 선출되었다.

 1919년 9월, 상하이에서 통합된 대한민국 임시정부에서 임시대통령에 추대되었다. 상하이 현지로 부임하기 위하여 중국인 시신을 나르는 배 밑에 숨어 상하이로 갔다. 상해 임시정부는 좌우 합작 정부였다. 1921년에는 임시정부 내부의 공산주의자들과 무단파로부터 불신임을 받았고, 1925년에는 임시 의정원에서 대통령 탄핵을 받았다. 그는 5월 17일 "외교상 긴급과 재정상 절박" 때문에 상하이를 떠난다는 고별교서를 임시 의정원에 남겼다.

 1932년 11월 임시정부는 '국제연맹'에 한국 독립을 탄원할 전권 대사로 이승만을 파견했다. 그해 12월 제네바에서 외교 활동을 할 때 프란체스카 여사를 만나, 1934년 10월 8일 뉴욕에서 결혼했다. 그녀는 스코틀랜드에 유학했고, 영어통역관 국제자격증을 취득했으며, 독일어와 프랑스어에 능통했고, 속기와 타자의 특기 보유자였다.

 이승만은 1941년 영문으로 쓴 《일본 내막기》(*Japan Inside Out*)를 뉴욕의 출판사 플레밍 H. 레벨사(Fleming H. Revel Co.)에서 출간했다. 이 책에서 일본 군국주의의 실체를 역사적으로 밝히고, 일본이 곧 미국을 공격할 것이라고 경고했다. 그런지 몇 달 안 되어 그의 예언이 적중하여 일본이 진주만을 공격했으며, 책은 베스트셀러가 되었다. 1942년부터는 '미국의 소리방송'(VOA)에서 육성 방송을 시작했다. 이승만의 외교적 노력은 김구와 함께 독립운동의 양대 산맥이었다. 마침내 1945년 8월 15일 일본은 무조건 항복했고, 대한민국은 독립하게 되었다.

　1945년 9월 14일, 조선 인민공화국은 이승만을 주석으로 추대했지만 10월 25일 '독립촉성중앙협의회'를 결성하고 11월 7일 인민공화국의 주석 취임을 거부했다. 이어 26일 임시정부를 우리 정부로 지지해 줄 것을 방송으로 요청했다. 이때 활발했던 조직은 여운형(呂運亨)이 주도한 건국준비위원회와 박헌영의 조선공산당 좌익들이었다. 이때 이승만과 김구가 귀국했다. 1945년 12월 27일, 모스크바에서 열린 미·영·소 3국 외상회의가 한반도의 신탁통치에 합의했다. 이에 반대한 첫 사람은 이승만이었다. 그는 모스크바 3상회의 전인 12월 17일 방송을 통해 소련이 한국을 노예로 만들고자 한다고 신탁통치를 비난했다.

　그는 "한국의 공산주의자들은 소련을 모국이라 부르면서 한반도를 소련의 일부로 만들려고 한다. 우리가 이 문제를 우리 스스로의 노력으로 당장 해결하지 않으면 우리나라는 둘로 쪼개져 내전을 피할 수 없게 될 것"이라고 했다. 전국에서 반탁 시위를 함께 하던 좌익이 1946년 1월 2일 소련의 지령에 의해 찬탁으로 노선을 바꾸자 혼란이 일어났고, 좌우익은 대립하게 되었다.

　미국은 이승만을 제거하려고 '미국의 대외정책'(U. S Foreign Policy, 1946)에 이승만 제거 계획으로 'Ever Ready Plan'을 작성했다. 이승만은 신탁

통치를 반대하고 자주독립국 수립을 강력히 호소했으므로 한국 문제는 유엔으로 넘겨졌다. 1946년 6월, 공산주의를 배제하기 위해 남한의 단독정부 수립이 필요했다.

　1945년 해방 직후, 한국은 문맹률이 70%를 넘었다. 이런 상황에서 민주주의는 비현실적이었다. 이승만은 문맹타파를 주장했다. 초등학교를 의무교육화했다. 1950년 6월 1일, 초등학교 의무교육이 실시됐으나 한 달 후 6·25가 터지고 말았다. 그 후 다시 1954년부터 계획을 세워 1959년까지 학령아동 96%의 취학을 목표로 의무교육을 추진했다.

　세계에서 유례가 없던 전시 연합대학의 경우나, 대학생은 전후 복구의 원동력이므로 재학 중엔 병역 면제 또는 유예 조치까지 취했다. 이처럼 이승만이 교육, 특히 대학에 쏟은 열정의 결과 '세계사에서 보기 드문 교육 기적'을 이루었다. 이러한 기적은 그 후 한국의 산업화와 민주화의 토대가 되었다. 이승만은 기독교인이었지만 다른 종파 종교계 인사들과 대화했다.

　1948년 5월 10일, 총선거를 통해서 200명이 국회의원으로 당선되었다. 5월 31일의 투표 결과 189대 8로, 이 나라 초대 국회는 이승만을 국회의장으로 선출했다. 이승만 국회의장은 마지막까지 자신을 배제하려고 했던 하지를 제일 먼저 소개했다.

　"누구보다 치하의 말을 들어야 할 사람이 있다면 하지 장군일 것입니다. 그가 이 축하의 자리에 동참한 것을 진심으로 환영하는 바입니다. 여기 많은 미국 친구들을 모시게 되어 기쁘기 한량 없습니다. …여러분은 가장 어려운 시간을 우리와 함께했습니다. 간혹 오해를 하거나 부당하게 비난받은 적도 있지만 한 가지 위대한 사실은 역사에 길이 빛날 것입니다. 바로 여러분들을 우리가 독립을 되찾는 것을 돕기 위해 이곳에 와서 훌륭하게 그 임무를 완수했다는 점입니다."

결과적으로 이승만은 미국을 설득했고 미국과 이승만은 한편이 되었다. 미국이 진주한 남한은 자유민주국가가 되었고, 소련이 점령한 북한은 공산국가가 되었다.

이승만의 기독교 신앙은 정부 수립에서 나타났다. 대한민국 건국에 수많은 기독교인들이 눈물로 기도했다는 사실을 분명히 기억하고 있었다. 이승만은 해방에서 건국에 이르는 중요한 시기에 끊임없이 하나님을 의지하고 공개적으로 신앙을 고백했다. 해방 후 처음 맞이하는 3·1 기념행사에서는 "한민족이 하나님의 인도 하에 영원히 자유독립의 위대한 민족으로서 정의와 평화와 협조의 복을 누리도록 노력하자"라고 연설했다.

1948년 5월 31일, 제헌국회 개원식에서 종로구 당선자인 감리교 목사 이윤영으로 기도하게 하였다. 그의 기도는, 하나님께서 대한민국 백성을 사랑하셔서 일본의 억압에서 벗어나게 하셨고 나라를 이룩하게 하심을 감사했다. 역사의 첫 걸음을 걷는 환희와 감격에 넘치는 민족적 기쁨누리며 하나님께 영광과 감사를 올렸다. 반만년 우상숭배한 나라를 예수 그리스도의 나라로 이끄신 주님의 은혜에 감사했다.

7월 20일 국회 선거에서 의원 186명 중 180명의 투표로 대통령에 당선되었으며 그해 8월 15일 대한민국 초대 대통령으로 취임했다. 이승만은 기독교인이었으며, 반공주의자로서 공산주의를 분쇄하면서 배일정책으로 강경하게 견지하였다. 남한 단독정부가 수립되지 않았다면 독립은 지연되었을 것이고 사회의 혼돈은 심화되었을 것이다. 대한민국은 기독교 신앙의 터 위에 자유민주주의로서 민주공화국을 세웠으며 하나님을 믿지 않는 공산주의와 대결하였다.

1950년 6월 25일, 동이 트기 전 북한군이 38선을 넘어왔다. 6월 27일 밤 폭우가 쏟아지는 가운데 적의 공격이 재개되었다. 야간에 탱크를 앞

세운 적은 미아리 삼거리에 설치해 둔 장애물을 밀어제치고 서울 도심으로 밀고 들어왔다.

이승만 대통령은 "제 늙은 목숨, 조국 통일의 제단에 바치겠나이다. 하나님, 총이 없는 우리 아이들을 보살펴 주옵소서"라고 하며 대구에서 매일 밤 절규했다. 당시 대통령은 피 흘리는 한국군과 연합군을 하나님께서 보호해 달라고 기도했다. 당시 적은 대구를 향해 진격해 와 대구가 적에게 함락될 위기였다. 대통령은 미국인들이 좀 더 신속히 행동해 주길 바랐다.

우리는 이승만에게서 교회사의 면면한 흐름을 본다. 복음으로 개화된 신앙인들은 애국 전선으로 나아갔다. 9월 10일, 때늦은 장마로 낙동강 전선이 아군에게 시간적 여유를 주어 보급과 전열 정비에 도움이 되었다. 이후 미군이 군산과 인천을 포격했고 포항에서도 전진했다. 당시 이승만 대통령은 낙동강 전선의 워커 장군에게 하나님은 언제나 우리 편에 계시니 누가 감히 우리와 대항해 싸울 수 있겠느냐며 독려했다.

인천상륙작전이 시작되었다. 맥아더 장군은 지휘관으로서 검은 선글라스를 쓰고 가죽 잠바를 입은 특유한 모습으로 맨 앞에 서 있었다. 서울 탈환 작전으로 인민군을 두고 중간을 가로질러 인천에서 함포 사격을 가했다. 세계 전쟁사에 남을 작전으로 맥아더 장군을 유명하게 만들었다. 1950년 9월 28일, 중앙청에 태극기가 휘날렸다.

맥아더 장군은 독실한 기독교인으로 겸허하고 솔직했으므로 이승만 대통령은 그를 좋아했다. 환도식이 정오에 거행되었다. 맥아더 장군이 연단에 올라와 "자비로우신 하나님의 가호로 우리 유엔군은 여기 대한민국의 오랜 수도 서울을 수복하였습니다. …이 결정적인 승리를 우리들의 힘으로 되찾게 해주신 전능하신 하나님께 진심으로 감사드립니다"라고 크게 외쳤다. 수복기념식 마지막은 맥아더 장군의 기도로 마쳤는데 그것은 주기도문이었다. 참석자들도 모두 따라했다.

이승만 대통령은 38선을 넘어 북진하자고 했다. 1950년 9월 30일, 이승만 대통령이 "국군은 38선을 넘어 즉시 북진하라"고 외쳤다. 국군은 함경북도와 평안북도까지 밀고 올라갔다. 그런데 11월 6일, 중공군이 북한 공산군에 합류했다. 1950년 11월 19일, 대통령은 각료회의에서 중공군이 참전한 것은 하나님이 한국을 구하려는 방법이라며 위로했고, 최악의 경우 민주주의를 위해 목숨을 바쳐 끝까지 싸울 것이며, 하나님은 승리를 주실 것이라고 확신했다.

이러한 믿음은 1950년 12월 24일, 크리스마스 때 교인 20여 명이 참석한 서울 정동교회의 예배에서 "하나님이 우리를 지켜 주시니 아무리 강한 적이 쳐들어와도 우리는 물리칠 수 있다"라고 교인들을 위로했다. 이승만은 매일 밤 우리 민족이 통일할 수 있는 용기와 힘을 갖게 해주시고 이 민족을 올바로 이끌어갈 수 있도록 도와 달라고 하나님께 기도했다.

"일본의 압제에서 우리 민족을 해방시켜 주신 하나님 아버지, 저의 늙은 목숨을 조국 통일의 제단에 바치겠나이다. 불쌍한 우리 민족을 굽어 살피시어 통일과 재회의 기쁨을 안겨 주시고 영세자유와 평강복락을 누릴 수 있도록 도와주소서. 저의 보잘것없는 영혼을 조국의 통일 제단에 바칠 테니 원하실 때에 아버지 곁으로 거두어 주옵소서."

전란 중에도 대통령은 항상 간절히 기도했다. 이것이 이승만 대통령의 대한민국을 위한 충정이었다.

1951년 6월 23일, 소련의 야코브 말리크(Yacov malik) 유엔 주재 대표에 의해 휴전이 제기되었다. 1951년 7월 10일부터 15일간 개성에서 휴전회담이 열렸다. 이승만은 결사반대하였다. 아이젠하워(Dwight David Eisenhower) 미국 대통령 후보는 휴전을 공약으로 당선되었다. 이승만은 미국이 휴전해도 북진할 것을 주장했다.

휴전이 막바지에 이르렀을 때 이승만 대통령은 북한으로 송환을 거부하는 반공포로 석방을 계획했다. 이승만의 지령은 자정부터 새벽 5시 사이에 절묘하게 집행되었다. 한국군은 유엔군 초병들을 감금하거나 무장해제하여 반공포로 3만여 명을 석방시켰다. 이 같은 이승만의 강경한 대응은 미국을 놀라게 했다. 당황한 미국은 이승만을 설득하기 시작했다. 이승만의 휴전 수락 4개 항은 ① 한미상호방위조약 체결 ② 장기 경제 원조 및 첫 조치로 2억 달러 공여 ③ 한국군 증강 계획의 지속 ④ 한미 고위급 회담 정례화였다. 미국은 수락했다.

휴전 협정이 조인되자 유엔군 사령관 클라크는 "싸워서 이기기보다 평화를 얻는 것이 더 어려웠고, 적군보다 이승만 대통령이 더 힘들었다"라고 했다. 이승만은 대한민국의 이익을 위해 우방 미국의 전략을 여러 번 수정하게 했다. 대한민국은 이승만과 미국의 투쟁으로 태어났고 성장했다. 현재 미국과의 동맹이 어떤 효과를 갖고 있는가 하는 것은 대한민국 국민이면 모두 알고 있는 사실이다. 공산주의자들은 이 동맹을 깨야 한다는 것이다. 그러면 적화통일할 수 있다고 믿는다. 그래서 항상 북한에서는 미군 철수를 부르짖고 있다.

1953년, 미국의 부통령 리처드 닉슨이 왔을 때 이승만 대통령은 닉슨에게 "나는 솔직히 미국으로부터 받은 도움에 진심으로 감사한다. 미국의 정책과 맞지 않는 일을 하지 않을 것이다. 그러나 한편 나는 노예 상태의 북한 동포들을 해방시키기 위하여 평화적 방법으로, 필요하다면 무력으로라도 통일을 성취하는 것이 지도자로서 나의 의무라고 생각한다"라고 단호하게 말했다.

미국의 〈크리스천 사이언스 모니터〉의 로스코 드럼몬드(Roscoe Drummond) 워싱턴 지국장은 "이승만은 정복되지 않았다. 그는 결코 정복할 수 없는 인물이다. 그는 오늘날 극동에서 가장 준비가 잘되었으며 사기도 충천한 최강의 반공 지도자이다. 공산 독재에 끝까지 저항하겠다는 의지는 한국 국민들 사이에 충만해 있다. 현재 대한민국 국민만큼 방공정신이 투철한 사람들은 지구상에 없다. 한국은 서방 진영이 필요하고, 서방은 한국이 필요하다. 우리를 분리시키려는 어떤 시도도 용납되어서는 안 된다"라고 했다.

이승만의 휴전협정 반대 이유는 뚜렷했다. "휴전협정은 전쟁을 줄이는 것이 아니라 더 큰 전쟁의 준비이고 더 많은 고난과 파괴를 의미한다. 전쟁과 내란에 의한 공산당의 더 많은 침략 행위의 서막이 된다는 확신 때문에 나는 휴전협정 서명에 반대해 왔다"면서 "이제 휴전이 서명된 이 마당에 나는 그 결과에 대한 나의 판단이 틀렸던 것으로 나타나기만 기대할 뿐이다"라고 했다.

이승만은 철저한 지미주의자(知美主義者)인 동시에 반공주의자다. 미국은 이승만에게 여유를 주었다. 그 결과 한미상호방위조약의 체결 및 비준을 촉구한 이승만의 요청을 미국이 전격 수락하였다. 1953년 8월 8일, 경무대에서 가조인에 이어 10월 1일 워싱턴에서 변영태 외무장관과 덜레스 국무장관이 서명함으로써 정식 발효되었다. 이 조인으로 이승만은 미국과의 협상을 성공으로 이끌었다. 대한민국은 미국과 함께 싸울 수 있게 되었다.

"독도는 일본의 한국 침략에 대한 최초의 희생물이다. 해방과 함께 독도는 다시 우리의 품안에 안겼다. 독도는 한국 독립의 상징이다. 이 섬에 손을 대는 자는 모든 한민족의 완강한 저항을 각오하라. 독도는 단 몇 개의 바윗 덩어리가 아니라 우리 겨레 영해의 닻이다. 이것을 잃고서야 어찌 독립을 지킬 수 있겠는가. 일본이 독도 탈취를 꾀하는 것은 한국에 대한 재침략을 의미하는 것이다."

이승만은 모든 정부요인들, 그리고 대한민국을 사랑하는 국군들과 뭉쳐 나라를 지키는 데 원동력이 되었다. 리즈웨이(Matthew Bunker

Ridgway) 장군은 "이승만 대통령은 자기 국민에 대한 편애가 심했고, 마음에는 애국심밖에 없었으며, 이로 인해 불가능한 일을 끊임없이 요구하기도 했다"라고 전했다.

"우리 시대의 가장 위대한 사상가요 학자이며 정치가이자 애국자"라고 평가한 밴 프리트 장군은 〈라이프〉 잡지에 "그는 거의 2년간 평균 1주일에 한 번씩 나와 함께 온갖 역경을 마다않고 전방을 찾았다. 추운 날 지프를 타야 할 때면 죄송하다는 내 말에 미소를 지으며 차에 올랐다. 차 안에서 그의 밝은 얼굴과 외투 밖으로 보이는 백발은 검은 구름 위에 솟은 태양처럼 빛났다"라고 썼다.

1954년 7월 26일, 미국을 공식 방문한 이승만 대통령은 단상에 섰다. "워싱턴의 겁쟁이들 때문에 한국은 통일되지 못하고 공산 세력의 위세만 과시해 주었다"라고 미국을 비난했으며, "우리는 기어이 우리들의 계획을 달성하고야 말 것이다"라고 연설했다.

1954년, 초대 대통령의 종신제 개헌안을 발의, 국회에서 1표 부족으로 부결되어 사사오입을 적용함으로 1956년 3선에 성공했다. 1960년 3월 15일, 여당과 정부가 부정선거를 감행하여 4선이 되었지만 4·19의거로 하야했다. 1965년 7월 19일, 이승만은 하와이의 요양원에서 쓸쓸히 서거했다. 장례는 고국에서 가족장으로 치른 후 국립묘지에 안장되었다. 1969년 건국훈장 대한민국장이 수여됐다.

이승만 대통령은 대미, 대일관계에서 대한민국의 자존심과 이익을 우선으로 했다. 공개된 소련의 비밀자료를 보면 스탈린이 한반도를 분단하여 공산화하려 했다. 또한 분단에 가장 충실했던 사람은 김일성이었다. 4·19 이후 이승만의 부패한 재산을 환수하겠다는 위원회까지 만들었으나 이승만의 청렴함이 나타났다.

이승만은 독립운동을 하면서 오직 믿음으로 역경을 돌파했으며, 대한민국 독립을 위해 세계에 호소할 때 일본의 방해와 대한민국이 작고 개화되지 못한 것 때문에 독립이 어렵다고 믿었다. 그래서 대한민국은 문화국가가 되어야 했다. 그 기초가 기독교 신앙이다.

대한민국은 기독교 국가여야 한다고 주장했다. 그것은 극동에서 중국과 일본 그리고 러시아 사이에서 평화를 이루지 못하는 데서 온 국제적 평화를 위한 국가의 위상을 확립하기 위함이었다. 기독교 국가로서 신앙적 선진이 되어야 평화를 이룰 수 있다. 이승만은 정치가로서의 기독교인이 아니라 그리스도인으로서의 정치가였다. 그는 기독교인으로 독립운동을 했으며 공산주의와 무력을 배제하고 외교적, 합리적 관계로 평화운동을 하였다.

기독교인으로서 자유민주주의, 한미동맹, 시장경제 체제, 기독교 입국론이라는 분명한 국정 철학을 갖고 있었다. 그는 기도하는 진실한 기독교인이었기에 하나님의 응답을 받았다.

1945년 8월, 해방 후 박헌영을 중심한 공산 세력, 일제 때 지주들의 한민당, 또 미소공동회의 추종파가 있었다. 국민들은 중국, 소련 유학파 지식층의 영향 때문에 공산주의와 사회주의를 선호했다. 이승만은 자유민주주의 사상으로 대한민국을 세웠다.

이승만이 대한독립에 기여한 업적은 기독교 신앙으로 평가되어야 한다. 초대 대통령으로서 좌우 혼란기의 대한민국을 공산화의 위협으로부터 지킨 힘은 기독교 신앙과 자유민주주의였다. 무신론자인 북한과는 거리를 두었다. 일본은 항상 침략을 노리고 있었다.

이승만은 한성감옥에서 최초 양반 출신 기독교인으로 쓴 《이승만의 구한말 개혁운동》은 '기독교로 나라 세우기', 즉 '기독교 입국론'이었다. 이승만은 "물이 마르고 뜨거워 고기가 살 수 없는 상황에서 물고기가 살려면 새로운 물을 찾아야 하며 새 물줄기는 바로 기독교다", "대한 사람의 새로운 물줄기는 예수교회다"라고 했다.

　이승만은 미국에서 기독교 교육과 선교의 꿈을 갖고 공부했다. 서울과 호놀룰루의 YMCA에서 기독교 청년운동과 교육을 했고 교회를 설립했다. 그는 한국 초기 개신교의 지도자였다. 이승만 대통령은 국가 차원에서 기독교 부흥을 도왔다. 그는 기독교인으로 주초를 금했고 매일 아침 아내와 가정 예배를 드렸다. 90 평생 독실한 그리스도인으로 살았다.

　그는 군목 제도, 형목(刑牧) 제도를 도입했으며, 장관급 고위직의 47.7퍼센트를 기독교인으로 임명했다. 이승만 대통령은 대한민국을 기독교 국가로 만들려는 꿈을 실천했다. 이승만의 국가 기초는 기독교였다. 그리스도인 이승만에 의해서 기독교 문화가 발전했다. 탁월한 국제적 식견으로 미래를 보는 이승만의 혜안은 빛났다. 원자력에 관해 일찍이 그 가치를 인정하여 선구적인 이해와 집착으로 1959년 원자력연구소가 문을 열었다.

　1960년 봄 4·19가 일어났다. 자유당의 장기 집권 획책에 대한 시민, 학생, 지식인들이 저항했다. 그해 3월 15일 선거에서 이기붕이 부정한 방법으로 부통령에 뽑힌 것이 도화선이었다. 데모대와 경찰의 충돌로 부상자가 속출했다. 이승만은 주위의 만류를 뿌리치고 몸소 병원으로 달려가 "젊은이들이 분노하지 않으면 젊은이가 아니다"라면서 학생들을 위로했다. 단 한 번도 4·19를 비난하지 않았다. "학생들이 왜 이렇게 되었어? 부정선거를 왜 해? 암! 부정을 보고 일어나지 않는 백성은 죽은 백성이지, 이 젊은 학생들은 참으로 장하다!"라고 했다.

　마침 〈조선일보〉는 이승만이 경무대를 떠나 이화장으로 가는 모습을 꼼꼼히 스케치했다. 이화장으로 향하는 이승만은 검은색 양복을 입고, 부인과 함께 연도의 시민에게 손을 흔들었다. 시민들은 이 박사의 차가 지나갈 때 박수했으며, 경호하는 차, 경무대 지프, 그리고 보도차들이 뒤따랐다.

그 후 5월 29일, 아침 허정 대통령 권한대행은 이승만 내외를 모시고 김포공항에서 하와이로 휴양과 치료를 위해 전송했다. 그러나 국내 신문들은 이승만이 망명했다고 보도했다. 허정은 회고록 《내일을 위한 증언》(1979, 샘터)에서 이승만과의 이별을 "이 박사를 떠나보낸 나의 마음은 쓸쓸하기만 했다. 누가 뭐라 해도 그는 우리 현대사의 거인이고, 나에게는 잊지 못할 은인이었다. 그러나 나는 우남의 경우를 통해 사람은 마지막을 어떻게 마무리 짓는가 하는 것이 가장 중요하다는 말을 실감했다"라고 기록했다.

이승만의 실패는 "나만이 이 일을 해낼 수 있다"는 데 있었다. 그래서 독재자란 말을 들었다. 사사오입을 했을 것이다. 옆에 있는 사람들이 "당신만이 이 일을 해낼 수 있습니다"라고 했을 것이다. 다른 사람이 나보다 더 잘할 수 있다고 여겼으면 양보했을 것이다. 이승만은 자신이 이룩한 일에 대해 자부심을 갖고 있었다. 그럴 만하기도 하다. 그러나 자리를 다른 사람에게 물려줌으로 보다 더 훌륭한 일을 성취할 수 있다는 것을 인정하지 않은 것이다.

이승만은 식사 때마다 대한민국을 위해 기도했다. 또 아침마다 서쪽을 가리키며 "저기가 서편이야. 바로 저쪽이 우리 민족이 사는 데야" 하면서 바라보았다. 이승만이 "자신은 대한민국과 생명을 같이했다"라고 한 것은 그의 진실한 고백이었다. 대한민국을 민주주의 국가로 탄생시켰고, 기독교 국가로 발전했으며, 아시아에서 평화를 이룩하고자 했다. 예수 그리스도는 '모퉁이 돌'이시라는 말씀을 믿었기 때문이다. 건국 대통령 이승만은 끊임없이 나라와 민족을 위해 기도하면서 태평양의 고독 속에서 저물어 갔다.

이승만은 1965년 6월 20일부터 병이 악화되었다. 7월 19일 임종했다. 국가와 민족을 위해 건국했고, 전쟁으로부터 민족을 구원해 내며, 전 생애를 아낌없이 불살랐던 위대한 한국인 이승만, 그는 이역만리 하와이에서 고국을 그리며 고국에 돌아오기를 고대하다가 쓸쓸히 세상을 떠났다. 유해는 그가 건립한 한인교회에 안치되었고, 그의 시신은 얇은 베일로 얼굴이 덮힌 채 상반신을 볼 수 있도록 관의 반은 열려 있었다. 한 시간 동안의 영결예배가 끝나자 영구는 하와이 경찰의 에스코트를 받으며 검은색 리무진에 실려 히캄 공군기지로 떠났다.

프란체스카는 두 번이나 졸도함으로 서울 장례식에는 참석하지 못했다. 밴 프리트 장군은 이승만의 유해를 실은 미군 특별기에 동승하여 한국으로 와 마지막 가는 길을 전송했다.

7월 22일, 김포공항에 도착한 유해는 의장대에 의해 운구되었는데, 육군본부교회에 이승만 박사가 참석했을 때 군목으로 설교하던 박치순 목사가 비행장에서 영접예배를 인도했다. 7월 27일, 시내 정동교회에서 장례식이 거행되었다. 영결식이 거행되는 동안 광화문 일대와 서울시청 앞, 남대문과 서울역 거리에는 수많은 인파가 나와 운구 행렬을 기다리고 있었다. 영결식을 마치고 동작동 국립묘지로 향하는 운구 행렬을 국민들은 한마음으로 건국 대통령 이승만의 마지막 길을 전송했다. 이승만은 국립묘지에 묻혔다.

이승만 대통령 묘 앞에 있는 "헌시"

배달민족의 독립을 되찾아
우리를 나라 있는 백성 되게 하시고
겨레의 자유와 평등을 지켜
안녕과 번영의 터전을 마련해 주신

> 거룩한 나라 사랑 불멸의 한국인
> 우리의 대통령 우남 리승만 박사
> 금수강산 흘러오는 한강의 물결
> 남산을 바라보는 동작의 터에
> 일월성신과 함께 이 나라 지키소서.

"해를 거듭할수록 이승만 대통령은 대한민국을 위해 예비된 선지자라는 생각을 하게 된다. 이승만 대통령이 국민들에게 보여준 독립정신과 건국정신, 애국심을 고취하기 위해 젊은 세대에게 대한민국 역사를 바로 알려야 한다. 그 시대에 군주제의 문제점을 지적하고, 자유민주주의와 공화제가 왜 필요한지를 역설한 대한민국 최초의 민주 정치가이며, 나라를 위해서 한평생 바친 분"이라고 (사)건국 대통령 이승만 박사 기념사업회 박진 회장이 말했다.

우남 이승만 대통령은 세계의 어떤 지도자도 따라할 수 없는 리더십과 외교 실력을 가지고 있었다. 이승만은 애국계몽운동과 항일독립운동, 국가 건설 과정에서 끊임없이 지적 깨우침만이 우리 민족과 국가의 살길이라고 했다. 누가 무어라 해도 이승만 대통령은 '우리나라가 자유를 굳건하게 지키고, 남북통일을 이룩하도록 국력을 길러 지금의 난국을 극복하는 애국사상과 신앙으로 추진해 나가야 함'을 깨닫게 한다. 이승만은 대한민국이 공산주의를 물리치고 기독교 국가로 우뚝 서기를 바랐는데 이것이 그의 최대의 꿈이었다. 이것을 하나님이 그에게 주신 달란트로 믿었다.

이승만 대통령이 남긴 유언으로서의 성경 구절은 "그리스도께서 우리를 자유롭게 하려고 자유를 주셨으니 그러므로 굳건하게 서서 다시는 종의 멍에를 메지 말라"(갈 5:1)였다.

9부

예술가

01 알브레히트 뒤러

북유럽에 르네상스를 이룬 사람

01 알브레히트 뒤러
(Albrecht Durer, 1471-1528)

북유럽에 르네상스를 이룬 사람

알브레히트 뒤러는 북유럽 르네상스에서 불꽃 같은 존재였다. 유럽의 르네상스는 이탈리아를 중심으로 발전했는데, 그가 나오기 전까지 독일은 미술계에서 뒷전이었다. 뒤러는 드로잉과 유화에 독자적인 양식을 확립했으며, 특히 자화상을 예술 양식으로 확립하였다. 또한 작품에 서명을 남기며 화가의 지위를 수공업자가 아닌 예술가로 격상시켰다. 피렌체의 미술가인 조르조 바사리는 《이탈리아의 뛰어난 건축가, 화가, 조각가들의 생애》라는 책에서 뒤러를 "진실로 위대한 화가이자 가장 아름다운 동판화의 창작자"라고 그의 중요성을 강조했다. 미켈란젤로도 제일 닮고 싶은 사람으로 뒤러를 꼽았다.

뒤러의 아버지 알브레히트 뒤러는 헝가리에서 직업을 구하려고 17세에 신성로마제국의 뉘른베르크로 왔다. 그는 금은세공을 배웠고 시민권도 얻었다. 뒤러는 1471년 5월 21일 그의 셋째 아들로 태어났다. 그는 여러 아들 중 아버지의 이름을 그대로 받았다. 뉘른베르크는 당시 제국 최대 도시인 쾰른 다음으로 인문주의, 인쇄, 항해와 천문 도구를 개발하는 과학 기술, 무역이 발달한 국제 도시였다.

뒤러는 13세부터 아버지에게 금세공을 배웠다. 이때 익힌 정밀하고 섬세한 금속세공기법은 그의 동판화에 큰 영향을 끼쳤다. 아버지는 아들의 천재적 소질을 인정하여 15세 때 화가이며 삽화가인 미하엘 볼게무트의 도제로 보냈다. 뒤러는 볼게무트의 화실에서 4년여 동안 목판화, 제단화, 초상화 등 다양한 작품을 보며 그 기법을 배웠다.

뒤러는 19세에 도제 수업을 마치고 독일과 네덜란드, 북부 프랑스, 스위스로 여행했다. 여러 나라를 다니며 공부하는 데 많은 돈이 필요했다. 그런데 뒤러는 돈이 없었다. 그때 미술을 배우려는 친구 프란츠가 있었다. 고민 끝에 프란츠가 뒤러에게 "내가 먼저 일을 해서 너를 도와줄 터이니 나중에 네가 나를 도와라. 그러면 나도 미술 공부를 할 수 있을 것이다"라고 했다. 이 제안으로 뒤러가 먼저 공부했다. 뒤러가 공부를 마친 후 프란츠를 찾아갔다. 그가 일하는 곳으로 들어가는데 친구의 기도 소리가 들렸다.

"하나님이시여, 제 친구 뒤러는 공부해서 훌륭한 미술가가 되었습니다. 이제 제가 공부할 차례인데 제 손은 뒤틀려서 그림을 그릴 수 없습니다."

이 기도 소리를 들은 뒤러는 그만 털썩 주저앉고 말았다. 그러나 그는 펜을 꺼내 친구의 기도하는 손을 그렸다. 그것이 〈기도하는 손〉이다.

"기도하는 손이 가장 깨끗한 손이요, 가장 위대한 손이요, 기도하는 자리가 가장 큰 자리요, 가장 높은 자리다."

영국의 설교가 찰스 스펄전 목사는 "기도할 수 있을 때 기도하라. 기도할 수 있도록 도와 달라고 기도하고, 기도할 수 없다고 기도를 포기하지 말라. 기도할 수 없다고 생각할 때 이미 당신은 기도하고 있는 것이다"라고 했다. 〈기도하는 손〉은 하나님께 전하는 인간의 마음을 손의 형태로 나타낸 작품이다.

1492년 고향에 와서 판화가의 딸 아그네스 프라이와 결혼했고 공방을 차려서 성공했다. 이들에게는 평생 자녀가 없었다. 그는 새로운 도전을 위해 이탈리아에 1년여 머물면서 많은 배움과 경험을 쌓았다. 뒤러는 이탈리아로 유학 간 최초의 북유럽 화가였다. 그는 이탈리아 볼로냐와 베네치아에서 화풍을 배웠고, 시골을 돌며 스케치했다. 뒤러는 이탈리아 유학을 두 차례 갔었다.

뒤러는 천재 예술가였다. 참된 미술가는 인문주의적 교양인이어야 한다. 주문받은 초상화, 제단화를 그렸다. 특히 목판화와 동판화로 명성을 얻었다. 그는 공방을 열기 전부터 인정받는 장인이었는데, 특히 1498년에 간행된 목판화 〈요한계시록〉으로 독일 전역에서 천재 판화가로 이름을 떨쳤다. 훌륭한 화가는 독창적이어야 하며, 오래 살아남으려면 항상 새로운 것을 찾아야 한다고 생각했다. 그래서 편하게 살지 않고 직접 경험하려고 했다. 다양한 경험을 하기 위해서 여행도 많이 했고 여러 사물을 접하려고 노력했다. 그는 상상력과 명상이 중요하다고 여겼다.

1512년 뒤러는 막시밀리안 1세의 궁정화가가 되었다. 뒤러는 그의 초상화와 황제의 책에 들어갈 삽화, 기도서에 들어갈 소묘들을 그렸다. 이때 큰 사업으로 황제의 목판화 〈개선문〉은 192개의 판목으로 만들어진 미술사상 가장 큰 목판화였으며, 〈개선행진〉은 137개의 판목으로 구성되었고, 전체 길이 55미터에 달하는 대작이었다. 또 그는 막시밀리안 1세의 무덤 조성 사업을 지휘하였다. 뉘른베르크 시청사 공사에 참여했고, 조각과 건축에도 힘을 쏟았다. 그는 궁정화가 활동과 개인적인 창조성을 발휘한 작품들을 남겼다.

1519년 막시밀리안 1세가 죽고, 이듬해 뉘른베르크에 역병이 돌자 그는 아내와 함께 네덜란드로 갔다. 1년 동안 많은 소묘와 회화를 그리며, 그뤼네발트 등 네덜란드 화가들과 사귀었다. 뉘른베르크로 돌아온 후 초상화, 동판화, 목판화를 제작했으며, 화가로서 가장 뛰어난 기량의 〈네 사도〉를 남겼다.

1517년, 마틴 루터가 비텐베르크 성당 정문에 95개조 반박문을 발표하면서 종교개혁이 일어났다. 이것이 농민운동과 결합되어 급진적으로 발전하였다. 뒤러는 1518년 아우그스부르크에서 마틴 루터를 만났다. 뒤러는 그 뒤 루터의 열렬한 추종자가 되었다.

뒤러는 루터와 서신을 주고받으며 종교개혁을 지지했다. 말년에 뒤러는 미술 이론에 관심을 가졌다. 1525년 피에로 델라 프란체스카(Piero della Francesca)의 작품을 바탕으로 원근법의 책을 냈고, 2년 후 《측정술 지침서》, 《인체비례론》, 《요새론》 등의 저술에는 예술적 상상력도 합리적이고 과학적인 방식으로 다듬는 인문주의가 내포되었다. 《측정술 지침서》 서문에는 "오늘날까지 독일의 젊은 화가들은 작업 경험으로만 제작하는데, 이는 얼마나 무모한 일인가. 독일의 작가들은 측정에 관한 과학을 전혀 모르고 있다"라고 했다.

판화가, 조각가, 건축가, 회화가, 이론가 등 르네상스적 전인이었던 뒤러, 미술 전 분야를 아우르는 탁월한 재능을 비롯해 인문주의자로서 르네상스 정신을 구현하고 과학적 방법론을 전개했던 인물은 레오나르도 다 빈치 외에는 뒤러였다.

뒤러는 서양 미술사상 가장 위대한 판화가 중 한 사람이지만 수공자나 장인으로 여겼던 지위를 독립적이고 창조적인 '예술가'의 지위로 격상시켰다. 그는 어려서부터 예술가의 비전을 가지고 있었다. 그는 초기부터 자신의 작품에 서명을 넣었다. 이는 자신의 창조적 작업에 자부심과 책임감을 지닌 예술가로서의 독립 선언이었다.

뒤러가 자신의 독자적 창조성을 발휘한 것은 판화이며, 뒤러의 예술가적 명성을 뉘른베르크를 넘어 국외로 알려 그를 '이탈리아인이 아닌 사람 중에 세계적 명성을 얻은 최초의 화가'로 만든 것은 기독교 주제의 목판화 연작들이다. 회화는 비용이 많고 주문에 의해 제작을 할 수 있다. 주문자의 요구에 맞추어야 하는 제약이 있다. 이에 반해 목판화는 제작 비용이 적게 들고 짧은 기간에 대량 생산할 수 있으므로 작가가 자유로운 창조력을 발휘하고 자신을 널리 알릴 수 있어, 뒤러가 1498년에서 1500년경에 출판한 《요한계시록》, 《대수난》, 《마리아의 일생》은 이 분야의 첫 번째 성공작들이다.

그중 1498년 독일어와 라틴어판이 나온 《요한계시록》은 뒤러의 발행인이요 사업가로서의 면모를 보여주었다. 그는 중심이 되는 오른쪽 페이지에 판화를 싣고, 왼쪽 페이지에 텍스트를 실어 기존 책에서 종속적으로 첨부되던 그림을 책의 주인공으로 했다. 이 책에 들어간 15개의 목판화 중 하나인 〈요한계시록의 네 기수〉(The Riders of the Apocalypse)의 '선'은 힘과 감정의 표현으로 신기에 가까웠다.

주제는 요한계시록 6장으로, 화면에는 심판과 진노의 날에 어린양이 일곱 봉인을 떼자 차례로 네 기수가 등장한다. 오른쪽부터 활을 든 전염병, 칼을 든 전쟁, 저울을 든 기근, 삼지창을 든 죽음이 대각선으로 배치되었고, 이들이 휩쓸고 간 자리에는 사람들이 쓰러져 있고, 하늘은 어두워지고 땅에는 지진이 일어난다.

목판화로는 큰 편이지만 높이 39센티미터인 화면을 촘촘히 채운 선들은, 목판화로 믿기지 않을 정도로 정밀했다. 그전에 목판화가들이 색을 칠해서 만들었던 명암과 양감, 질감의 효과를 다양한 모양과 밀도로 구성된 검은 선으로 그렸다. 세기의 전환기였던 이 시기는 겉으로는 풍요로웠으나 정치, 사회, 종교적으로는 종교개혁의 폭풍 전야였다. 중세부터 주기적인 전염병은 근절되지 않았는데 1490년대에는 매독까지 독일에 퍼졌고, 이단의 고문, 공개 처형의 종교 박해도 여전했다. 이렇게 위태로운 상황에서 사람들 사이에 퍼진 광적인 종교열이 그의 《요한계시록》을 성공시킨 배경이 되었다.

'독일에서 최초의 여성 누드 실물을 사생한 화가'인 뒤러가, 두 번째 이탈리아 유학 무렵에 관심을 가졌던 완벽한 인체는 이상적 비례였다. 그는 고대의 조각상과 비트루비우스의 《건축 10서》 등 고대 문헌을 연구하고, 사람들을 실제로 측정하여 보편타당한 비례의 법칙을 만들었다. 뒤러가 많은 습작과 연구 끝에 만들어낸 이상적인 인간이 '독일 미술사 최초의 실물 크기 누드화' 〈아담과 이브〉이다.

  남자는 사과를 들고 있고, 나무에서는 뱀이 사과를 건네고 있다. 아담은 적당한 몸의 비율에, 곱슬한 금발머리, 적당히 잔근육이 보이는 아름다운 몸매, 누가 봐도 미남이다. 이브는 창백하고 도자기 같은 피부에 긴 머리칼, 붉은 입술을 가졌다. 그런데 보기에 좀 어색한 부분이 목과 어깨다. 목이 너무 길고 어깨가 처져서 승모근(僧帽筋)이 커 보인다. 이렇게 생긴 목과 어깨, 창백한 피부, 작고 붉은 입술, 넓은 이마가 북유럽인들의 미인 조건이었다.

  이브 옆 나뭇가지에 새겨진 작은 명판에는 "알브레히트 뒤러가 1507년에 완성했다"라고 적혀 있다. 이 시기 뒤러처럼 아름답고 해부학적으로 인체를 그리는 화가는 드물었다. 뒤러는 이탈리아에서 배운 르네상스의 이상적인 아름다움과 해부학적으로 정확한 인체를 표현했다. 아담과 이브는 모두 한 발에 체중을 싣고 다른 발의 뒤꿈치를 약간 든 상태다. 머릿결이 바람에 휘날리고 있어서 마치 앞으로 막 나아가려는 것 같다. 체중을 한 발에만 실으면 한쪽 무릎이 구부러지고 골반도 삐딱해지며 상체도 살짝 비틀리게 된다. 이 자세를 '콘트라포스토'(contrapposto)라고 한다. 똑바른 차렷 자세보다는 약간 삐딱한 콘트라포스토 자세가 인체의 아름다움을 드러내기에 적당하다고 하여 화가들이 많이 채택했다. 게다가 차렷보다 훨씬 자연스러워 보인다.

  고대 그리스와 로마인들은 누드가 인체의 아름다움을 잘 표현한다고 생각했고, 그래서 누드 조각상들이 많이 남아 있다. 르네상스의 사람들은 근육질의 몸이 아름답다고 생각했다. 뒤러는 아담과 이브를 그리면서 가장 아름다운 남자와 여자를 그린 것이다.

이 작품은 뒤러가 그린 최초의 대형 누드화이다. 당시 독일에서는 나체 여자 모델을 구하기가 어려웠다. 이 그림도 실제 모델이 아니라 그가 생각했던 가장 이상적인 인체를 상상해서 그린 것이었다. 특히 여기에는 뒤러가 이탈리아에서 배운 것이 반영되어 풍부하고 아름다운 색채와 형태가 나타났다. 이브는 악마의 유혹에 빠져 선악과를 땄고, 아담은 이브의 유혹으로 선악과를 받아들었다. 이브의 머리카락이 아담 쪽으로 날리고, 아담은 죄지은 자로서 빛이 비치는 반대 방향으로 고개를 돌리고 있다. 뒤러는 두 인물에 콘트라포스토를 적용함으로써 고전미술의 충실한 계승자임을 드러냈다.

누드화가 금기였던 르네상스 시대에 '신앙심'의 명분으로 누드화를 그릴 수 있는 대상을 찾았고, 성경 인물에서 옷을 입을 수 없는, 가장 완벽한 존재가 아담과 이브였기 때문에 누드화를 그릴 수 있었다. 선악과를 입에 물고 있는 뱀 형상을 한 악마의 모습과 이브가 손대고 있는 나뭇가지에 뒤러의 작품임을 알려주는 서명이 있다.

자연스럽게 서 있는 콘트라포스토가 설득력 있게 그려진 것도 독일에서는 처음이다. 뒤러는 여기서 다리는 키의 1/2, 얼굴은 1/10 등 인체의 비례로 그렸다. 그는 이상화된 비례를 가지면서도 자연스럽고 순수하며 관능적인 느낌을 자아내기 위해 노력했다. 수식이 아니라 사람이 보이게 하는 데 성공했다. 이 작품은 자와 컴퍼스(compass)를 사용해 만들었다.

그의 양식화된 자화상에서 인간은 기하학과 미를 통해 그 가치가 상승된다. 이러한 자의식은 신이 자신의 형상대로 인간을 창조했다는 점에서 비롯된다. "화가는 신의 뒤를 잇는 제2의 창조자이다."

뒤러는 후배 화가들이 이 연구를 이어가도록 측정술과 인체 비례에 대한 저서를 독일 산문으로 저술, 출판하기도 했다.

1512년 뒤러는 신성로마제국 황제 막시밀리안 1세의 궁정화가가 되어 황제의 초상화와 192개의 판목으로 구성된 〈막시밀리안의 개선문〉 제작을 총괄했다. 그 공로로 1515년부터 황제의 연금을 받았다. 뒤러는 로테르담의 에라스무스라는 '검은 선의 아펠레스'로 불리며 색채를 능가하는 선의 표현력을 발휘했다. 그 명성을 얻게 한 주인공은 1513-4년 사이에 제작한 세 점의 걸작 동판화(Master Engravings)인 〈기사, 죽음, 그리고 악마〉, 〈서재의 성 히에로니무스〉, 〈멜랑콜리아 1〉이다.

　A4 용지보다 작은 화면을 뒤러의 창의력과 완벽한 기술, 풍부한 지식으로 정밀하게 채운 이 작품들의 의미를 밝히기 위해, 다양한 연구들이 수행되었다. 상충하는 해석도 많다. 그래서 정확한 작품의 의미를 파악하는 것은 간단하지 않다. 세 작품을 연관시켜 보면 이들은 기독교인이 구원에 이르는 세 가지 방법, 즉 기사는 도덕적 방법, 히에로니무스는 신학적 방법, 멜랑콜리아는 지적인 방법을 나타내고 있는 것으로 해석된다.

　〈멜랑콜리아 1〉은 뒤러의 탁월한 기술과 교양을 상징화한 것으로 수수께끼 같은 상징적 기물들로 가득 차 있다. 건축과 목공에 연관된 사물들은 모두 수학과 밀접한데, 수학적 질서를 재료에 부여하면 어떠한 도구나 건물이 만들어지듯이 혼돈에 질서를 부여하는 창조적인 예술가의 활동을 형상화한다.

　중세 의학에서 인간의 체질을 다혈질, 점액질, 담즙질, 우울질 등 네 가지로 나누었다. 여기서 우울질은 건조하고 차가우며 인생에서는 쇠약해진 노년기와 같고, 손으로 턱을 고인 채 게으름뱅이나 광인으로 묘사되었다. 그런데 이 우울질이 15세기 후반부터 달리 해석되었다. 르네상스 시대에 마르실리오 피치노(Marcilio Ficino)는 창조적 상상력을 가진 천재의 특성이므로 우울은 예술가의 창조적 능력과 관계되는 것으로 간주했다.

　〈멜랑콜리아 1〉의 인물은 세계의 법칙과 질서를 과학적으로 얻기 위해 고군분투하는 예술가의 초상이자 알레고리상(像)이다. 우주의 질서와 미의 법칙에 이를 수 없음을 알면서도 그것을 추구하기에 깊은 좌절에 빠져 있다. 이런 면에서 작품은 뒤러의 정신적인 초상이며 한편으로는 예술가라는 존재의 일반적인 자화상이다.

피곤한 듯 웅크리고 있는 개의 모습, 그리고 뭔가를 열심히 기록하고 있는 아기 천사, 눈을 부릅뜨고 뭔가를 응시하고 있는 여자, 어지러이 널려 있는 도구들, 골똘하게 탐구하다 지친 모습, 하지만 결코 포기하지 않고 생각에 잠겨 있다. 뒤러가 이 작품을 만든 시기인 1514년은 유럽에 르네상스 문화와 루터의 종교개혁이 몰아치던 시기였다. 그러므로 이러한 이해가 억지스러운 것은 아니다.

〈멜랑콜리아 1〉은 〈기사, 죽음, 그리고 악마〉(1513), 〈서재에 있는 성 히에로니무스〉(1514)와 함께 1513년과 1514년 사이에 만든 뒤러의 3대 동판화이다. 이 동판화는 가로와 세로의 길이가 각각 24.2-24.8센티미터와 19.1센티미터로 크기가 거의 같다. 뒤러는 이 3점의 뛰어난 동판화에서 그의 예술적 재능을 한껏 발휘했다. 세련된 형태 및 풍부한 구상과 분위기가 고전적으로 완벽한 전체 작품에 스며 있다. 뒤러의 동판화는 정교하면서도 아름답다. 그는 "척도의 예술 없이 훌륭한 장인이 될 수 없고 되지도 못한다. 나는 모든 젊은 예술 애호가들이 기하학에서 시작하게 할 작정이다"라고 했다.

뒤러는 1515년경 이미 국제적인 명성을 얻었으며, 1520년 7월 뒤러는 아내와 함께 네덜란드를 여행했다. 1521년 7월쯤 뒤러 부부는 뉘른베르크로 돌아왔지만 뒤러의 건강은 이미 나빠지고 있었다. 이 시기에 몇몇 유명인사의 초상화를 그렸고, 중요한 인물들의 초상을 동판화와 목판화로 제작했으나 이론적 과학적 저술과 삽화 그리기로 여생을 바쳤다. 그의 가장 뛰어난 회화 작품 중 〈네 사도〉는 1526년에 그렸다. 이 작품을 통해 뒤러는 화가로서 최고 수준에 도달했다. 그는 자신의 솜씨에 언제나 만족했으나 단순하면서도 표현이 풍부하고 폭넓은 그림을 그리려는 노력은 강했다.

뒤러는 〈성 제롬〉을 그렸다. 성 제롬이 그의 멘토(Mentor)였다는 사실을 말해 준다. '멘토'라는 말의 기원은 그리스 신화에서 비롯된다. 고대 그리스의 이타이카 왕국의 왕인 오딧세이가 트로이 전쟁을 떠나며 아들 텔레마코스를 보살펴 달라고 친구 '멘토'에게 맡겼는데, 그는 선생님, 상담자, 때로는 아버지가 되어 그를 잘 돌보아 주었다. 그 후 '멘토'라는 그의 이름은 지혜와 신뢰로 한 사람의 인생을 이끌어 주는 지도자라는 의미로 사용되었다.

뒤러는 이탈리아 미술을 경험하려고 험한 알프스 산을 넘었다. 그리고 베네치아를 여행했다. 마치 제롬이 광야에서 행한 고행과 연구 및 기도 생활을 연상하게 한다. 제롬은 훌륭한 학자였다. 가톨릭에서 제롬은 사후에 추기경으로 추대된 교회박사 네 사람 중 한 사람이다. 제롬은 라틴어 불가타판으로 된 성경을 번역했다. 성경 번역을 위한 그의 생애는 훌륭했다. 신구약성경 66권을 번역한다는 것은 매우 어려운 일이다. 나중에 외경을 번역하라는 명령을 받아 번역했으나 제롬은 외경을 성경으로 인정하지 않았다.

뒤러의 그림 〈성 제롬〉은 갈등을 잘 보여준다. 뒤러는 상상 속의 장면과 경험적인 세부묘사를 정밀한 선과 형태로 표현하는 데 아주 능했다. 인물들을 아름다운 자태의 황금으로 빚어내는 원근법과 명암, 그리고 색채를 조화시켜 감성적인 작품을 창작했다.

'르네상스'는 프랑스어로 '재생', '부활'이다. 르네상스의 결과로 종교개혁이 시작되었다. 성경 번역 때문에 로마 가톨릭교회의 박해로 죽은 사람들이 외친 것은 원문으로 돌아가자는 구호였다. 제롬이 번역한 라틴어 불가타판을 성경으로 인정하는 로마 가톨릭에 대항해 올바른 신앙을 찾으려고 히브리어와 헬라어에서 자국 언어로 성경을 번역하여 바른 신앙을 갖자는 운동이 종교개혁이었다. 목숨을 건 종교개혁운동이 인문주의자들의 눈을 뜨게 했다.

사람은 항상 완벽하지 못하다. 비록 제롬이라 해도 그의 성경 번역이 온전하지는 못했다. 대표적인 인문주의자인 에라스무스는 1516년 헬라어 신약성경을 출판하였다. 에라스무스의 헬라어 성경에서 그동안 공인본으로 알려진 불가타 라틴어 성경의 문제점과 많은 실수들이 밝혀졌다. 한 예로 "고해하라. 천국이 가까이 왔느니라"(마 4:17)를 에라스무스는 헬라어 원문에서부터 "회개하라. 천국이 가까이 왔느니라"로 번역해야 함을 지적했다. 그동안 하나님 나라와 고해성사를 연결했던 가톨릭의 교리를 수정한 번역이었다.

여기서 종교개혁가들은 '솔라 스크립투라'(sola scriptura), 곧 '오직 성경으로'를 외쳤다. 성경에 무식한 가톨릭에서 성경에 근거를 두는 기독교로 갱신하자는 것이 종교개혁운동이었다. 종교개혁가들을 지지한 뒤러의 내면은, 제롬이 광야에서 수행자들과 함께 고뇌하며 성경 번역에 심취한 것처럼 진실을 찾아 탐구하는 뒤러 자신의 모습을 변형시킨 자화상이었다. 그래서 제롬은 왼손으로 돌멩이를 손에 쥐고 가슴을 친다. 오른손으로는 자신이 번역한 라틴어 성경을 잡고 있다. 이 그림은 독일의 섬세함과 이탈리아의 우주의 신비함의 조화였다.

전체적으로 보면 그림 앞부분은 독일풍으로, 배경은 이탈리아풍으로 그려졌다. 배경인 이탈리아풍은 매우 밝고 환하다. 하지만 〈성 제롬〉에서 뒤러의 메시지는 가톨릭의 화려함에서도 성경의 진리를 깨닫기 위해 갈등하는 뒤러의 마음을 읽을 수 있다.

뒤러의 갈등은 바로 제롬 앞에 죽어 몸통만 남은 자생하는 자작나무에 꽂힌 십자가였다. 성경을 외면한 독일교회를 보면서 고뇌하며 기도

하는 뒤러 자신이다. 그러나 한 사람이라도 성경의 진리를 찾기 위한 사람을 통해 진리의 생수를 많은 사람들이 함께 마실 수 있다는 뜻으로 나약하고 힘없는 피리새들을 그렸다. 피리새들이 생수의 강물에서 평화롭게 물을 마시며 쉬는 정겨운 모습에서, 인생의 참다운 평안은 성경의 바른 진리를 깨닫는 데 있음을 고백한다.

제롬의 뒤엔 사자 한 마리가 있다. 발에 박힌 가시를 제롬이 제거해 주었기 때문에 사자는 제롬의 곁을 평생 떠나지 않고 지켜 주었다는 전설이 있다. C.S. 루이스의 '나니아 연대기'에 나오는 사자처럼 사자는 예수님을 상징한다.

제롬의 얼굴 배경엔 황금빛 구름이, 머리 위엔 분홍색 원으로 만든 빈자리 구름이 있다. 이 부분엔 예수님의 재림에 대한 묘사를 그릴 생각이었지만 빈 공간이 되었다.

'알브레히트 뒤러!' 하나님의 말씀인 성경의 진리를 사모하는 자! 예수님의 재림을 갈망하는 구도자 제롬! 그의 갈망이 성 제롬에게 추기경의 상징인 모자와 망토를 입히지 않고 앙상하게 메마른 성 제롬으로 그리게 했다. 생명을 살리는 일은 세상적인 타이틀이나 학식, 명예, 재물이라는 껍데기가 아니라는 뜻이다. 진리를 올바르게 선포하는 생명의 말씀, 생명수가 흐르는 그곳에 피리새들이 모여 생수를 마시며 평화롭게 살 수 있다. 진리를 찾기 위해 광야에서 고행했던 성 제롬과 같은 삶의 자세를 가진 자에게 예수님은 불꽃 같은 눈동자로 그를 보호해 주신다.

"나는 내가 사랑하는 자를 위하여 노래하되 내가 사랑하는 자의 포도원을 노래하리라"(사 5:1).

대중적으로도 인기가 높았던 〈기사, 죽음, 그리고 악마〉(Knight, Death and Devil)는 유혹과 위험을 무릅쓰고 두려움 없이 말을 달리는 중세의 기사를 묘사했다. 무장을 하고 숲길을 가는 기사와 말이 완전 측면으로 그려져 동물과 인체의 비례에 대한 뒤러의 연구 결과를 잘 알아볼 수 있다. 기사 옆에는 모래시계를 든 시체의 모습인 죽음, 그 뒤에는 여러 동물들, 조합한 괴물인 악마가 그를 유혹하려 한다. 그러나 "마귀의 간계를 능히 대적하기 위하여 하나님의 전신갑주를 입으라"(엡 6:11)는 말씀대로 신앙으로 무장한 기독교 기사는 흔들림 없이 갈 길을 간다. 이 작품에서 뒤러의 진지함이 뚜렷이 나타난다.

이 동판화에서 기마 조각상처럼 안정되고 견고한 자세로 아름다운 말 위에 앉아 있는 기사는 미적인 동시에 도덕적인 이념이 육화된 이미지이다. 그는 예루살렘으로 향하는 믿음의 기독교 기사로서 자신을 쓰러뜨리려는 사악한 마귀와 괴물처럼 생긴 악마의 방해에도 강인하게 자신의 길을 가고 있다. 그리고 덕행의 상징으로 등장하는 개는 도마뱀과 해골들이 도처에 널려 있음에도 불구하고 자신의 주인을 충성스럽게 따르고 있다.

'기사, 죽음, 그리고 악마'라는 주제는 북유럽 인본주의자인 로테르담의 위대한 에라스무스가 《기독교 병사의 지침서》에서 차용한 것이었다. 뒤러는 기독교 인본주의자였다. 비록 그는 그뤼네발트와 마찬가지로 가톨릭교회를 위해 일할 수밖에 없었으나, 자신의 믿음 때문에 일찍부터 마틴 루터의 열렬한 추종자가 되었다.

동판화는 목판화와 달리 음각으로 선을 새긴다. 그 다음 잉크를 바른 후에 동판을 닦으면 잉크만 남게 된다. 동판 위에 흡수력이 있는 종이를 대고 찍으면 세밀한 이미지를 얻는다. 그의 동판화는 예술적으로 치밀한 구성과 장인정신을 엿볼 수 있다.

뒤러는 새로운 종교적 변화에 관심을 보였다. 그러나 가톨릭의 전통을 완전히 버리지 못했다. 그것은 뒤러의 직업이 화가였고, 여전히 그의 작품의 주제는 종교적이었고 큰 고객이 가톨릭이었기 때문이다. 뒤러는 최초로 루터를 인정한 뉘른베르크에 살았으나 당시 제후들이 명확한 태도를 취하지 못했다.

뒤러는 인문주의자들의 모임에 속했으며, 그들을 통해 루터의 교리와 종교개혁을 접했다. 그는 루터의 반박문과 팸플릿을 읽은 것으로 보이며, 루터에 대한 관심과 지지를 편지나 일기에 드러냈다. 그리고 종교개혁 이후 그가 제작한 작품인 〈최후의 만찬〉, 〈네 사도〉는 루터의 신학적인 견해를 반영하고 있다.

1517년 마틴 루터의 종교개혁은 성상을 부정했다. 가톨릭을 중심으로 발달한 종교 미술을 쇠퇴하게 했다. 그래서 독일의 화가들은 일거리를 찾으려고 고국을 떠나기도 했다. 뒤러는 뉘른베르크 시가 루터주의를 공식 수용하기로 한 1525년 다음해에 그가 시에 기증한 〈네 사도〉로 그의 신앙적 입장을 나타냈다. 이때 제작한 〈네 사도〉는 새로운 종교적 횃불을 드러내고 있었다. 루터 성경에는 요한, 베드로, 바울, 마가 등 네 사도의 서간들이 진정한 성경의 핵심이라고 쓰였다. 뒤러는 이런 관점에서 이들을 신앙의 왜곡과 거짓 예언자들에 대한 경고로 종교개혁의 상징적인 인물로 그렸다. 르네상스 시기에 유행하던 인간의 네 기질(다혈질, 점액질, 담즙질, 우울질)을 표현한다는 해석이다.

그의 신념은 1520년 이후에 제작된 종교적인 작품에서 위엄 있는 주제와 양식을 통해 분명하게 드러났다. 이런 경향은 〈네 사도〉에서 절정을 이루는데, 이 작품이 뒤러의 예술적인 고백이 들어 있는 수작이다. 이 그림에 묘사된 사도들은 개신교에서 중심이 되는 인물들이다. 그들의 글을 루터가 번역하여 그림 아래 부분에 새겨 놓았는데, 이 인용문에는 인간이 저지르는 오류와 허영을 신의 의지로 오해하지 않도록 시정부에 권유하는 내용이 있다. 이는 개신교 급진주의자들뿐 아니라 가톨릭에 대한 경고이기도 했다.

한편 이 네 인물을 더 보편적인 시각에서 분석하면 그들은 인간이 지닌 네 가지의 성격을 대변하며, 더 나아가 각각 네 개의 원소, 하루 중의 네 시점, 그리고 인생의 네 단계 등의 개념은 이 그림의 보이지 않는 중심에 위치한 신의 존재를 에워싼 네 방향의 방위로 해석할 수 있다.

〈네 사도〉는 뒤러가 인생의 말년에 마지막으로 그린 위대한 작품으로 평가된다. 1년 뒤 뉘른베르크 시가 공식적으로 루터교로 개종하면서 시 당국은 이 그림을 시청에 걸었다.

뒤러는 종교개혁을 접하면서 사회적 심리, 종교개혁에 관심을 가졌다. 등장인물은 왼쪽에서부터 신약성경의 저자인 요한, 베드로, 마가, 바울이다. 뒤러는 청년부터 노인에 이르기까지 다양한 연령의 남성을 통해 인간의 네 가지 성격인 충동, 신중, 열정, 근심을 표현했다. 그림을 보면 서로 다른 체격, 서로 다른 물건들을 들고 있다. 이것은 그의 개성이다.

뒤러는 〈네 사도〉에서 불필요한 장식이나 사소한 디테일을 생략하고 다른 성화에 있는 광채도 없다. 네 명의 사도들의 신성함은 개인적인 신성함을 합한 것보다 더욱 큰 파장을 불러일으킨다. 이것은 이들이 작품 속에서 전통적 권위에 얽매이지 않고 평등한 개체로 구성되었기 때문에 전해지는 느낌이다. 뒤러는 이 작품에서 자신의 종교적 관점을 주입했을 뿐만 아니라 인성에 관한 신교의 교리도 표현했다. 단순하면서도 절제된 사도들의 형상은 그들이 쓴 복음서를 연상시킨다.

뒤러는 신학자 필립 멜랑히톤(Philipp Melanchthon, 1497-1560)에게 이렇게 말한 적이 있다.

"젊었을 때 나는 변화와 새로움을 조각했다. 그러나 이제 나이가 들고 보니 단순함이야말로 예술의 궁극적인 목표임을 깨달았다."

초대 교황인 베드로가 뒤로 물러나고 루터와 개신교에서 중요한 위치를 차지하는 요한과 바울이 화면에 크게 그려진 것은, 화가가 루터의 종교개혁과 그로 인한 사회의 변화를 적극 수용한 결과이다. 양식적으로

이 작품에는 화면 밖을 바라보는 강렬한 바울의 눈빛을 비롯한 사실적이고 세밀한 묘사의 북유럽적인 특징과 마사초를 연상시키는 육중한 옷주름의 이탈리아 전통이 결합되어 있다.

뒤러는 종교개혁에 대한 열망을 가졌다. 그는 루터가 가톨릭 고위자에게 체포된 것을 슬퍼했다.

> 오, 하나님이시여, 저희에게 긍휼을 베푸소서. 오, 주 그리스도시여, 당신의 양 떼를 위하여 기도해 주소서. 우리를 구원하시고, 우리 안에 바른 기독교 신앙을 갖도록 하시고, 성경에 나타난 하나님의 말씀인 당신의 음성으로 널리 흩어져 있는 양 떼를 불러모아 주소서. 우리로 하여금 당신의 음성을 듣게 하시고 인간의 다른 유혹의 소리를 따르지 않게 하소서. 우리가 주 예수 그리스도에게서 떠나지 않게 하소서.
> 지고하신 하나님 아버지시여, 당신의 아들 예수 그리스도로 하여금 우리의 마음에 빛을 비추셔서 우리가 어떤 종에게 순종해야 할지를 알게 하소서. 그래서 바른 양심으로 다른 잘못됨은 거절케 하시고 즐겁고도 기쁜 마음으로 당신께 복종케 하소서. 기독교의 진리를 위해서 뛰어난 루터를 당신에게 천거할 수 있도록 해주소서. 저희는 그를 세상의 모든 부와 권력보다도 더 소중히 여기고 있습니다. 세상의 모든 것은 시간과 더불어 사라져 버리지만 오직 진리는 영원히 존재함을 믿고 있기 때문입니다.

"이 말씀은 나의 고난 중의 위로라 주의 말씀이 나를 살리셨기 때문이니이다"(시 119:50).

뒤러는 1509년에 저택을 구입했고, 또 시의회 의원이 되었다. 1518년 뉘른베르크 대표로 아우크스부르크 제국의회에 갔고 외교 활동도 했다. 1520년 네덜란드를 여행할 때는 거장으로 대우받았다. 이때 해안에 고래가 밀려 왔다는 소식을 듣고 내륙에서 살아온 호기심 많은 뒤러는 이를 스케치하러 갔다. 그러나 고래는 이미 떠내려갔고 말라리아로 추정되는 열병에 걸렸다. 그 이후로 몸이 완전히 회복되지 못하다 1528년 58세로 사망했다. 그가 죽은 직후 제자 한스 발둥(Hans Baldung)은 그의 머리카락을 잘랐고, 다른 이들은 그의 얼굴과 손을 석고로 떴다.

초상화(portrait)는 'portray'의 어원인 라틴어 'protrahere'에서 왔다. '발견하다'의 의미인 protrahere 앞에 'self'를 붙여 '자기 자신을 발견하기 위해 그리는 그림'인 자화상(self-portrait)을 태동시켰다. 자화상은 화가가 자기 자신을 모델로 그리는 초상화이다. 자화상이란 '나는 누구인가'라는 데서 화가로 하여금 붓을 들게 한다. 뒤러는 자화상의 형식을 빌려서 사회적 지위와 신체를 나타냈는데 자신을 선전하는 도구로 사용하기 위함이었다.

화려한 모피 코트를 입은 그는 정면을 응시한 채 오른손을 들어 손가락으로 심장을 가리킨다. 길고 어두운 고수머리는 어깨까지 내려오고 얼굴과 정삼각형을 이루었다. 또한 오른손이 모피 코트의 칼라를 잡았으며 그리고 오른손이 화면 좌위 중앙에 놓여 있다.

뒤러가 활동하던 시대에 정면을 응시한 자세는 그리스도나 왕에게만 허용되었다. 이렇게 자신을 묘사한 것은 하나님을 닮은 사람이라는 뜻이다. 하나님이 인간을 자신의 형상대로 창조하신 최초의 창시자라면, 화가의 창조력은 하나님의 능력 다음으로 믿었다. 그림 왼편에 '1500년'이라는 제작 연도가 있고, 자신의 이니셜 'A.D.'를 남겼으며 오른쪽 배경에는 라틴어로 "나, 뉘른베르크 출신의 알브레히트 뒤러는 28세의 나이에 불변의 색채로 나 자신을 이렇게 그렸다"라고 썼다.

왕족과 귀족이 입는 뒤러의 모피 코트도 파격적이었다. 28세의 젊은 화가 뒤러는 당당한 자신을 나타냈다. 이런 뒤러의 모습은 이탈리아에서 경험한 인문주의적 자의식이라 할 수 있다. 뒤러는 모피로 자신의 부유함을 나타냈고 잘 다듬어진 헤어스타일과 수염은 귀족의 모습이었다.

뒤러는 〈모피 코트를 입은 자화상〉에서, 작품이 실물 크기와 흡사하고 치밀하게 세부를 묘사하는 엄격함과 치밀함을 특징으로 하는 전통적인 북유럽 화풍에, 인체를 부드럽고 풍만하게 표현하는 것이 특징인 르네상스 화풍을 접목시켰다. 한껏 섬세해진 뒤러의 화법에 라파엘로마저도 극찬했다. 〈모피 코트를 입은 자화상〉에서 굵고 풍성한 머릿결을 표현한 기법을 보고 베네치아파를 대표하는 화가 조반니 벨리니(Giovanni Bellini, 1430-1516)는 "뒤러의 그림 속 머리카락은 아마도 특수한 붓으로 그렸을 것이다"라고 했다.

뒤러는 〈모피 코트를 입은 자화상〉을 그리기 전 20대 초반에도 자화상을 몇 점 그렸다. 그중 〈스물두 살의 자화상〉은 그가 정식으로 그린 최초의 자화상이다. 그림 속 화가는 매우 세련되고 사랑스런 청년 기사의 모습이다. 주름을 많이 잡아 몸에 꼭 끼는 흰색 상의와 좁은 소매의 검은 외투는 북유럽에서 유행하던 패션이었다.

〈스물두 살의 자화상〉에서 뒤러가 든 푸른 나뭇가지가 눈에 들어온다. 이는 엉겅퀴로 '남자의 충절'을 의미한다. 뒤러가 약혼녀인 아그네스 프레이(Agnes Frei)에게 선물한 이 자화상은 하나님이 정해 주신 신부로 사랑을 전하는 것이었다고 볼 수 있다. 프랑스 루브르 박물관에 소장된 이 그림은 서양미술사 최초인 유화로 된 자상화이다. 한 손에 엉겅퀴를 들고 멋지게 차려입은 22살의 청년은 결혼식을 기다리고 있는 듯하다. 균형과 조화가 잘된 이 작품은 화가의 성격과 그림 속 인물의 맑은 심리까지 표현하고 있다.

〈모피 코트를 입은 자화상〉, 〈스물두 살의 자화상〉, 〈장갑을 낀 자화상〉은 뒤러의 3대 자화상이다. 〈장갑을 낀 자화상〉 그림 속 뒤러를 보면 자신만의 특징인 자신감과 우아한 기품이 느껴진다. 그는 베네치아풍의 복장과 당시 유행하던 흑백의 줄무늬 모자를 썼다. 머리 스타일과 수염의 세부 묘사는 북유럽 화풍을 계승하고, 창문을 통해 산과 먼 바다의 조그마한 풍경의 세부 묘사는 동시대의 베네치아파와 피렌체파의 작품들을 암시한다. 실내에 있는 자신의 모습에 초점을 맞추어 자신이 연결되어 있다고 느끼는 또 다른 세계인 멀리 보이는 광활한 풍경과 자신의 세계를 구별한다.

당시 유럽에서는 나체 자화상이 보기 드물었는데, 뒤러의 〈나체 자화상〉 그림 속 인물은 뒤러보다 더 나이 들어 보이며, 몸은 앙상하게 말랐고 얼굴 표정도 어둡고 무겁게 보인다. 서른 중반의 뒤러는 이미 유럽 전역에서 명성을 떨치고 있었다. 〈나체 자화상〉은 우아함과 자신감 있던 20대의 자화상과 다르다. 비록 젊은 나이에 부와 명예를 얻었지만, 진정한 예술가로서의 내적 성찰을 한 것이다. 그의 이런 생각은 이탈리아 인문주의 경험과 인문주의자 빌리발트 피르카이머(1470-1530)의 영향으로 양식화된 자화상이다. 뒤러는 이탈리아를 두 번 여행했는데, 예술가들이 존경받는 것에 감동을 받았다.

뒤러는 르네상스 미술을 북유럽에 전했다. 그는 이전 화가들과 달리 자신의 작품에 서명을 남겼다. 자신의 이름 첫 자인 A와 D로 복합적인 문양을 만든 자의식 강한 화가였다. 서명은 화가의 신분 확인과 이름을 널리 알린다. 도용할 수 없도록 모노그램을 사용했다. 법원에 저작권 보호 신청을 했다. 뒤러는 홍보의 중요성과 자신의 작품을 유통시키는 가장 효과적인 방법을 이용했다. 그는 자신의 작품을 외국으로 팔려고 전문 대리상을 고용했다.

뒤러는 북유럽에서 판화로 성공한 미술가가 되었다. 판화는 나무로 했으나 더욱 선명하고 가치 있게 만들기 위해 동판화로 발전시켰다. 동판화는 더 선명하고 분명한 선을 나타내며 복제할 수 있다. 평민들이나 가난한 사람들도 작품을 소유할 수 있다. 뒤러의 목판화와 동판화는 당대 최고의 솜씨를 자랑했다. 그가 1497년경에 그린 목판화 〈묵시한계시록의 네 기수〉나, 1513년에 그린 동판화 〈기사, 죽음, 그리고 악마〉를 보면 그가 뛰어난 판화가임을 알 수 있다. 목판화인 〈요한계시록의 네 기수〉는 동판화에 버금가는 섬세한 선이 놀랍다. 뒤러는 타의 추종을 불허하는 섬세한 기법과 풍부한 상상력으로 목판화에 새로운 혁신을 가져왔다.

동판화는 금속 조각용 끌을 사용하여 동판에 작가의 생각을 오목선으로 형상화함으로 중세의 금은세공사로부터 기법을 계승했다. 뒤러를 통해 동판화는 중세적인 장인에서 격상되어 이탈리아 르네상스가 추구한 과학성이 담긴 예술작품으로 영역을 확보했다. 뒤러는 자신의 작품을 대량 복제해서 팔았다. 그는 금세공가인 부모의 영향도 크게 받았다. 뒤러는 독일 르네상스 회화의 완성자, 렘브란트와 함께 서양 회화사상 최대의 화가로 평가받았다.

당시 미술가들은 종교, 정치 귀족들에 의해 작품 활동을 했다. 뒤러도 한때 막시밀리안 1세의 궁정화가로 있었다. 종교화를 그리지 않으면 화가로서의 명맥을 유지할 수 없었다. 이에 종교개혁 시대에 예술가들은 신앙적으로 종교개혁을 지지하면서도 자신들의 예술을 발휘할 수 없으므로 종교개혁자들을 따를 수 없었다. 종교개혁자들은 그림이나 조각품 그리고 건축물의 우상적 요소를 배격했기 때문에 예술가들이 설 자리가 없었다.

뒤러는 판화를 복제했으며, 싼값으로 팔았다. 얼마든지 복제할 수 있었으므로 그는 많은 돈을 벌었다. 그는 부유한 미술가요, 공방에서 일하는 노동자가 아니라 예술가로 평가받기 위하여 자화상을 그릴 때도 명품으로 그렸고, 예술가는 학자요 이탈리아에서처럼 높은 평가를 받아야 된다는 자부심을 가졌다.

뒤러는 고객의 주문을 받아 만든 것이 아니라 자신의 생각을 그림에 나타냈다. 1513년에 완성한 〈기사, 죽음, 그리고 악마〉는 동판화 기법으로 만들어 낸 최고의 작품으로 평가받는다. 그림 속의 기사는 위험한 여행길에서도 의연하게 전진하고 있다. 죽음의 신이 나타나도 동요하지 않고 그리스도를 향한 굳건한 믿음을 보여준다. 이 작품에서 그는 창작자 개인의 의식을 표현하는 진정한 예술가로 거듭났다.

뒤러는 중세에서 르네상스로 이어지는 미술사에서 지대한 업적을 남겼다. 미술도 교양 학문에 포함된다는 이탈리아 미술가들의 관점을 취했던 뒤러는 미술가를 신사, 인본주의 학자로 인정했다. 그는 지적인 호기심을 조금씩 계발해 나간 결과, 생애 동안 실로 광범위한 분야를 섭렵하고 다양한 기술에 통달하였다. 그는 북유럽에 보급된 자신의 목판화와 동판화 작품을 통해서 16세기 미술에 폭넓은 영향을 끼쳤다.

그의 작품은 1,100점이 넘는 소묘, 34점의 수채화, 108점의 동판화, 246점의 목판화, 188점의 회화 등 무척 방대하다. 독일인들은 1500년 무렵을 '뒤러의 시대'라고 일컬음으로써 일개 화가의 이름을 황금기와 동일시할 만큼 떠받들고 있다.

레오나르도 다 빈치, 미켈란젤로, 라파엘로 등 이탈리아의 거장들이 예술의 금자탑을 쌓아올리던 시절, 북유럽의 거장으로 불리며 그들과 어깨를 나란히 한 뒤러는 '북유럽의 레오나르도'라 불렸다. 뒤러는 사실주의라는 북유럽 미술의 특성과 베네치아를 포함한 이탈리아 여행에서 익힌 이탈리아 르네상스의 혁신적인 요소를 결합시켜 북유럽에 전도한 화가로 평가된다. 그는 미술은 정확한 관찰을 통해 그려져야 한다고 믿었다.

교육가

01 백낙준 박사
한국교회 최초 교회역사가, 교육가

01 백낙준 박사
(庸齋 白樂濬 博士, 1895-1985)

한국교회 최초 교회역사가, 교육가

용재 백낙준은 목사요, 학자요, 교육자요, 정치인이요 또한 사상가였다. 백낙준은 그 그릇이 크고 활동은 다양했다. 한 인물에 대한 역사적인 평가는 그의 총체적인 면모를 살펴야 한다. 동양 삼국의 어문과 영어책을 읽고, 불어, 희랍어, 라틴어 등의 글을 읽을 수 있었다. 그의 '박람(博覽)'은 종횡무진했다.

백낙준은 1895년 3월 9일, 평안북도 정주군 관주면 관삽동 농가에서 백영순 씨와 경주 김씨의 4형제 중 막내로 태어났다. 서당에서 천자문을 배웠다. 《동몽선습》, 《사략》, 《사서》를 외웠다. 당시 최익현, 송병옥, 곽면우 같은 학자들의 상소문을 읽으며 나라가 망한다는 것을 알았으며 민족정신을 깨우쳤다.

9살까지 서당에서 독서와 문장을 익혔고, 불신자인 아버지가 총명한 아들을 위해 용단을 내려 미국 선교사가 세운 영생소학교에 입학시켰다. 그는 이 학교에서 기독교 교육과 일반 교육 그리고 현채(玄采)의 《동국사략》, 《유년필독》, 《유년필독석의》 등을 읽었다. 이 책들은 "우리의 애국심을 고취하여 주는" 것으로서 "이따금 순사가 학교에 오면 책을 감추곤" 하였다. 역사 공부는 내 나라 역사를 아는 것이라고 깨달았다.

이 무렵 그는 〈태극학보〉, 〈서북학회월보〉, 〈소년〉 등의 잡지와 〈대한일보신보〉를 읽으며 국가와 민족사상을 키웠다. 이때에는 안중근 의사가 이등박문을 하얼빈에서 사살하였고 이재명 박사가 이완용을 저격한 사건이 전국에 알려졌는데, 이런 사건들은 청소년들에게 애국심을 갖게 하였다. 그가 역사 공부를 한 것은 민족적인 분위기와 관련이 있었다.

백낙준의 개화기의 문학작품과 역사의식 고양으로 '역사소설'이 역사 연구에 영향을 미쳤다. 용재는 국내 작품으로 이인직의 《혈의 누》, 《귀의 성》 등 신소설을 읽었다. 또한 이광수의 《단종애사》, 《이순신》과 박종화의 역사소설까지 근대의 역사학은 한 시대의 정치 사회적 흐름과 경제적인 구조에 덧붙여서 심리학적인 관점도 병치시키는 데서 역사소설의 기능을 발견한다.

1910년 영생학교를 졸업할 때 한일합방이 되었다. 가정적으로는 부모님을 여의고 불우해졌다. 양전백 목사가 설립한 선천의 신성학교 교장이었던 윤산온(G.S. McCune) 선교사에게 사정을 말하여 일하면서 공부할 수 있게 되었다. 정거장에서 짐도 지고 서양 사람의 집에서 난롯불도 피우고 학교 농장에서 일도 하였다. 그러다가 부속 소학교에서 가르치게 되어 공부를 계속했다. 이때 애국지사들을 만났다. 양계초(梁啓超)가 한문으로 쓰고 신채호가 번역하고 의견을 붙인 《이태리 건국 삼걸전》을 읽고 감격하였다.

한편 그에게 역사의식을 준 《애국가》와 《삼국지 풀이》가 있다. 짧은 기간에 인생을 결정하였다. 학교에서 안창호 선생의 신민회 비밀결사인 청년학우회에 가담했다. 그때 최남선 씨가 내는 〈소년〉 지로 활동했다. 당시 《동국사략》과 《유년필독》이 금지당했다. 나라 잃은 조선인에게 1911년 중국 손문의 중국 민주혁명은 여러 가지 의미를 부여했다.

1911년 '105인 사건'은 기독교 탄압, 외국 선교사 축출, 애국 지도자들을 제거하려는 음모였다. 이때 신성중학교는 한동안 문을 닫았다. 기독교가 폐습을 버렸고, 근대적 합리정신, 민족주의와 배일운동의 저항 세력이었으므로 박해했다. 선교사들이 자각의 기풍을 길러 주고, 교회를 통해 자주정신이 생겨서 총독정치를 반대하고 미국과 가까워졌다.

'105인 사건'의 사건 조작 경위는 다음과 같다.

압록강 철교 개통식에 데라우치(寺內) 총독이 참석하였다. 그때 선천역까지 동원되어 데라우치를 환영했는데 경계가 삼엄했다. 일인들은 개성 이북에서 데라우치 암살 음모가 있었다는 연극을 꾸며 많은 신민회 동지들을 체포했다. 일인들은 모펫, 윤산온 선교사와 선교사들이 책동했다고 하면서도 검거나 증인으로 환문하지는 못하였다. 이 재판은 국제여론의 지탄을 받았고, 기독교 탄압을 위한 일본의 조작극으로 드러났다. 종래 2심에서 99명을 무죄 방면하였고, 저들의 체면을 위해 6명에게만 유죄판결하였다.

'105인 사건'에서 백낙준은 1, 2차 검거되지 않고 윤산온 교장 집에서 일하고 있었다. 시일이 지나면서 학우들이 검속되었다. 그를 늦게까지 남겨둔 것도 일인들의 흉계였다. 추운 겨울 일요일 아침 윤산온 교장 집에 갔더니 예배당에 가라고 하면서 기도했다. 105인 사건에서 일인들은 백낙준을 무기 수송 책임자로 체포하려고 했다. 그는 기도할 때, 올 것이 왔다는 것을 느꼈다. 형사들이 윤산온 교장 집에 들이닥치기 전 뒷문으로 나와 산촌 벽지를 방황했다. 이 사건이 유야무야되자 학교로 돌아와 그 이듬해 3월에 졸업했다.

1913년 6월에 중국으로 망명하여 윤산온 선교사의 소개로 영국인이 경영하는 톈진 신학서원에 입학하여 3년간 공부했다. 나라 잃은 애국자들이 중국으로 망명했다. 그때 일본 총리 가쓰라(桂太郞)가 북경을 다녀갈 때 안동현에서부터 북경까지 철도 연변에 망명했던 애국지사들이 가쓰라 암살 음모를 꾸몄다고 많은 애국자들을 국내로 끌어갔는데, 전 국방장관 손원일 장군의 선친 손정도 목사도 이 사건에 연루되어 옥고를 겪었다. 용재는 천진에서 공부할 때 영어를 익히면서 미국 유학을 준비했다.

1916년 늦은 봄에 상해를 경유하여 여권도 없이 중국과 미국인이 공동으로 경영하던 기선회사의 차이나 호를 타고 미국으로 갔다. 이 배가 일본 나가사키(長崎)에 도착하여 석탄을 싣는 동안 일경에 잡혔으나 자신 있던 중국어의 구사와 익숙한 중국인의 행동으로 우리말을 하는 형사대와 싸우며 위기를 모면하였다.

미국에 도착하여 이제는 중국인이 아니라 한국인임을 증명해야 했는데, 그때 샌프란시스코 대한인 국민회가 한국인으로 증명해 주어서 무사히 하선하였다. 샌프란시스코에서 노동하며 로웰 하이스쿨을 다니고 있는데, 한국에 있는 윤산온 선교사가 편지로 지체하지 말고 자기 모교인 파크 대학으로 가라고 했다. 입학한 지 며칠 안 되었지만 로스앤젤레스로 가서 안창호 선생과 그보다 먼저 미국에 와 있던 친구들에게 지도를 받았다. 기차를 타고 로스앤젤레스를 떠나 3일 만에 파크 대학이 있는 작은 도시에 도착했다. 그때 수중에는 25전짜리 은전 하나밖에 없었다. 파크 대학(Park College)에 입학했다. 그러나 미국에 대한 철저한 이해와 교육을 받기 위해 중학 과정부터 이수하여 6년간 공부했다. 역사학과 교육학을 배웠고 수사학도 익혔으며 회의 진행에 대한 용어와 변론의 방식도 익혔다.

미국에서 대학을 다니는 동안 제1차 세계대전이 터졌다. 미국이 참전하게 되었고 미국과 동맹국의 지도자는 윌슨 대통령이었다. 백낙준이 프린스턴 대학에 입학은 했으나 윌슨 총장에게 배우지는 못했다. 윌슨의 연설과 저서를 통해서 많은 영향을 받았고 전쟁 때에 발표되던 글과 연설은 젊은 학도들의 심금을 울렸다.

1922년 프린스턴 대학은 존경했던 윌슨이 오래 총장으로 있던 곳이요 이승만이 제1차로 박사 학위를 받은 대학으로, 용재는 이 대학에서 역사학 연구로 문학석사 학위를 받았고 신학도 공부했다. 1927년 예일 대학에서 〈한국개신교사〉(The History of Protestant Missions in Korea, 1832-1910)로 박사 학위를 받았다.

그는 펜실베이니아 대학에서 정치학과 도서관학 등 재미 교육 11년간 영어를 비롯하여 불어, 희랍어, 라틴어 등을 배웠다. 국내에서는 국운이 쇠잔하는 망국의 슬픔 속에서 최익현, 송병선, 곽면우의 상소문과 안창호, 안태국, 최광옥, 이승훈의 애국적 강연과 글에서 영향을 받았다. 평생을 민족과 함께 사는 민족정신을 일깨우며 민족주의자가 되었다.

또한 중국 유학시절에는 王正延, 張伯苓, 梁啓超, 谷鐘秀 등의 강연과 글, 세계적 청년 지도자 Mott나 Eddy의 강연, 중국 고전을 비롯한 동양학에 대한 깊은 이해를 가질 수 있었다. 또한 재미 유학 시절 자아실현은 봉사생활로 이룩할 수 있다는 신념을 갖게 되었다. 특히 세계 제1차대전을 끝낸 우드로 윌슨(W. Wilson) 대통령을 주목했다. 또한 대학 시절 "내가 가진 능력을 다해서 내 민족을 위해 봉사"하는 것이 자아를 실현하는 것이라고 믿은 용재에게 그 비전의 모델로서 다가선 이가 윌슨 대통령이었다.

'민주주의를 위해' 독일과 싸우며 제1차 세계대전에 뛰어든 윌슨을 존경했을 뿐 아니라, 제1차 세계대전의 종결이 주는 크나큰 충격과 세계사적인 변화 속에서 한민족이 나아갈 길을 새롭게 모색한다는 복합적인 요인들이 역사의식을 자극하였고 역사를 전공하도록 몰아갔다. 웰스나 라빈슨의 학문적 영향도 있고, 라투레트의 지도로 힘입은 바도 컸다.

1920년대 미국의 역사학계의 거인들로는 로빈슨(J.H. Robinson)과 비어드(C.A. Beard), 헤이즈(Carlton Hayes) 등이 있었다. 로빈슨은 종래의 정치

사관을 탈피하고 역사의 사회적, 과학적 측면을 강조했다. 비어드는 역사의 경제적 측면을 중요시했다. 헤이즈는 민족주의를 역사 발전의 원동력으로 삼았다. 그는 이러한 사학자들에게서 영향을 받았다. 결정적 영향은 예일 대학의 라투레트(K.S. Latourette)였다.

그는 침례교인으로 성자처럼 경건한 인격자로서 박사 학위 과정을 하는 백낙준에게 객관적 사관의 필요성을 말했다. 정치사관, 경제사관, 민족사관 그 어느 하나만으로는 역사를 옳게 설명하기 어렵다. 정치, 경제, 민족, 지리, 기후가 다 역사 발전에 크게 기여한다. 라투레트의 사관은 기독교적 종합사관이었다. 특히 서양사에서 기독교의 역할을 중시한 것이 백낙준의 사관 형성에 결정적이었다. 기독교가 들어오기 전에는 야만 상태를 면치 못했던 유럽의 여러 나라를 문명국가로 발전시킨 진정한 힘은 기독교였다. 이 기독교가 유럽의 새로운 문명을 창조했다. 기독교는 희랍, 로마의 문명마저도 재생시켰다.

그가 한국에 들어온 기독교를 연구과제로 한 것은 라투레트의 영향이었다. 라투레트가 《한국개신교사》에 쓴 서문은 중요하다. "그는 서양 사학가의 방법 응용에 능숙할 만한 훈련을 받았으므로 지구력을 가지고 자료를 수색 수집하였고, 그 자료의 비판과 해석에는 객관성을 견지할 줄 아는 기술을 소유했다"라고 언급한 것이나, 백 박사의 이 연구를 두고 "한국 기독교사를 연구하는 저술가나 학생은 백 박사의 저작을 숙독하지 아니할 수 없을 것이다"라고 극찬한 것은, 이 책이 한국 기독교사 연구를 시작하는 학도들에게 꼭 거쳐야 할 입문서이면서, 수준 높은 연구로 인하여 한국 사학사에서도 손꼽혀야 할 고전으로서 불후의 가치를 가진 책임을 말해 준다.

이 저술은 또한 선교사에 의한 것이든 한국인에 의한 것이든 간에 한국 기독교사 연구로서는 학적인 체계를 갖춘 가장 선행적인 연구였고, 이 연구를 계기로 하여 그 뒤 이 분야에 관한 많은 저술들이 나오게 되었다.

그의 논문은 《한국개신교사》를 처음 쓴 기록을 갖게 했다. 한국에 기독교가 수용된 지 40년인데, 한국 기독교사를 박사 학위의 테마로 삼은 것은 용기였을 뿐 아니라, 한국사의 한 분류사로 이해하기 쉬운 기독교사를 한국과 서양문화와의 접촉과 수용, 반봉건, 근대화와 사회 변화, 나아가 근대 민족의식의 형성 모체로서의 기독교를 역사적으로 천착(穿鑿)하였다는 데서 의의가 있다.

이 논문은 한국교회사의 최초의 것이요, 그 이상의 연구나 저술이 필요 없다고까지 단언하였던 그의 획기적인 연구였다. 일본 학자 야마구지(山口正之)는 서평에서 "용재는 정치사와 종교사를 상이한 궤도를 달리는 동원체로서 서구문화가 종합적으로 작용한 운동으로 이해하였다. …따라서 그는 늘 사회와의 관계에 시점을 두고 근대 서구문화의 전달로서 선교사 활동이 조선의 정치, 경제, 교육, 사상에 변화를 가져온 문화현상으로서 기독교의 가치에 주의를 돌리고 있다"라고 했다.

그는 특별히 개인의 전기 연구를 대량 수행하였다. 그것은 그가 남달리 위인사관을 가지고 있었기 때문이 아니라, 한 개인이 역사에서 어떤 역동성을 가지고 그 힘이 확대하여 가다가 마침내는 세계성을 가진다는 확신 때문이었다. 《조지 워싱턴과 미국의 건국》, 《이태리 건국과 죠셉 마찌니》를 통해서도 그의 일면을 볼 수 있다. 그는 도산 안창호 선생과 신채호 선생에 대한 글도 썼으며, 미국 대통령 윌슨을 찬양하였다.

"도산 선생의 위대하심은 원시안적 경륜에 있었습니다. 그는…현실의 암흑에 낙담(落膽)하지 않았고, 검은 구름 뒤에 가려 있는 태양을 보았으며, 사세(事勢)의 지엽말단(枝葉末端)에 미혹되지 않았고, 정경대원(正經大原)의 진리를 추구하였습니다. …도산 선생의 예지(叡智)와 통찰력(洞察力)은 민족 갱생의 심원(深源)과 국가 발전의 근저(根底)를 꿰뚫어 보았습니다"라고 했다.

그의 헐버트(H.B. Hulbert) 연구에서도 소신이 나타나 있다. 헐버트는 《The Passing of Korea》를 통해서 대한제국의 소멸사를 비장함과 간곡함으로 써서 강한 인상을 남겼다. 하지만 용재는 그의 글이 비극의 묘사와 울분에만 있지 않다고 했다.

"헐버트는 한국의 부활에 대해 다른 한 권에서 소상히 논하고 있다. 그는 신한국의 탄생에 대한 자신의 믿음과 그 이유를 분명히 제시하고 있다."

여기서 '다른 한 권'이라 함은 묘한 뉘앙스를 풍긴다. 미래 전망이라는 것은 포괄적인 시야에서라야 들어올 수 있다는 지적이었기 때문이다. 이처럼 역사적 전망이란 기독교적 예언자적 전망이다.

그가 프린스턴 대학원에서 석사를 마쳤을 때, 안식년으로 미국에 왔던 로해리(Harry Rhodes)로부터 연희전문학교의 초청을 받았다. 그러나 박사 과정을 마친 후에야 갈 수 있다고 사양했다가 다시 로해리의 권유로 33세 되던 1927년 8월 22일 14년 만에 귀국했다. 당시 연희전문학교는 사립학교로는 진보적이고 큰 규모요, 또한 국민의 여망이 있는 학교였다. 그 교육 방침은 설립자 언더우드, 애비슨의 근대적 시설과 진보적 사상과 또한 좋은 대우로 한국인 학자들을 모으고 있었다. 그는 일찍이 선교사들의 교육정책이 너무 고루함을 비판적으로 대하던 터였는데, 연희전문학교가 교회 관계 교육기관으로 취한 이상과 교육 방침 및 전망에 대하여 깊은 동감을 가지게 되었다. "나는 지금도 그때 귀국하기로 결심했던 나의 판단이 옳았고 당연한 판단이었다고 믿는다"라고 했다.

그는 연세에서 최초로 문과 과장이 되었고, 그로부터 이 학원을 민족교육의 장으로 삼았다. 이는 중국과 미국에서 얻은 동서양의 학문적 기반에서 비롯되었다. 이때 문과에는 최현배, 정인보, 상과에는 백남운, 이순탁, 수물과에는 이춘호, 이원철 등 학자가 있었다.

첫째로, 조선어가 정규과목이 아니었으므로 선택과목으로 편입시켜 조선어 연구의 기반을 닦고, 최현배로 하여금 '연희학원을 국어학의 요람지'로 이룩할 수 있도록 하였다. 둘째로, 서양사와 동양사는 있었으나 한국사가 없었기 때문에 한국사를 동양사라는 과목으로 가르침으로써 한국사의 바른 인식, 즉 식민지적 사관에 대한 대립이라기보다 민족사관의 확립지로서의 기반을 닦도록 하였다. 셋째로, 국어학뿐 아니라 국문학의 체계적 연구를 위하여 한문학으로 국문학을 가르치도록 하였다.

이러한 국학 연구의 기반을 다진 것은 그의 행정적인 조치였으나, 이것은 일제하에서 민족정신을 잇기 위한 민족사의 모색이었다. 그 결과 연희전문 문과 연구 논문집 제1집은 〈조선어문 연구〉이다. 여기에는 정인보의 〈조선문학 원유 초본〉과 최현배의 〈품사 유별〉(品詞類別)에 대한 국어학의 논문이 있다. 이 두 편의 논문이 우리 국어학과 역사 연구에 새롭고 치밀한 방법과 정신을 제시한 것이라면 이 논문집의 간행에서 우리는 백낙준의 교육사상의 단면을 찾을 수 있다.

백낙준 박사는 1929년 논문 〈한국개신교사〉를 숭실전문학교에서 발행하였다. 그러나 이 책은 영문으로 발행되었기 때문에 연구의 무게만큼 잘 알려지지는 못했다. 그전에 1928년 한국 기독교사 연구에 주목할 만한 책 두 권이 발행되었다. 이능화의 《조선 기독교 급 외교사》와 차재명이 저작 겸 발행자로 된 《조선야소교 장로회 사기》가 그것이다. 이능화의 저작은 '한국 기독교의 전개 과정을 근대 한국의 정세와 국제관계를 통해서 서술'한 것이라고 하지만 이 책은 상·하편 대부분은 주로 천주교를 다루고 있고 개신교에 관해서는 책 하편 말미에 약간 취급하고 있는 형편이다.

이에 앞서 이능화는 1923년 〈동명〉에 '조선 기독교사'를 연재(제2편

21-23호)한 적이 있다. 《조선예수교 장로회 사기》는 계발 시대와 공의회 시대, 독노회 시대 등 세 시기로 나누어 서술하였다. 제1편 계 발시대(1865-1892)는 토머스 목사의 한국 연해 접근 때부터 그 시기를 잡고 있지만 그전의 천주교의 유래도 다루고 있다. 제2편 공의회 시대(1893-1906)는 미국 남북장로회의 선교사들이 1893년 한국에서 선교사공의회(Council of Missions holding Presbyterian From of Government)를 조직하고, 1901년에는 합동공의회(장로회공의회)로 개칭하여 1907년 독노회를 조직하는 과정과 노회의 의안들을 쓰고, 노회 산하의 7대리회의 교회 조직과 전도, 환난, 교육, 자선사업 및 진흥을 기술한 것이다.

그 후 백 박사는 여러 서적을 간행하였다. 백 박사의 크고 작은 글이 '전집'에 수록된 것만 650편이 넘는다. 먼저는 서양사에 관한 것들이고, 다음은 한국과 동양과 서양과의 관계를 다룬 것들이다.

수양 동우회 사건이 일어나기 2개월 전인 1937년 4월에 영국 옥스퍼드에서 개최되는 '교회와 국가'에 대한 세계 회의에 한국 대표로 참석한 후 영국을 비롯하여 미국, 캐나다의 교육을 시찰하였으며, 1938년에는 파크대학에서 국제관계사를 강의했다. 1939년 7월에 영국, 독일, 네덜란드, 프랑스, 스위스를 순회한 후 지중해, 인도양을 거쳐 귀국했다. 그러나 일제는 강의할 자격이 없다는 이유로 그를 도서관 사서직으로 물러나게 했으며, 1942년 9월 조선어학회 사건의 연루자로 학교에서 추방되었다.

해방 후 그는 1945년 12월, 서울대학 법문학부장에서 연희대학 교장으로 취임했다. 그 후 1960년 연세대학교 총장이 되었고, 총장 재임 15년 동안 연세의 중흥과 확장을 위하여 심혈을 기울였다. 연세 교육의 이상과 이념을 위하여 정성을 다했다. 그는 연세 교육의 종지(宗旨)를 기독교적 인격 조성에 두었고, 학행일치(學行一致)의 사상으로 실사구시(實事求是)의 학풍을 위하여 실학사상을 교육의 방침으로 삼았다.

대학의 기능을 연구하고 가르치고 봉사하는 것으로 주창하여 새로운 대학의 사명을 실행하기 위하여 우리의 실정을 해결할 수 있는 능력과 기술을 가르쳤다. 따라서 기초와 전공의 균형 있는 교육으로 박식(博識), 활달(活達), 관홍(寬弘)의 성과를 얻고, 온고지신(溫故知新)의 태도로 민족문화를 계승하며, 과학적 정신으로 학문연구의 방법을 삼고, 사실에 토대를 두고 진리를 탐구하여 학문적 이론을 실제에 응용할 수 있도록 하였다. 연세 교육의 목표를 전인교육으로 삼고, 균형 있는 인격의 양성을 위하여 통재 교육(通才敎育)을 창설하였다.

그는 민족주의 운동을 힘차게 진행하였다. 그 운동은 교회에서 일어났다. 기독교는 그 자체로 볼 때 인간의 신생을 의미하는 것이니, 그 신생한 인간의 생활은 종교 생활의 완벽을 기하는 데 있지만, 민족적으로 볼 때 민족 중흥의 바탕을 만들어 주는 구실이 된다고 볼 수 있었다. 이때 농민에게 교회의 세력을 널리 펴려는 운동이 세 가지 있었다.

첫째는 농촌 계몽운동인데 주일학교 확장운동으로 취학하지 못한 농촌 청소년들을 가르침이요, 둘째는 농촌운동으로 생산 증가, 소비의 정당화, 조합의 조직, 위생생활의 장려가 있었다. 셋째는 이러한 사업을 지원하는 데 필요한 문헌과 잡지, 서적의 간행이었다. 이때 용재는 전국적으로 순회강연을 하였고 수백 회 설교했다. 그 설교의 요지는 민족 갱생과 실력 배양과 민족주의 고취, 그리고 민족 단결의 이념이었다. 기독교서회 이사로 회관 건축과 기독교 문헌 발행에도 참여했다.

서로 위하고, 섬기고, 사랑하며 모교를 받들고 민족국가의 번영에 이바지하는 연세 기풍을 수립하려고 학교 내의 생활이 가족적 분위기가 되도록 했다. 그는 진리와 자유정신의 체득으로 교육의 이상을 삼고, 새로운 문명의 선구자로 전통을 세웠다. 또한 그가 민족 봉사와 가족적 친애로 연세의 정신을 기른 것은 그의 교육적 이상에서 힘입은 것이다.

이러한 이상과 전통과 정신의 형성으로 연세는 책임적 교육관으로 발전하게 되었고, 연세의 사명과 책임으로 새로운 방향을 제시했다.

한국이 낳은 세계적인 인물, 교육계와 교회의 지도자요 민족주의자인 백낙준 박사는 연희 건흥에 심혈을 경주한 지 33년 만에 명예총장으로 정년퇴임하였다.

"나는 전쟁을 앞뒤에 두고 자라고 일하는 동안, 인생의 목표를 학문, 민족, 교육, 자유에 두고 봉사해 왔다. 학생 시대에는 학인(學人) 되는 수련을 받았으나 학자 생활을 시종여일하게 계속하지 못하였다. 그러나 학문에 둔 뜻을 거둔 때는 없었다. 장성함에 미쳐 나 이외에 국가와 민족이 있음을 깨닫고 민족으로 살고, 민족을 지키고, 민족을 키워야 내가 살고 발전할 수 있으며, 민족 전체가 번영할 줄을 알았다. 그리하여 민족을 붙들고 살기를 애써 왔다. 오늘도 그리하고 있다. 민족을 붙들고 살리는 방도가 교육에 있음을 알고 일생 사업으로 교육에 종사하여 왔다."

그는 자유정신을 간직하고 이를 구현하기 위하여 국제관계에도 헌신하였다. 20여 차례의 공식적인 외국 여행에서 국위선양과 국제친선에 공헌하였다. 영국 황가 역사학회 회원이며, 미국 역사학회 회원이기도 한 그는 3차에 걸친 유네스코 총회의 한국 수석대표로, 아시아 반공대회 한국 수석대표로 여섯 차례나 국제회의에 갔고, 서울총회의 의장이었다. 미국 북장로교의 연사로 한국의 국위선양에 진력하였고, 호주에 국빈으로 초청되어 두 나라의 우호 증진을 도모하였다. 이런 국제적 활동으로 파크 대학의 명예법학박사 학위를 받았다.

1950년 5월, 문교부장관이 되었으나 6월 25일 사변이 일어났다. 전시에도 교육은 계속되어야 하므로 전시연합대학을 개설하고, 초·중·고등학교의 노천수업을 실시하여 국제적 명성을 떨쳤다. 문교부장관을 마치고 서울시교육회 회장(1953-56), 대한교육연합회 회장을 역임(1956-58)하였다.

그는 미국 캔자스 시 노회에서 목사 안수를 받았고(1927), 대한예수교 장로회 경기노회에 이명, 대현교회 당회장이 되었다. 조선기독교서회 이사, 대한 YMCA 연합회 이사장, 미국 연합장로교회 고문을 역임하였다.

1962년 12월에는 미국 뉴욕 대학에서 세계적 인물에게 수여하는 뉴욕대학교 장(章, 메달)이 다음과 같은 이유로 수여되었다.

> 교육가요 정치가요 인도주의자인 백낙준은 인류 활동의 여러 분야에서 현저한 공헌을 하였습니다. 그는 동서양에서 교육을 받아 파크, 프린스턴, 예일 대학에서 학위를 받았고, 동서양 문화에 깊은 이해를 가지고 있습니다. 연희, 연세대학교 총장으로 문하학생들에게 민족주의와 기독교의 진의를 전수하였고, 문교부장관으로 공산 침입 기간에도 국내 교육을 중단하지 아니하였고, 국민의 사기를 드높이었습니다.
> 백 박사는 권력 정치를 초월한 정치인입니다. 자유당 정부에서는 문교부 장관이었고, 민주당 집정시대에는 참의원 의장이었습니다. 유네스코 반공대회 또는 교육문화기구의 세계적 대회에 수석대표로 공을 드러나게 세웠으므로 한국민이 그의 지도력을 신뢰하기에 어김이 없었습니다. 인간 개인 중시사상은 백낙준 철학에서 분리할 수 없도록 내재되어 있습니다. 민간사업에도 뚜렷하여 기독교청년회, 대한소년단, 교육단체 등에서 봉사하였고, 위원 하나를 더 맡거나 학생 하나를 더 도울 수 있거나 문제 하나를 더 다룰 수 있다면 분주한 줄을 몰라 하였습니다. 독실한 기독교인인 그는 지금 북미 연합장로교 교육처 고문입니다. 그러므로 뉴욕 대학교는 그의 두드러진 공적과 미국에 대한 성실한 우의를 감사하여 백낙준을 영접하고 학교 장(章)을 증정합니다.

그는 1927년에 예일 대학에서 철학박사 학위(Ph.D.)를 받았고, 1948년에 파크 대학에서 명예신학박사 학위(D.D.), 1954년에 스프링필드 대학에서 명예문학박사 학위(HH.D.), 1957년에 디포어 대학에서 명예법학박사 학위(Litt.D.), 연세대학교 창립 80주년 기념식에서 명예문학박사 학위(Litt.D.)를 받았으며, 1970년 8월 15일에는 대한민국 국민훈장 무궁화장, 1982년 5월 20일에는 세종대학교에서 명예교육학박사 학위를 받았다.

그는 단재에게 찬사를 보냈다. "단재는 애국자이기 때문에 사가가 되었고, 사가이기 때문에 문호가 되었다. 그의 해박한 지식은 고금을 통하고, 예리한 안광(眼光)은 만사를 관통하였다. 단재는 인간적 성격과 학자적 양심에서 귀착지은 독특한 역사관을 가졌다. 그는 철두철미한 민족주의 사관을 주장하였다.…이처럼 단재는 사학가로서 민족의 역사를 민족의 내적 생활에서 찾으려 하였다"라고 했다.

그의 국학에 대한 열과 성은 이러한 그의 사관을 뒷받침하고 있다. 이것은 위당 정인보, 외솔 최현배와 평생에 걸친 친분의 근거로 이룩되었다.

그의 사관은 단재, 백암과 다르다. 그에게는 민족이 전부가 아니고 독립이 겨레의 궁극적 목표일 수도 없었다. 한 민족의 독립은 그 민족과 다른 민족 사이의 상호의존을 전제로 하므로 혼자서 살 수는 없다. 모든 나라는 서로 도와야 한다. 세계는 하나다. 서로 도우려면 먼저 한 나라로서의 구실을 해야 한다. 스스로 서지 못하면 남과 협력할 수 없다. 스스로 서지 못한 나라는 서 있는 나라에 예속될 수밖에 없다.

그의 사관의 골자는 주체의식과 상호부조 정신으로 요약된다. 환언하면 민족주의와 국제주의가 그의 사관의 근간을 이루고 있다. 그는 "그런 마당에 이제까지 동방의 한구석에서 가냘픈 명맥을 이어가는 우리 민족의 수난상은 우리만의 고난일 수 없으며, 그러므로 한민족의 역사는 세계사의 한 지류로 이해되어야 한다는 생각을 품게 했던 것이다"라고 했다.

한국 역사 전반에 걸쳐 새로운 발전의 계기를 마련한 것이 기독교라는 인식은 민족주의의 재확인처럼 중요한 발견이었다. 그의 학문적 자세를 가다듬게 하는 영감이기도 했다. 그 결론을 다시 홍익인간으로 이어 놓은 것은 그의 천재적 소치라고 할 수 있다. 홍익인간은 그의 민족주의와 세계주의가 만나는 곳이며, 동시에 한민족뿐 아니라 모든 민족의 존재 이유로 설정되었다.

그에게 윌슨은 이상적 지도자였다. 그의 대학 시절에 윌슨은 미국 대통령으로서 그가 제창한 민족 자결의 원칙과 '민주주의를 위해 세계를 안전한 곳이 되게'(to make the world safe for democracy) 하려는 윌슨의 영롱한 꿈은 젊은 그에게 이상이었다. 정당한 생존을 위해서는 민족주의에서 국제주의로, 나를 찾고 너를 찾아야 한다. 그리고 마침내 우리를 찾아야 하는 인류의 운명을 생각할 때, 그가 제창한 홍익인간의 이념이 '나'와 '너'의 합(合, synthesis)으로서의 구실을 하게 된다. 이것이 귀중한 이념으로, 인류의 역사와 공동의 운명체로서 세계의 방향을 설정함에 있어 장차 큰 몫을 담당하게 된다.

그는 기독교인으로 자랐다. 신성중학교를 졸업했고 주일학교를 다녔다. 그가 목사가 되려고 했던 것도 어려서부터의 꿈이었다. 그가 중국과 미국으로 유학을 한 것은 단순한 공부가 아니라 신앙을 지킬 수 없어서 외국으로 간 것이다. 중국에서 미국으로 간 해가 3·1운동 전인 1918년이었다. 당시는 단재나 백암의 역사의식이 미국에서 미국 학자들의 영향으로 한층 넓어지고 종합적으로 형성되고 있었다. 1920년대 유명한 역사학자들을 통해서 여러 가지 역사적 상황을 배웠다. 그들의 영향으로 예일 대학교에서 만난 기독교 역사가인 라투레트의 역사관이 그의 연구의 결론이 되었다.

라투레트의 《한국개신교사》 서문은 스승으로서 자신을 갖고 말한 것이다. 그는 공부를 확실하게 했으며, 그 결과가 이 저서로 나온 것임을 확실히 인정한다. 그러므로 이 논문은 한국교회사를 처음 쓴 사람으로서 분명한 자격이 있다. 오늘날 한국교회사가 많이 저술되고 있으나 모두가 백 박사의 틀을 그대로 인정하고 따라가는 현상임을 알 수 있다. 새로운 창조도 있었다. 그러나 그의 뒤를 따라가는 형태가 바른 것이며, 그렇게 함으로 한국교회사에 큰 영향을 미쳤다고 할 수 있다.

그래서 그는 그 스승의 역사적 사관에서 논문을 썼다. 그것이 "개신교가 국내에서 급속한 발전을 보게 된 사정에는 개신교 자체의 성격과 한국민의 종교적 욕구에 상응하는 점도 있었고, 또한 전수(傳授)와 전수(傳受) 양측의 환경적 작용도 없지 아니하였다"라고 하면서, 개신교의 발전은 기독교의 본질적 신앙과 한국인의 종교성을 이유로 말하고 있다. 그리고 "기독교사는 그 본질에서 선교사이다. 또한 반드시 선교사가 되어야 한다. 교회는 기독교사상의 한 중간적 존재이다, 우리 주님이 죽으심으로부터 다시 오실 때까지만 존재하게 되어 있다(고전 11:26)"라고 하면서 역사의 내용을 바로 지적했으며, 그의 교회관을 밝히고 있다.

"기독교 2천년사에서 교회의 흥쇠(興衰)는 교회에서 행한 전도 활동의 소장(消長)에 있었고, 전도 활동의 소장은 신도들의 신앙 허실에 좌우되어 왔다. 전도는 교회의 지상명령이다. 개신교가 우리나라에 전래되어 그 초기 4반세기에서는 우리 국민에게 새 생명을 불러일으키는 힘이 되었다. 그다음 36년간은 이족(異族), 이교인(異敎人)의 탄압 하에서 수난기를 지냈다. 민족 해방으로부터 4반세기를 지내는 동안 교회는 분열기였다. 이제 교회 통일의 기운이 감도는 때에 교회는 개신교의 올바른 교의적 전승과 본래의 자유, 자율의 정신에 귀착되어야 개신교의 통일과 교회의 진흥을 기대할 수 있을 것이다"라고 교회의 역사를 분석하고 미래의 방향을 제시했다. 이것은 바른 역사적 예언이었다. 그의 탁월한 역사의식이 이 시대를 직시하고 예언할 수 있었다.

백낙준 박사는 80이 넘은 나이에도 매일 출근하여 교회사와 국학 연구의 자료를 정리하고 책을 읽었다. 백 박사는 '교회사가로서의 나의 회고'라는 제목으로 다음과 같은 말을 남겼다.

> 교회사는 근본적으로 문명사요 선교사이다. 서양의 역사도 교회의 역사를 통하여 문명이 발전되었고, 그 발전 속에 하나님의 뜻이 전파되어 갔다. 기독교가 민족을 초월하여 인류의 문명과 인간성에로 확대되어 감으로써 유대교에서 초월한 것이라고 하겠다. 나는 1920년대에 미국에서 교회사에 대한 기본적 이해를 주로 라투레트 교수를 통하여 배웠고, 루돌프 초음의 교회사에서 감명을 많이 받았다.
> 기독교는 희랍으로 가서 희랍 철학의 영향으로 신학을 형성했으며, 로마로 가서 제도화된 로마 제국의 모습에서 교황과 추기경과 장관들이 생겨 제도화되었다. 영향을 주며 영향을 받기도 하였다. 기독교는 진출하는 곳마다 복음 전파와 새사람 되는 교회가 되었는데, 한국으로 진출해서 변화시킨 것과 한국에서 배운 것에 관심을 갖고 한국 교회사를 연구했다.
> 첫째로, 사상적으로 기독교가 영향을 미친 바는 잡신을 섬기던 사회에 유일신관을 심었고, 둘째로, '사람은 하나님의 형상대로 지음을 받았다'는 인간관을 깨우쳤다. 셋째로, 죄관을 심어 주었다. 그러나 자료는 역사가들의 보고 문서만이어서 자료가 부족했다.
> 선교사들이 1885년 부활절에 왔다는 사실, 로버트 저메인 토

> 머스 목사가 평양 대동강에서 순교한 사실, 각 기관의 발전 역사들이 밝혀진 사실, 귀츨라프가 1832년에 왔다갔다는 사실, 중국이나 일본에 와 있던 선교사들이 한국으로 선교해 달라고 청한 사실들의 자료를 발굴했을 때에는 매우 기뻤고 반가웠다.
> 지금은 연구가들이 많지만 해외에서 연구하려니까 힘든 점이 많았다. 이런 교회사 연구도 국학의 한 부분인데 마음같이 얼른 정리가 안 되었다.

질문에 대해 첫째, 요즘 한국교회사 학계에서는 교회사를 선교사보다는 민족사, 민중사로 보려는 견해가 있는데, 백 박사의 견해는 민족도 민중도 좋으나 근본적으로 기독교는 민족 민중에게 국한되는 것이 아니라는 점을 잊어서는 안 되고, 선교사(史)를 반드시 외국으로부터의 선교라고만 해석해서는 안 된다고 하였다.

둘째, 백낙준 박사의 명저인 학위논문 《한국개신교사》를 시기적으로 1832-1910년까지로 국한하면서 "지금까지 일제강점기에 대해서는 독립 저항운동의 역사로만 기록하려고 하고 있다. 하지만 자신의 교회사는 독립 저항운동도 빠질 수는 없지만, 그보다도 그런 역경 속에서도 교회의 복음을 통하여 새로운 인간과 구원의 역사가 면면히 계속되었다는 점을 밝히는 데에 있다"라고 했다.

또 백 박사와 밀접한 연세대 국학연구원의 부원장 박영신 교수는 "이러한 선구자적이고도 광범한 백 박사의 교회사학은 연세대 국학연구원에서 뒤이어 추진해야 할 연구 방향이기도 하다고 생각되어 책임이 크게 느껴진다"라고 하였다.

민경배는 백낙준의 《한국개신교사》(1832-1910)를 선교사로 보고 선교사가 갖는 한계를 첫째, '순전히 기독교 선교의 역사'이며 둘째, 사료의 선교사 파송국 편중성으로, 한국교회 쪽의 고백과 증언이 전혀 고려되지 않았다는 것이며, 셋째, 한국교회의 체험과 삶이 혈맥처럼 파동치는 그러한 방면의 학적인 공헌이 될 수 없다는 세 가지로 요약했다. 그의 비판 중에서 백 박사가 '자신이 시인하고 있는 바와 같이 순전히 기독교 선교의 역사'라고 했다고 한 부분은 어디에 근거한 것인지 분명치 않지만, 사료의 편중성 문제는 일찍이 야마구치(山口正之)는 이렇게 된 이유를 "저자의 연구가 주로 미국에서 된 것"으로 할 수 없었다고 여지를 열어 놓았다.

1972년 민경배의 비판이 나오자 백 박사는 그 이듬해《한국개신교사》를 번역, 출판하면서 영문판과는 다른 내용의 자서를 통해, 첫 번째와 두 번째 비판에 대해서는 정면 대응하고, 세 번째 비판에는 답변을 보류한 채 그 답을 독자에게 맡겼다. 민경배의 비판에 대한 백 박사의 답변에서 자신은 "기독교사는 그 본질에서 선교사"이며, 따라서 "우리 한국 개신교사도 선교사가 되어야 한다"는 관점을 분명히 하였고, 사료의 편중성 문제는 야마구치와 민경배에게 함께 답하기라도 하듯, "이 연구가 진행되던 때와 곳에서는 본래 여기에 인용한 자료 이외의 한국 문헌 입수는 불가능한 실정"이었다고 밝혔다.

이 점과 관련하여 민경배가 인용한 사료의 양이나 질을 놓고 볼 때, 백 박사의 연구에 대해 사료 편중을 들어 비판한 점은 좀 의문을 갖게 한다.

용재 백낙준은 훌륭한 기독교인이었으며, 자신에게는 물론 모든 사명에 성실했다. 그는 스승들을 존경했다. 그는 환상을 향하여 달려갔다. 그것이 그에게 주어진 사명으로 생각하고 그는 하나님을 향한 성실한 삶의 철학으로 삼고 평생 바쁘고 고되게 세계를 돌아다녔다. 꿈은 하나님께서 주신다. 그것을 이루려고 노력하는 것이 하나님의 일꾼이다. 이것이 곧 인생의 최대 목적인 '하나님께 영광'이다.

그가 남긴 대표적 저술은 《한국개신교사》(1927년), 《한국 교육과 민족정신》(1953년), 《한국 현실과 이상》(1963년), 《원두우 목사 소천》(1934) 외에도 여러 권의 역사 및 사회 관계 저술들을 남겼다.

용재 백낙준은 《나의 길 나의 노래》에서 "나의 70년 일생에 교육계에 봉사한 지 40년이요, 40년의 일을 하려고 준비한 기간이 30여 년이었다. 돌이켜보건대, 어린 시절에 서당을 세 번 바꾸어 다녔고, 중등교육을 네 곳에서 받았고, 고등교육을 세 곳에서 받는 동안에 나라로는 세 나라요, 내 머리 위에 휘날렸던 국기만도 5-6차례나 바뀌었다"라고 했다.

그의 정치 경험에서, 국가는 영토와 국민, 문화를 모두 합류하는 영원한 것이지만 정부는 국가를 관리하는 한시적인 기관에 불과하므로 정부는 충실한 청지기여야 한다는 지론을 갖고 있었다. 우리 민족은 착하고 우수하므로 우리 겨레의 장래에는 광명이 있으리라는 신념에 가득 차 있었고, 자유는 자치능력이 있는 사람만이 누리므로 자유에 대한 자각을 강조했으며, 참된 민주주의의 꽃은 자유에 대한 각인의 자각에서 피어난다고 했다.

우리나라의 정치제도나 사회제도는 아직도 종적인 봉건성을 탈피하지 못하고 있으므로 서로가 봉사하고 신뢰하고 화합하는 횡적인 사회를 이룩해야만 민주주의가 달성되는 복지사회가 될 것이라고 했다.

백낙준은 민족복음화를 위해서 정치했고, 교육했고, 교회를 부흥시키는 데 자신의 생명을 다했다. 이것이 하나님께로부터 받은 달란트라고 여겼다. 그는 90 평생 이를 위해서 목숨을 걸고 노력했고 싸웠다.

백낙준 박사는 90세가 되어갈 때도 거의 날마다 학교에서 큰 돋보기를 끼고 책을 읽었고, 《한국개신교사》 후편으로 1910년 이래 현재까지의 한국교회사를 집필하려고 연세대 중앙도서관 연구실에 칩거하면서 연구를 계속해 왔다. 그러나 그의 필생의 소원이었던 《한국개신교사》 후편을 완성하지 못했다.

그는 90세에 사도 바울처럼 "선한 싸움을 싸우고 달려갈 길을 마치고 믿음을 지키고"(딤후 4:7) 1985년 1월 15일 예수님이 계시는 곳으로 소천했다. 그의 시신은 동작동 국립 현충원 제1유공자 묘역에 안치되었다.

연세대 중앙도서관 앞에 세워진 백낙준 박사의 동상에는 "교육과 학문, 민족 봉사와 자유정신의 구현에 뜻을 두시고, 일생 동안 연세와 민족을 붙들고 키운 연세의 정신적 지주시며, 민족교육의 스승이시며, 겨레의 지도자시고, 하나님의 종이시다"라고 적혀 있다.

이 사람을 아십니까? 2

1판 1쇄 인쇄 _ 2018년 3월 26일
1판 1쇄 발행 _ 2018년 3월 30일

지은이 _ 이승하
펴낸이 _ 이형규
펴낸곳 _ 쿰란출판사

주소 _ 서울특별시 종로구 이화장길 6
편집부 _ 745-1007, 745-1301~2, 747-1212, 743-1300
영업부 _ 747-1004, FAX 745-8490
본사평생전화번호 _ 0502-756-1004
홈페이지 _ http://www.qumran.co.kr
E-mail _ qrbooks@gmail.com / qrbooks@daum.net
한글인터넷주소 _ 쿰란, 쿰란출판사
등록 _ 제1-670호(1988.2.27)
책임교열 _ 이화정·송은주

© 이승하 2018 ISBN 979-11-6143-136-9 93230

책값은 뒤표지에 있습니다.
이 출판물은 저작권법에 의해 보호를 받는 저작물이므로 무단 복제할 수 없습니다.
파본(破本)은 구입처에서 교환해 드립니다.